润滑可靠性建模理论及应用

陶友瑞　裴佳星　吴淼杰　段书用　著

机械工业出版社

润滑可靠性分析方法是以机械传动部件润滑为研究对象,在经典弹流润滑理论的基础上进一步结合随机过程、可靠性理论等形成的一个新兴的交叉理论方法。考虑到机械传动中源于材料参数、几何参数、转速和载荷等方面的不确定性,运用润滑可靠性分析方法,能够有效解决不确定性因素作用下传动部件的润滑状态难以用确定值或函数描述的问题。为此,本书首先讨论当前弹流润滑研究、齿轮和轴承的不确定性研究与可靠性研究的发展现状,然后系统梳理和阐述了经典润滑理论,构建了混合弹流润滑理论和润滑可靠性建模理论,最后详细地介绍了润滑可靠性建模理论在齿轮和轴承不确定性润滑问题中的应用。

本书可以作为工程机械、车辆、航空航天等领域从事弹流润滑计算分析及其工程应用的科研人员,以及高等院校相关专业的高年级本科生和研究生的参考用书。

图书在版编目(CIP)数据

润滑可靠性建模理论及应用 / 陶友瑞等著. -- 北京:机械工业出版社,2025.9. -- ISBN 978-7-111-78818-8

Ⅰ. TH117.2

中国国家版本馆CIP数据核字第20258UJ531号

机械工业出版社(北京市百万庄大街22号　邮政编码100037)

策划编辑:刘元春　　　　　　责任编辑:刘元春
责任校对:樊钟英　薄萌钰　　封面设计:张　静
责任印制:李　昂

涿州市般润文化传播有限公司印刷

2025年9月第1版第1次印刷

169mm×239mm・18印张・350千字

标准书号:ISBN 978-7-111-78818-8

定价:69.00元

电话服务　　　　　　　　　网络服务

客服电话:010-88361066　　机　工　官　网:www.cmpbook.com
　　　　　010-88379833　　机　工　官　博:weibo.com/cmp1952
　　　　　010-68326294　　金　书　网:www.golden-book.com

封底无防伪标均为盗版　机工教育服务网:www.cmpedu.com

前　　言

　　由于自身参数和外部激励的随机性，齿轮和轴承的润滑状态和特性具有不确定性。目前，大多数润滑理论都是以确定性分析方法为基础的，无法量化齿轮和轴承服役过程中不确定性对润滑性能的影响，限制了润滑理论在工程实际问题中的应用。作者将可靠性理论融入润滑分析中，致力于解决不确定性因素作用下的润滑分析难题，提出润滑可靠性建模理论，并将该理论应用在齿轮和轴承润滑问题中。本书汇集了作者多年在润滑可靠性领域的研究成果。

　　工程中的润滑问题复杂多样，本书以线接触齿轮和轴承为例，建立了润滑可靠性分析理论和方法，开发了计算程序，涉及非牛顿流体、非高斯摩擦表面、自身参数不确定性、外部载荷不确定性和转速不确定性等多个方面的润滑可靠性问题。

　　本书分上下两篇：润滑可靠性基础理论和润滑可靠性应用。上篇（第 2 章至第 3 章）是理论基础，下篇（第 4 章至第 7 章）是润滑可靠性基础理论在齿轮和轴承传动中的具体应用。

　　第 1 章绪论：主要探讨润滑可靠性建模理论的背景和研究意义，指出不确定性因素作用下润滑分析的关键科学问题和技术难点，综述目前的研究现状。

　　第 2 章混合弹流润滑基础理论：主要介绍经典平均流量理论、适用于非牛顿流体的平均流量模型、非牛顿流体混合弹流润滑、非高斯表面混合弹流润滑等内容，帮助读者掌握必要的混合弹流润滑基础建模理论。

　　第 3 章润滑可靠性建模理论：主要介绍润滑可靠性建模中涉及的可靠性理论、可靠性分析方法、润滑可靠性的定义，以及齿轮和轴承的润滑可靠性模型等内容。

　　第 4 章考虑参数不确定性的齿轮润滑可靠性分析：齿轮自身参数不确定性主要体现在材料物理参数和结构几何参数，介绍考虑齿轮自身参数不确定性的润滑可靠性问题。

　　第 5 章考虑外部载荷不确定性的齿轮润滑可靠性分析：齿轮系统在某些应用场合受到的外部载荷具有随机性，介绍齿轮副在随机载荷作用下的润滑可靠性问题，属于齿轮动态可靠性问题。

第6章载荷和转速不确定情况下轴承润滑可靠性分析：在实际服役条件下，轴承的载荷和转速通常是随时间随机变化的，这使轴承润滑特性不确定性增强，本章介绍载荷和转速不确定情况下轴承润滑可靠性问题。

第7章工程实际中的轴承润滑可靠性问题：在工程实际中，理论分析难以获取传动部件摩擦副润滑分析中所需的全部信息，本章介绍服役状态下轴承润滑性能及可靠性分析方法，为解决工程实际中的轴承润滑可靠性问题提供参考范例。

本书提供所有MATLAB程序的源代码，初衷是帮助读者快速理解和掌握润滑基础理论，并能够很方便地改编齿轮和轴承润滑程序以解决实际问题，这将为读者的学习、工作和研究提供很大的便利。

本书由陶友瑞设计框架，并与裴佳星、吴淼杰共同提出润滑可靠性基本理论；第2章部分内容、第3章、第4章和第5章由裴佳星负责撰写；第1章、第2章部分内容、第6章和第7章由吴淼杰负责撰写；全书由段书用统稿和审校，并撰写了内容简介和前言。

本书的出版得到了国家自然科学基金面上项目（51675173，52075146）、国家重点研发计划项目（2017YFB1301300）、国家自然科学基金联合基金集成项目（U23A6017）、中央引导地方科技发展资金项目（236Z4304G）等资助，一并感谢！

限于作者水平，书中难免存在不足甚至错误之处，敬请读者批评和指正，作者的邮箱为 taoyourui@hebut.edu.cn。

陶友瑞
2025年4月于天津

目 录

前言

第1章 绪论 ... 1
1.1 背景和研究意义 ... 1
1.2 关键科学问题与技术难点 ... 2
1.3 研究现状 ... 3
1.3.1 弹流润滑研究 ... 3
1.3.2 考虑不确定性的齿轮和轴承性能研究 ... 6
1.3.3 齿轮和轴承可靠性研究 ... 8
1.4 本书主要内容 ... 10

上篇 润滑可靠性基础理论

第2章 混合弹流润滑基础理论 ... 15
2.1 引言 ... 15
2.2 经典平均流量理论 ... 15
2.2.1 经典平均流量模型 ... 16
2.2.2 经典平均流量系数 ... 19
2.3 适用于非牛顿流体的平均流量理论 ... 21
2.3.1 非牛顿流量系数 ... 22
2.3.2 非牛顿平均流量模型求解 ... 31
2.3.3 流变参数及粗糙度对流量系数的影响 ... 36
2.3.4 流量系数公式 ... 42
2.3.5 计算程序 ... 45
2.4 非牛顿流体混合弹流润滑分析 ... 51
2.4.1 混合弹流脂润滑的随机模型 ... 51
2.4.2 控制方程数值求解 ... 54
2.4.3 混合弹流脂润滑特性分析 ... 61
2.4.4 混合弹流脂润滑状态预测公式 ... 66
2.4.5 计算程序 ... 74

2.5 非高斯表面混合弹流润滑分析 ··· 81
　　2.5.1 非高斯表面线接触混合润滑基本方程 ·· 81
　　2.5.2 无量纲化与离散化 ·· 87
　　2.5.3 控制方程数值求解 ·· 91
　　2.5.4 非高斯表面线接触混合润滑特性 ··· 93
　　2.5.5 非高斯表面线接触最小膜厚公式 ··· 101
　　2.5.6 计算程序 ·· 105
2.6 小结 ·· 125

第3章 润滑可靠性建模理论 ··· 126
3.1 引言 ·· 126
3.2 可靠性基础及分析方法 ·· 126
　　3.2.1 可靠性基础 ·· 127
　　3.2.2 常用的可靠性分析方法 ··· 129
3.3 时变可靠性理论 ··· 132
　　3.3.1 时变可靠性理论基础 ··· 133
　　3.3.2 常用时变可靠性分析方法 ··· 137
3.4 润滑状态与膜厚比 ··· 140
3.5 润滑可靠性模型 ··· 141
3.6 小结 ·· 144

下篇　润滑可靠性应用

第4章 考虑参数不确定性的齿轮润滑可靠性分析 ······································· 146
4.1 引言 ·· 146
4.2 齿轮润滑最小膜厚计算 ·· 146
　　4.2.1 齿轮动力学分析 ·· 147
　　4.2.2 齿轮几何及运动学分析 ··· 152
　　4.2.3 齿轮润滑最小膜厚 ··· 154
4.3 齿轮动力响应统计特征及润滑可靠性分析 ·· 154
　　4.3.1 齿轮润滑静态可靠性求解 ··· 154
　　4.3.2 齿轮系统动力响应统计特征 ·· 155
　　4.3.3 齿轮系统润滑可靠性分析 ··· 161
4.4 齿轮表面粗糙度及润滑可靠性退化规律 ··· 164
　　4.4.1 试验台设计 ·· 164
　　4.4.2 齿面粗糙度测量 ·· 165

4.4.3　齿轮润滑可靠性演化规律 169
　4.5　计算程序 169
　4.6　小结 176

第5章　考虑外部载荷不确定性的齿轮润滑可靠性分析 178
　5.1　引言 178
　5.2　齿轮随机动力学模型 178
　　5.2.1　随机载荷建模 178
　　5.2.2　齿轮随机动力学方程 179
　　5.2.3　齿轮动态啮合力 182
　5.3　齿轮动力响应及润滑瞬时可靠性分析 183
　　5.3.1　齿轮润滑瞬时可靠度求解 184
　　5.3.2　随机外部载荷下齿轮动力响应的数字特征 184
　　5.3.3　齿轮润滑瞬时可靠性分析 186
　5.4　计算程序 192
　5.5　小结 199

第6章　载荷和转速不确定情况下轴承润滑可靠性分析 200
　6.1　引言 200
　6.2　主轴承载荷及润滑可靠性建模理论 201
　　6.2.1　风机主轴承配置 201
　　6.2.2　三点支撑式主轴承外部载荷分析 202
　　6.2.3　主轴承滚子载荷分析 203
　　6.2.4　主轴承运动学分析 208
　　6.2.5　主轴承润滑可靠性模型 208
　6.3　风机主轴承随机工况模拟 209
　　6.3.1　随机风场生成 210
　　6.3.2　气动弹性模拟 212
　6.4　随机载荷和转速下主轴承润滑可靠性分析 215
　　6.4.1　主轴承润滑可靠性 216
　　6.4.2　平均风速的影响 218
　　6.4.3　湍流强度的影响 219
　　6.4.4　润滑失效概率公式 221
　6.5　计算程序 223
　6.6　小结 227

第7章 工程实际中的轴承润滑可靠性问题 228

7.1 引言 228
7.2 监测数据集构建 228
7.2.1 SCADA 监测系统 229
7.2.2 监测数据集 229
7.3 实测工况模拟 230
7.3.1 实测风场复现模拟 231
7.3.2 风机运行状态复现模拟 231
7.3.3 复现模拟准确性验证 233
7.4 实测工况下主轴承工作状态分析 234
7.4.1 直驱式风机主轴承外部载荷分析 234
7.4.2 主轴承滚子载荷与运动学分析 236
7.5 实测工况下轴承润滑可靠性分析 240
7.5.1 前主轴承润滑可靠性 242
7.5.2 后主轴承润滑可靠性 245
7.5.3 主轴承润滑脂选型 247
7.6 轴承润滑可靠性试验 248
7.6.1 轴承等效缩比与工况选取 248
7.6.2 轴承磨损试验 251
7.6.3 轴承磨损程度与润滑可靠性 252
7.7 计算程序 256
7.7.1 主轴承外部载荷分析程序 256
7.7.2 前主轴承润滑失效概率求解程序 257
7.7.3 后主轴承润滑失效概率求解程序 261
7.8 小结 265

参考文献 267

绪 论

1.1 背景和研究意义

现代机械装备呈现出复杂、智能、精细、高可靠性等特点，可靠性作为现代机械的重要性能评价指标，受到了广泛关注。机械传动系统的失效将直接导致机械装备停机，目前齿轮、轴承等机械传动部件已经具备一定的可靠性水平，但在一些应用场景下依然面临着很大的挑战。据统计，在风电行业，齿轮箱是风机最容易出现故障的部件之一，其故障占比超过机组总故障的50%。此外，风机主轴承极易在达到20年的预期寿命前发生故障，单主轴承型和双主轴承型风机的主轴承早期故障率分别达到30%和15%。在工业机器人领域，减速器作为机器人的核心部件，其精度保持性能较差，在运行一段时间后，传动精度会急剧下降，以致不再满足工业机器人的使用要求，长期制约着我国工业机器人行业的快速发展。此外，在船舶、汽车、航空、航天等领域的机械传动系统中也存在可靠性问题，因此提高传动部件的可靠性已成为诸多行业面临的迫切需求和巨大挑战。

齿轮和轴承等机械传动部件的失效形式主要有接触疲劳、微点蚀、剥落、磨损等，这些表面损伤都与摩擦副的润滑条件息息相关。良好的润滑状态能够降低服役过程中传动部件的损伤风险，保证部件良好的传动性能。工程实际中机械传动部件的自身参数和服役工况不可避免地存在着不确定性。自身参数主要包括部件材料物理参数（如弹性模量、密度、材料屈服强度等）和结构几何参数。材料的不确定性受加工环境、技术条件和人为因素等影响，几何参数的不确定性由加工、安装、测量误差等引入。服役工况不确定主要是因为在某些应用场景下（如打磨机器人、风电机组等）传动部件受到的外部载荷及转速具有随机性。这些多种来源的不确定性在系统内部的传播和耦合会对传动部件的动态响应、润滑、磨损及可靠性产生很大影响。然而，传统的润滑研究通常基于具有确定自身参数和外部激励的数学模型，所得的结果也是确定的数值或时间函数，将不确定性引入润滑的可靠性问题未得到足够的关注。忽略传动部件自身参数和服役工况的不确定性，难以准确刻画传动部件在服役状态下的真实润滑状态，无法揭示和深入理解传动部件的润滑特性。对不确定因素作用下传动部件的润滑和磨损特性未认识清楚，传动部件的摩擦学和保质设计不尽合理，是制约其可靠性进一步提高的重要原因之一。厘清传动部件在自身参数和服役工况不确定情况下的润滑特性，对于传动部件的结构设计、零部件选型和可靠性提升等具有重要意义。然而，目前对传动部件在随机因素作用下润滑状态的评价方法还不够完善。

为此，本书从润滑可靠性的基础理论和应用两方面进行深入探讨。润滑可靠性基础理论方面，介绍经典平均流量理论和平均流量理论，并将其扩展到了非牛顿流体和非高斯表面混合润滑中；建立非牛顿流体混合弹流润滑理论和非高斯表面混合弹流润滑理论，并提出润滑可靠性建模理论。在润滑可靠性应用方面，阐述润滑静态可靠性、润滑瞬时可靠性研究方法在齿轮方面的应用，进一步研究了润滑可靠性建模理论在随机工况和工程实际中轴承润滑分析方面的应用。上述研究成果，为考虑自身参数和服役工况不确定性的传动部件润滑可靠性研究奠定了基础，对丰富混合弹流润滑理论、机械传动部件的摩擦学和保质设计理论具有重要意义。同时，为工程实际中的传动部件润滑状态评估、运行维护、零部件和润滑脂选型、传动系统结构-工况的匹配设计提供指导，具有工程应用价值。

1.2 关键科学问题与技术难点

润滑研究经过一个多世纪的发展已趋于成熟，在与齿轮、轴承等传动部件润滑相关的各方面都有学者们深入和细致的研究，近些年来传动部件不确定性和可靠性分析也有了长足的进步。但对自身参数和服役工况不确定情况下传动部件的润滑特性认识不足，结构设计和运行维护无法保证可靠的润滑状态，仍然制约了传动部件可靠性的提高。目前，不确定性因素作用下传动部件润滑研究面临的难题主要来自两个方面，一方面是粗糙表面润滑数值建模理论本身仍需完善，另一方面是自身参数和服役工况的不确定性为传动部件润滑分析带来了困难。关键科学问题和技术难点体现在如下方面：

（1）脂润滑的数值建模问题。对于轴承等采用脂润滑的传动部件，粗糙表面脂润滑的数值建模需要同时考虑传动部件的表面形貌和润滑脂的非牛顿特性，然而目前润滑的随机建模方法无法描述脂的非牛顿特性，不能用于传动部件的脂润滑分析；确定性的建模方法则需要实测摩擦副的三维表面形貌并划分极为精细的网格，粗糙形貌获取难度大、计算成本高，无法满足工况多变的传动部件润滑分析需求，尚需开发工程适用的传动部件混合弹流脂润滑数值建模方法和脂润滑状态预测方法。

（2）非高斯表面润滑的数值建模问题。在混合润滑中，通常假设接触表面高度服从高斯分布，但在工程中摩擦副的表面高度不一定服从高斯分布，如车削加工表面具有正偏度，磨削加工、铣削加工和磨损后的表面具有负偏度。齿轮在服役当中，随着磨损的增加，表面形貌的非高斯性也不断增强。由于缺乏适合非高斯表面的混合润滑模型，无法对某些机加工表面的润滑性能进行评估，也无法对齿轮润滑性能及可靠性随磨损的演化过程进行预测。

（3）润滑不确定性度量问题。机械传动系统的自身参数、转速、载荷等通常具有随机性，这会为传动部件润滑引入不确定性。传动部件润滑和磨损方面的研究通常以确定性分析方法为基础，随着对力学性能和可靠性要求的提高，不确定性在传动部件的润滑分析中已不能忽略。然而，由于缺乏考虑不确定性的润滑特性评估方法，难以处理和准确评估传动部件润滑和磨损中的不确定性，亟须开发基于概率理论体系的润滑可靠性评估方法。

（4）随机服役工况对机械传动部件润滑的影响规律。机械传动系统的转速和转矩通常具有不确定性，如果忽略传动部件工况的不确定性，将难以准确刻画传动部件在服役状态下的真实润滑状态，无法揭示和深入理解传动部件的润滑特性。目前，对传动部件在随机服役工况下润滑状态的评价方法还不够完善，伴随转速和载荷不确定性引入的传动部件润滑性能及可靠性研究还不够深入，随机工况对传动部件润滑性能的影响规律尚不明晰。

（5）工程实际中传动部件润滑分析问题。在服役状态下，准确刻画传动部件的真实润滑状态，需要保证传动部件分析的输入参数能够反映其实际运行条件，这就必须准确复现传动部件的真实运行状态。然而，在工程中，采取单一的试验方法或仿真模拟方法可能无法获取所需的全部信息，这成为工程实际中传动部件润滑研究中面临的一大难题。

1.3 研究现状

1.3.1 弹流润滑研究

弹性流体动力润滑（Elastohydrodynamic Lubrication）简称弹流润滑，是近几十年内摩擦学研究的重要领域之一。当摩擦副的载荷较为集中时，必须考虑两个界面的弹性变形和界面间极高的接触应力对润滑的影响，此时摩擦副间的润滑往往处于弹性流体动力润滑状态。弹性流体动力润滑研究的基础理论是赫兹（Hertz）提出的弹性接触理论和雷诺（Reyonlds）提出的流体润滑理论，1949年，苏联学者格鲁宾（Grubin）开创性地将弹性接触理论和流体润滑理论相结合，正式开启了弹性流体润滑研究的大门。1961年，道森（Dowson）和希金森（Higginson）建立了弹流润滑模型，提出了著名的道森-希金森膜厚公式。1965年，阿德金斯（Adkins）和里莫夫斯基（Radzimovsky）考虑齿面弹性变形，研究了渐开线直齿轮摩擦副的膜厚和压力分布。哈姆洛克（Hamrock）和道森针对等温点接触弹流润滑问题，提出了点接触最小膜厚公式。默奇（Murch）和威尔逊（Wilson）考虑热效应建立了雷诺方程，研究了弹流润滑的油膜形成过程，提出了弹流润滑的热修正系数。杨沛然、鲁（Lu）和常（Chang）等针对接触表面外部工作条件的改变会引起油膜动态效应这一问题，在考虑时变挤压效应方面做了大量工作。

上述弹流润滑的数值研究方法都局限于光滑表面，但齿轮和轴承的表面形貌尺寸与接触区的膜厚通常处于同一量级，表面形貌效应不可忽略。相关研究表明，表面形貌的特性控制着不同润滑状态之间的转变。当粗糙峰的高度与膜厚相同时，表面形貌会影响压力分布、膜厚、次表面应力场和摩擦力。在考虑表面形貌效应方面，针对弹流润滑问题已经形成两种较为成熟的方法，即确定性方法和随机方法，两者的区别在于对表面形貌的处理方式不同。在润滑分析中直接耦合实测三维表面形貌的方法被称作确定性方法，其中的代表是朱（Zhu）等提出的统一模型，该方法在线接触和点接触中都已进行了深入细致的研究，并已经在大量研究工作中被采用。然而，真实三维表面形貌的精确建模对网格单元质量有很高的要求，而间接耦合表面形貌的随机方法则对网格的要求较低，并且无须实测接触表面的三维形貌，只需要粗糙表面高度的统计特征。随机模型中最常用的是帕蒂尔（Patir）和程（Cheng）提出的平均流量法。平均流量法引入流量系数修正雷诺方程，流量系数则通过在具有典型形貌的小"单元"粗糙表面上求解获得。平均流量法的优点是适用于任何三维形貌的粗糙表面，已有许多学者采用平均流量法进行了大量的研究。虽然平均流量模型最初是针对流体动力润滑提出的，但其适用范围已经被扩展至弹流润滑领域。

以往基于平均流量模型的混合润滑研究大多假设粗糙表面（也称为高斯表面）的高度服从正态分布，然而工程中大部分机械表面并非高斯表面。采用不同加工方式的表面具有不同的特征，车削、刨削和电火花加工的表面具有正偏度，磨削和珩磨加工的表面具有负偏度和高峰度，激光抛光的表面具有较高的峰度。此外，接触表面的机械磨损是不可避免的，随着磨损的增加，表面的非高斯性也会不断增强。目前，尚缺乏考虑粗糙表面非高斯性的混合弹流润滑理论。

此外，平均流量模型已经得到广泛使用，但帕蒂尔和程建立的平均流量模型并未考虑粗糙表面高度的非高斯性以及微凸体弹性变形的影响。基姆（Kim）和曹（Cho）在计算流量系数时考虑了微凸体的弹性变形，研究了表面轮廓高度的偏度和峰度对润滑性能的影响规律。王（Wang）等将表面轮廓高度的非高斯性引入平均流量模型中，讨论了非高斯参数对轴承水润滑性能的影响机制。以上研究都以雷诺方程作为理论基础，然而当表面轮廓的高度变化非常剧烈的时候，雷诺方程就不能够精确描述粗糙表面间隙中润滑剂的流动情况。为了更详细地描述流体冲量和微湍流，一些研究者使用纳维-斯托克斯（Navier-Stokes）方程建立控方程计算得到流量系数，为考虑表面纹理影响的润滑分析提供了基础。普斯特赫福（Pusterhofer）等同样介绍了一种利用纳维-斯托克斯方程计算流量系数的方法，他们进一步探索了接触表面的微观结构对流体动力润滑性能的影响。库马（Kumar）和阿扎姆（Azam）将基于纳维-斯托克斯方程的流量系数引入热弹流润滑（Thermal Elastohydrodynamic Lubrication, TEHL）问题中，并讨论了在具有阶梯结构的轴承中表面形貌对润滑的影响。可见，自弹性流体动力润滑理论问世以来，已经在油润滑领域取得了很多成果，对弹流润滑中的热效应、弹性变形、时变挤压效应和表面形貌效应已经进行了较为深入的研究。

但是在轴承润滑中，大多采用润滑脂作为润滑剂，由于润滑脂具有强烈的非牛顿特性，弹流脂润滑理论相比油润滑理论发展较慢。1972年，考兹拉里奇（Kauzlarich）等基于润滑脂流动的分层理论将接触区入口处划分为剪切流动层与塞流层两个区域，并考虑润滑脂在两个区域中具有不同的流变性质，率先提出了较为完整的弹流脂润滑理论，获得了弹流脂润滑膜厚的简化解。计算结果表明脂润滑中的塞流层对弹流润滑膜厚的影响基本可以忽略，但没有给出脂润滑中完整的压力分布和膜厚分布。1979年，杰金斯（Jonkisz）和克热明斯基（Krzeminski）基于赫谢尔-巴克利（Herschel-Bulkley）流变模型首次得到了弹流脂润滑问题的完全数值解，并通过数值仿真建立了考虑润滑脂流变特性的线接触弹流润滑膜厚公式，所得结果与试验结果较为相符。应自能和温诗铸在不同的求解区域有选择性地采用顺解法或逆解法，对弹流脂润滑问题开展了较为全面的数值分析与试验研究，指出乏脂现象是由屈服剪应力引起的，并建议在进行膜厚测量前应保证足够的预先运行时间以使润滑达到稳定状态。此外，润滑脂与基础油润滑膜厚间的关系也引起了研究人员的关注。董大名等采用加权参量法与克里斯滕森（Christensen）提出的简化方法，经过多次迭代得到了充分润滑条件下的线接触脂润滑与基础油润滑中心膜厚之间的比值关系。杨（Yang）和钱（Qian）基于宾汉流变模型，得到了在充分润滑的椭圆接触中，润滑脂与基础油中心膜厚之间的关系，帕拉西奥斯（Palacios）也做了类似的工作。爱哈拉（Aihara）与道森等提出脂润滑的膜厚可以用充分润滑条件下基础油膜厚的70%来估算。京雄（Kyung-Woong）等基于赫谢尔-巴克利流变模型，建立了考虑摩擦热效应的弹流脂润滑模型并进行了求解，结果表明润滑脂的流变参数对脂润滑性能影响很大，在高滚动速度工况下，热效应对弹流脂润滑有显著影响，相比而言屈服剪应力的影响则很微小。于枚、邓磊与黄平等修正了等效脂润滑雷诺方程中存在的问题，基于奥斯特瓦尔德流变模型对线接触的弹流脂润滑问题进行了数值分析，给出了收敛性较好的求解方法。

在脂润滑中，考虑表面形貌的润滑数值分析方法同样受到了广泛关注，即混合弹流脂润滑。目前在弹流脂润滑领域人们已经做了很多工作，但是对于混合弹流脂润滑的研究要远落后于油混合弹流润滑。如前所述，考虑表面形貌效应的混合弹流油润滑理论已经较为完善，油润滑的确定性方法和随机方法对混合弹流脂润滑研究具有借鉴意义。然而，针对油润滑开发的平均流量模型仅适用于牛顿流体，并不适用于在轴承润滑中得到广泛应用的润滑脂，在对轴承脂润滑问题进行随机建模时，就不能采用针对油润滑开发的平均流量模型。因此，目前的轴承混合弹流脂润滑研究中，大多采用试验方法或确定性方法，缺乏间接耦合表面形貌的随机分析方法，使得轴承弹流脂润滑方面的研究受到了一定限制。而且通常假定两个粗糙接触表面高度的统计特征与分布完全相同，对于表面形貌及其参数变化对弹流脂润滑的影响规律尚缺乏深入的研究。虽然考虑非牛顿特性的平均流量模型是混合弹流脂润滑随机建模的关键，但相关文献很少。且在工程实际中，往往难以实测传动部件每个摩擦副的真实三维形貌，因此并不适合采用确定性建模方法。这就对混合弹流脂润滑的随机模型和适用于润滑脂的非牛顿平均流量模型提出了需求。

总体而言，虽然弹流润滑理论经过上百年的发展已收获诸多成果，但在粗糙表面的混合弹流润滑建模方面仍有许多关键问题有待解决。

1.3.2 考虑不确定性的齿轮和轴承性能研究

在工程中不确定性表现在材料参数、结构几何尺寸、服役环境和计算模型等方面，根据不确定性的属性，将其分为随机不确定性和认知不确定性。随机不确定性是由系统自身或环境的固有属性造成的，研究方法以概率论和数理统计为基础；认知不确定性是对系统的自身和环境属性没有认识清楚引起的，常用的研究方法有证据理论和区间理论。目前齿轮传动的不确定性研究主要涉及自身参数、外部激励等不确定性因素对系统动态特性的影响。齿轮和轴承在加工、制造、安装过程中不可避免地受到不确定性因素的影响，如材料的批次、工人的技术水平、测量工具的误差等，造成了部件物理参数和几何尺寸的不确定性。此外，机械传动在一些应用场合（如风电机组增速箱、工业机器人等）还承受不确定的外部激励，接下来将对齿轮和轴承结构、外部激励两方面不确定性的研究现状分别进行综述。

齿轮参数不确定性会造成齿轮动力学系统的惯量、阻尼及刚度等的不确定，进一步影响齿轮的动力学特性。目前，相关研究主要是针对不确定参数对齿轮动力响应和固有特性的影响。魏永祥等假设齿轮模数、齿宽、材料弹性模量、材料密度等齿轮系统参数为服从正态分布的随机变量，用随机纽马克（Newmark）法将动力学方程转化为拟静力学方程，得到了位移响应的均值和方差，并研究了各随机参数对系统响应的影响。卢剑伟等采用蒙特卡洛（Monte-Carlo）法研究了齿轮系统在激励频率、阻尼比、侧隙等参数随机扰动下的动力学特性。盖琳（Guerine）等提出了一阶摄动法，基于该方法研究了质量、阻尼和刚度不确定性对渐开线齿轮动态响应的影响。魏莎等采用区间模型描述齿轮刚度、阻尼、侧隙、载荷等参数的不确定性，结合谐波平衡法和切比雪夫（Chebyshev）区间包含函数得到了齿轮副在不确定参数下的动力学响应。魏（Wei）等开发了一种区间多维谐波平衡法用来评估参激系统在不确定和多频率激励时的幅频响应；并将该方法用于含啮合刚度和轴承刚度不确定的风电齿轮箱动态响应分析中，结果显示齿轮的动态响应对刚度的不确定性较为敏感。范伶松等采用假设齿廓总偏差和基节偏差为服从正态分布的随机变量，对差速减速器进行了动力学分析，结果表明当制造误差离散度增加时，齿轮轴向振幅随之增加。

传动部件在随机载荷下的响应、稳定性及可靠性属于随机动力学范畴。随机动力学的概念源于爱因斯坦建立的布朗运动随机模型，在机械与土木工程中也称作随机振动。随机振动问题的研究起源于20世纪50年代，早期，随机振动理论基于线性时不变系统，在高斯过程的激励下线性结构的响应依然是高斯过程。实际的机械结构几乎都是非线性的，但是在很多问题中，系统的运动很小，系统性质仍然在线性范围内，可以简化为线性系统。20世纪60年代以后，随机振动的研究方向逐渐转向了非线性系统。对于非线性系统，在高斯随机过程激励下，其响应往往不再是高斯过程，且叠加原理也不再适用。其主要研究方法有扩散理论方法和近似法。扩散理论方法主要是福克-普朗克-科尔莫戈洛夫（Fokker-Planck-Kolmogorov，FPK）法，通过求解FPK方程可以得到响应在所有时刻的概率密度函数，但是FPK方程是一个抛物线型的变系数偏微分方程，只有少数问题可以得到方程的精确解，大多数工程问题只能求近似解析解或数值解。FPK方程的近似与数值解法主要有迭代法、伽辽金法、有限元法、路径积分法、随机平均法、等效线性化法、统计截断法等。

在传动部件随机振动方面也有大量的研究成果，莫（Mo）和奈斯（Naess）在齿轮系统的驱动力上添加一个小的随机扰动，利用路径积分法得到了随机扰动下响应过程的概率密度函数。温（Wen）等建立了考虑时变啮合刚度和齿侧间隙的齿轮随机动力学方程，利用路径积分法得到了齿轮在随机载荷激励下的响应特征，结果与蒙特卡洛法得到的结果吻合。杨（Yang）等采用纽马克法研究了渐开线直齿轮的随机振动问题，得到了响应的协方差矩阵。杨（Yang）采用随机纽马克法研究了齿轮传动链在随机激励下的响应，所提出的随机动力学模型可以包含侧隙非线性。方（Fang）等建立了考虑时变啮合刚度、侧隙、滑动摩擦及外界随机载荷的齿轮动力学模型，研究了外界随机激励和摩擦对齿轮动态特性的影响。陈会涛等对承受随机风载的风力发电机行星齿轮系统进行了研究，得到了响应在时域内的统计特征和啮合力的均值响应。刘梦军等基于马尔可夫（Markov）链理论，利用蒙特卡洛法得到了系统的转移概率矩阵，研究了齿轮非线性系统在随机外激励作用下的全局动力学特性。王铭铭等通过纽马克积分法求解计算得到随机风载下风电齿轮传动系统高速级轴承处的时变载荷与转速，研究了随机风载条件下高速级轴承的动态接触力、接触应力以及质心轨迹等方面的变化规律。赵峰等基于纽马克法对动力学响应进行数值计算，研究了船舶推进轴系在随机激励下的系统响应。

在考虑参数不确定性、随机载荷的齿轮和轴承动力学研究方面，学者们已经进行了大量的研究，深入探究了传动系统在随机因素作用下的动力学行为。机械传动部件的润滑同样受到其自身参数和外部激励不确定性的影响；然而，由于缺乏考虑不确定性的润滑特性评估模型，相关理论和方法不够成熟，该领域的研究成果相对较少，尚需进一步研究。

1.3.3 齿轮和轴承可靠性研究

结构可靠性是指结构在规定时间内和规定条件下完成预定功能的能力，结构在规定时间内和规定条件下完成预定功能的概率，称为结构可靠度。可靠性研究始于20世纪20年代，"二战"之后美国航空委员会开始将可靠性技术应用于飞机故障率的研究中。弗罗伊登塔尔（Freudenthal）在1947年发表了题为"结构的安全性"的论文，标志着可靠性理论正式形成，为可靠性研究奠定了基础。经过近一个世纪的发展，可靠性理论逐渐成熟，并形成以抽样法、展开法、代理模型法、数值积分法、最大可能点方法等为代表的多种可靠性分析方法。

本书考虑参数不确定的齿轮可靠性属于静态可靠性问题，静态可靠性是可靠性研究的基础，相关理论和方法较为成熟。静态可靠性分析可将不确定参数考虑为随机变量，不考虑结构性能随时间的变化及外部激励的随机性。在实际工程中有广泛的应用，例如，吴（Wu）等将工业机器人臂长考虑为随机变量，利用矩方法研究了工业机器人的定位精度可靠性。杨（Yang）等提出了一种改进的先进均值方法，基于该方法对某旋转矢量（Rotary Vector，RV）减速器进行了可靠性优化，优化后RV减速器在保证可靠性的同时重量明显减小。赵军和陶友瑞利用响应面和子集模拟法对滑动轴承的可靠性进行了评估。考虑外部激励不确定性的系统可靠性是动态可靠性问题，目前动态可靠性分析主要基于随机方法，动态可靠性研究内容主要包括随时间变化的瞬时可靠度、考虑累计影响的时间累积可靠度和以穿越率为基础的统计可靠度，这些都是基于首次穿越破坏而提出的。瑞斯（Rice）是首次穿越问题的最早研究者，他假设各次穿越相互独立，得出了给定时间内穿越次数及其期望，为首次穿越问题提供了基础。科尔曼（Coleman）假设在给定时间内穿越次数是一个泊松过程，得到了首次穿越损坏时间的均值和方差。但是窄带过程每次穿越并不独立，因此，普勒蒙（Preumont）和范马克（Vanmarcke）对基于泊松过程的首次穿越方法进行了修正。

在齿轮可靠性研究方面，王倩倩等建立了考虑随机参数和载荷的齿轮系统模型，针对齿轮非线性随机振动位移进行了可靠性分析。周笛基于鞍点近似法研究了采煤机齿轮传动系统的动态强度可靠性。黄（Huang）等提出了一种评估齿轮系统运动精度可靠性的方法，应用鞍点近似法得到了传递误差的概率密度函数（Probability Density Function，PDF）和累积分布函数。胡（Hu）等分别使用响应面法和人工神经网络得到了弹流润滑下的渐开线齿轮的疲劳可靠性。李（Li）等建立了直升机行星轮系的可靠性预测模型。孙志礼和袁哲用齿轮一个周期的振幅大小来评价齿轮的可靠性，研究表明齿轮响应进入混沌状态时，随机参数齿轮系统容易失效。秦大同等运用应力-强度干涉理论研究了风力发电机齿轮传动系统在随机风载下的可靠性问题。齿轮的磨损会造成传递效率和精度的降低，而有效的润滑可以降低磨损，所以对齿轮润滑及磨损可靠性的研究至关重要。裴（Pei）等研究了齿轮系统在随机载荷作用下润滑与磨损可靠性问题。袁（Yuan）等采用非平稳随机过程刻画齿轮副齿面磨损深度，采用穿越法结合可靠性试验对齿轮磨损的可靠性进行了评估。朱等人利用基于神经网络的埃奇沃斯级数（Edgeworth series）获得了直齿轮副的时间相关磨损可靠性四矩法以及基于克里金的蒙特卡罗方法模拟方法。

随着工程实际对轴承寿命和可靠性要求的提高，涌现出大量轴承系统可靠性方面的研究工作。著名的轴承制造商如瑞典斯凯孚公司、日本恩梯恩公司及德国舍弗勒公司等都开发了特有的轴承可靠性分析工具。众多学者采用韦布尔（Weibull）分布理论建立了轴承可靠性分析方法，如费雷拉（Ferreira）等针对矿车轴承故障率较高的问题，采用三参数韦布尔分布表征轴承失效分布建立了轴承可靠性分析方法，该方法能够直接控制在轴承失效中发挥作用的静态载荷、轴承转速、动态载荷和结构的振动响应等参数特征，相比轴承制造商的标准程序具有更高的灵活性。利姆（Lim）等通过估计韦布尔曲线方程和概率损伤模型的置信下限改进了轴承可靠性的评估方法，通过评估轴承可靠性优化了直升机变速箱轴承的更换间隔时间。付（Fu）等采用相关系数优化方法求解了韦布尔分布的参数，在此基础上建立了风机轴承的可靠性分析模型，为风机轴承的预测性维护提供了理论指导。韦布尔分布在轴承可靠性评估中得到了广泛的应用，然而当轴承失效数据的分布较为复杂时，基于韦布尔分布的轴承可靠性分析精度会显著降低，为了改进此问题，学者们做了大量工作。夏（Xia）等基于最大熵概率分布建立了轴承可靠性分析模型，研究表明，当存在未知概率分布的先验信息或趋势时，该方法比基于韦布尔分布的轴承可靠性分析方法更加精确。黄等采用应力-强度干涉理论建立了轴承可靠性评估模型，研究了摩擦热效应对轴承可靠性的影响规律。温等基于非线性维纳（Wiener）过程模型，考虑材料、负载、环境和传感器等多种来源的不确定性所引起退化路径的随机性，提出了一种轴承剩余使用寿命的预测方法，试验结果表明该方法比指数模型和线性模型具有更高的预测精度。然而，长寿命轴承（如风机主轴承）的可靠性数据不足，采用常规的可靠性分析方法可能会使结果产生偏差。针对这一问题，李等通过构建额外的时间相关状态转移概率矩阵,建立了退化-隐马尔科夫模型,实现了基于小样本数据的轴承可靠性评估。

由于摩擦学对轴承寿命和可靠性有关键影响,因此学者们在轴承磨损和润滑可靠性方面也进行了一些研究。石莹等将轴承的径向载荷假设为符合正态分布的随机变量,建立了轴承磨损及可靠性寿命的数值仿真模型,采用随机抽样的方法研究了轴承的磨损寿命分布,分析结果表明轴承的磨损寿命服从三参数的韦布尔分布。段宏等针对沉降离心机轴承故障率高的问题,建立轴承磨损可靠性分析模型,灵敏度分析表明表面粗糙度和摩擦系数是影响磨损量的两大因素,对轴承进行可靠性优化设计,降低了轴承的磨损量,延长了轴承使用寿命。卢昊等考虑轴承振动系统参数和结构尺寸的不确定性,研究了矿井提升机主轴承的振动磨损可靠性问题,求解了轴承振动磨损的时变可靠度,结果表明轴承系统的振动会加剧磨损可靠性的退化过程。李云鹤等建立了轴承的磨损深度函数模型和磨损深度概率分布函数,采用磨损深度的一阶原点矩和二阶中心矩建立了轴承磨损可靠性模型,分析了轴承工作时长、载荷、转速对磨损可靠性的影响规律。陶(Tao)等采用首次穿越法和一阶可靠性法提出了一种轴承润滑可靠性评估方法,求解了随时间变化的轴承润滑可靠度,分析了随机转速、载荷以及时变参数对轴承润滑可靠性的影响。赵军针对振动环境中轴承的自然退化和随机冲击引起的竞争失效问题,建立了一种轴承冲击与退化的可靠性分析模型,研究了冲击强度对轴承可靠度退化的影响规律,采用广义应力-强度干涉理论计算了轴承的润滑失效概率。戴铭阳基于响应面法和首次穿越法提出了一种考虑微极流体的轴承润滑时变可靠性分析方法,研究结果表明润滑可靠性在轴承磨合初期有所提高,通过结构优化设计提高了轴承的润滑可靠性。曹亮等将最小膜厚作为轴承润滑可靠性的约束条件,采用遗传算法对轴承的润滑膜厚进行了多目标优化,有效地提高了轴承的润滑膜厚。吴(Wu)等提出了风电主轴承润滑可靠性建模方法,研究了随机工况下主轴承的润滑可靠性问题。王洲等提出风电齿轮箱滑动轴承润滑可靠性分析方法,研究了起动过程和停机过程中齿轮箱滑动轴承的润滑性能,结果表明停机工况磨损风险高于起动工况。

学者们已经从传动系统的可靠性建模、剩余寿命评估以及磨损和润滑可靠性等多方面进行了深入的研究,有效地提高了传动系统的可靠性。传动系统在工程实际中的工况多变,润滑状态复杂,难以用一个确定的函数进行描述,以上传动系统可靠性方面的研究,尤其是润滑可靠性方面的研究为随机工况下传动系统的润滑研究提供了有价值的参考。

1.4 本书主要内容

针对传动部件弹流润滑建模和可靠性研究中存在的问题,本书丰富了混合弹流润滑理论,提出润滑可靠性建模理论,并阐述其在考虑参数和外部载荷不确定性情况下齿轮润滑可靠性分析，载荷和转速不确定情况下轴承润滑可靠性分析，以及润滑可靠性建模理论在服役工况下轴承润滑分析中的实际应用。本书内容具体如下：

（1）混合弹流润滑基础理论。针对工程中粗糙表面润滑的非牛顿特性和表面高度的非高斯性，提出非牛顿平均流量理论，讨论润滑脂的流变参数、表面形貌的方向性、膜厚比及接触表面的弹性变形对流量系数的影响规律，拟合非牛顿压力流量系数和剪切流量系数的经验公式；发展非牛顿流体混合弹流润滑理论和非高斯表面混合弹流润滑理论，提出非牛顿流体和非高斯表面的润滑状态预测模型。

（2）润滑可靠性建模理论。介绍可靠性理论并提出润滑可靠性建模理论。首先，对可靠性和时变可靠性的一些概念、理论及方法做简要的介绍。之后，引入润滑状态和膜厚比的概念，结合可靠性和润滑状态给出润滑可靠性的定义，在此基础上分别建立齿轮和轴承的润滑可靠性模型。

（3）考虑参数不确定性的齿轮润滑可靠性分析。针对齿轮自身结构参数（材料、加工误差、安装误差等）具有的不确定性，提出可考虑齿轮结构不确定性的润滑可靠性分析方法。为求解齿轮的啮合过程中的最小膜厚，建立考虑时变啮合刚度、侧隙和静态传递误差的齿轮动力学模型，求解齿轮的动态啮合力；基于齿轮几何和运动学分析获取接触的等效曲率半径和润滑卷吸速度。假设齿轮结构参数为服从高斯分布的随机变量，建立齿轮润滑静态可靠性模型。采用蒙特卡洛数值模拟法得到齿轮响应、啮合力、等效曲率半径、卷吸速度和最小膜厚的概率分布，并求解各啮合点的润滑可靠度。设计齿轮磨损试验并获得不同磨损阶段的齿面粗糙度，进一步获得齿轮润滑可靠度随磨损的演化规律。

（4）考虑外部载荷不确定性的齿轮润滑可靠性分析。针对齿轮在某些场合所受的载荷具有不确定性的特点，提出了不确定外部载荷激励下齿轮润滑瞬时可靠性分析方法。将不确定外部激励分解为确定载荷与高斯白噪声的组合，建立齿轮系统的随机动力学模型，采用随机Newmark法求解动力学方程，得到齿轮响应的统计特征，进一步获得了啮合力的均值和方差函数。结合润滑可靠性定义和最小膜厚公式，建立随机外部载荷激励下齿轮润滑瞬时可靠性模型，运用改进一次二阶矩法求解齿轮润滑的瞬时可靠度，并获得了不同磨损阶段的齿轮润滑瞬时失效概率。

（5）载荷和转速不确定情况下轴承润滑可靠性分析。针对工程实际中轴承工况存在大量不确定性，采用传统的润滑分析方法难以对轴承润滑做出合理评价的问题，提出随机载荷和转速下轴承润滑可靠性评估方法。以风机主轴承为例，通过随机湍流风场模拟生成三维风场离散网格点处风速矢量，采用气动弹性模拟获取轮毂处的载荷和主轴转速。采用传动系统平衡模型和轴承分析模型，确定主轴承的工况条件。建立主轴承润滑可靠性模型，从风机整机层级评估随机风场中主轴承的润滑可靠性，研究随机工况对主轴承润滑可靠性的影响规律，拟合获得主轴承润滑失效概率公式。

（6）工程实际中的轴承润滑可靠性问题。针对工程中服役状态下轴承的运行工况难以确定，轴承的真实润滑状态不易获取的难题，以风机主轴承为例，介绍轴承润滑可靠性的工程应用，阐述了获取服役状态下轴承润滑性能及可靠性的基本流程。通过数据采集与监视控制（Supervisory Control And Data Acquisition）系统获取风机的实际气象条件和运行状态，采用随机湍流风场模拟和气动弹性模拟进行复现，并根据监测数据集验证模拟结果的准确性。通过直驱式传动系统分析和主轴承分析确定主轴承的服役状态，研究主轴承在实测服役工况下的润滑性能和可靠性，对润滑脂选型提供了合理的建议。

本书通过讨论润滑可靠性基础理论及其在工程中的应用，较完整地形成考虑不确定性的传动部件润滑可靠性分析基本流程，本书主要内容及结构如图1-1所示。本书研究内容可分为两大部分：润滑可靠性基础理论和润滑可靠性应用。上篇是下篇的理论基础，主要包括混合弹流润滑基础理论和润滑可靠性建模理论。其中，非牛顿平均流量理论和经典平均流量理论，为非牛顿流体混合弹流润滑和非高斯表面混合弹流润滑提供了建模基础；非牛顿流体和非高斯表面的混合弹流

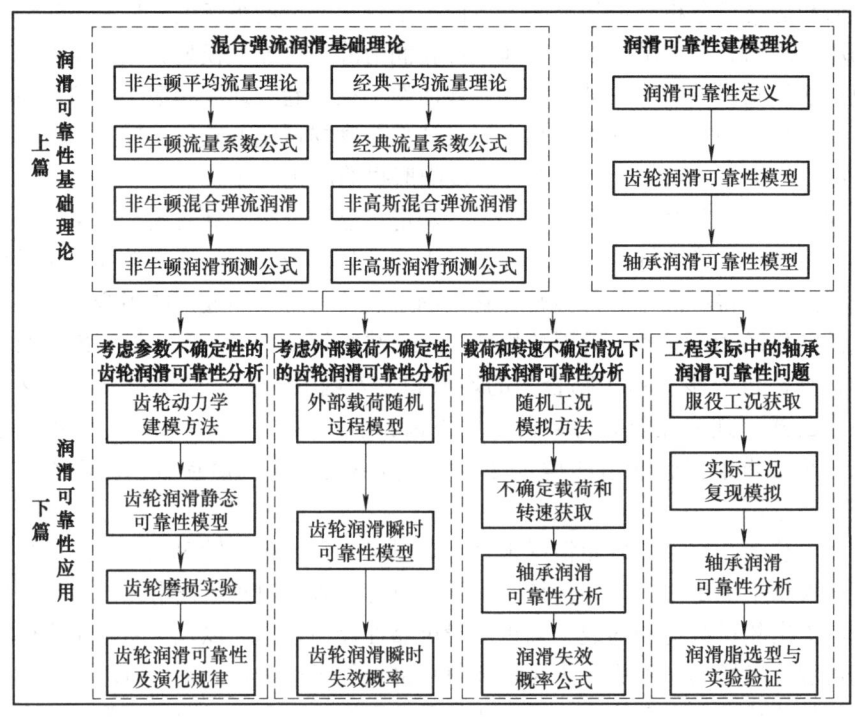

图1-1　本书主要内容及结构

润滑膜厚预测公式为下篇润滑可靠性应用中的研究提供了有力工具；润滑可靠性建模理论奠定了下篇内容中各项研究的理论基础。下篇润滑可靠性应用主要包括考虑参数不确定性的齿轮润滑可靠性分析、考虑外部载荷不确定性的齿轮润滑可靠性分析、载荷和转速不确定情况下的轴承润滑可靠性分析和工程实际中的轴承润滑可靠性分析，是润滑可靠性基础理论在齿轮和轴承传动中的具体应用。

  本书讨论的内容是工程中传动部件摩擦学领域基础性的共性关键技术，为实现产品研发过程中的方案评价及工程中的润滑性能评估奠定重要基础，在含有不确定性的高端机床、工程机械、国防特种装备、车辆工程、航空航天等领域有广泛的应用前景。

上篇
润滑可靠性基础理论

第 2 章 混合弹流润滑基础理论

2.1 引言

齿轮和轴承工作时接触区产生的压力很高，在其润滑性能研究中需考虑接触表面的弹性变形和润滑剂的流变性能，这种同时考虑了接触表面弹性变形和润滑剂流变性能的润滑问题称为弹性流体润滑。该领域涌现了大量国内外优秀学者，研究内容不断扩展，润滑剂从牛顿流体发展到非牛顿流体，接触表面从光滑表面发展到粗糙表面，从等温弹流润滑发展到热弹流润滑，从稳态弹流润滑发展到了瞬态弹流润滑。

齿轮和轴承经常处于混合润滑状态，润滑油膜过薄导致的接触表面的粗糙峰直接接触是造成齿轮和轴承磨损、点蚀、胶合等表面故障的主要原因，所以混合润滑研究一直吸引着大量的研究者。混合润滑的研究方法主要有确定性建模方法和不确定性建模方法。确定性建模方法在研究齿轮或轴承在工作中不同接触位置润滑状态或润滑状态的演化规律时，需要反复更新粗糙表面，计算量较大。不确定性建模方法不需要生成或测量粗糙表面，只需粗糙表面的粗糙度参数即可求解润滑状态。但是，帕蒂尔和程的平均流量模型是以润滑油的流变特性为基础推导而来的，在轴承润滑中主要使用的是润滑脂，对于润滑脂等非牛顿流体来说，帕蒂尔和程的模型并不适用。另外，现有平均流量模型大多假设粗糙表面服从高斯分布，然而工程中大多数齿轮、轴承的接触表面并非高斯表面，且在使用过程中表面形貌不断变化，现有的平均流量模型同样不适用。所以，本书作者提出了适用于非牛顿流体和非高斯表面的混合润滑研究方法，这与齿轮和轴承的润滑可靠性研究密切相关，本章将详细地介绍。

2.2 经典平均流量理论

考虑了摩擦副表面的粗糙度效应，帕蒂尔和程提出了著名的平均流量模型。其基本思想是通过求解平均流动模型量化摩擦接触区域内的粗糙度效应，根据流量系数推导粗糙表面接触的平均雷诺方程。虽然此经典平均流量理论最初是针对流体动力润滑提出的，但后来在混合弹流润滑领域被广泛采用，产生了深远影响。本节将从基础理论、建模、流量系数公式等几个方面，对经典平均流量理论进行介绍。

2.2.1 经典平均流量模型

本小节简要介绍平均雷诺方程的推导过程，主要包括经典平均流量模型的建模、经典平均流量系数的推导、无量纲化、详细的求解过程以及公开的程序。

1. 刚体接触膜厚

在宏观上看似光滑的接触表面，放在显微镜下观察其实并不光滑，摩擦副的真实表面具有不规则的粗糙峰和粗糙谷。两粗糙表面的间隔和膜厚示意图如图2-1所示，两条虚线分别表示两个粗糙表面的平均高度，它们之间的间隔被称作名义膜厚h，定义为两个接触表面平均高度间的距离。由图2-1可知，表面微凸体的存在可能会增大或减小粗糙表面之间的局部间隔。当考虑到接触表面存在的这些微凸体时，两个粗糙表面之间在局部的实际间隔被称作局部膜厚，其定义为：

$$h_\mathrm{T} = h + \delta_1 + \delta_2 \tag{2-1}$$

式中，δ_1和δ_2分别是接触表面1和接触表面2的随机粗糙度幅度（m），其幅度从粗糙表面的平均高度测量得到。

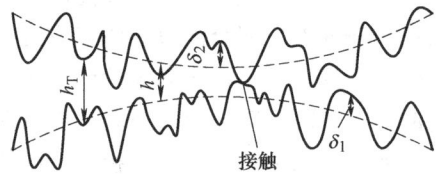

图2-1 两粗糙表面的间隔和膜厚示意图

δ_1和δ_2具有零均值，将它们的标准差分别记作σ_1和σ_2。将$\delta = \delta_1 + \delta_2$定义为综合粗糙度，综合粗糙度$\delta$的标准差称作综合均方根（Root Mean Square，RMS）粗糙度，具有如下表达式：

$$\sigma = \sqrt{\sigma_1^2 + \sigma_2^2} \tag{2-2}$$

帕蒂尔提出了通过随机矩阵的线性变换生成表面粗糙度的方法，本书中δ_1和δ_2的生成采用相同的方法。虽然该方法并不局限于高斯表面假设，但此处假设粗糙表面高度服从高斯分布。粗糙表面形貌的方向性可以采用表面特征参数γ来描述，其定义为x和y方向自相关长度的比值，如式（2-3）所示。γ可以被视作接触表面上微凸体的长宽比，对具有横向、各向同性和纵向形貌的粗糙表面，γ的取值分别为0、1和∞。

第 2 章 混合弹流润滑基础理论

$$\gamma = \frac{\lambda_{0.5}^x}{\lambda_{0.5}^y} \quad (2-3)$$

式中，$\lambda_{0.5}$是表面轮廓的自相关函数减小至其初始值的50%时所经历的距离（m）。

2. 平均雷诺方程

对于等温不可压缩润滑剂，流体动力润滑满足如下雷诺方程：

$$\frac{\partial}{\partial x}\left(\frac{h_{\mathrm{T}}^3}{12\mu}\frac{\partial p_{\mathrm{h}}}{\partial x}\right) + \frac{\partial}{\partial y}\left(\frac{h_{\mathrm{T}}^3}{12\mu}\frac{\partial p_{\mathrm{h}}}{\partial y}\right) = \frac{U_1 + U_2}{2}\frac{\partial h_{\mathrm{T}}}{\partial x} + \frac{\partial h_{\mathrm{T}}}{\partial t} \quad (2-4)$$

式中，h_{T}是局部膜厚（m）；U_1和U_2分别是两个摩擦表面在接触点处的线速度（m/s）；p_{h}是流体动压（Pa）；t是时间（s）。

由于h_{T}是随机的，因此接触区域内的局部压力也是一个随机的量。为了得到接触区域内的平均压力水平，需要建立平均雷诺方程。首先，将两个摩擦表面间的接触区域近似看作由许多小的矩形单元组成，每个矩形单元的面积是$\Delta x \Delta y$，如图2-2所示。假设每个矩形单元的高度h_{T}在其内部保持不变，而δ_1和δ_2是随机变化的。当矩形单元的面积$\Delta x \Delta y$足够小时，所有矩形单元组成的整体就非常接近实际的接触区域。因此，与摩擦表面间的接触区域相比，矩形单元的面积应足够小。其次，矩形单元内部的表面粗糙度需要具有代表性，统计参数应与整个接触区域的表面粗糙度相同，这就要求矩形单元内部能够容纳足够数量的粗糙峰。因此，还需假设矩形单元的面积足够大。

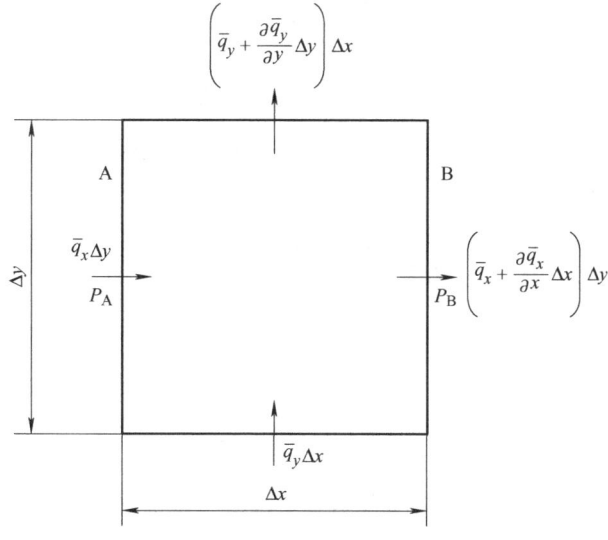

图 2-2 矩形单元内的流量

如图2-2所示，将矩形单元单位边长的体积流量称作单位流量，矩形单元内同

时具有 x 和 y 两个方向的单位流量，分别记作 q_x 和 q_y：

$$q_x = -\frac{h_\mathrm{T}^3}{12\mu}\frac{\partial p_\mathrm{h}}{\partial x} + \frac{U_1+U_2}{2}h_\mathrm{T} \tag{2-5}$$

$$q_y = -\frac{h_\mathrm{T}^3}{12\mu}\frac{\partial p_\mathrm{h}}{\partial y} \tag{2-6}$$

进入矩形单元内的平均流量为：

$$\overline{q}_x = \frac{1}{\Delta y}\int_y^{y+\Delta y} q_x \mathrm{d}y = \frac{1}{\Delta y}\int_y^{y+\Delta y}\left(-\frac{h_\mathrm{T}^3}{12\mu}\frac{\partial p_\mathrm{h}}{\partial x} + \frac{U_1+U_2}{2}h_\mathrm{T}\right)\mathrm{d}y \tag{2-7}$$

$$\overline{q}_y = \frac{1}{\Delta x}\int_x^{x+\Delta x} q_y \mathrm{d}x = \frac{1}{\Delta x}\int_x^{x+\Delta x}\left(-\frac{h_\mathrm{T}^3}{12\mu}\frac{\partial p_\mathrm{h}}{\partial y}\right)\mathrm{d}x \tag{2-8}$$

定义压力流量系数 ϕ_x 和 ϕ_y，剪切流量系数 ϕ_s，则平均单位流量又可以表示为：

$$\overline{q}_x = -\phi_x\frac{h^3}{12\mu}\frac{\partial \overline{p}_\mathrm{h}}{\partial x} + \frac{U_1+U_2}{2}\overline{h}_\mathrm{T} + \frac{U_1-U_2}{2}\sigma\phi_s \tag{2-9}$$

$$\overline{q}_y = -\phi_y\frac{h^3}{12\mu}\frac{\partial \overline{p}_\mathrm{h}}{\partial y} \tag{2-10}$$

式中，$\overline{p}_\mathrm{h}$ 是矩形单元内的平均动压（Pa）；ϕ_x 和 ϕ_y 分别是 x 和 y 方向粗糙表面平均压力流量和光滑表面平均压力流量之比；ϕ_s 是两个接触表面之间的相对滑动所额外输送的流量。

在之前的假设中，矩形单元内部容纳有足够数量的粗糙峰，那么 $\overline{q}_x$ 和 $\overline{q}_y$ 仍然是随机量。当 $\overline{q}_x$ 和 $\overline{q}_y$ 离散程度较小时，ϕ_x、ϕ_y 和 ϕ_s 也具有较小的方差。在矩形单元内具有平均流量平衡关系：

$$\left(\overline{q}_x + \frac{\partial \overline{q}_x}{\partial x}\Delta x\right)\Delta y - \overline{q}_x\Delta y + \left(\overline{q}_y + \frac{\partial \overline{q}_y}{\partial y}\Delta y\right)\Delta x - \overline{q}_x\Delta x = -\Delta x\Delta y\frac{\partial \overline{h}_\mathrm{T}}{\partial t} \tag{2-11}$$

或表示为：

$$\frac{\partial \overline{q}_x}{\partial x} + \frac{\partial \overline{q}_y}{\partial y} = -\frac{\partial \overline{h}_\mathrm{T}}{\partial t} \tag{2-12}$$

将式（2-9）和式（2-10）代入式（2-12），可以得到平均雷诺方程：

$$\frac{\partial}{\partial x}\left(-\phi_x\frac{h^3}{12\mu}\frac{\partial \overline{p}_\mathrm{h}}{\partial x}\right) + \frac{\partial}{\partial y}\left(-\phi_y\frac{h^3}{12\mu}\frac{\partial \overline{p}_\mathrm{h}}{\partial y}\right) = \frac{U_1+U_2}{2}\frac{\partial \overline{h}_\mathrm{T}}{\partial x} + \frac{U_1-U_2}{2}\sigma\frac{\partial \phi_s}{\partial x} + \frac{\partial \overline{h}_\mathrm{T}}{\partial t} \tag{2-13}$$

2.2.2 经典平均流量系数

本小节介绍压力流量系数和剪切流量系数的推导过程、流量系数求解模型和经典流量系数公式。

1. 压力流量系数

对于每个具有给定粗糙度结构的矩形单元,可以通过在边界上施加任意的压力梯度,采用数值方法求解粗糙表面的压力流量,然后计算粗糙表面和光滑表面压力流量的比值,即可得到压力流量系数。为了获得压力流量系数 ϕ_x,帕蒂尔和程建立了如图2-3所示的计算模型:

$$\frac{\partial}{\partial x}\left(\frac{h^3}{12\mu}\frac{\partial p_\mathrm{h}}{\partial x}\right)+\frac{\partial}{\partial y}\left(\frac{h^3}{12\mu}\frac{\partial p_\mathrm{h}}{\partial y}\right)=u\frac{\partial h_\mathrm{T}}{\partial x}+\frac{\partial h_\mathrm{T}}{\partial t} \quad (2\text{-}14)$$

边界条件为:

$$\begin{cases} p_{\mathrm{h}x=0}=p_A \\ p_{\mathrm{h}x=L_x}=p_B \\ \dfrac{\partial p_\mathrm{h}}{\partial y}=0 \quad y=0, y=L_y \\ \text{接触点无流量} \end{cases} \quad (2\text{-}15)$$

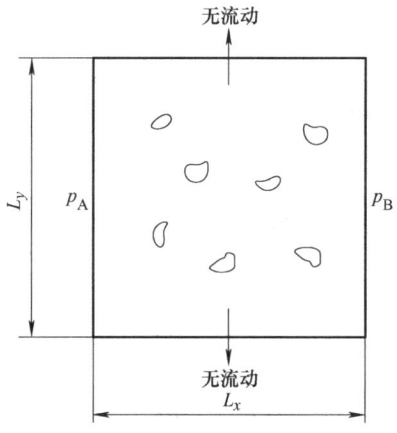

图 2-3 流量系数求解模型

由于式(2-1)和式(2-14)中的 h 是一个常量,因此式(2-14)的右侧可以写作:

$$u\frac{\partial h_\mathrm{T}}{\partial x}+\frac{\partial h_\mathrm{T}}{\partial t}=u\frac{\partial(\delta_1+\delta_2)}{\partial x}+\frac{\partial(\delta_1+\delta_2)}{\partial t} \quad (2\text{-}16)$$

由于两个粗糙表面的运动，δ_1 和 δ_2 相对于静止的参考平面具有时间依赖性，从而使局部膜厚 h_T 也具有了对于时间的依赖性，这种时间依赖性可以表示为：

$$\delta_i = \delta_i(x - ut, y) \qquad i = 1, 2 \qquad (2\text{-}17)$$

由式（2-17）可得：

$$\frac{\partial \delta_i}{\partial t} = -u \frac{\partial \delta_i}{\partial x} \qquad i = 1, 2 \qquad (2\text{-}18)$$

因此，式（2-14）右侧的两项可以消掉，进而写作：

$$\frac{\partial}{\partial x}\left(\frac{h^3}{12\mu}\frac{\partial p_h}{\partial x}\right) + \frac{\partial}{\partial y}\left(\frac{h^3}{12\mu}\frac{\partial p_h}{\partial y}\right) = 0 \qquad (2\text{-}19)$$

采用有限差分法求解计算模型式（2-15）和式（2-19）后可以得到矩形内的压力分布，通过式（2-7）计算得到 x 方向的平均压力流量，然后再采用式（2-9）推导得到 ϕ_x。ϕ_x 的表达式为式（2-20）。ϕ_y 的计算流程类似，在此不再赘述。

$$\phi_x = \frac{\dfrac{1}{L_y}\displaystyle\int_0^{L_y}\left(\dfrac{h_T^3}{12\mu}\dfrac{\partial p_h}{\partial x}\right)\mathrm{d}y}{\dfrac{h^3}{12\mu}\dfrac{\overline{\partial p_h}}{\partial x}} \qquad (2\text{-}20)$$

式中，$\overline{\partial p_h}/\partial x = (p_B - p_A)/L_x$。

2. 剪切流量系数

两个摩擦表面的相对滑动会引起剪切流量，帕蒂尔和程忽略空化的影响，建立了如图2-3用于求解剪切流量系数 ϕ_s 的计算模型：

$$\frac{\partial}{\partial x}\left(\frac{h^3}{12\mu}\frac{\partial p_h}{\partial x}\right) + \frac{\partial}{\partial y}\left(\frac{h^3}{12\mu}\frac{\partial p_h}{\partial y}\right) = \frac{\partial h_T}{\partial t} \qquad (2\text{-}21)$$

边界条件为：

$$\begin{cases} p_{h\,x=0} = p_A \\ p_{h\,x=L_x} = p_A \\ \text{接触点无流量} \end{cases} \qquad (2\text{-}22)$$

采用有限差分法求解计算模型后可以得到矩形单元内的压力分布，表面粗糙度的滑动会产生净流量：

$$\overline{q}_x = E\left(-\frac{h_T^3}{12\mu}\frac{\partial p_h}{\partial x}\right) = \frac{1}{L_x L_y}\int_0^{L_y}\int_0^{L_x}\left(-\frac{h_T^3}{12\mu}\frac{\partial p_h}{\partial x}\right)\mathrm{d}x\mathrm{d}y \qquad (2\text{-}23)$$

由于边界条件设置矩形单元内的压力梯度为0，而且接触表面间不存在滚动，因此式（2-23）等价于由滑动所额外输送的流量。因此，ϕ_s 可表示为：

$$\phi_s = \frac{2}{u\sigma}\bar{q}_x = \frac{2}{u\sigma}E\left(-\frac{h_T^3}{12\mu}\frac{\partial p_h}{\partial x}\right) \tag{2-24}$$

帕蒂尔和程指出，为了保证流量系数的计算精度，需要采用多组具有相同统计特征的粗糙度进行多次求解，取多组计算结果的均值作为最终的流量系数。

3. 经典流量系数公式

为了便于应用，帕蒂尔和程将流量系数的模拟结果进行拟合，提出了经典流量系数公式。

对于各向同性表面：

$$\phi_x = 1 - 0.9\mathrm{e}^{-0.56H} \tag{2-25}$$

$$\phi_s = \begin{cases} A_1 H^{\alpha_1}\mathrm{e}^{-\alpha_2 H + \alpha_3 H^2} & 0.5 < H \leqslant 5 \\ A_2 \mathrm{e}^{-0.25H} & 5 < H \end{cases} \tag{2-26}$$

式（2-26）中的系数如表2-1所示。

表2-1 式（2-26）中的系数

γ	A_1	α_1	α_2	α_3	A_2
1/9	2.046	1.12	0.78	0.03	1.856
1/6	1.962	1.08	0.77	0.03	1.754
1/3	1.858	1.01	0.76	0.03	1.561
1	1.899	0.98	0.92	0.05	1.126
3	1.560	0.85	1.13	0.08	0.556
6	1.290	0.62	1.09	0.08	0.388
9	1.011	0.54	1.07	0.08	0.295

横向表面和纵向表面的经典流量系数可查阅相关资料。目前，研究人员已经将经典平均流量理论扩展至弹性接触、非高斯表面、纳维-斯托克斯流体问题等领域，感兴趣的读者可参考相关工作，此处不再赘述。

2.3 适用于非牛顿流体的平均流量理论

经典的平均流量理论是针对牛顿流体提出的，虽然目前已经能够考虑粗糙表面高度的非高斯性、微凸体弹性变形、表面纹理以及微湍流等因素的影响，但是无法描述流体的非牛顿效应。润滑脂是一种在工程实际中具有广泛应用的润滑剂，具有强烈的非牛顿特性，对润滑膜的形成有较大影响，在部件的润滑分析中必须予以考虑。由于经典的平均流量理论无法准确表征非牛顿特性，不适用于脂润滑的随机建模。因此，有必要开发考虑润滑脂非牛顿特性的平均流量模型，为脂润滑的随机建模提供理论基础，有利于完善混合弹流脂润滑分析理论。

为此，本节建立适用于润滑脂的非牛顿平均流量模型，发展适用于非牛顿流体的平均流量理论。采用非牛顿流变模型描述润滑脂的流变性质，根据润滑脂的分层流动模型，推导得到压力流量系数和剪切流量系数的表达式。验证模型准确性后，探讨润滑脂的流变性质和表面形貌的方向性对非牛顿流量系数的影响，拟合仿真结果提出适用于脂润滑的非牛顿压力流量系数和剪切流量系数公式，用于在脂润滑随机建模时可以间接耦合表面形貌效应。

2.3.1 非牛顿流量系数

建立适用于脂润滑的非牛顿流体平均流量模型，是采用随机方法（间接耦合粗糙表面形貌）开展脂润滑分析的关键。因此，需要建立考虑润滑脂非牛顿特性的平均流量模型，并重点确定脂润滑中的压力流量系数和剪切流量系数。首先，利用非牛顿流变模型描述润滑脂的流变性质，考虑脂润滑的分层流动推导得到流量系数的表达式。然后，建立用于求解非牛顿流量系数的计算模型，它由雷诺控制方程、膜厚公式和边界条件组成，求解计算模型后确定压力分布。此外，考虑不同表面形貌结构对流体流动的影响，计算多种润滑脂的平均流量系数，基于数值模拟结果拟合得到流量系数的经验公式，以便应用于脂润滑的随机建模。最后，探讨膜厚比、润滑脂的流变指数和接触表面的弹性变形对非牛顿流量系数的影响规律。

1. 粗糙表面接触等效模型

当接触表面不发生弹性变形或弹性变形较小时，可以采用式（2-1）描述刚性接触的表面间隔和膜厚。然而，当接触压力引起接触表面的粗糙峰及表面基体部分的弹性变形较大而不可忽略时，弹性变形会显著地改变压力流量系数和剪切流量系数的值，最终会对润滑分析的产生影响。此时，必须考虑接触过程中的弹性变形引起的两个表面之间局部间隔的变化。基姆和曹采用影响函数法对两个接触表面进行了三维接触分析，并将两表面之间的接触问题等效建模为弹性粗糙半空间与刚性表面的接触，如图2-4所示。为了在非牛顿流量系数的计算中考虑接触表面的弹性变形效应，采用上述方法分析接触表面在接触过程中的弹性变形行为。

考虑接触表面的弹性变形对表面间隔的改变，两粗糙接触表面之间的局部间

隔可以表示为:

$$h_T(x,y) = s(x,y) + e(x,y) - d \tag{2-27}$$

式中，$s(x,y)$ 是两粗糙表面在接触前的初始间隔（m）；$e(x,y)$ 是两粗糙表面的接触压力所引起的弹性变形（m）；d 是等效模型中刚性平面的整体位移（m）。

在表面微凸体发生直接接触的区域 Ω 中，两表面之间局部间隔和局部膜厚都为0，所以必须满足条件 $h_T(x,y) = 0$。因此，根据布森内斯克解，式（2-27）又可以写作：

$$\iint_\Omega e(x,y)\mathrm{d}x\mathrm{d}y = d - s(x,y) \tag{2-28}$$

上式经过离散后可以写作：

$$K_1 \sum_{n=1}^{N} A_{m,n} P_n = d - s(x,y) \tag{2-29}$$

$$K_1 = (1-v_1^2)\pi E_1 + (1-v_2^2)\pi E_2 \tag{2-30}$$

式中，N 是区域 Ω 中的单元数量；E_1 和 E_2 是弹性模量（Pa）；v 是泊松比；P_n 是施加于 n 点上的接触压力（N）；$A_{m,n}$ 是影响函数，表示作用在 n 点上的单位法向载荷在 m 点处引起的位移（m）。

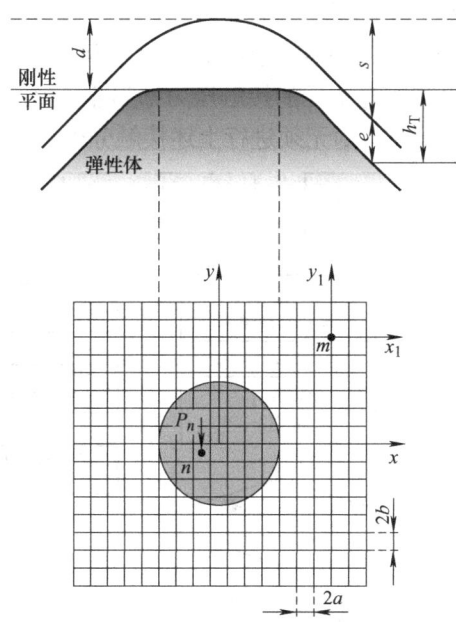

图 2-4 等效接触分析示意图

点接触影响函数的具体形式已由洛夫（Love）给出，如式（2-31）所示：

$$A_{m,n} = (\Delta x_1 + a)\ln\left\{\frac{(\Delta y_1 + b) + \sqrt{(\Delta y_1 + b)^2 + (\Delta x_1 + a)^2}}{(\Delta y_1 - b) + \sqrt{(\Delta y_1 - b)^2 + (\Delta x_1 + a)^2}}\right\} +$$

$$(\Delta y_1 + b)\ln\left\{\frac{(\Delta x_1 + b) + \sqrt{(\Delta y_1 + b)^2 + (\Delta x_1 + a)^2}}{(\Delta x_1 - b) + \sqrt{(\Delta y_1 + b)^2 + (\Delta x_1 - a)^2}}\right\} +$$

$$(\Delta x_1 - a)\ln\left\{\frac{(\Delta y_1 - b) + \sqrt{(\Delta y_1 - b)^2 + (\Delta x_1 - a)^2}}{(\Delta y_1 + b) + \sqrt{(\Delta y_1 + b)^2 + (\Delta x_1 - a)^2}}\right\} +$$

$$(\Delta y_1 - b)\ln\left\{\frac{(\Delta x_1 - a) + \sqrt{(\Delta y_1 - b)^2 + (\Delta x_1 - a)^2}}{(\Delta x_1 + a) + \sqrt{(\Delta y_1 - b)^2 + (\Delta x_1 + a)^2}}\right\} +$$

(2-31)

式中，Δx_1 和 Δy_1 是 n、m 两点在 x 和 y 方向的坐标差（m）；a 和 b 是单元在 x 和 y 方向的长度（m）。

接触区域 Ω 的范围通过使用逆矩阵方法多次迭代求解式（2-29）确定，在求解过程中充分考虑了各个接触点变形的相互作用，从而确定发生接触后表面的真实几何，获得发生接触的单元数量和接触压力分布，求解流程如图2-5所示。首先需要根据膜厚比和粗糙表面的几何轮廓计算 d 值，假设处于接触状态的初始节点；然后通过求解式（2-29）获得压力分布，若存在具有负接触压力的单元则将其接触压力置为0；采用式（2-27）计算得到新的表面几何，通过式（2-29）获得新的压力分布，反复迭代直到所有单元的接触压力都为非负值。如前所述，当不需要考虑粗糙表面的弹性变形时，则无须进行上述接触分析，选用式（2-1）来计算两

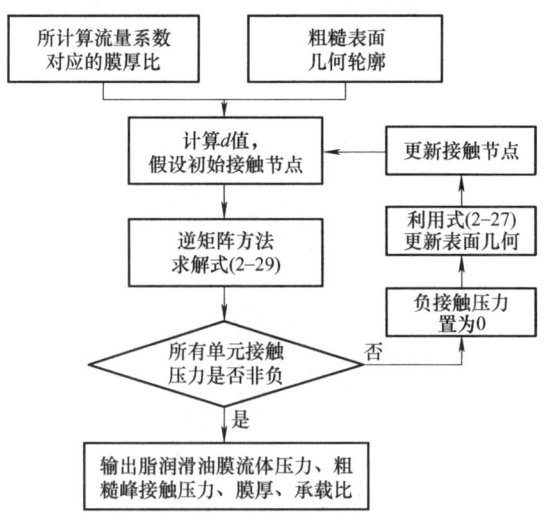

图 2-5 粗糙表面接触变形的求解流程

个刚性粗糙表面之间的局部间隔即可。由于接触表面的弹性变形难以直接测量,因此弹性变形分析结果难以直接验证。不过,弹性变形效应被耦合在流量系数的计算中,因此可以采用最终得到的流量系数对非牛顿平均流量模型进行综合的准确性验证。接触分析结果验证将体现在第 2.3.2 小节中对流量系数的准确性分析中。

2. 润滑脂分层流动模型

当温度和压力保持恒定时,一些低分子量物质(如熔融金属、低分子量无机盐溶液和气体等)在经历简单剪切时,剪切应力 τ 与剪切速率 $\dot{\gamma}$ 表现出正比关系,即动力黏度(定义为剪切应力 τ 与剪切速率 $\dot{\gamma}$ 的比值)保持不变,这些流体被称作牛顿流体。然而,许多在工业中具有广泛应用的物质(如悬浊液、乳液、泥浆、聚合物熔体等)在简单剪切中并不符合剪切应力 τ 与剪切速率 $\dot{\gamma}$ 呈线性关系的假设,与牛顿流体的流变特征不同,因此将这些流体称作非牛顿流体,也叫作非线性流体或复杂流体等。图2-6中显示了牛顿流体以及典型的非牛顿流体类型的剪切应力-剪切速率关系。

在工程实际中具有广泛应用的润滑脂是一种典型的非牛顿流体,为了建立适用于润滑脂的非牛顿平均流量模型,需在流量系数的推导过程中充分考虑润滑脂的非牛顿流变特性。研究人员基于流变试验提出了多种本构方程,能够有效地表征润滑脂的非牛顿流变特性。3种常见的润滑脂流变模型如式(2-32)所示:

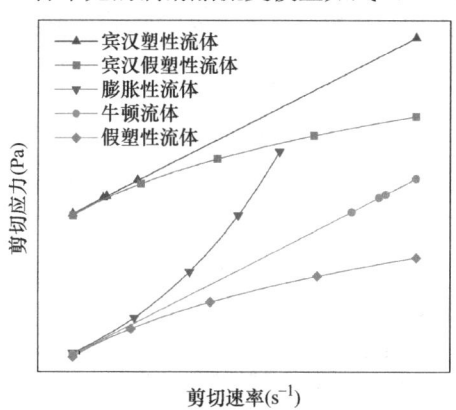

图 2-6　牛顿流体与典型非牛顿流体的流变性质

$$\begin{aligned} \tau &= (\eta_s \dot{\gamma})^n \text{ (奥斯特瓦尔德流变模型)} \\ \tau &= \tau_s + \eta_s \dot{\gamma} \text{ (宾汉流变模型)} \\ \tau &= \tau_s + (\eta_s \dot{\gamma})^n \text{ (赫谢尔-巴克利流变模型)} \end{aligned} \quad (2\text{-}32)$$

式中,τ 是剪切应力(N);τ_s 是屈服剪切应力(N);η_s 是流体黏度(Pa·s);$\dot{\gamma}$ 是剪切速率(s^{-1});n 是流变指数。

流变试验结果表明,赫谢尔-巴克利流变模型相对牛顿流体模型、奥斯特瓦尔德流变模型和宾汉流变模型，能更准确地描述润滑脂的流动表现。当屈服剪切应力或流变指数取值不同时，赫谢尔-巴克利流变模型能够退化为牛顿流体模型、奥斯特瓦尔德流变模型和宾汉流变模型。因此，为了推导得到更加通用的流量系数表达式，本小节中的推导过程基于赫谢尔-巴克利流变模型进行。由式（2-32）中赫谢尔-巴克利流变模型的本构方程可知，由于屈服剪切应力的存在，润滑脂表现出分层流动的特征，在 $\tau \leqslant \tau_s$ 的区域内不存在剪切，形成塞流层，而在 $\tau > \tau_s$ 的区域内则发生了剪切，从而形成剪切流层。图2-7为润滑脂分层流动的示意图，其中阴影部分为塞流层，其余部分为剪切流层。因此，润滑脂的总体积流量 q 为塞流 q_p 和剪切流 q_s 的总和，可以表示为式（2-33）：

$$q = q_p + q_s = u_0 h - \left(\frac{1}{2}\right)^{(n+1)/n} \left(\frac{1}{\phi}\frac{\mathrm{d}p_h}{\mathrm{d}x}\right)^{1/n} (h - h_p)^{(n+1)/n} \frac{n}{2n+1}\left(h + \frac{n}{n+1}h_p\right) \quad (2\text{-}33)$$

式中，$u_0 = (U_1 + U_2)/2$ 是卷吸速度（m/s）；$\phi = \eta_s^n$ 是润滑脂的塑性黏度（Pa·s^n）。

将塞流层的厚度记作 h_p，由赫谢尔-巴克利流变模型可知，有式（2-34）成立：

$$\tau_s = \frac{h_p}{2}\frac{\mathrm{d}p_h}{\mathrm{d}x} \quad (2\text{-}34)$$

将式（2-34）代入式（2-33）并消掉 h_p，即可得到赫谢尔-巴克利型润滑脂的总体积流量表达式（2-35），此式为后续推导非牛顿流量系数的基础。

$$q = u_0 h - \left(\frac{1}{2}\right)^{\frac{n+1}{n}} \left(\frac{1}{\phi}\frac{\mathrm{d}p_h}{\mathrm{d}x}\right)^{\frac{1}{n}} \left[h - 2\tau_s\left(\frac{\mathrm{d}p_h}{\mathrm{d}x}\right)^{-1}\right]^{\frac{n+1}{n}} \frac{n}{2n+1}\left[h + 2\tau_s\frac{n}{n+1}\left(\frac{\mathrm{d}p_h}{\mathrm{d}x}\right)^{-1}\right]$$

$$(2\text{-}35)$$

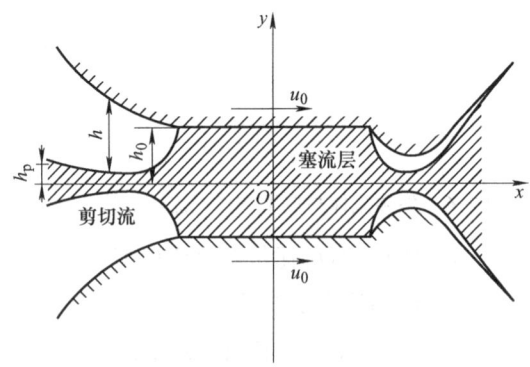

图 2-7 润滑脂分层流动的示意图

3. 非牛顿平均流量系数推导

两个摩擦表面间的接触区域可以近似看作由许多小的矩形单元组成，每个矩形单元的面积是$\Delta x \Delta y$,如图2-2所示。假设每个矩形单元的高度h_T,且在其内部保持不变,而δ_1和δ_2是随机变化的。当矩形单元的面积$\Delta x \Delta y$足够小时,所有矩形单元组成的整体就非常接近实际的接触区域。因此,与摩擦表面间的接触区域相比,矩形单元的面积应足够小。另外,矩形单元内部的表面粗糙度需要具有代表性,统计参数应与整个接触区域的表面粗糙度相同,这就要求矩形单元内部能够容纳足够数量的粗糙峰。因此,还需假设矩形单元的面积足够大。如前所述,如果不考虑接触表面的弹性变形对流量系数的影响,那么h_T可以采用式(2-1)计算得到;当需要考虑接触表面的弹性变形时,则由式(2-27)来计算矩形单元的高度h_T。

帕蒂尔等将润滑油视作牛顿流体,对平均流量模型的建立和流量系数的计算过程进行了详细的介绍,本小节以帕蒂尔等建立的基本流程为基础,建立非牛顿流体的平均流量模型。如图2-2所示,将矩形单元单位边长的体积流量称作单位流量,矩形单元内同时具有x和y两个方向的单位流量,分别记作q_x和q_y。为了建立考虑非牛顿流变特性的平均流量模型,需要得到脂润滑条件下矩形单元的单位体积流量。根据式(2-35),可以求得矩形单元中,润滑脂在x和y两个方向上的单位流量,分别是:

$$q_x = u_0 h_T - \frac{n}{2n+1}\left(\frac{1}{2}\right)^{\frac{n+1}{n}}\left(\frac{1}{\phi}\frac{\partial p_h}{\partial x}\right)^{\frac{1}{n}}\left[h_T - 2\tau_s\left(\frac{\partial p_h}{\partial x}\right)^{-1}\right]^{\frac{n+1}{n}}\left[h_T + 2\tau_s\frac{n}{n+1}\left(\frac{\partial p_h}{\partial x}\right)^{-1}\right]$$

(2-36)

$$q_y = -\frac{n}{2n+1}\left(\frac{1}{2}\right)^{\frac{n+1}{n}}\left(\frac{1}{\phi}\frac{\partial p_h}{\partial y}\right)^{\frac{1}{n}}\left[h_T - 2\tau_s\left(\frac{\partial p_h}{\partial y}\right)^{-1}\right]^{\frac{n+1}{n}}\left[h_T + 2\tau_s\frac{n}{n+1}\left(\frac{\partial p_h}{\partial y}\right)^{-1}\right]$$

(2-37)

式中,h_T是局部膜厚(m);n是润滑脂的流变指数。

由于在矩形单元内的位置不同,润滑油膜的厚度不同,因此局部体积流量q_x和q_y是随机函数。进入矩形单元的平均体积流量$\bar{q}_x$和$\bar{q}_y$可以表示为:

$$\begin{aligned}\bar{q}_x &= \frac{1}{\Delta y}\int_y^{y+\Delta y} q_x \mathrm{d}y \\ &= \frac{1}{\Delta y}\int_y^{y+\Delta y}\left\{u_0 h_T - \frac{n}{2n+1}\left(\frac{1}{2}\right)^{\frac{n+1}{n}}\left(\frac{1}{\phi}\frac{\partial p_h}{\partial x}\right)^{\frac{1}{n}}\right. \\ &\quad \left.\left[h_T - 2\tau_s\left(\frac{\partial p_h}{\partial x}\right)^{-1}\right]^{\frac{n+1}{n}}\left[h_T + 2\tau_s\frac{n}{n+1}\left(\frac{\partial p_h}{\partial x}\right)^{-1}\right]\right\}\mathrm{d}y\end{aligned}$$

(2-38)

$$\bar{q}_y = \frac{1}{\Delta x}\int_x^{x+\Delta y} q_y \mathrm{d}x$$

$$= \frac{1}{\Delta x}\int_x^{x+\Delta x}\left\{-\frac{n}{2n+1}\left(\frac{1}{2}\right)^{\frac{n+1}{n}}\left(\frac{1}{\phi}\frac{\partial p_h}{\partial y}\right)^{\frac{1}{n}}\right. \tag{2-39}$$

$$\left.\left[h_T - 2\tau_s\left(\frac{\partial p_h}{\partial y}\right)^{-1}\right]^{\frac{n+1}{n}}\left[h_T + 2\tau_s\frac{n}{n+1}\left(\frac{\partial p_h}{\partial y}\right)^{-1}\right]\right\}\mathrm{d}x$$

引入帕蒂尔等提出的流量系数的概念，采用压力流量系数 $\phi_{x,y}$ 和剪切流量系数 ϕ_s 改写式（2-38）和式（2-39），那么进入矩形单元的平均体积流量 $\bar{q}_x$ 和 $\bar{q}_y$ 还可以表示成另外一种形式，如式（2-40）和式（2-41）所示。式（2-40）中右侧的3项分别代表由于卷吸速度而输送的流量、平均压力梯度所引起的流量以及粗糙表面相互滑动增加的额外流量。

对于几何形状相同的光滑表面和粗糙表面，流量系数在本质上是这两个表面的平均流量之比。为了得到流量系数，需要建立一个计算模型，如图2-8所示。计算模型由边界条件式（2-42）、膜厚公式[不考虑弹性变形时采用式（2-1），考虑弹性变形时采用式（2-27）]，以及雷诺控制方程耦合组成。压力流量是压力梯度引起的，而剪切流量则是两粗糙表面间的相对滑动引起的。因此，在计算压力流量系数时需要在矩形单元的边界上施加任意的压力梯度，在图2-8中左右两侧边界分别设置不同的压力 P_A 和 P_B；计算剪切流量时，则要保证矩形单元内不存在初始的压力梯度，以使矩形单元内的流量完全由表面间的相对滑动引起，具体的边界条件设置如式（2-42）所示。雷诺控制方程的具体形式，需要依据所采用的润滑脂流变模型而定，这将在第2.3.2节和第2.3.3节中体现。

$$\bar{q}_x = u_0\bar{h}_T - \phi_x\frac{n}{2n+1}\left(\frac{1}{2}\right)^{\frac{n+1}{n}}\left(\frac{1}{\phi}\frac{\partial\bar{p}_h}{\partial x}\right)^{\frac{1}{n}} \tag{2-40}$$

$$\left[\bar{h}_T - 2\tau_s\left(\frac{\partial p_h}{\partial x}\right)^{-1}\right]^{\frac{n+1}{n}}\left[\bar{h}_T + 2\tau_s\frac{n}{n+1}\left(\frac{\partial p_h}{\partial x}\right)^{-1}\right] + \frac{u_s}{2}\sigma\phi_s$$

$$\bar{q}_y = -\phi_y\frac{n}{2n+1}\left(\frac{1}{2}\right)^{\frac{n+1}{n}}\left(\frac{1}{\phi}\frac{\partial\bar{p}_h}{\partial y}\right)^{\frac{1}{n}} \tag{2-41}$$

$$\left[\bar{h}_T - 2\tau_s\left(\frac{\partial p_h}{\partial y}\right)^{-1}\right]^{\frac{n+1}{n}}\left[\bar{h}_T + 2\tau_s\frac{n}{n+1}\left(\frac{\partial p_h}{\partial y}\right)^{-1}\right]$$

1) $p_{hx=0} = p_A$, $p_{hx=L_x} = p_B$

2) $\dfrac{\partial p_h}{\partial y} = 0$ $y = 0, y = L_y$ (2-42)

3) $\begin{cases} p_A \neq p_B, U_1 = U_2 \neq 0 \text{（压力流量系数）} \\ p_A = p_B = 0, U_1 + U_2 = 0 \text{（剪切流量系数）} \end{cases}$

4) 接触点无流量

式中，$u_s = U_1 - U_2$（m/s）；$\bar{h}_T$ 是矩形单元内部的平均间隔（m）；$\bar{p}_h$ 是矩形单元内的平均动压（Pa）。

下面以 ϕ_x 为例，详细描述非牛顿压力流量系数的推导和计算过程，推导和计算 ϕ_y 的方法与之类似。如前所述，计算模型由式（2-42）、膜厚公式[式（2-1）或式（2-27）]，以及雷诺控制方程耦合组成，采用有限差分法即可求解。得到矩形单元内的压力分布后，矩形单元内 x 方向的单位体积流量 $\bar{q}_x$ 可以通过式（2-40）求得。压力流量是压力梯度引起的，为了保证两表面间不存在相对滑动需要保证 $U_1 = U_2$，那么式（2-40）右侧的第3项会被消去。将式（2-40）代入式（2-38），消去 $\bar{q}_x$ 后，可得赫谢尔-巴克利流体的压力流量系数 ϕ_x 的表达式（2-43）。再次强调，采用式（2-1）还是式（2-27）计算局部膜厚 h_T，取决于是否考虑接触表面的弹性变形。

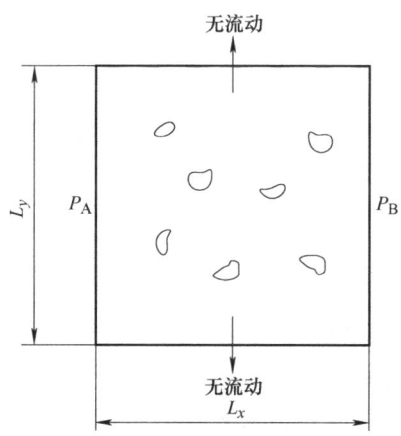

图 2-8　流量系数的计算模型

剪切流量系数 ϕ_s 同样可以通过求解计算模型得到。微凸体滑动所引起的剪切流量，可以通过对整个矩形单元的局部流量做平均运算得到，如式（2-44）所示。$\bar{q}_s$ 与式（2-40）右侧的第3项（粗糙表面的相对滑动额外输送的流量）是等价的，因此可建立如式（2-45）所示的等量关系。将式（2-44）代入式（2-45）

中并消去 $\bar{q}_s$，即可得到赫谢尔-巴克利流体的剪切流量系数表达式，如式（2-46）所示。

$$\phi_x = \frac{\dfrac{1}{L_y}\int_0^{L_y}\left\{\begin{array}{l}-\dfrac{n}{2n+1}\left(\dfrac{1}{2}\right)^{\frac{n+1}{n}}\left(\dfrac{1}{\phi}\dfrac{\partial p_h}{\partial x}\right)^{\frac{1}{n}} \\ \left[h_T - 2\tau_s\left(\dfrac{\partial p_h}{\partial x}\right)^{-1}\right]^{\frac{n+1}{n}}\left[h_T + \dfrac{n}{n+1}2\tau_s\left(\dfrac{\partial p_h}{\partial x}\right)^{-1}\right]\end{array}\right\}\mathrm{d}y}{-\dfrac{n}{2n+1}\left(\dfrac{1}{2}\right)^{\frac{n+1}{n}}\left(\dfrac{1}{\phi}\dfrac{\partial \overline{p_h}}{\partial x}\right)^{\frac{1}{n}}\left[h - 2\tau_s\left(\dfrac{\partial \overline{p_h}}{\partial x}\right)^{-1}\right]^{\frac{n+1}{n}}\left[h + \dfrac{n}{n+1}2\tau_s\left(\dfrac{\partial \overline{p_h}}{\partial x}\right)^{-1}\right]} \quad (2\text{-}43)$$

$$\bar{q}_s = \frac{1}{L_x L_y}$$

$$\int_0^{L_x}\int_0^{L_y}\left\{-\frac{n}{2n+1}\left(\frac{1}{2}\right)^{\frac{n+1}{n}}\left(\frac{1}{\phi}\frac{\partial p_h}{\partial x}\right)^{\frac{1}{n}}\left[h_T - 2\tau_s\left(\frac{\partial p_h}{\partial x}\right)^{-1}\right]^{\frac{n+1}{n}}\left[h_T + 2\tau_s\frac{n}{n+1}\left(\frac{\partial p_h}{\partial x}\right)^{-1}\right]\right\}\mathrm{d}x\mathrm{d}y$$

$$(2\text{-}44)$$

$$\bar{q}_s = \frac{u_s}{2}\sigma\phi_s \quad (2\text{-}45)$$

$$\phi_s = \frac{2}{\sigma u_s}\frac{1}{L_x L_y}$$

$$\int_0^{L_x}\int_0^{L_y}\left\{-\frac{n}{2n+1}\left(\frac{1}{2}\right)^{\frac{n+1}{n}}\left(\frac{1}{\phi}\frac{\partial p_h}{\partial x}\right)^{\frac{1}{n}}\left[h_T - 2\tau_s\left(\frac{\partial p_h}{\partial x}\right)^{-1}\right]^{\frac{n+1}{n}}\left[h_T + 2\tau_s\frac{n}{n+1}\left(\frac{\partial p_h}{\partial x}\right)^{-1}\right]\right\}\mathrm{d}x\mathrm{d}y$$

$$(2\text{-}46)$$

式中，$\partial \overline{p_h}/\partial x = (p_B - p_A)/L_x$。

如前所述，牛顿流变模型、奥斯特瓦尔德流变模型和宾汉流变模型是赫谢尔-巴克利流变模型在屈服剪切应力和流变指数不同时的特殊形式。由于式（2-43）和式（2-46）中的流量系数是基于赫谢尔-巴克利流变模型推导得到的，因此，式（2-43）和式（2-46）对于牛顿流体和符合多种流变模型的非牛顿流体是通用的，这是在流量系数推导过程中采用赫谢尔-巴克利流变模型带来的优势。特别指出，对于牛顿流体和符合奥斯特瓦尔德流变模型的流体，式（2-43）和式（2-46）将分别退化为式（2-47）和式（2-48）。

$$\begin{cases} \phi_x = \dfrac{\dfrac{1}{L_y}\int_0^{L_y}\left(-\dfrac{h_\mathrm{T}^3}{12\mu}\dfrac{\partial p_\mathrm{h}}{\partial x}\right)\mathrm{d}y}{-\dfrac{h^3}{12\mu}\dfrac{\partial \overline{p}_\mathrm{h}}{\partial x}} \\ \phi_s = \dfrac{2}{\sigma u_s}\dfrac{1}{L_x L_y}\int_0^{L_x}\int_0^{L_y}\left[-\dfrac{1}{12}\dfrac{1}{\phi}\dfrac{\partial p_\mathrm{h}}{\partial x}(h_\mathrm{T})^3\right]\mathrm{d}x\mathrm{d}y \end{cases} \quad \tau_s = 0,\, n = 1 \quad (2\text{-}47)$$

$$\begin{cases} \phi_x = \dfrac{\dfrac{1}{\Delta y}\int_y^{y+\Delta y}\left[-\dfrac{n}{2n+1}\left(\dfrac{1}{2}\right)^{\frac{n+1}{n}}\left(\dfrac{1}{\phi}\dfrac{\partial p_\mathrm{h}}{\partial x}\right)^{\frac{1}{n}} h_\mathrm{T}^{\frac{2n+1}{n}}\right]\mathrm{d}y}{-\dfrac{n}{2n+1}\left(\dfrac{1}{2}\right)^{\frac{n+1}{n}}\left(\dfrac{1}{\phi}\dfrac{\partial \overline{p}_\mathrm{h}}{\partial x}\right)^{\frac{1}{n}} h^{\frac{2n+1}{n}}} \\ \phi_s = \dfrac{2}{\sigma u_s}\dfrac{1}{L_x L_y}\int_0^{L_x}\int_0^{L_y}\left\{-\dfrac{n}{2n+1}\left(\dfrac{1}{2}\right)^{\frac{n+1}{n}}\left(\dfrac{1}{\phi}\dfrac{\partial p_\mathrm{h}}{\partial x}\right)^{\frac{1}{n}} h_\mathrm{T}^{\frac{2n+1}{n}}\right\}\mathrm{d}x\mathrm{d}y \end{cases} \quad \tau_s = 0 \quad (2\text{-}48)$$

求得非牛顿流体的压力流量系数与剪切流量系数后，即可使用它们改写雷诺方程以获取该类型流体的平均雷诺方程。例如，对于奥斯特瓦尔德型润滑脂，对适用于奥斯特瓦尔德流体的雷诺方程进行改写后，可以得到奥斯特瓦尔德型润滑脂的平均雷诺方程式（2-49）。对于其他类型的非牛顿流体，遵循同样的流程改写相应的雷诺方程后，即可得到该类型流体的平均雷诺方程。

$$\dfrac{n}{2n+1}\left(\dfrac{1}{2}\right)^{\frac{n+1}{n}}\left\{\dfrac{\partial}{\partial x}\left[\phi_x \rho h^{\frac{2n+1}{n}}\left(\dfrac{1}{\phi}\dfrac{\partial p_\mathrm{h}}{\partial x}\right)^{\frac{1}{n}}\right] + \dfrac{\partial}{\partial y}\left[\phi_y \rho h^{\frac{2n+1}{n}}\left(\dfrac{1}{\phi}\dfrac{\partial p_\mathrm{h}}{\partial y}\right)^{\frac{1}{n}}\right]\right\}$$
$$= \dfrac{U_1 + U_2}{2}\dfrac{\partial(\rho \overline{h}_\mathrm{T})}{\partial x} + \dfrac{U_1 - U_2}{2}\sigma\dfrac{\partial(\rho \phi_s)}{\partial x} + \dfrac{\partial(\rho \overline{h}_\mathrm{T})}{\partial t} \quad (2\text{-}49)$$

2.3.2 非牛顿平均流量模型求解

本小节详细介绍非牛顿平均流量模型的求解流程，并对所建立的非牛顿平均流量模型进行了验证。如前所述，奥斯特瓦尔德流变模型是赫谢尔-巴克利流变模型的一种特殊形式（当屈服剪切应力取值为0时）。研究表明，屈服剪切应力对于润滑的主要作用是控制润滑油膜的形成，但是对于压力分布和润滑膜厚的影响则很小。本书主要关注表面粗糙度对润滑膜厚的影响，因此忽略屈服剪切应力对润滑膜厚的影响，以奥斯特瓦尔德流体为例对脂润滑中的流量系数进行求解。

对于奥斯特瓦尔德流体，屈服剪切应力取值为0，则流量系数表达式（2-43）

和式（2-46）退化为式（2-48）中的形式。若忽略 y 方向的运动，则基于奥斯特瓦尔德流变模型的雷诺方程为：

$$\frac{n}{2n+1}\left(\frac{1}{2}\right)^{\frac{n+1}{n}}\left\{\frac{\partial}{\partial x}\left[h_\mathrm{T}^{\frac{2n+1}{n}}\left(\frac{1}{\phi}\frac{\partial p_\mathrm{h}}{\partial x}\right)^{\frac{1}{n}}\right]+\frac{\partial}{\partial y}\left[h_\mathrm{T}^{\frac{2n+1}{n}}\left(\frac{1}{\phi}\frac{\partial p_\mathrm{h}}{\partial y}\right)^{\frac{1}{n}}\right]\right\}=u\frac{\partial h_\mathrm{T}}{\partial x}+\frac{\partial h_\mathrm{T}}{\partial t} \quad (2\text{-}50)$$

由于式（2-1）和（2-27）中的名义膜厚是一个定值，因此有：

$$u\frac{\partial h_\mathrm{T}}{\partial x}+\frac{\partial h_\mathrm{T}}{\partial t}=u\frac{\partial(\delta_1+\delta_2)}{\partial x}+\frac{\partial(\delta_1+\delta_2)}{\partial t} \quad (2\text{-}51)$$

由于两个粗糙表面的运动，δ_1 和 δ_2 相对于静止的参考平面具有时间依赖性，从而使局部膜厚 h_T 也具有了对于时间的依赖性，这种时间依赖性可以表示为：

$$\delta_i=\delta_i(x-ut,y) \quad i=1,2 \quad (2\text{-}52)$$

由式（2-52）可得：

$$\frac{\partial \delta_i}{\partial t}=-u\frac{\partial \delta_i}{\partial x} \quad i=1,2 \quad (2\text{-}53)$$

由式（2-51）和式（2-53）可知，在计算压力流量系数时，式（2-50）右侧的两项会消掉。而在计算剪切流量系数时不应引入摩擦副的滚动，因此，式（2-50）右侧的第一项会被消掉。根据以上分析，用于求解奥斯特瓦尔德流体流量系数的雷诺控制方程的最终形式为：

$$\frac{n}{2n+1}\left(\frac{1}{2}\right)^{\frac{n+1}{n}}\left\{\frac{\partial}{\partial x}\left[h_\mathrm{T}^{\frac{2n+1}{n}}\left(\frac{1}{\phi}\frac{\partial p_\mathrm{h}}{\partial x}\right)^{\frac{1}{n}}\right]+\frac{\partial}{\partial y}\left[h_\mathrm{T}^{\frac{2n+1}{n}}\left(\frac{1}{\phi}\frac{\partial p_\mathrm{h}}{\partial y}\right)^{\frac{1}{n}}\right]\right\}$$

$$=\begin{cases}0 & \text{（压力流量系数）}\\ \dfrac{\partial h_\mathrm{T}}{\partial t} & \text{（剪切流量系数）}\end{cases} \quad (2\text{-}54)$$

1. 控制方程无量纲化

合理的无量纲化可以减少控制方程中的参数个数，从而简化控制方程，便于结果的讨论，无量纲化还可以消除控制方程对物理单位的依赖，避免出现单位不统一引起的错误。因此，在控制方程求解之前对其进行无量纲化。首先引入以下参数：

$$\varepsilon'=\varepsilon\left|\frac{\partial \overline{p}_\mathrm{h}}{\partial x}\right|^{\frac{1-n}{n}},\ \varepsilon'=\varepsilon\left|\frac{\partial \overline{p}_\mathrm{h}}{\partial y}\right|^{\frac{1-n}{n}},\ \varepsilon=\overline{h}_\mathrm{T}^{\frac{2n+1}{n}}\frac{n}{2n+1}\left(\frac{1}{2}\right)^{\frac{n+1}{n}} \quad (2\text{-}55)$$

$$\bar{h}_\mathrm{T}=\frac{h_\mathrm{T}}{\sigma}, \quad t^*=\frac{u_\mathrm{s}t}{2L_x}, \quad \bar{x}=\frac{x}{L_x}, \quad \bar{y}=\frac{y}{L_y} \tag{2-56}$$

$$\bar{p}_\mathrm{h}=\begin{cases}\dfrac{p_\mathrm{h}-p_\mathrm{B}}{p_\mathrm{A}-p_\mathrm{B}}&\text{（压力流量系数）}\\ \left(\dfrac{n}{2n+1}\right)^n\dfrac{\sigma^2(p_\mathrm{h}-p_\mathrm{A})}{2\phi u_\mathrm{s}^n L_x}&\text{（剪切流量系数）}\end{cases} \tag{2-57}$$

式中，$\bar{h}_\mathrm{T}$ 是膜厚的无量纲参数；$\bar{p}_\mathrm{h}$ 是流体压力的无量纲参数；t^* 是时间的无量纲参数；$\bar{x}$ 和 $\bar{y}$ 分别是 x 和 y 的无量纲参数；σ 是两接触表面的综合RMS粗糙度。

则雷诺控制方程的无量纲形式为：

$$\frac{\partial}{\partial\bar{x}}\left(\varepsilon'\frac{\partial\bar{p}_\mathrm{h}}{\partial\bar{x}}\right)+\frac{\partial}{\partial\bar{y}}\left(\varepsilon''\frac{\partial\bar{p}_\mathrm{h}}{\partial\bar{y}}\right)=\begin{cases}0&\text{（压力流量系数）}\\ \dfrac{\partial\bar{h}}{\partial t^*}&\text{（剪切流量系数）}\end{cases} \tag{2-58}$$

边界条件的无量纲形式为：

1) $\bar{p}_{\mathrm{h}\,\bar{x}=0}=\bar{p}_\mathrm{A}, \bar{p}_{\mathrm{h}\,\bar{x}=1}=\bar{p}_\mathrm{B}$

2) $\dfrac{\partial\bar{p}_\mathrm{h}}{\partial\bar{y}}=0 \quad \bar{y}=0, \bar{y}=1$

3) $\begin{cases}\bar{p}_\mathrm{A}\neq\bar{p}_\mathrm{B}, U_1=U_2\neq 0 & \text{（压力流量系数）}\\ \bar{p}_\mathrm{A}=\bar{p}_\mathrm{B}=0, U_1+U_2=0 & \text{（剪切流量系数）}\end{cases}$

4) 接触点无流量

$$\tag{2-59}$$

2. 离散化与数值求解

无量纲雷诺控制方程式（2-58）、边界条件（2-42）、膜厚公式[式（2-1）或式（2-27）]，组成了求解脂润滑流量系数的计算模型。其中，雷诺方程为二阶偏微分方程，一般情况下很难直接得到它的解析解，本小节采用有限差分法对其进行数值求解。首先将各控制方程离散化为代数方程或方程组，并将求解域（矩形单元）进行等间距划分，即有 $\Delta\bar{x}=\Delta\bar{y}$ 成立。

雷诺控制方程左侧采用二阶中心差分，右侧采用一阶向前差分，其离散形式如下：

$$\frac{\varepsilon'_{i-1/2,j}\bar{p}_{\mathrm{h}\,i-1,j}+\varepsilon'_{i+1/2,j}\bar{p}_{\mathrm{h}\,i+1,j}+\varepsilon''_{i,j-1/2}\bar{p}_{\mathrm{h}\,i,j-1}+\varepsilon''_{i,j+1/2}\bar{p}_{\mathrm{h}\,i,j+1}-\varepsilon_0\bar{p}_{\mathrm{h}\,i,j}}{\Delta\bar{x}^2}$$

$$=\begin{cases}0&\text{（压力流量系数）}\\ \dfrac{\bar{h}_{\mathrm{T}i,j+1}-\bar{h}_{\mathrm{T}i,j}}{\Delta\bar{x}}&\text{（剪切流量系数）}\end{cases} \tag{2-60}$$

式中，
$$\varepsilon_0 = \varepsilon'_{i-1/2,j} + \varepsilon'_{i+1/2,j} + \varepsilon''_{i,j-1/2} + \varepsilon''_{i,j+1/2} \quad (2\text{-}61)$$

$$\varepsilon'_{i-1/2,j} = \frac{1}{2}\overline{h}_{\text{T}i-1/2,j}^{\frac{2n+1}{n}} \left| \frac{\overline{p}_{\text{h}i,j} - \overline{p}_{\text{h}i-1,j}}{\Delta \overline{x}} \right|^{\frac{1-n}{n}}, \varepsilon'_{i+1/2,j} = \frac{1}{2}\overline{h}_{\text{T}i+1/2,j}^{\frac{2n+1}{n}} \left| \frac{\overline{p}_{\text{h}i+1,j} - \overline{p}_{\text{h}i,j}}{\Delta \overline{x}} \right|^{\frac{1-n}{n}} \quad (2\text{-}62)$$

$$\varepsilon''_{i,j-1/2} = \frac{1}{2}\overline{h}_{\text{T}i,j-1/2}^{\frac{2n+1}{n}} \left| \frac{\overline{p}_{\text{h}i,j} - \overline{p}_{\text{h}i,j-1}}{\Delta \overline{y}} \right|^{\frac{1-n}{n}}, \varepsilon'_{i,j+1/2} = \frac{1}{2}\overline{h}_{\text{T}i,j+1/2}^{\frac{2n+1}{n}} \left| \frac{\overline{p}_{\text{h}i,j+1} - \overline{p}_{\text{h}i,j}}{\Delta \overline{y}} \right|^{\frac{1-n}{n}}$$

边界条件（假设网格点数量为 N）的离散形式为：

1) $\overline{p}_{\text{h}\overline{x}=0} = \overline{p}_\text{A}$, $\overline{p}_{\text{h}\overline{x}=1} = \overline{p}_\text{B}$

2) $\dfrac{\overline{p}_{\text{h}i,j} - \overline{p}_{\text{h}i,j-1}}{\Delta \overline{y}} = 0 \quad \overline{y}=0, j=1; \overline{y}=1, j-N$

3) $\begin{cases} \overline{p}_\text{A} \neq \overline{p}_\text{B}, U_1 = U_2 \neq 0 \quad （压力流量系数）\\ \overline{p}_\text{A} = \overline{p}_\text{B} = 0, U_1 + U_2 = 0 \quad （剪切流量系数）\end{cases}$ (2-63)

4) 接触点无流量

将控制方程离散为代数方程或方程组，采用有限差分法进行迭代求解。求解域设置为 $0 < \overline{x} < 1$ 和 $0 < \overline{y} < 1$，并将求解域划分出 128×128 个节点。需要注意的是，为了保证两个粗糙接触表面的高度符合特定的统计特征，不应采用离散方法求解中间节点的膜厚，而应在生成粗糙表面时保证其节点数二倍于求解域，以直接生成求解域中间节点处粗糙表面的几何特征。采用高斯-赛德尔（Gauss-Seidel）松弛迭代法求解式（2-60），当相邻两个迭代之间的误差满足式（2-64）时停止迭代，以此得到矩形单元内的压力分布。然后，通过式（2-48）计算得到 ϕ_x 和 ϕ_s，是否考虑表面弹性变形决定了选用式（2-1）还是式（2-27）计算 h_T。

$$\frac{\sum\sum \left| \overline{p}_\text{h}^{k+1} - \overline{p}_\text{h}^k \right|}{\sum\sum \overline{p}_\text{h}^{k+1}} \leqslant 1 \times 10^{-6} \quad (2\text{-}64)$$

高斯-赛德尔松弛迭代法的迭代形式为：

$$\tilde{\overline{p}}_{\text{h}i,j} = \hat{\overline{p}}_{\text{h}i,j} + c_1 \delta_{i,j} \quad (2\text{-}65)$$

式中，c_1 是压力松弛因子；$\delta_{i,j}$ 是压力修正量（Pa），其表达式为：

$$\delta_{i,j} = \varphi_{i,j} \left(\frac{\partial L_{i,j}}{\partial \overline{p}_{\text{h}i,j}} \right)^{-1} \quad (2\text{-}66)$$

第2章 混合弹流润滑基础理论

式中，

$$\varphi_{i,j} = -\frac{\varepsilon'_{i-1/2,j}\bar{p}_{h\,i-1,j} + \varepsilon'_{i+1/2,j}\bar{p}_{h\,i+1,j} + \varepsilon''_{i,j-1/2}\bar{p}_{h\,i,j-1} + \varepsilon''_{i,j+1/2}\bar{p}_{h\,i,j+1} - \varepsilon_0\bar{p}_{h\,i,j}}{\Delta\bar{x}^2} +$$

$$\begin{cases} 0 \quad \text{（压力流量系数）} \\ \dfrac{\bar{h}_{T\,i,j+1} - \bar{h}_{T\,i,j}}{\Delta\bar{x}} \quad \text{（剪切流量系数）} \end{cases} \tag{2-67}$$

这里 $\hat{p}_h$ 表示采用压力初始值，而 $\tilde{p}_h$ 表示采用的是本轮迭代的新值，这是高斯-赛德尔松弛迭代法的特点。

3. 模型验证

帕蒂尔和基姆等对牛顿流体的平均流量模型进行了详细的介绍，计算了在刚性表面以及考虑表面弹性变形时的流量系数。如前所述，当屈服剪切应力取值为0，而流变指数取值为1的情况下，本书提出的非牛顿平均流量模型将退化为针对牛顿流体的平均流量模型，如式（2-47）所示，这与帕蒂尔和基姆研究中的情况相同，在此情况下验证所提出平均流量模型的准确性。求解计算模型时，雷诺控制方程的具体形式应根据所研究的流体类型而定，当润滑剂为牛顿流体（屈服剪切应力取值为0、流变指数取值为1）时，应选用如下雷诺控制方程：

$$\frac{\partial}{\partial x}\left(\frac{h_T^3}{12\eta_s}\frac{\partial p_h}{\partial x}\right) + \frac{\partial}{\partial y}\left(\frac{h_T^3}{12\eta_s}\frac{\partial p_h}{\partial y}\right) = u\frac{\partial h_T}{\partial x} + \frac{\partial h_T}{\partial t} \tag{2-68}$$

压力流量系数和剪切流量系数通过式（2-47）计算。当计算压力流量系数时，h_T对时间的依赖来源于两接触表面的移动，因此，式（2-68）右侧的两项会消掉。对于剪切流量系数，不应引入任何卷吸速度，式（2-68）右侧的第一项会消掉。因此，式（2-68）可以写作：

$$\frac{\partial}{\partial x}\left(\frac{h_T^3}{12\eta_s}\frac{\partial p_h}{\partial x}\right) + \frac{\partial}{\partial y}\left(\frac{h_T^3}{12\eta_s}\frac{\partial p_h}{\partial y}\right) = \begin{cases} 0 \quad \text{（压力流量系数）} \\ \dfrac{\partial h_T}{\partial t} \quad \text{（剪切流量系数）} \end{cases} \tag{2-69}$$

无量纲化和离散化采用与帕蒂尔相同的方法，即采用迭代方法对计算模型进行求解，得到矩形单元内的压力分布。然后，采用式（2-47）计算得到压力流量系数和剪切流量系数。其中，式（2-1）用于计算刚性表面间的局部间隔，而考虑弹性变形时则通过式（2-27）计算表面变形后的局部间隔。

将计算得到的流动系数与帕蒂尔和基姆等的结果进行对比，如图2-9所示。图中的每个数据点都是15个不同粗糙表面计算结果的平均值，这15个粗糙表面具有相同的统计特征。

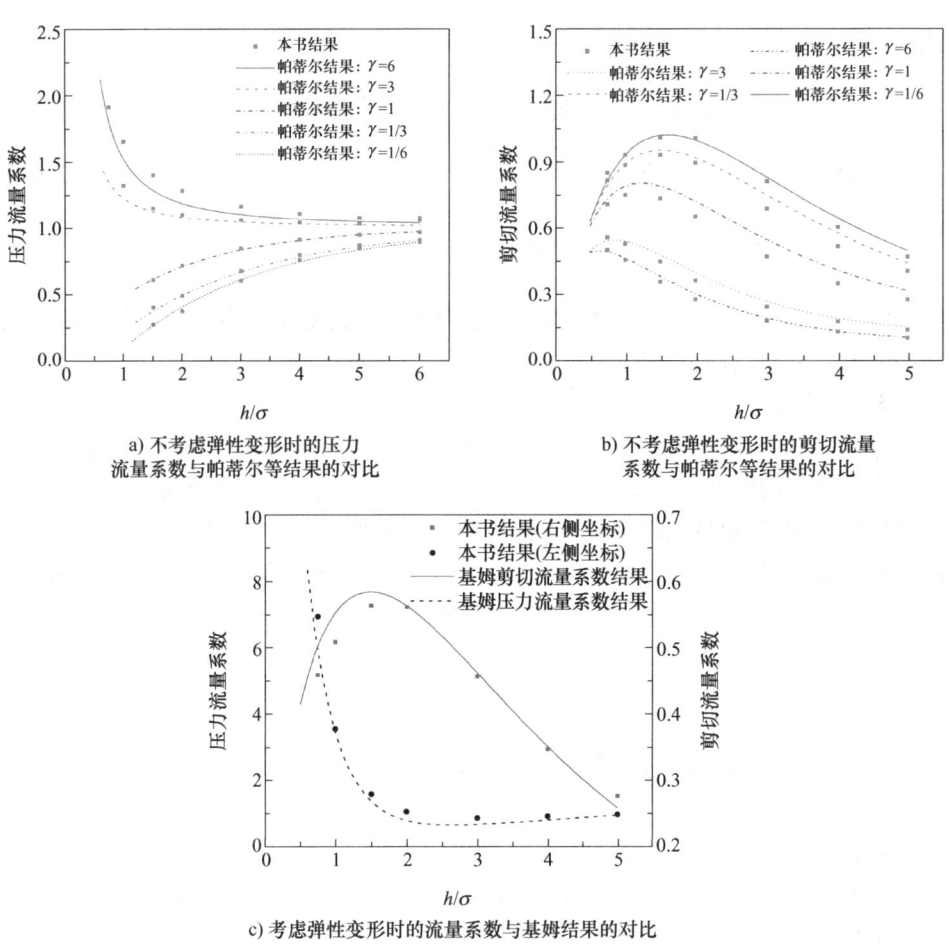

图 2-9 流量系数计算结果验证

结果显示,采用本书提出的流量模型得到的流量系数与帕蒂尔和基姆的结果具有相同的变化趋势。结果之间存在一些微小的差异,可能是由于图中的每个数据点都是15组仿真结果的平均值,这15个粗糙表面虽然具有相同的统计规律,但是并不完全相同。图中的结果对比也间接证明了第2.3.1节中接触分析的正确性。

2.3.3 流变参数及粗糙度对流量系数的影响

机械结构的摩擦副使用的润滑脂种类繁多,它们的流变性质不尽相同。工程中,采用不同加工方式获得的机械表面也具有不同的粗糙度特征;而且随着接触表面的机械磨损,表面形貌还会不断发生演变。为了揭示润滑脂的流变特性和摩擦表面的粗糙度对脂润滑的影响,本小节生成了具有不同高度和朝向的粗糙表面,在这些粗糙表面上计算了不同性质润滑剂的流量系数,探讨了润滑剂的流变性质和表面粗糙度对流量系数的影响规律，流量系数特性研究结果将用于后续非牛顿流量系数公式的拟合。

如式（2-3）所示，本书使用表面特征参数γ描述表面结构的方向性。在生成粗糙表面时，控制表面特征参数γ的取值，即可控制粗糙表面的朝向。微凸体发生直接接触后会形成接触区域，当粗糙表面的朝向不同时，这些接触区域的朝向也会发生变化，如图2-10所示。不同朝向的接触区域，会对矩形单元流量产生不同的效果，本小节将对此进行详细分析。在不同的粗糙表面上进行模拟，计算了不同流变性质润滑剂的流量系数，结果如图2-11、图2-13和图2-14所示。

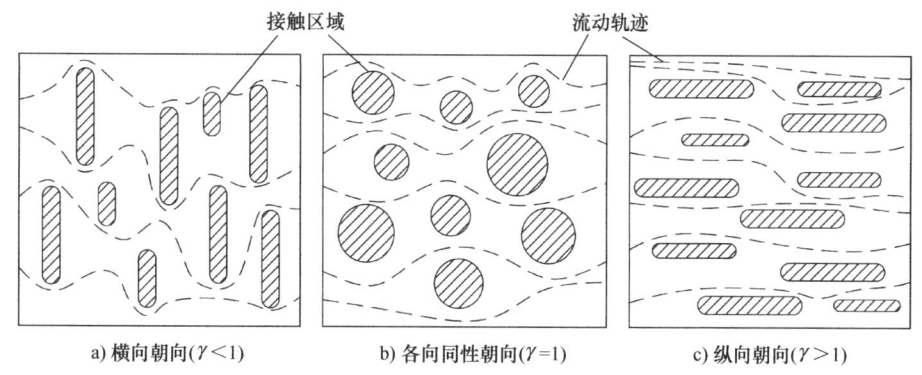

a) 横向朝向($\gamma<1$)　　b) 各向同性朝向($\gamma=1$)　　c) 纵向朝向($\gamma>1$)

图2-10　不同的粗糙度朝向及接触区域内的流体流动

1. 压力流量系数变化规律

图2-11（a）为横向粗糙表面（$\gamma=1/6$）的压力流量系数随h/σ的变化规律。当考虑表面弹性变形时，压力流量系数ϕ_x先随膜厚比h/σ的减小而减小，然后随着膜厚比h/σ的减小而增大。这是由于表面粗糙度对矩形单元内的压力流量同时产生了两种不同的影响作用。一个作用是使两个接触表面的粗糙谷之间的平均间隔增大，而且这种效应会随着膜厚比的减小而增强，最终产生使矩形单元内的主流量增加的效应。另一个作用是粗糙峰的相互干涉会形成接触区域，在这些接触区域内两接触表面的局部间隔为0。流体无法通过这些接触区域，使得压力流量只能"绕过"这些区域，增强了对主流量的阻碍作用，使主流量减少、侧向流量增加，最终导致压力流量系数减小。

为方便讨论，本书将表面粗糙度所引起的这两种效应分别记作"间隔增强作用"和"粗糙峰阻碍作用"。当膜厚比的取值较大时，两个粗糙表面间发生直接接触的粗糙峰较少，两表面间的接触压力较小，引起的表面弹性变形并不明显。因此，表面粗糙度对平均间隔的增大效果以及"间隔增强作用"较弱。此时，表面粗糙度对压力流量的"粗糙峰阻碍作用"处于主导地位，抵消了"间隔增强作用"，最终表现出的综合效果是阻碍了压力流量，导致压力流量系数随膜厚比的减小而减小。当膜厚比减小至大约2.5时，已经有相当多的粗糙峰发生直接接触，接触表面发生了较大的弹性变形，极大地增加了接触表面之间的平均间隔。随着膜厚比继续减小，"间隔增强作用"逐渐处于支配地位，粗糙峰效应的综合表现是对压力流量起增强作用，使得压力流量系数随膜厚比的减小而增大。

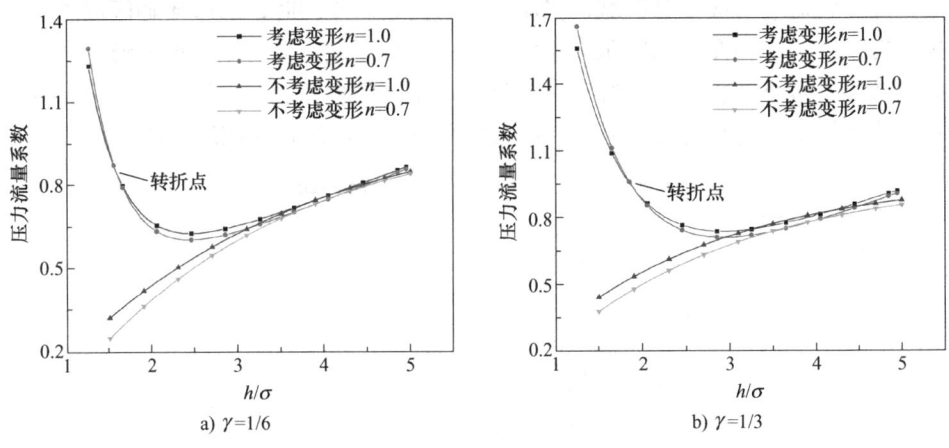

图 2-11 横向粗糙表面的压力流量系数

图2-11（a）显示，随着流变指数减小，压力流量系数先减小，经过一个"转折点"后，压力流量系数逐渐增大。这可能是由于润滑脂具有非牛顿特性，润滑脂的剪切应力和表观黏度会随剪切速率发生变化，如图2-12（a）所示。根据奥斯特瓦尔德流变模型可知，剪切应力-剪切速率曲线的斜率代表流体的表观黏度，如图2-12（b）所示。在剪切速率较低的区域内，流变指数较小的流体具有更高的表观黏度，但在图2-12（b）中，交点之后的区域中，流体具有较高的剪切速率，此时，较小的流变指数意味着流体具有更低的表观黏度。当膜厚比的值较大时，如前所述，"间隔增强作用"和"粗糙峰阻碍作用"的综合效果是阻碍了压力流量。在这种阻碍作用下，流体流动在剪切速率较低的区域内，更小的流变指数意味着流体具有更大的表观黏度，在矩形单元的压力梯度作用下流动性更差。因此，当膜厚比的值较大时，流变指数越小的流体具有越小的压力流量系数。当膜厚比减小时，会有更多的粗糙峰直接接触，表面发生更加明显的弹性变形，"间隔增强作用"逐渐增大。在图2-11中的"转折点"处，"间隔增强作用"增大至与"粗糙峰阻碍作用"具有同等强度，两者相互抵消。随着膜厚比的进一步减小，"间隔增强作用"占据主导地位并提高了流体的剪切速率，使流体开始流动于剪切速率较高的区域。在剪切速率较高的区域内，流变指数较小的流体具有更低的表观黏度，从而在压力梯度的作用下表现出更好的流动性。因此当考虑表面弹性变形时，在"转折点"后，压力流量系数随流变指数的减小而增大。值得指

出的是，图2-11、图2-13和图2-14中的"转折点"都出现在压力流量系数 $\phi_x = 1$ 附近，这与光滑表面的压力流量系数值相同。这进一步验证了之前的分析，即"间隔增强作用"和"粗糙峰阻碍作用"在"转折点"处相互抵消，此时表面粗糙度的存在对润滑剂的流动并无影响。

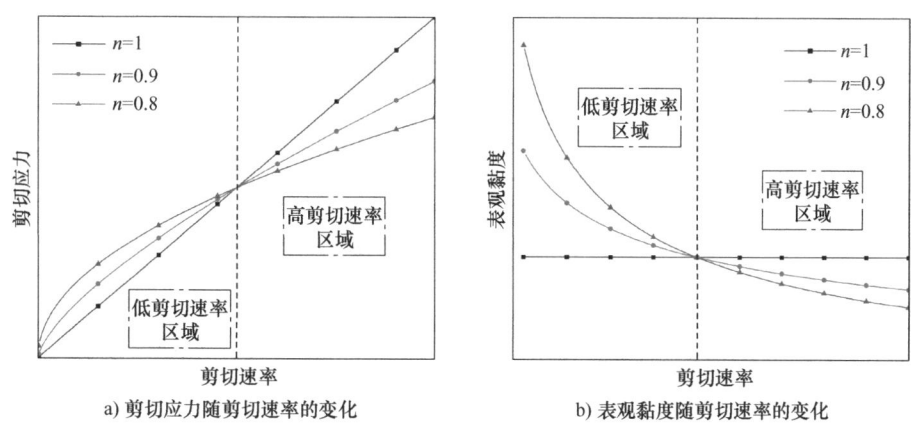

a) 剪切应力随剪切速率的变化　　　　b) 表观黏度随剪切速率的变化

图 2-12　剪切应力和表观黏度随剪切速率的变化（具有相同的塑性黏度）

当不考虑表面弹性变形时，压力流量系数更小一些，在图2-11（b）、图2-13和图2-14中也可以观察到这一现象。这可能是由于表面弹性变形会增大接触表面间的平均间隔，而忽略表面变形则会低估"间隔增强作用"，使表面刚性假设下的压力流量系数偏小。表面弹性变形对压力流量系数的计算结果具有显著影响，此影响作用在膜厚比减小至3后开始变得明显。这是因为 $h/\sigma = 3$ 通常被认为是全膜润滑和混合润滑的临界点，随着膜厚比的减小，会有更多的粗糙峰发生接触，发生更严重的表面变形，考虑表面变形对平均间隔的计算结果影响更大，最终对压力流量系数产生了更大的影响。由于刚性平面假设会低估"间隔增强作用"，所以粗糙度对压力流量的综合效应表现为阻碍作用，随着膜厚比的减小，粗糙度对压力流量的阻碍作用越来越强，使压力流量系数减小。粗糙度对压力流量一直起到阻碍作用，因此流体始终流动于低剪切速率区域，压力流量系数始终随着流变指数的减小而减小。

对于各向异性粗糙表面，不同的表面特征参数 γ 意味着表面粗糙度朝向和粗糙谷长度的变化。这会影响"粗糙峰阻碍作用"，从而改变压力流量系数。"间隔增强作用"和"粗糙峰阻碍作用"总是同时存在的，但是谁起主导作用由表面特征参数和膜厚比决定。当表面特征参数增大时，粗糙谷的长度增加，引起侧流增大，使"粗糙峰阻碍作用"减小。因此，$\gamma = 1/3$ 和 $\gamma = 1$ 粗糙表面的压力流量系数比 $\gamma = 1/6$ 粗糙表面的大。

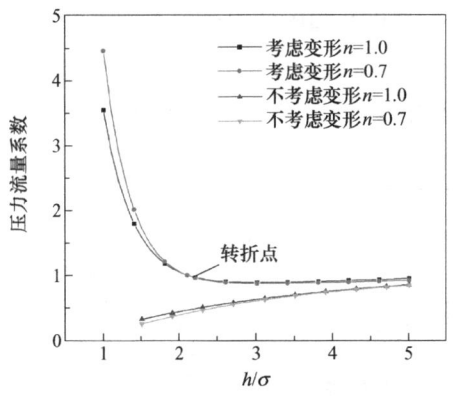

图2-13 各向同性粗糙表面的压力流量系数($\gamma = 1$)

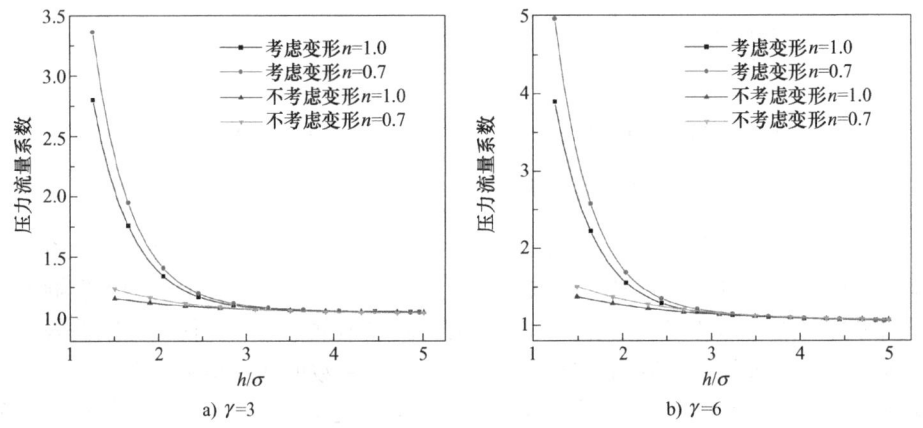

图2-14 纵向粗糙表面的压力流量系数

当$\gamma = 3$和$\gamma = 6$时，粗糙表面为纵向。图2-14中的结果显示刚性表面和变形表面的压力流量系数都大于1，这表明粗糙表面间的压力流量相对光滑表面的更大，说明纵向粗糙度的存在对压力流量有增强作用。这是因为更大的γ会带来更长的粗糙谷，减弱了"粗糙峰阻碍作用"，使得"间隔增强作用"占据了主导地位。膜厚比的减小意味着粗糙谷之间存在更大的平均间隔，这进一步加强了"间隔增强作用"。对于纵向粗糙表面，无论是否考虑弹性变形，压力流量系数都随膜厚比的减小而一直增大。这是因为"间隔增强作用"始终占据主导地位，粗糙度的存在对压力流量起到增强作用。对于纵向朝向($\gamma = 3, \gamma = 6$)的粗糙表面，压力流量系数始终随流变指数的减小而增大，这是因为在粗糙度对压力流量的增强作用下，流体始终在较高剪切速率区域内流动，较小的流变指数意味着更好的流动性、更大的压力流量和压力流量系数。

2. 剪切流量系数变化规律

剪切流量系数随膜厚比和流变系数的变化规律如图2-15和图2-16所示。图2-15

第 2 章 混合弹流润滑基础理论

中的结果显示,随着膜厚比的减小,剪切流量系数先增长到一个最大值,继而出现下降的趋势。这是因为膜厚比的减小会增大接触表面间的平均间隔,增加了两表面进行相对滑动时粗糙谷中所携带的流体,最终使剪切流量系数增大。当膜厚比进一步减小,形成了更多的接触区域,这些接触区域并不利于流体的流动(当接触区域覆盖整个矩形单元时,两接触表面之间没有间隔,剪切流量系数将会变成0)。

如图2-15所示,剪切流量系数随γ值的增大而减小。这可能是由于当γ值较小时,粗糙度的分布方向与滑动速度方向相互垂直(横向朝向)。当横向表面在一个光滑表面上滑动时,粗糙谷中会携带大量流体,这些流体很难"绕过"接触区域"逃脱"粗糙谷的"捕获"。当γ值较大时,粗糙峰的朝向(纵向)和相对滑动方向平行,被粗糙谷"捕获"的流体很容易"绕过"接触区域,使粗糙谷在滑动中携带的流体减少,剪切流量减小,这是剪切流量系数随γ的增大而减小的合理解释。

如图2-15所示,剪切流量系数随流变指数的减小而增大。这是因为剪切流量由粗糙度和表面相对滑动的综合作用产生,此时流体在较高的剪切速率下流动。如图2-12(b)所示,较小的流变指数意味着流体具有更低的表观黏度,在运动的粗糙峰的作用下更容易发生流动,这会引起更大的剪切流量,使剪切流量系数增大。如图2-16所示,对于不同的γ值和流变指数,当考虑表面弹性变形时,剪切流量系数相对刚性表面的更小。这是因为考虑弹性变形时表面间隔增大,一些在刚性假设下直接接触的粗糙峰相互脱离,发生直接接触的粗糙峰的数量减少了。接触区域的减少降低了粗糙谷中所携带的流量,导致剪切流量系数减小。表面弹性变形对剪切流量系数的影响在膜厚比减小至3后开始变得明显,这与压力流量系数的变化相似,膜厚比等于3是全膜润滑和混合润滑的分界点。进入混合润滑状态后,会有更多的粗糙峰发生直接接触,产生了更严重的表面变形,是否考虑弹性变形对剪切流量系数的计算结果具有更大的影响。

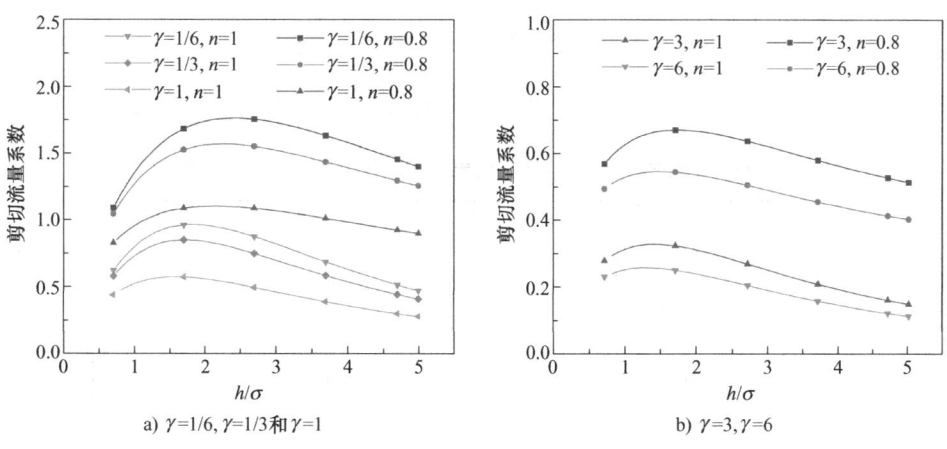

a) $\gamma=1/6, \gamma=1/3$ 和 $\gamma=1$ b) $\gamma=3, \gamma=6$

图 2-15 考虑弹性变形时不同粗糙表面的剪切流量系数

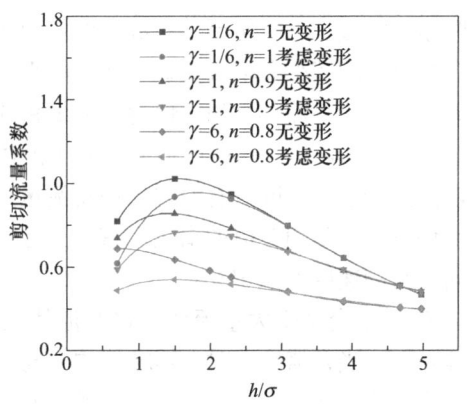

图 2-16 表面弹性变形对剪切流量系数的影响

2.3.4 流量系数公式

由于平均流量模型采用了平均方法和无量纲化处理，因此本书提出的非牛顿平均流量模型适用范围很广，并不局限于某种特定的接触表面或润滑剂。为方便应用，将流量系数的模拟结果拟合为经验公式，分别在考虑和不考虑表面弹性变形的两种情况下进行。拟合公式的形式参照帕蒂尔等提出的经典平均流量系数公式，根据数值仿真结果所呈现出的趋势，在经典平均流量系数公式的基础上进行了改进，以表征脂润滑中非牛顿特性的影响。

1. 不考虑表面弹性变形

当不考虑表面弹性变形时，将压力流量系数和剪切流量系数拟合为如下形式：

$$\phi_x = a - b e^{-c\bar{h}} \qquad 1.25 \leqslant \bar{h} \leqslant 5 \qquad (2-70)$$

$$\phi_s = a \bar{h}^b e^{-c\bar{h} + d\bar{h}^2} \qquad 0.75 \leqslant \bar{h} \leqslant 5 \qquad (2-71)$$

式中，$\bar{h} = h/\sigma$；常数 a、b、c 和 d 的取值在表2-2至表2-11中给出。

表 2-2 刚性假设下 $\gamma = 1/6$ 粗糙表面的非牛顿流量系数公式常数

流变指数	ϕ_x				ϕ_s				
	式	a	b	c	式	a	b	c	d
$n = 1.0$	(2-70)	1.0770	1.3720	0.3523	(2-71)	1.8590	0.9745	0.6917	0.0203
$n = 0.9$	(2-70)	1.0640	1.4210	0.3673	(2-71)	2.0130	1.0410	0.6242	0.0202
$n = 0.8$	(2-70)	1.0570	1.4640	0.3755	(2-71)	2.1200	1.1760	0.5541	0.0182

表2-3 刚性假设下 $\gamma = 1/3$ 粗糙表面的非牛顿流量系数公式常数

流变指数	ϕ_x				ϕ_s				
	式	a	b	c	式	a	b	c	d
$n = 1.0$	(2-70)	1.0120	1.2640	0.4431	(2-71)	2.0670	1.0510	0.8704	0.0413
$n = 0.9$	(2-70)	1.0100	1.2830	0.4456	(2-71)	2.1830	1.0720	0.7617	0.0374
$n = 0.8$	(2-70)	1.0090	1.2970	0.4444	(2-71)	2.2210	1.1100	0.6242	0.0304

表2-4 刚性假设下 $\gamma = 1$ 粗糙表面的非牛顿流量系数公式常数

流变指数	ϕ_x				ϕ_s				
	式	a	b	c	式	a	b	c	d
$n = 1.0$	(2-70)	0.9819	1.0160	0.6687	(2-71)	2.1470	1.0830	1.1100	0.0712
$n = 0.9$	(2-70)	0.9790	1.0000	0.6497	(2-71)	1.6310	0.8628	0.7246	0.0407
$n = 0.8$	(2-70)	0.9764	0.9736	0.6239	(2-71)	1.7390	0.9081	0.5983	0.0346

表2-5 刚性假设下 $\gamma = 3$ 粗糙表面的非牛顿流量系数公式常数

流变指数	ϕ_x				ϕ_s				
	式	a	b	c	式	a	b	c	d
$n = 1.0$	(2-70)	1.0020	0.2569	1.4030	(2-71)	1.2990	0.5484	0.9535	0.0682
$n = 0.9$	(2-70)	1.0000	0.2993	1.5080	(2-71)	1.2940	0.5355	0.7627	0.0549
$n = 0.8$	(2-70)	0.9979	0.3733	1.6610	(2-71)	1.3030	0.5232	0.5592	0.0407

表2-6 刚性假设下 $\gamma = 6$ 粗糙表面的非牛顿流量系数公式常数

流变指数	ϕ_x				ϕ_s				
	式	a	b	c	式	a	b	c	d
$n = 1.0$	(2-70)	0.970	0.6851	1.1580	(2-71)	1.1160	0.3784	0.9646	0.0762
$n = 0.9$	(2-70)	0.9699	0.7534	1.2200	(2-71)	1.0900	0.3503	0.7401	0.0584
$n = 0.8$	(2-70)	0.9714	0.8547	1.3030	(2-71)	1.1000	0.3522	0.5252	0.0416

表2-7 考虑变形时 $\gamma = 1/6$ 粗糙表面的非牛顿流量系数公式常数

流变指数	ϕ_x					ϕ_s				
	式	a	b	c	d	式	a	b	c	d
$n = 1.0$	(2-72)	14.410	0.4303	0.2974	0.114	(2-73)	1.8450	1.4000	0.8743	0.0296
$n = 0.9$	(2-72)	15.350	0.4240	0.2852	0.116	(2-73)	2.0020	1.2130	0.6985	0.0241
$n = 0.8$	(2-72)	18.510	0.4106	0.2615	0.120	(2-73)	2.1730	1.0040	0.4951	0.0166

表 2-8　考虑变形时 $\gamma = 1/3$ 粗糙表面的非牛顿流量系数公式常数

流变指数	ϕ_x					ϕ_s				
	式	a	b	c	d	式	a	b	c	d
$n = 1.0$	(2-72)	7.984	0.6365	0.2793	0.1284	(2-73)	1.7940	1.3890	0.9472	0.0404
$n = 0.9$	(2-72)	8.366	0.6302	0.2647	0.1304	(2-73)	1.9420	1.1890	0.7551	0.0332
$n = 0.8$	(2-72)	7.550	0.6758	0.2032	0.1418	(2-73)	2.1090	0.9678	0.5365	0.0240

表 2-9　考虑变形时 $\gamma = 1$ 粗糙表面的非牛顿流量系数公式常数

流变指数	ϕ_x					ϕ_s				
	式	a	b	c	d	式	a	b	c	d
$n = 1.0$	(2-72)	35.840	0.3890	0.7555	0.037	(2-73)	1.1240	1.1220	0.8095	0.0329
$n = 0.9$	(2-72)	40.910	0.3808	0.7550	0.036	(2-73)	1.2660	0.9444	0.6333	0.0271
$n = 0.8$	(2-72)	48.170	0.3709	0.7564	0.034	(2-73)	1.4270	0.7429	0.4275	0.0189

表 2-10　考虑变形时 $\gamma = 3$ 粗糙表面的非牛顿流量系数公式常数

流变指数	ϕ_x					ϕ_s				
	式	a	b	c	d	式	a	b	c	d
$n = 1.0$	(2-72)	30.210	0.4379	1.061	-0.006	(2-73)	0.6064	0.9231	0.7482	0.0312
$n = 0.9$	(2-72)	33.900	0.4310	1.069	-0.008	(2-73)	0.7739	0.7971	0.6180	0.0289
$n = 0.8$	(2-72)	40.460	0.4187	1.087	-0.012	(2-73)	0.9393	0.6174	0.4383	0.0231

表 2-11　考虑变形时 $\gamma = 6$ 粗糙表面的非牛顿流量系数公式常数

流变指数	ϕ_x					ϕ_s				
	式	a	b	c	d	式	a	b	c	d
$n = 1.0$	(2-72)	50.960	0.4273	1.186	-0.027	(2-73)	0.4914	0.8296	0.7248	0.0307
$n = 0.9$	(2-72)	58.460	0.4196	1.204	-0.031	(2-73)	0.6094	0.6822	0.5805	0.0277
$n = 0.8$	(2-72)	69.280	0.4103	1.230	-0.037	(2-73)	0.7731	0.5171	0.4161	0.0230

2. 考虑表面弹性变形

当考虑接触表面的弹性变形时，将压力流量系数和剪切流量系数拟合为如下形式：

$$\phi_x = a\mathrm{e}^{-\bar{h}/b} + c + d\bar{h} \qquad 1.25 \leqslant \bar{h} \leqslant 5 \qquad (2\text{-}72)$$

$$\phi_s = a\bar{h}^b e^{-c\bar{h}+d\bar{h}^2} \qquad 0.75 \leqslant \bar{h} \leqslant 5 \qquad (2-73)$$

式中，$\bar{h}=h/\sigma$；常数 a、b、c 和 d 的取值在表2-2至表2-11中给出。

摩擦副的卷吸速度较低时，脂润滑通常不会出现乏脂现象，可以直接将本书的非牛顿流量系数引入光滑表面的脂润滑雷诺方程中，构建粗糙表面的脂润滑模型；当卷吸速度较大而出现乏脂时，为了考虑表面形貌效应，仍旧可以采用本书中的流量系数修正光滑表面的润滑模型，但建模时要将乏脂效应考虑在内，考虑乏脂效应的润滑建模不在本书研究范围。所建立的非牛顿平均流量模型同时适用于牛顿流体和非牛顿流体的润滑建模，为混合弹流脂润滑随机模型的建立提供了理论基础。

2.3.5 计算程序

该程序用于求解非牛顿平均流量模型，计算得到非牛顿压力流量系数和非牛顿剪切流量系数。其中润滑脂流变指数为0.9，平均膜厚为3。

1. 计算压力流量系数

```
clear,clc;
%%
% 参数设置与文件读取
f=0.9; %润滑脂流变指数
h=3;%平均膜厚
c2=0.1;
zz=cell2mat(struct2cell(load(strcat('XXX.mat')))); %读取膜厚偏差文件"XXX.mat"，采用Patir的方法生成
%%
m=128;n=128;
M=2*m;N=2*n;
eps=1e-15;
ep=1e-12;
beps=1e10;
dx=1/(m-1);
dy=1/(n-1); %dy=dx,因此后续可用 dx 表示 dy
pa=1;
pb=0;
p0=linspace(pa,pb,n);
er2=1;
p1=repmat(p0,n,1);
for i=1:M
    for j=1:N
```

```
                c=h+zz(i,j); %膜厚公式
                if c<0.05
                    c=eps;
                end
                htx(i,j)=c;
        end
end
%%
while er2>1e-6
    p=p1;
    for i=1:m
        for j=2:n-1
            if i==1
                A1(i,j)=0;
                A2(i,j)=htx(2*i+1,2*j)^(2+1/f)*(abs((p(i+1,j)-p(i,j))/dx))^(1/f-1);
                A3(i,j)=htx(2*i,2*j-1)^(2+1/f)*(abs((p(i,j)-p(i,j-1))/dx))^(1/f-1);
                A4(i,j)=htx(2*i,2*j+1)^(2+1/f)*(abs((p(i,j+1)-p(i,j))/dx))^(1/f-1);
                A5(i,j)=A1(i,j)+A2(i,j)+A3(i,j)+A4(i,j);
                if A5(i,j)<=ep
                    A5(i,j)=beps;
                end
                ri(i,j)=-(A2(i,j)*p(i+1,j)+A3(i,j)*p1(i,j-1)+...
                    A4(i,j)*p(i,j+1)-A5(i,j)*p(i,j))/(dx^2);
                dldp(i,j)=-A5(i,j)/(dx^2);
                ridldp(i,j)=ri(i,j)/dldp(i,j);
                p1(i,j)=p(i,j)+c2*ridldp(i,j);
            elseif i==m
                A1(i,j)=htx(2*i-1,2*j)^(2+1/f)*(abs((p(i,j)-p(i-1,j))/dx))^(1/f-1);
                A2(i,j)=0;
                A3(i,j)=htx(2*i,2*j-1)^(2+1/f)*(abs((p(i,j)-p(i,j-1))/dx))^(1/f-1);
                A4(i,j)=htx(2*i,2*j+1)^(2+1/f)*(abs((p(i,j+1)-p(i,j))/dx))^(1/f-1);
                A5(i,j)=A1(i,j)+A2(i,j)+A3(i,j)+A4(i,j);
                if A5(i,j)<=ep
                    A5(i,j)=beps;
                end
                ri(i,j)=-(A1(i,j)*p1(i-1,j)+A3(i,j)*p1(i,j-1)+...
                    A4(i,j)*p(i,j+1)-A5(i,j)*p(i,j))/(dx^2);
                dldp(i,j)=-A5(i,j)/(dx^2);
                ridldp(i,j)=ri(i,j)/dldp(i,j);
                p1(i,j)=p(i,j)+c2*ridldp(i,j);
```

```
            else
                A1(i,j)=htx(2*i-1,2*j)^(2+1/f)*(abs((p(i,j)-p(i-1,j))/dx))^(1/f-1);
                A2(i,j)=htx(2*i+1,2*j)^(2+1/f)*(abs((p(i+1,j)-p(i,j))/dx))^(1/f-1);
                A3(i,j)=htx(2*i,2*j-1)^(2+1/f)*(abs((p(i,j)-p(i,j-1))/dx))^(1/f-1);
                A4(i,j)=htx(2*i,2*j+1)^(2+1/f)*(abs((p(i,j+1)-p(i,j))/dx))^(1/f-1);
                A5(i,j)=A1(i,j)+A2(i,j)+A3(i,j)+A4(i,j);
                if A5(i,j)<=ep
                    A5(i,j)=beps;
                end
                ri(i,j)=-(A1(i,j)*p1(i-1,j)+A2(i,j)*p(i+1,j)+A3(i,j)*p1(i,j-1)+...
                    A4(i,j)*p(i,j+1)-A5(i,j)*p(i,j))/(dx^2);
                dldp(i,j)=-A5(i,j)/(dx^2);
                ridldp(i,j)=ri(i,j)/dldp(i,j);
                p1(i,j)=p(i,j)+c2*ridldp(i,j);
            end
            if p1(i,j)<0
                p1(i,j)=0;
            end
        end
    end
    er2=sum(sum(abs(p1-p)))/sum(sum(p1))
end
flow_r1=sum(htx(2:2:end,M).^(2+1/f)*dx.*((p1(:,m-1)-p1(:,m))/dx).^(1/f));
flow_s1=h.^(2+1/f);
phix=flow_r1/flow_s1;
```

2. 计算剪切流量系数

```
clear,clc;
%%
% 参数设置与文件读取
f=0.9;%润滑脂流变指数
h=3;%平均膜厚
c2=0.1;
%%
m=128;n=128;%
M=2*m;N=2*n;%
eps=1e-15;
ep=1e-14;
beps=1e10;
error=1e-5;
```

```
dx=1/(m-1-1);
dy=1/(n-1-1);
c2=0.1;
pa=0;
pb=0;
p0=linspace(pa,pb,n-1);
h=3;
er1=1;
er2=1;
zz=cell2mat(struct2cell(load(strcat('C:\...\XXX.mat'))));%读取变形后表面文件
zz_r=cell2mat(struct2cell(load(strcat('C:\...\XXX.mat'))));%读取变形前表面文件
zzz=h+zz_r;
p1=repmat(p0,n-1,1); %各点赋初值
for i=1:M
    for j=1:N
        c=h+zz(i,j);
        if c<=0.05
            c=eps;
        end
        htx(i,j)=c;
    end
end
%%
while er2>error
    p=p1;
    for i=1:m-1
        for j=2:n-2
            if i==1
                A1(i,j)=0;
                A2(i,j)=htx(2*i+1,2*j)^(2+1/f)*(abs((p(i+1,j)-p(i,j))/dx))^(1/f-1);
                A3(i,j)=htx(2*i,2*j-1)^(2+1/f)*(abs((p(i,j)-p(i,j-1))/dx))^(1/f-1);
                A4(i,j)=htx(2*i,2*j+1)^(2+1/f)*(abs((p(i,j+1)-p(i,j))/dx))^(1/f-1);
                A5(i,j)=A1(i,j)+A2(i,j)+A3(i,j)+A4(i,j);
                if A5(i,j)<=ep
                    A5(i,j)=beps;
                end
                h1(i,j)=zzz(2*i,2*j-1);
                h2(i,j)=zzz(2*i,2*j+1);
                if h1(i,j)<0
                    h1(i,j)=0;
```

```
        end
        if h2(i,j)<0
            h2(i,j)=0;
        end
        ri(i,j)=-(0+A2(i,j)*p(i+1,j)+A3(i,j)*p1(i,j-1)+A4(i,j)*p(i,j+1)-…
            A5(i,j)*p(i,j))/(dx^2)+(h1(i,j)-h2(i,j))/dx;
        dldp(i,j)=-A5(i,j)/(dx^2);
        ridldp(i,j)=ri(i,j)/dldp(i,j);
        p1(i,j)=p(i,j)+c2*ridldp(i,j);
    elseif i==m-1
        A1(i,j)=htx(2*i-1,2*j)^(2+1/f)*(abs((p(i,j)-p(i-1,j))/dx))^(1/f-1);
        A2(i,j)=0;
        A3(i,j)=htx(2*i,2*j-1)^(2+1/f)*(abs((p(i,j)-p(i,j-1))/dx))^(1/f-1);
        A4(i,j)=htx(2*i,2*j+1)^(2+1/f)*(abs((p(i,j+1)-p(i,j))/dx))^(1/f-1);
        A5(i,j)=A1(i,j)+A2(i,j)+A3(i,j)+A4(i,j);
        if A5(i,j)<=ep
            A5(i,j)=beps;
        end
        h1(i,j)=zzz(2*i,2*j-1);
        h2(i,j)=zzz(2*i,2*j+1);
        if h1(i,j)<0
            h1(i,j)=0;
        end
        if h2(i,j)<0
            h2(i,j)=0;
        end
        ri(i,j)=-(A1(i,j)*p1(i-1,j)+0+A3(i,j)*p1(i,j-1)+A4(i,j)*p(i,j+1)-…
            A5(i,j)*p(i,j))/(dx^2)+(h1(i,j)-h2(i,j))/dx;
        dldp(i,j)=-A5(i,j)/(dx^2);
        ridldp(i,j)=ri(i,j)/dldp(i,j);
        p1(i,j)=p(i,j)+c2*ridldp(i,j);
    else
        A1(i,j)=htx(2*i-1,2*j)^(2+1/f)*(abs((p(i,j)-p(i-1,j))/dx))^(1/f-1);
        A2(i,j)=htx(2*i+1,2*j)^(2+1/f)*(abs((p(i+1,j)-p(i,j))/dx))^(1/f-1);
        A3(i,j)=htx(2*i,2*j-1)^(2+1/f)*(abs((p(i,j)-p(i,j-1))/dx))^(1/f-1);
        A4(i,j)=htx(2*i,2*j+1)^(2+1/f)*(abs((p(i,j+1)-p(i,j))/dx))^(1/f-1);
        A5(i,j)=A1(i,j)+A2(i,j)+A3(i,j)+A4(i,j);
        if A5(i,j)<=ep
            A5(i,j)=beps;
        end
```

```
                        h1(i,j)=zzz(2*i,2*j-1);
                        h2(i,j)=zzz(2*i,2*j+1);
                        if h1(i,j)<0
                            h1(i,j)=0;
                        end
                        if h2(i,j)<0
                            h2(i,j)=0;
                        end
                        ri(i,j)=-(A1(i,j)*p1(i-1,j)+A2(i,j)*p(i+1,j)+A3(i,j)*p1(i,j-1)+…
                            A4(i,j)*p(i,j+1)-A5(i,j)*p(i,j))/(dx^2)+(h1(i,j)-h2(i,j))/dx;
                        dldp(i,j)=-A5(i,j)/(dx^2);
                        ridldp(i,j)=ri(i,j)/dldp(i,j);
                        p1(i,j)=p(i,j)+c2*ridldp(i,j);
                    end
                    if p1(i,j)<0
                        p1(i,j)=0;
                    end
                end
            end
        er2=sum(sum(abs(p1-p)))/sum(sum(p1))
    end
    pderr=10;
    for i=1:m-1
        for j=1:n-1
            if j==1
                pdelt(i,j)=(p1(i,j+1)-p1(i,j));
                if htx(2*i,2*j)<=eps
                    fr(i,j)=0;
                elseif abs(pdelt(i,j))>=pderr
                    fr(i,j)=0;
                else
                    fr(i,j)=-htx(2*i,2*j)^(2+1/f)*pdelt(i,j);
                end
            elseif j==n-1
                pdelt(i,j)=(p1(i,j)-p1(i,j-1));
                if htx(2*i,2*j)<=eps
                    fr(i,j)=0;
                elseif abs(pdelt(i,j))>=pderr
                    fr(i,j)=0;
```

```
            else
                fr(i,j)=-htx(2*i,2*j)^(2+1/f)*pdelt(i,j);
            end
        else
            pdelt(i,j)=(p1(i,j+1)-p1(i,j));
            if htx(2*i,2*j)<=eps
                fr(i,j)=0;
            elseif abs(pdelt(i,j))>=pderr
                fr(i,j)=0;
            else
                fr(i,j)=-htx(2*i,2*j)^(2+1/f)*pdelt(i,j);
            end
        end
    end
end
phi_s=sum(sum(fr/dx))/((m-1)*(n-1));
```

2.4 非牛顿流体混合弹流润滑分析

测量传动部件全部摩擦副的真实表面形貌难度较大，而且对粗糙表面的真实三维结构进行建模需要非常精细的网格划分，采用确定性模型进行润滑分析有极高的成本。因此，工程实际中许多传动部件的脂润滑分析并不适合采用确定性模型。虽然随机模型更适合工况多变的传动部件的润滑分析，但目前缺乏混合弹流脂润滑的随机建模方法，限制了工程实际中的脂润滑分析；缺少粗糙表面的脂润滑膜厚预测公式，无法建立摩擦副脂润滑的功能函数。因此，研究混合弹流脂润滑随机模型的建模方法，提出混合弹流脂润滑膜厚的快速预测公式，是工程实际中传动部件脂润滑性能及可靠性研究的基础，对完善混合弹流脂润滑理论具有重要意义。

为此，本章将非牛顿平均流量理论引入脂润滑的数值建模中，考虑非牛顿效应和表面形貌效应建立混合弹流脂润滑的随机模型，采用有限差分法对控制方程进行求解，探讨润滑脂的流变性质对脂润滑的影响；拟合数值模拟结果获得线接触混合弹流脂润滑的最小膜厚公式、中心膜厚公式和粗糙度承载比公式。本章形成了部件摩擦副脂润滑性能及可靠性研究的方法基础，为工程实际中传动部件脂润滑可靠性功能函数的建立提供条件，完善了混合弹流脂润滑理论。

2.4.1 混合弹流脂润滑的随机模型

采用非牛顿平均流量模型，建立混合弹流脂润滑分析的随机模型，在此基础上探讨润滑脂的流变参数对脂润滑的影响规律。本章的另一个重要目标是提出脂润滑状态的预测公式，尤其是粗糙表面的脂润滑膜厚公式，为传动部件润滑可靠性功能函数的建立提供条件。

1. 混合弹流脂润滑控制方程

等温线接触混合弹流脂润滑的控制方程主要包括平均形式的脂润滑雷诺方程、膜厚方程、载荷平衡方程、压力-黏度方程和压力-密度方程等。

相对运动的两接触表面间隙中会产生润滑油膜，油膜的压力受雷诺方程控制，作为纳维-斯托克斯方程的一种特殊形式，雷诺方程基于以下假设成立：

（1）忽略流体的体积力和惯性力；

（2）润滑剂在与固体接触的界面上不发生相对运动；

（3）沿厚度方向，油膜压力恒定；因此，润滑剂黏度和密度沿膜厚方向也保持不变；

（4）不考虑表面曲率引起的速度方向变化。

为考虑粗糙表面形貌效应，第2.3节已建立了非牛顿平均流量模型，在本节中，采用非牛顿流量系数修正脂润滑雷诺方程，建立混合弹流脂润滑的随机模型。如前所述，奥斯特瓦尔德流变模型和宾汉流变模型是赫谢尔-巴克利流变模型的特殊形式，赫谢尔-巴克利流变模型的优点是能够同时考虑屈服剪应力和剪切稀化效应。然而，相关研究表明屈服剪应力对润滑的影响主要体现在控制脂润滑油膜的形成，对于压力分布和膜厚的影响则很小。本书主要关注主轴承脂润滑的膜厚，因此采用奥斯特瓦尔德流体（屈服剪应力为0）形式的线接触脂润滑雷诺方程。

研究表明，在等温条件下，摩擦表面之间的相对滑动对齿轮和滚动轴承的润滑膜厚影响较小。例如，岑等人的试验结果表明，在滚动轴承中引入典型的滑滚比（Slide-Roll Ratio，SRR）并不会显著影响润滑膜厚。艾等人的研究表明，相比纯滚动工况（SRR=0），当SRR值为1时，膜厚仅变化了1.5%，虽然膜厚的差异会随着SRR的增大而增大，但当SRR增大至2时，此差异依然小于7%。在齿轮副中，SRR值通常小于1，在滚动轴承中，SRR的值则更小。综上，齿轮和轴承摩擦表面之间的相对滑动对膜厚的影响较小。因此，本小节假设纯滚动条件，建立如下线接触混合弹流脂润滑的平均形式雷诺方程：

$$\frac{n}{2n+1}\left(\frac{1}{2}\right)^{\frac{n+1}{n}}\left\{\frac{\partial}{\partial x}\left[\phi_x \rho h^{\frac{n+1}{n}}\left(\frac{1}{\phi}\frac{\partial p_h}{\partial x}\right)^{\frac{1}{n}}\right]\right\} = u_0 \frac{\partial(\rho \bar{h}_T)}{\partial x} \qquad (2\text{-}74)$$

式中，ρ是润滑剂的密度（kg/m³）；ϕ是塑性黏度（Pa·sⁿ）；h是名义膜厚；p_h是油膜流体压力（Pa）；u_0是接触表面间的卷吸速度（m/s）；ϕ_x是脂润滑的压力流量系数；$\bar{h}_T$是两接触表面间的平均间隔（m）。

线接触的膜厚方程主要包含3部分，即刚体中心膜厚、几何间隙以及接触表面的弹性变形：

$$h(x) = h_0 + \frac{x^2}{2R} - \frac{4}{\pi E'}\int_{x_0}^{x_e} p\ln|x-s|\mathrm{d}s \tag{2-75}$$

式中，R 是等效接触半径（m）；E' 是等效弹性模量（Pa）；P 是总压力，包括流体压力 p_h 和粗糙峰接触压力 p_a（Pa）。

两接触表面间的平均间隔 $\bar{h}_T$ 定义为：

$$\bar{h}_T = \int_{-h}^{+\infty}(h+\delta)f(\delta)\mathrm{d}\delta \tag{2-76}$$

式中，$\delta = \delta_1 + \delta_2$ 为综合粗糙度，δ_1 和 δ_2 分别是接触表面1和接触表面2的高度（m）；由 3σ 准则可知，表面约99.7%面积的高度分布在 $[-3\sigma, +3\sigma]$ 之内，因此上式中的积分上限取为 3σ，其中 σ 为综合粗糙度的标准差，被称作综合RMS粗糙度。

对于线接触的混合弹流润滑分析，单位接触长度的总载荷 w 需要满足平衡方程：

$$w = \int_{x_0}^{x_e} p_h(x)\mathrm{d}x + \int_{x_0}^{x_e} p_a(x)\mathrm{d}x \tag{2-77}$$

道森-希金森方程被广泛用来描述润滑剂的密-压关系，而黏-压关系则可以由黏压方程（Roelands）进行描述，这两个润滑剂方程在脂润滑分析中仍然有效：

$$\rho = \rho_0\left(1 + \frac{0.6\times 10^{-9}p_h}{1+1.7\times 10^{-9}p_h}\right) \tag{2-78}$$

$$\phi = \phi_0\exp\{(\ln\phi_0 + 9.67)[-1 + (1+5.1\times 10^{-9}p_h)^{0.68}]\} \tag{2-79}$$

式中，ρ_0 是润滑剂在常温常压环境下的密度（kg/m³）；ϕ_0 是润滑剂在常温常压环境下的塑性黏度（Pa·s^n）。

2. 粗糙峰微接触控制方程

在混合弹流脂润滑分析中，总压力 P 由流体压力 p_h 和粗糙峰接触压力 p_a 两部分组成。流体压力 p_h 可以由平均形式雷诺方程计算得到，而粗糙峰接触压力 p_a 需要借助粗糙表面接触分析获得。格林伍德（Greenwood）和威廉姆森（Williamson）提出的G-W模型是应用最广泛的粗糙表面接触模型之一，然而G-W模型仅考虑了接触表面的弹性变形，忽略了塑性变形的影响。本书采用科格特（Kogut）等建立的K-E模型进行粗糙表面的接触分析，K-E模型能够同时考虑微凸体的弹性变形和塑性变形作用。K-E模型建立了粗糙峰接触压力 p_a 和弹塑性变形之间的关系：

$$p_{\mathrm{a}} = \frac{2}{3\sigma}\pi\beta K\omega_{\mathrm{c}} h_{\mathrm{d}} \left(\int_{d}^{d+\omega_{\mathrm{c}}} I^{1.5} + 1.03\int_{d+\omega_{\mathrm{c}}}^{d+6\omega_{\mathrm{c}}} I^{1.425} + 1.4\int_{d+6\omega_{\mathrm{c}}}^{d+110\omega_{\mathrm{c}}} I^{1.263} + \frac{3}{K}\int_{d+110\omega_{\mathrm{c}}}^{+\infty} I \right) \quad (2\text{-}80)$$

式中，

$$K = 0.454 + 0.41\upsilon \quad (2\text{-}81)$$

$$\omega_{\mathrm{c}} = \left(\frac{\pi K h_{\mathrm{d}}}{E'}\right)^2 r \quad (2\text{-}82)$$

$$I^k = \left(\frac{z_{\mathrm{s}} - d}{\omega_{\mathrm{c}}}\right)^k f(z_{\mathrm{s}})\mathrm{d}z_{\mathrm{s}} \quad (2\text{-}83)$$

$$y_{\mathrm{s}} = h - d = \frac{1.5\sigma}{\sqrt{108\pi\beta}} \quad (2\text{-}84)$$

式中，β 是粗糙度参数（此处取0.04）；K 是硬度系数；ω_{c} 是弹性变形向塑性变形转化的临界值；r 和 z_{s} 分别是粗糙峰曲率半径和高度（m）；d 是粗糙峰中面和等效光滑曲面之间的距离（m）；y_{s} 是表面平均高度与粗糙峰平均高度之间的距离（m）；υ 和 h_{d} 分别是泊松比和较软材料的硬度；$f(z_{\mathrm{s}})$ 是粗糙峰高度的概率密度函数。

粗糙峰微接触模型中各参数的几何意义如图2-17所示。粗糙表面高度的标准差 σ 是从粗糙表面的平均高度处测量得来的，而粗糙峰高度的标准差 σ_{s} 则是相对粗糙峰平均高度而言的，可以通过如下数值关系对两者进行转化：

$$\frac{\sigma_{\mathrm{s}}}{\sigma} = \sqrt{1 - \frac{3.717 \times 10^{-4}}{\beta^2}} \quad (2\text{-}85)$$

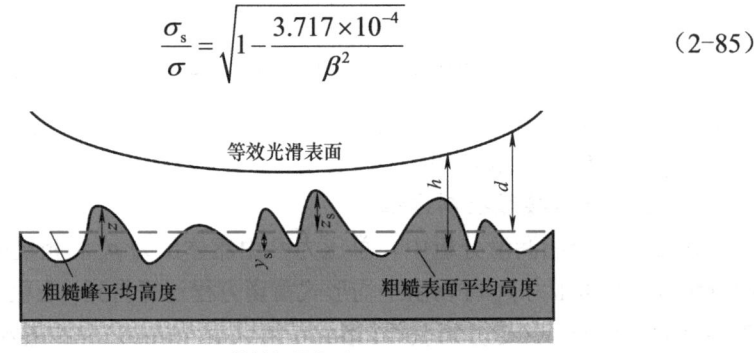

图 2-17 粗糙表面接触示意图

2.4.2 控制方程数值求解

混合弹流脂润滑控制方程中有偏微分方程、积分方程等，且有复杂的耦合关系，因此需要采用数值方法进行求解。数值求解前，需要先对控制方程进行无量纲化，再通过有限差分法将控制方程离散为代数方程组，最后采用迭代方法求解差分方程，得到脂润滑膜厚与压力分布。

1. 控制方程无量纲化

为了对控制方程进行无量纲化，引入如下参数：

$$\bar{x} = \frac{x}{b},\ \bar{h} = \frac{h}{R},\ \bar{p} = \frac{p}{P_H},\ P_H = \frac{E'b}{4R},\ \phi^* = \frac{\phi}{\phi_0},\ \bar{\rho} = \frac{\rho}{\rho_0},\ \bar{u} = \frac{\phi_0 u_0}{E'R},$$
$$\bar{w} = \frac{w}{E'R},\ \bar{g} = \partial E',\ \bar{\sigma} = \frac{\sigma}{R},\ \kappa = \frac{\bar{\rho}\bar{h}^{\frac{2n+1}{n}}}{\phi^{*1/n}\gamma},\ \gamma = 2^{\frac{n+3}{n}}\left(2+\frac{1}{n}\right)\left(\frac{\phi_0}{E'}\right)^{1/n-1}\bar{u} \quad (2\text{-}86)$$

式中，$\bar{x}$是坐标x的无量纲参数；$\bar{h}$是膜厚的无量纲参数；$\bar{p}$是压力的无量纲参数；P_H是赫兹接触压力；ϕ^*和$\bar{\rho}$分别是塑性黏度和密度的无量纲参数；$\bar{u}$、$\bar{w}$、$\bar{g}$分别是速度参数、载荷参数和材料参数；$\bar{\sigma}$是无量纲RMS粗糙度；E'是等效弹性模量（Pa）；b是赫兹接触半宽（m）；P_H是最大赫兹接触压力（Pa）。

采用式（2-86）中的无量纲参数改写脂润滑控制方程，得到各控制方程的无量纲形式如下：

（1）脂润滑雷诺方程：

$$\frac{\partial}{\partial \bar{x}}\left[\phi_x \kappa\left(\frac{\partial \bar{p}_h}{\partial \bar{x}}\right)^{\frac{1}{n}}\right] = \frac{\partial(\bar{\rho}\bar{h}_T)}{\partial \bar{x}} \quad (2\text{-}87)$$

边界条件为：

$$\begin{cases} \bar{x} = \bar{x}_0, \bar{p}_h = 0 \\ \bar{x} = \bar{x}_e, \bar{p}_h = \left.\frac{\partial \bar{p}_h}{\partial \bar{x}}\right|_{\bar{x}=\bar{x}_e} = 0 \end{cases} \quad (2\text{-}88)$$

（2）膜厚方程：

$$\bar{h}(\bar{x}) = \bar{h}_0 + \frac{\bar{x}^2}{2} - \frac{1}{\pi}\int_{\bar{x}_0}^{\bar{x}_e} p(S)\ln|\bar{x} - S|dS \quad (2\text{-}89)$$

式中，$p = p_h + p_a$是无量纲的总接触压力（Pa）。

（3）平均间隔：

$$\bar{h}_T = \int_{-\bar{h}}^{\infty} \bar{f}(\bar{z}_s)d\bar{z}_s \quad (2\text{-}90)$$

式中，$\bar{z}_s = z_s/r$是无量纲粗糙表面高度；$\bar{f}(\bar{z}_s)$是无量纲表面高度的概率密度函数，与有量纲表面高度的概率密度函数具有如下关系：

$$\overline{f}(\overline{z}_s)\mathrm{d}\overline{z}_s = f(z_s)\mathrm{d}z_s = \frac{1}{\sqrt{2\pi}\sigma_s}\exp\left[-0.5\left(\frac{z_s}{\sigma_s}\right)^2\right] \quad (2\text{-}91)$$

（4）平衡方程：

$$\frac{\pi}{2} = \int_{\overline{x}_0}^{\overline{x}_e} \overline{p}_h(\overline{x})\mathrm{d}\overline{x} + \int_{\overline{x}_0}^{\overline{x}_e} \overline{p}_a(\overline{x})\mathrm{d}\overline{x} \quad (2\text{-}92)$$

（5）密压方程：

$$\overline{\rho} = 1 + \frac{0.6\times 10^{-9}\overline{p}_h P_H}{1+1.7\times 10^{-9}\overline{p}_h P_H} \quad (2\text{-}93)$$

（6）黏压方程：

$$\phi = \exp\{(\ln\phi_0 + 9.67)[-1+(1+5.1\times 10^{-9}\overline{p}_h P_H)^{0.68}]\} \quad (2\text{-}94)$$

（7）粗糙峰接触压力：

$$\begin{aligned}\overline{p}_a = \frac{p_a}{P_H} = \frac{2\sqrt{2\pi^3\overline{\omega}_c}}{3\overline{\sigma}}\beta K\overline{h}_d \overline{w}^{-0.5} \\ \left(\int_{\overline{d}}^{\overline{d}+\overline{\omega}_c}\overline{I}^{1.5}+1.03\int_{\overline{d}+\overline{\omega}_c}^{\overline{d}+6\overline{\omega}_c}\overline{I}^{1.425}+1.4\int_{\overline{d}+6\overline{\omega}_c}^{\overline{d}+110\overline{\omega}_c}\overline{I}^{1.263}+\frac{3}{K}\int_{\overline{d}+110\overline{\omega}_c}^{+\infty}\overline{I}\right)\end{aligned} \quad (2\text{-}95)$$

式中，

$$\overline{h}_d = \frac{h_d}{E'}, \overline{I}^k = \left(\frac{\overline{z}_s-\overline{d}}{\overline{\omega}_c}\right)^k \overline{f}(\overline{z}_s)\mathrm{d}\overline{z}_s \quad (2\text{-}96)$$

$\overline{f}(\overline{z}_s)$ 是无量纲的粗糙峰高度概率密度函数，可以表示为：

$$\overline{f}(\overline{z}_s)\mathrm{d}\overline{z}_s = f(z_s)\mathrm{d}z_s = \frac{1}{\sqrt{2\pi}\sigma_s}\exp\left[-0.5\left(\frac{z_s}{\sigma_s}\right)^2\right] \quad (2\text{-}97)$$

2. 控制方程离散化

无量纲化后，还需要将各控制方程离散化为代数方程或方程组。对于不同的控制方程，所采用的差分方法也不尽相同。

（1）脂润滑雷诺方程。方程左侧采用二阶中心差分，右侧采用一阶向前差分，脂润滑雷诺方程左侧项和右侧项的离散格式分别为：

$$\frac{\partial}{\partial \overline{x}}\left[\phi_x \kappa\left(\frac{\partial \overline{p}_h}{\partial \overline{x}}\right)^{\frac{1}{n}}\right] = \frac{\varepsilon_{i+1/2}(\overline{p}_{h\,i+1}-\overline{p}_{h\,i})^{\frac{1}{n}} - \varepsilon_{i-1/2}(\overline{p}_{h\,i}-\overline{p}_{h\,i-1})^{\frac{1}{n}}}{\Delta\overline{x}^2} + o(\Delta\overline{x}^2) \quad (2\text{-}98)$$

$$\frac{\partial(\overline{\rho}\overline{h}_\mathrm{T})}{\partial \overline{x}} = \frac{\overline{\rho}_i \overline{h}_{\mathrm{T}\,i} - \overline{\rho}_{i-1} \overline{h}_{\mathrm{T}\,i-1}}{\Delta \overline{x}} + o(\Delta \overline{x}^2) \qquad (2\text{-}99)$$

式中，

$$\varepsilon = \phi_x \kappa, \quad \kappa = \frac{\overline{\rho}_i \overline{h}_i^{\frac{2n+1}{n}}}{\phi_i^{*\,1/n} \gamma} \qquad (2\text{-}100)$$

$\varepsilon_{i\pm1/2} = (\varepsilon_i + \varepsilon_{i\pm1/2})/2$ 是 ε 在节点中间位置 $\overline{x}_i + (i-1/2)\Delta \overline{x}$ 和 $\overline{x}_i + (i+1/2)\Delta \overline{x}$ 的值，其具体形式为：

$$\begin{aligned}
\varepsilon_{i+1/2} &= \phi_{xi+1/2} \kappa_{i+1/2} = \frac{1}{4}(\phi_{xi+1} + \phi_{xi})(\kappa_{i+1} + \kappa_i) \\
\varepsilon_{i-1/2} &= \phi_{xi-1/2} \kappa_{i-1/2} = \frac{1}{4}(\phi_{xi} + \phi_{xi-1})(\kappa_i + \kappa_{i-1})
\end{aligned} \qquad (2\text{-}101)$$

综上，最终可得脂润滑雷诺方程的离散形式为：

$$\frac{\varepsilon_{i+1/2}(\overline{p}_{\mathrm{h}\,i+1} - \overline{p}_{\mathrm{h}\,i})^{\frac{1}{n}} - \varepsilon_{i-1/2}(\overline{p}_{\mathrm{h}\,i} - \overline{p}_{\mathrm{h}\,i-1})^{\frac{1}{n}}}{\Delta \overline{x}^2} - \frac{\overline{\rho}_i \overline{h}_{\mathrm{T}\,i} - \overline{\rho}_{i-1} \overline{h}_{\mathrm{T}\,i-1}}{\Delta \overline{x}} = 0 \qquad (2\text{-}102)$$

（2）膜厚方程。膜厚方程中的弹性变形需要求解定积分，式（2-89）表明该积分在 $X = S$ 处没有定义，为了解决定积分求解这一难题，通常采用柔度矩阵法。柔度矩阵法将节点的弹性变形描述为其他各节点压力在该节点引起变形的叠加，定义影响系数表示仅在 j 节点上作用单位力时，在 i 节点产生的弹性变形量，据此膜厚方程的离散形式可以通过影响系数 $D_{i,j}$ 表示为：

$$\overline{h}(\overline{x}) = \overline{h}_0 + \frac{\overline{x}_i^2}{2} - \frac{1}{\pi} \sum_{j=0}^{N} D_{i,j} \overline{p}_j \qquad (2\text{-}103)$$

$$\begin{aligned}
D_{i,j} = & \left(i - j + \frac{1}{2}\right)\Delta \overline{x} \left[\ln\left(\left|i - j + \frac{1}{2}\right|\Delta \overline{x}\right) - 1\right] - \\
& \left(i - j - \frac{1}{2}\right)\Delta \overline{x} \left[\ln\left(\left|i - j - \frac{1}{2}\right|\Delta \overline{x}\right) - 1\right]
\end{aligned} \qquad (2\text{-}104)$$

（3）平衡方程：

$$\Delta \overline{x} \sum_{j=0}^{N-1} \frac{\overline{p}_j + \overline{p}_{j+1}}{2} = \frac{\pi}{2} \qquad (2\text{-}105)$$

(4)粗糙峰接触压力:

$$\begin{aligned}\overline{p}_{\mathrm{a}i}=&\frac{2\sqrt{2\pi^3}\,\overline{\omega}_{\mathrm{c}}}{3\overline{\sigma}}\beta K\overline{h}_{\mathrm{d}}\overline{w}^{-0.5}\left[\Delta\overline{z}_{\mathrm{s}1}\sum_{i=1}^{m_1}\left(\frac{\overline{z}_{\mathrm{s}i}-\overline{d}}{\overline{\omega}_{\mathrm{c}}}\right)^{1.5}\overline{f}\left(\overline{z}_{\mathrm{s}i}\right)+\right.\\ &\Delta\overline{z}_{\mathrm{s}2}\sum_{j=1}^{m_2}\left(\frac{\overline{z}_{\mathrm{s}j}-\overline{d}}{\overline{\omega}_{\mathrm{c}}}\right)^{1.425}\overline{f}\left(\overline{z}_{\mathrm{s}j}\right)+\Delta\overline{z}_{\mathrm{s}3}\sum_{k=1}^{m_3}\left(\frac{\overline{z}_{\mathrm{s}k}-\overline{d}}{\overline{\omega}_{\mathrm{c}}}\right)^{1.26}\overline{f}\left(\overline{z}_{\mathrm{s}k}\right)+\\ &\left.\Delta\overline{z}_{\mathrm{s}4}\sum_{h=1}^{m_4}\left(\frac{\overline{z}_{\mathrm{s}h}-\overline{d}}{\overline{\omega}_{\mathrm{c}}}\right)^{1.5}\overline{f}\left(\overline{z}_{\mathrm{s}h}\right)\right]\end{aligned} \quad (2\text{-}106)$$

式中,m_1、m_2、m_3 和 m_4 分别是粗糙峰接触模型中4个变形阶段的积分节点数(此处取值为1000);$\Delta\overline{z}_{\mathrm{s}1}$、$\Delta\overline{z}_{\mathrm{s}2}$、$\Delta\overline{z}_{\mathrm{s}3}$ 和 $\Delta\overline{z}_{\mathrm{s}4}$ 分别是相应的节点间距,具有如下表达式:

$$\Delta\overline{z}_{\mathrm{s}1}=\frac{\overline{\omega}_{\mathrm{c}}}{m_1},\ \Delta\overline{z}_{\mathrm{s}2}=\frac{5\overline{\omega}_{\mathrm{c}}}{m_2},\ \Delta\overline{z}_{\mathrm{s}3}=\frac{104\overline{\omega}_{\mathrm{c}}}{m_3},\ \Delta\overline{z}_{\mathrm{s}4}=\frac{3\overline{\sigma}}{m_4} \quad (2\text{-}107)$$

3. 迭代与数值求解

采用松弛迭代方法对离散形式的控制方程进行求解,为了保证压力松弛迭代的收敛性和求解效率,在低压区域和高压区域分别采取高斯-赛德尔松弛迭代和雅克比(Jacobi)双极子迭代。迭代的收敛采用相对精度判断准则,刚体中心膜厚采用道森-希金森公式进行初始化。

(1)油膜压力松弛迭代。在求解脂润滑雷诺方程式(2-102)时,ε 在求解域内的变化范围有几个数量级,为迭代过程的收敛带来很大困难,需根据压力大小选用不同的迭代方法。在低压区域 $\varepsilon_i \geqslant 1$,式(2-102)中的第二项起主导作用,方程类似于一维泊松问题,采用高斯-赛德尔松弛迭代法进行求解。高斯-赛德尔松弛迭代法需要首先给定压力初始值 $\tilde{P}_{\mathrm{h}\,i-1}$,据此计算得到膜厚、润滑脂密度、润滑脂黏度和 ε 值,然后通过式(2-108)修正 $\hat{P}_{\mathrm{h}}$ 得到新的压力值 $\tilde{P}_{\mathrm{h}}$,将 $\tilde{P}_{\mathrm{h}}$ 作为下一轮迭代的初值,循环迭代过程直到满足收敛条件。高斯-赛德尔松弛迭代法具有以下形式:

$$\tilde{P}_{\mathrm{h}\,i} = \hat{P}_{\mathrm{h}\,i} + c_1\delta_i \quad (2\text{-}108)$$

式中,c_1 是压力松弛因子;δ_i 是压力修正量(Pa),具有如下定义:

$$\delta_i = \varphi_i\left(\frac{\partial L_i}{\partial \overline{p}_{\mathrm{h}\,i}}\right)^{-1} \quad (2\text{-}109)$$

φ_i 表示在节点 i 处的亏损量,其表达式为:

$$\varphi_i = -\frac{\varepsilon_{i+1/2}(\hat{\bar{p}}_{\text{h}\,i+1} - \hat{\bar{p}}_{\text{h}\,i})^{\frac{1}{n}} - \varepsilon_{i-1/2}(\hat{\bar{p}}_{\text{h}\,i} - \tilde{\bar{p}}_{\text{h}\,i-1})^{\frac{1}{n}}}{\Delta \bar{x}^2} + \frac{\bar{\rho}_i \bar{h}_{\text{T}\,i} - \bar{\rho}_{i-1}\bar{h}_{\text{T}\,i-1}}{\Delta \bar{x}} \quad (2\text{-}110)$$

式（2-110）中的 $\hat{\bar{p}}_{\text{h}\,i}$ 和 $\hat{\bar{p}}_{\text{h}\,i+1}$ 采用压力初值，而 $\tilde{\bar{p}}_{\text{h}\,i-1}$ 采用的是前一个节点在本轮迭代中得到的新值，这是高斯-赛德尔松弛迭代法的要点。在求解 $\partial L_i / \partial \bar{p}_{\text{h}\,i}$ 时，通常忽略 ε 与密度和压力之间的关系，只考虑膜厚-压力函数关系，则 $\partial L_i / \partial \bar{p}_{\text{h}\,i}$ 可以写作：

$$\frac{\partial L_i}{\partial \bar{p}_{\text{h}\,i}} \approx -\frac{1}{n}\frac{\varepsilon_{i+1/2}\left|\hat{\bar{p}}_{\text{h}\,i+1} - \hat{\bar{p}}_{\text{h}\,i}\right|^{\frac{1}{n}-1} + \varepsilon_{i-1/2}\left|\hat{\bar{p}}_{\text{h}\,i} - \hat{\bar{p}}_{\text{h}\,i-1}\right|^{\frac{1}{n}-1}}{\Delta \bar{x}^2} + \frac{\bar{\rho}_i D_{i,j} - \bar{\rho}_{i-1}D_{i,j-1}}{\pi \Delta \bar{x}} \quad (2\text{-}111)$$

在高压区域，则采用雅克比双极子迭代法以保证良好的收敛性，该方法考虑前一节点的压力修正项为：

$$\delta_i = \varphi_i \left(\frac{\partial L_i}{\partial \bar{p}_{\text{h}\,i}} + \frac{\partial L_i}{\partial \bar{p}_{\text{h}\,i-1}}\right)^{-1} \quad (2\text{-}112)$$

式中，

$$\varphi_i = -\frac{\varepsilon_{i+1/2}(\hat{\bar{p}}_{\text{h}\,i+1} - \hat{\bar{p}}_{\text{h}\,i})^{\frac{1}{n}} - \varepsilon_{i-1/2}(\hat{\bar{p}}_{\text{h}\,i} - \hat{\bar{p}}_{\text{h}\,i-1})^{\frac{1}{n}}}{\Delta \bar{x}^2} + \frac{\bar{\rho}_i \bar{h}_{\text{T}\,i} - \bar{\rho}_{i-1}\bar{h}_{\text{T}\,i-1}}{\Delta \bar{x}} \quad (2\text{-}113)$$

式中，$i-1$ 节点处的 $\hat{\bar{p}}_{\text{h}\,i-1}$ 为上一轮迭代中旧的压力值。

在求解域中，由于影响系数 $D_{i,j}$ 具有对称性，因此式（2-112）的括号内部分可以写作：

$$\frac{\partial L_i}{\partial \bar{p}_{\text{h}\,i}} + \frac{\partial L_i}{\partial \bar{p}_{\text{h}\,i-1}} \approx -\frac{1}{n}\frac{\varepsilon_{i+1/2}\left|\hat{\bar{p}}_{\text{h}\,i+1} - \hat{\bar{p}}_{\text{h}\,i}\right|^{\frac{1}{n}-1} + 2\varepsilon_{i-1/2}\left|\hat{\bar{p}}_{\text{h}\,i} - \hat{\bar{p}}_{\text{h}\,i-1}\right|^{\frac{1}{n}-1}}{\Delta \bar{x}^2} + \frac{2(\bar{\rho}_i D_{i,j} - \bar{\rho}_{i-1}D_{i,j-1})}{\pi \Delta \bar{x}} \quad (2\text{-}114)$$

（2）刚体中心膜厚初始化与调整。在迭代求解前，需预先给定刚体中心膜厚的初始值，这对最终压力的求解结果和收敛性至关重要，本书使用道森-希金森膜厚公式给出刚体中心膜厚的初始值：

$$\bar{h}_0 = \frac{h_{\text{D}}}{R} - v_{\max} \quad (2\text{-}115)$$

式中，h_{D} 是道森-希金森公式计算出的最小膜厚（m）；$v_{\max}$ 是在赫兹接触压力作用下求解域中几何间隙与弹性变形之差的最大值（m），具有如下形式：

$$v_{\max} = \max\left\{\frac{\bar{x}_i^2}{2R} - \frac{1}{\pi}\sum_{j=0}^{N} K_{i,j} P_{\mathrm{H}j}\right\} \qquad (2\text{-}116)$$

式中，P_H 是式（2-86）中的无量纲赫兹接触压力（Pa）。

为了使油膜压力和粗糙峰接触压力满足载荷平衡方程式（2-105），需要在迭代中不断调整刚体中心膜厚。当总接触压力大于外部载荷时，增大刚体中心膜厚以提高膜厚的总体水平，从而减小接触压力；当总接触压力小于外部载荷时，减小刚体中心膜厚以降低膜厚的总体水平，从而增大接触压力。为了减少计算量，经过一定次数的压力迭代后，按照式（2-117）调整一次刚体中心膜厚，刚体中心膜厚的调整频率需根据不同工况的求解收敛难度而定。

$$\tilde{\hat{h}}_0 = \hat{\bar{h}}_0 + \frac{c_2}{2}\left[\left(\Delta \bar{x}\sum_{i=1}^{N-1}\hat{\bar{p}}_i + \hat{\bar{p}}_{i-1}\right) - \pi\right] \qquad (2\text{-}117)$$

式中，$\hat{\bar{h}}_0$ 和 $\tilde{\hat{h}}_0$ 分别是调整前后的刚体中心膜厚；c_2 是刚体中心膜厚的松弛因子，取值根据载荷大小确定。

（3）求解流程与收敛判断准则。混合润滑中的接触压力由两部分组成，一部分为润滑油膜的流体压力，另一部分为粗糙峰的接触压力，接触压力的求解流程如图 2-18 所示。将油膜流体压力的初始值取为赫兹接触压力，根据给定的综合 RMS 粗糙度和润滑脂流变参数，通过非牛顿平均流量模型计算得到流量系数，

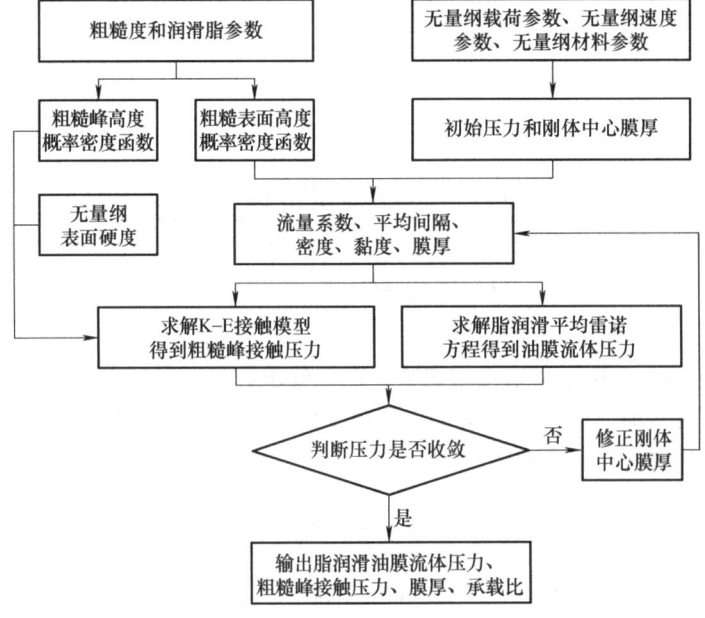

图 2-18　接触压力的求解流程

求解得到脂润滑油膜的流体压力。根据粗糙峰高度的RMS值求解粗糙峰高度的概率密度函数，通过K-E微接触模型确定粗糙峰接触压力。将脂润滑油膜的流体压力和粗糙峰接触压力代入载荷平衡方程，修正刚体中心膜厚，不断迭代直到接触压力满足如下收敛条件：

$$\frac{\sum\left|\overline{p}_i^{n_{\text{iter}}+1}-\overline{p}_i^{n_{\text{iter}}}\right|}{\sum \overline{p}_i^{n_{\text{iter}}+1}} \leqslant \varepsilon_{\text{p}} \tag{2-118}$$

$$\frac{\left|\int_{\overline{x}_0}^{\overline{x}_e} p_{\text{h}}(\overline{x})\text{d}\overline{x}-\pi/2\right|}{\pi/2} \leqslant \varepsilon_{\text{w}} \tag{2-119}$$

式中，n_{iter}是迭代次数；$\varepsilon_{\text{p}}=1\times10^{-6}$，$\varepsilon_{\text{w}}=1\times10^{-4}$。

2.4.3 混合弹流脂润滑特性分析

为了探究混合弹流脂润滑特性，建立脂润滑状态预测公式，本小节分析了在不同工况下的混合弹流脂润滑状态，研究了润滑脂的流变性质对"脂润滑状态（膜厚、粗糙度承载比）-无量纲润滑参数（速度、载荷、材料、粗糙度）"关系的影响。需要注意的是，本书中的润滑膜厚并不是粗糙峰之间的局部间隔，而是指名义膜厚，即两个粗糙表面中线之间的距离；最小膜厚指的是两个摩擦表面中线之间的最小间隔，与润滑确定性模型中实际局部最小间隔的概念是不同的。

1. 流变指数对脂润滑状态-速度关系的影响

本小节针对不同流变性质的润滑脂，研究了脂润滑状态（最小膜厚、中心膜厚和粗糙度承载比）与无量纲速度 $\overline{u}$ 之间的关系。使无量纲速度参数在0.5×10^{-11}到5.5×10^{-11}范围内变化，保持其他输入参数为定值（$\overline{w}=5\times10^{-5}$，$\overline{\sigma}=1\times10^{-5}$，$\overline{g}=4500$），模拟得到不同速度下的脂润滑状态，结果呈现于图2-19。

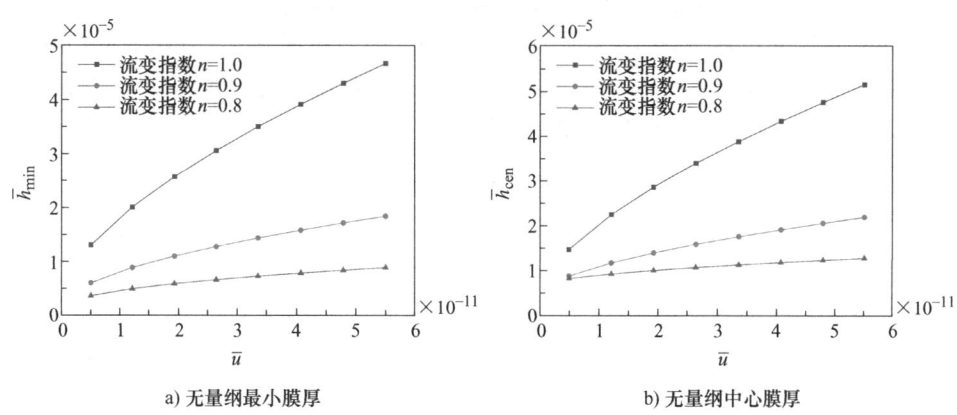

a) 无量纲最小膜厚   b) 无量纲中心膜厚

图2-19 无量纲膜厚与粗糙度承载比随无量纲速度的变化

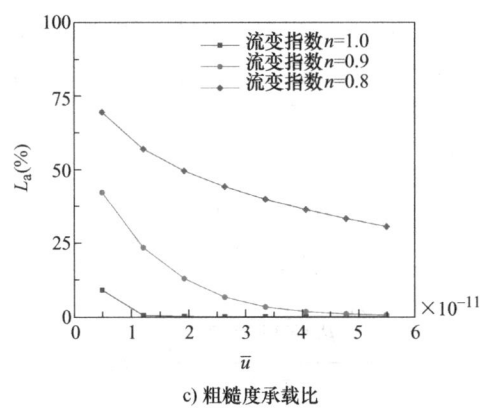

c）粗糙度承载比

图 2-19　无量纲膜厚与粗糙度承载比随无量纲速度的变化（续）

以往研究表明润滑膜厚对无量纲速度的变化非常敏感，图2-19中的结果进一步表明，脂润滑膜厚对无量纲速度的敏感性受到流变指数的影响，在最小膜厚和中心膜厚中都有所体现。如图2-19（a）至图2-19（b）所示，当无量纲速度相同时，最小膜厚和中心膜厚随着流变指数的减小而减小，这与已有研究结果一致。具体地，随着流变指数的减小，膜厚-无量纲速度关系的斜率也随之减小，其他研究者通过试验也观察到类似的规律。这可能是因为无量纲速度的增大主要意味着剪切速率的增大，通过式（2-32）可知，剪切应力是以剪切速率为底数、以润滑脂的流变指数为指数的幂函数。当润滑脂的流变指数较小时，表示"剪切应力-剪切速率"这一幂函数有着更小的指数，则剪切应力随剪切速率的变化趋势更加平缓。流变指数对粗糙度承载比也有较大的影响，较小的流变指数会使粗糙度承载比增大，如图2-19（c）所示。这是因为润滑脂的流变指数较小时，会生成更厚的润滑油膜，减少了发生直接接触的粗糙峰数量。

需要指出的是，虽然润滑脂的流变指数通常比润滑油小，但是这并不意味着在相同的工况下，脂润滑的膜厚比油润滑的小，因为通常情况下润滑脂的黏度远大于润滑油。为说明此问题，特选取两款润滑脂和润滑油进行对比分析。两种润滑剂的参数列于表2-12，分析结果如图2-20所示。

表 2-12　工况条件与润滑剂参数

参数	数值	参数	数值
u_0	0.59~4.11m/s	R	0.0127m
$\bar{w}$	1×10^{-5}	润滑油黏度	0.048Pa·s
$\bar{g}$	4500	润滑脂塑性黏度	4.796Pa·s^n
$\bar{\sigma}$	2×10^{-5}	润滑脂流变指数	0.80

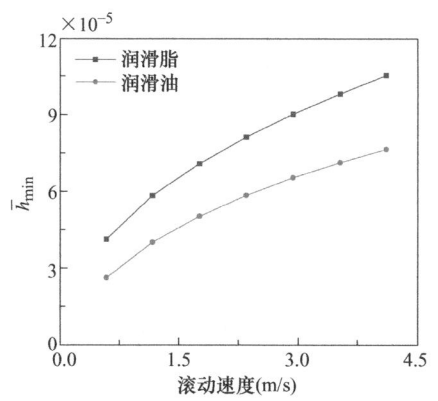

图 2-20 最小膜厚的对比

结果表明：在相同的工况下，虽然润滑脂的流变指数比润滑油的小，但是润滑脂的膜厚远大于润滑油的。流变指数和黏度的综合作用产生了该结果：虽然较小的流变指数会使膜厚减小，但是润滑脂的黏度远大于润滑油的黏度，使脂润滑具有更大的无量纲速度；由于膜厚对无量纲速度参数非常敏感，因此无量纲速度对膜厚的增大作用相对流变指数对膜厚的减小作用更强，最终使得脂形成了比油更厚的润滑膜。

2. 流变指数对脂润滑状态-载荷关系的影响

为了分析润滑剂的流变参数对润滑状态-无量纲载荷的影响规律，将 u_s 固定为 1.76m/s，无量纲载荷 $\bar{w}$ 在 1×10^{-5} 至 7×10^{-5} 的范围内变化，其他参数与表2-12相同。图2-21（a）至图2-21（b）的结果显示，最小膜厚和中心膜厚随无量纲载荷的增大而减小，且当流变指数不同时，膜厚-无量纲载荷关系的变化趋势基本相同。然而，图2-21（c）显示，流变指数对粗糙度承载比-无量纲载荷关系的影响较大，不同流变指数下变化趋势的差异明显。

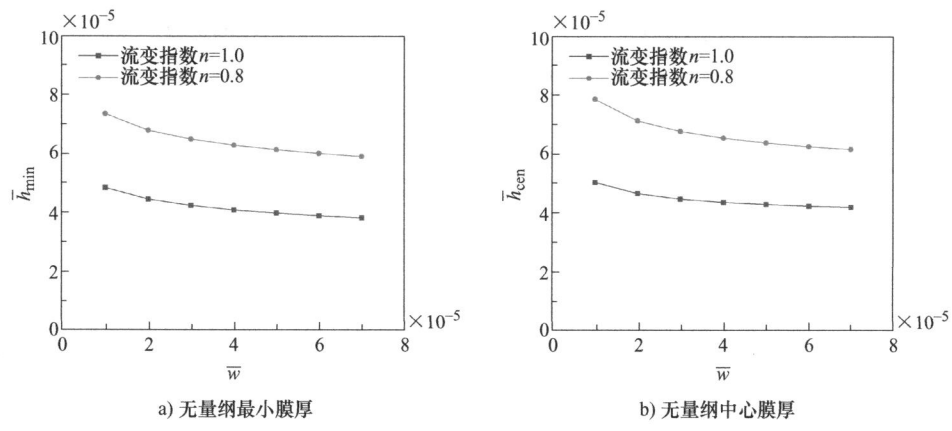

图 2-21 无量纲膜厚与粗糙度承载比随无量纲载荷的变化

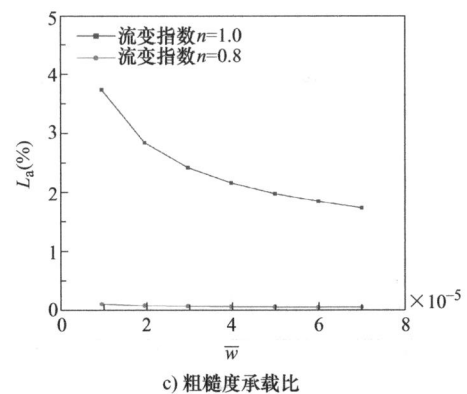

c) 粗糙度承载比

图 2-21 无量纲膜厚与粗糙度承载比随无量纲载荷的变化（续）

3. 流变指数对脂润滑状态-材料参数关系的影响

本小节在不同流变指数下，研究了脂润滑状态随材料参数 $\bar{g}$ 的变化规律。其中，材料参数 $\bar{g}$ 在4500～6500的范围内变化，其他参数保持表2-12中的取值不变。图2-22显示，脂润滑的最小膜厚和中心膜厚随材料参数的增大而增大，但是变化

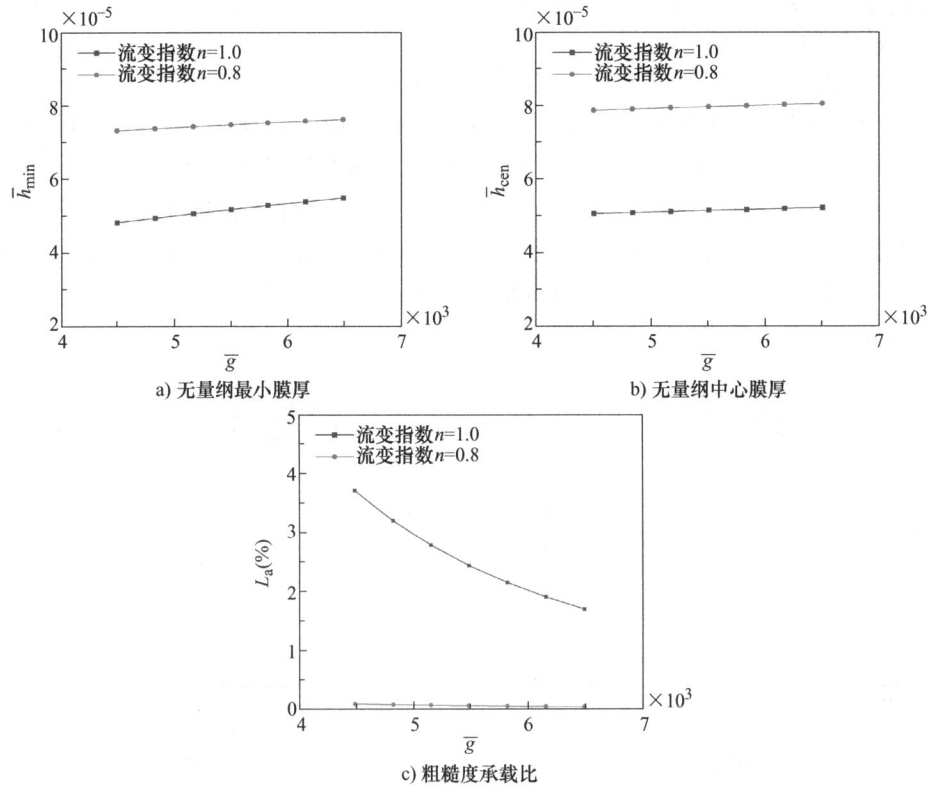

a) 无量纲最小膜厚　　　　　　　　b) 无量纲中心膜厚

c) 粗糙度承载比

图 2-22 无量纲膜厚与粗糙度承载比随无量纲材料参数的变化

第2章 混合弹流润滑基础理论

幅度较小。流变指数的变化对膜厚-材料参数关系几乎没有影响,并不会改变膜厚随材料参数的变化趋势。然而,流变指数的变化会显著影响承载比-材料参数之间的关系,当流变指数较小时,承载比对材料参数变化的敏感性降低。

4. 流变指数对脂润滑状态-粗糙度关系的影响

使无量纲粗糙度参数 $\bar{\sigma}$ 在 0.5×10^{-5} 至 3.5×10^{-5} 的范围内变化,其他参数保持表2-12中的取值不变,研究了润滑剂的流变性质对润滑状态-粗糙度关系的影响规律。如图2-23所示,脂润滑最小膜厚和中心膜厚随无量纲粗糙度参数增大而增大。这是由于随着无量纲粗糙度参数的增大,粗糙峰的高度变大,而膜厚表征两个接触表面之间的平均间隙,因此最小膜厚和中心膜厚都随之增大。当流变指数变化时,最小膜厚和中心膜厚随粗糙度的变化趋势无明显变化,这表明润滑剂流变指数的变化几乎不会改变膜厚-粗糙度关系。粗糙度承载比随着无量纲粗糙度的增大而增大,这是由于随着粗糙峰高度的增加,有更多的表面微凸体发生了直接接触,从而承担了更大份额的接触压力。润滑剂流变指数的变化对于承载比-粗糙度关系的影响较大,会显著改变承载比随粗糙度的变化趋势。

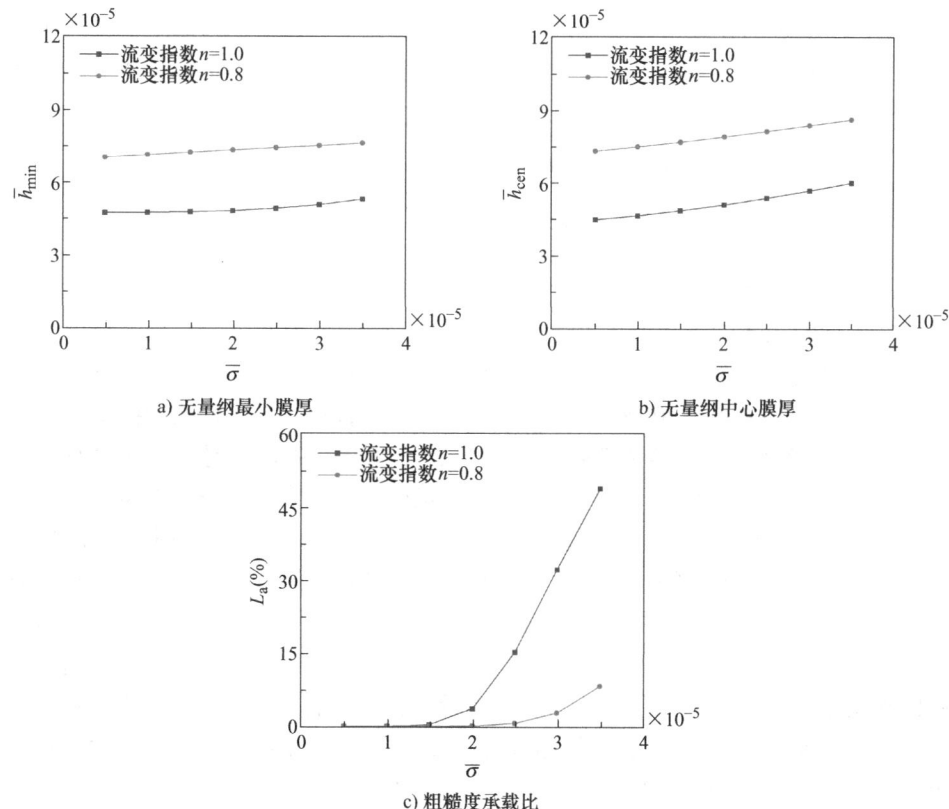

图2-23 无量纲膜厚与粗糙度承载比随无量纲粗糙度的变化

2.4.4 混合弹流脂润滑状态预测公式

润滑可靠性分析需要建立功能函数，需使用脂润滑膜厚公式。此外，虽然随机模型相对确定性模型运算量大为减少，但是，润滑状态预测公式尤其是膜厚公式，在工程应用中具有重要的应用价值，承载比能够直接反映摩擦副磨损风险，同样是润滑研究的重要内容之一。因此，有必要开发粗糙表面的脂润滑膜厚和承载比预测公式。本小节在200余种工况下进行了模拟，拟合数值模拟结果提出了用于快速估计的粗糙表面线接触脂润滑的最小膜厚公式、中心膜厚公式及粗糙度承载比公式。

1. 脂润滑状态预测公式拟合

本小节详细描述了粗糙表面脂润滑最小膜厚、中心膜厚及粗糙度承载比预测公式的拟合过程，无量纲输入参数的变化范围如表2-13所示。拟合公式的形式与马斯杰迪（Masjedi）等的类似，但在本小节中进行了一些修改。第2.4.3小节中的分析表明，润滑状态-速度参数关系、润滑状态-材料参数关系和润滑状态-粗糙度参数关系都受到润滑剂流变指数的影响。考虑流变指数的作用，本小节在预测公式中引入了更多的参数。为了使预测公式适用于更多类型的润滑脂，需要将润滑脂的流变参数作为变量，因此还使用了额外的参数 n。最终确定膜厚和粗糙度承载比的预测公式形式分别如式（2-120）和式（2-121）：

$$H = k_1 n^{k_2} \overline{w}^{k_3} \overline{u}^{k_4 n^{k_5}} \overline{g}^{k_6 n^{k_7}} (1 + k_8 n^{k_9} \overline{\sigma}^{k_{10} n^{k_{11}}} \overline{w}^{k_{12}} \overline{u}^{k_{13} n^{k_{14}}} \overline{g}^{k_{15} n^{k_{16}}}) \quad (2-120)$$

$$L_a = k_1 n^{k_2} \overline{w}^{k_3} \overline{u}^{k_4 n^{k_5}} \overline{g}^{k_6 n^{k_7}} [\ln(1 + k_8 n^{k_9} \overline{\sigma}^{k_{10} n^{k_{11}}} \overline{w}^{k_{12}} \overline{u}^{k_{13} n^{k_{14}}} \overline{g}^{k_{15} n^{k_{16}}})] \quad (2-121)$$

式中，k_1 至 k_{16} 是待确定的常数。

在不同输入条件下进行了200余组模拟，已有研究表明，此数据量足以保证润滑状态预测公式的拟合精度。无量纲输入参数的变化范围如表2-13所示，由于篇幅原因，并未列出200余组模拟的完整结果，部分具有代表性的模拟结果列于表2-14至表2-16，其中误差值是绝对值。式（2-120）中膜厚的预测公式由两部分组成，前半部分 $k_1 n^{k_2} \overline{w}^{k_3} \overline{u}^{k_4 n^{k_5}} \overline{g}^{k_6 n^{k_7}}$ 描述了光滑接触表面脂润滑膜厚与润滑参数之间的关系，而后半部分则是表征表面形貌效应的修正项。当 $\overline{\sigma}$ 取值为0时，式（2-120）即退化为光滑表面膜厚的预测公式。因此，本小节在拟合最小膜厚和中心膜厚公式时，先采用式（2-120）的前半部分拟合出光滑表面的膜厚预测公式，在此结果的基础上结合式（2-120）的后半部分拟合了粗糙表面的膜厚预测公式，粗糙度承载比则直接采用式（2-121）进行拟合。润滑状态公式的拟合过程在哈姆洛克等的研究中有详细描述。进行上述拟合后，得到最小膜厚、中心膜厚和粗糙度承载比公式如式（2-122）至式（2-124）所示。对拟合结果进行误差分析，结果如表2-14至表2-16所示，分析表明脂润滑状态预测公式具有较高的精度，也证明了200余组的拟合数据量是足够的。这里再次强调，式（2-122）至式（2-123）中的润滑膜厚指的是名义膜厚，最小膜厚代表两接触表面中线之间的最小间隔，而不是粗糙峰之间的局部最小间隔。

$$\bar{h}_{\min} = \frac{h_{\min}}{R} = 11.954 n^{20.714} \bar{w}^{-0.126} \bar{u}^{0.693} n^{1.638} \bar{g}^{0.345} n^{7.526}$$
$$(1+0.0009 n^{0.274} \bar{\sigma}^{3.449} n^{6.171} \bar{w}^{0.192} \bar{u}^{-1.576} n^{5.050} \bar{g}^{0.514} n^{-1.471})$$
（2-122）

$$\bar{h}_{\mathrm{cen}} = \frac{h_{\mathrm{cen}}}{R} = 11.593 n^{19.326} \bar{w}^{-0.061} \bar{u}^{0.626} n^{1.548} \bar{g}^{0.256} n^{8.076}$$
$$(1+2.454 n^{0.318} \bar{\sigma}^{0.924} n^{0.890} \bar{w}^{-0.180} \bar{u}^{0.525} n^{1.719} \bar{g}^{1.101} n^{0.430})$$
（2-123）

$$L_{\mathrm{a}} = \frac{\bar{p}_{\mathrm{a}}}{\bar{p}} = 1.7 n^{2.425} \bar{w}^{-0.389} \bar{u}^{-0.085} n^{0.356} \bar{g}^{-0.042} n^{0.657}$$
$$[\log(1+0.256 n^{-100} \bar{\sigma}^{1.762} n^{5.011} \bar{w}^{-0.008} \bar{u}^{-4.608} n^{0.484} \bar{g}^{-2.291} n^{1.139})]$$
（2-124）

式中，粗糙度承载比 L_{a} 为百分比形式。

表 2-13 输入参数的取值范围

参数	$\bar{w}$	$\bar{u}$	$\bar{g}$	$\bar{\sigma}$	n
最小值	1.0×10^{-5}	5.0×10^{-12}	3150	0	0.7
最大值	3.0×10^{-4}	8.0×10^{-8}	7500	4.0×10^{-5}	1

表 2-14 脂润滑最小膜厚的数值仿真结果与曲线拟合结果

输入参数					$\bar{h}_{\min}$		
$\bar{w}$	$\bar{u}$	$\bar{g}$	$\bar{\sigma}$	n	数值仿真	曲线拟合	误差(%)
1.00×10^{-5}	1.00×10^{-9}	4500	2.00×10^{-5}	0.80	4.14×10^{-5}	4.52×10^{-5}	9.18
5.00×10^{-5}	1.00×10^{-9}	4500	2.00×10^{-5}	0.80	3.88×10^{-5}	3.83×10^{-5}	1.29
9.00×10^{-5}	1.00×10^{-9}	4500	2.00×10^{-5}	0.80	3.67×10^{-5}	3.62×10^{-5}	1.36
1.20×10^{-4}	1.00×10^{-9}	4500	2.00×10^{-5}	0.80	3.53×10^{-5}	3.52×10^{-5}	0.28
1.50×10^{-4}	1.00×10^{-9}	4500	2.00×10^{-5}	0.80	3.53×10^{-5}	3.45×10^{-5}	2.27
1.80×10^{-4}	1.00×10^{-9}	4500	2.00×10^{-5}	0.80	3.44×10^{-5}	3.39×10^{-5}	1.45
1.00×10^{-5}	5.00×10^{-10}	4500	2.00×10^{-5}	0.80	2.98×10^{-5}	3.39×10^{-6}	13.76
1.00×10^{-5}	3.00×10^{-9}	4500	2.00×10^{-5}	0.80	7.10×10^{-5}	7.33×10^{-5}	3.10
1.00×10^{-5}	5.00×10^{-9}	4500	2.00×10^{-5}	0.80	9.03×10^{-5}	9.24×10^{-5}	2.33

(续)

输入参数					$\bar{h}_{\min}$		
$\bar{w}$	$\bar{u}$	$\bar{g}$	$\bar{\sigma}$	n	数值仿真	曲线拟合	误差(%)
1.00×10^{-5}	7.00×10^{-9}	4500	2.00×10^{-5}	0.80	1.05×10^{-4}	1.08×10^{-4}	2.86
1.43×10^{-5}	1.43×10^{-9}	3150	2.00×10^{-5}	0.80	4.37×10^{-5}	4.86×10^{-5}	11.21
1.11×10^{-5}	1.11×10^{-9}	4050	2.00×10^{-5}	0.80	4.21×10^{-5}	4.61×10^{-5}	9.50
1.00×10^{-5}	1.00×10^{-9}	4500	2.00×10^{-5}	0.80	4.14×10^{-5}	4.46×10^{-5}	7.73
8.33×10^{-6}	8.33×10^{-10}	5400	2.00×10^{-5}	0.80	4.01×10^{-5}	4.38×10^{-5}	9.23
6.00×10^{-6}	6.00×10^{-10}	7500	2.00×10^{-5}	0.80	3.77×10^{-5}	3.62×10^{-5}	3.98
1.00×10^{-5}	1.00×10^{-9}	4500	0	0.80	3.80×10^{-5}	4.05×10^{-5}	6.58
1.00×10^{-5}	1.00×10^{-9}	4500	1.00×10^{-6}	0.80	3.88×10^{-5}	4.09×10^{-5}	5.41
1.00×10^{-5}	1.00×10^{-9}	4500	1.00×10^{-5}	0.80	3.95×10^{-5}	4.31×10^{-5}	9.11
1.00×10^{-5}	1.00×10^{-9}	4500	3.00×10^{-5}	0.80	4.42×10^{-5}	4.72×10^{-5}	6.79
1.00×10^{-5}	1.00×10^{-9}	4500	4.00×10^{-5}	0.80	5.09×10^{-5}	4.92×10^{-5}	3.34
1.00×10^{-5}	5.00×10^{-11}	4500	2.00×10^{-5}	1.00	5.91×10^{-5}	6.80×10^{-5}	15.06
1.00×10^{-5}	1.00×10^{-9}	4500	2.00×10^{-5}	0.90	1.15×10^{-4}	1.22×10^{-4}	6.09
1.00×10^{-5}	1.00×10^{-8}	4500	2.00×10^{-5}	0.70	3.58×10^{-5}	3.57×10^{-5}	0.28

2. 脂润滑状态预测公式验证

本小节中，对线接触弹流脂润滑的最小膜厚、中心膜厚和粗糙度承载比预测公式进行了准确性验证。由于在脂润滑状态预测公式中将流变指数作为变量，因此式（2-122）至式（2-124）不仅适用于脂润滑，而且在特定条件下（流变指数取值为1）会发生退化从而适用于油润滑。当 $\bar{\sigma}$ 取值为0时代表两接触表面光滑，这时式（2-122）至式（2-124）还适用于光滑表面的润滑状态预测。因此，对预测公式的准确性验证在多种情况下进行。

表 2-15 脂润滑中心膜厚的数值仿真结果与曲线拟合结果

输入参数					$\bar{h}_{\text{cen}}$		
$\bar{w}$	$\bar{u}$	$\bar{g}$	$\bar{\sigma}$	n	数值仿真	曲线拟合	误差(%)
1.00×10^{-5}	1.00×10^{-9}	4500	2.00×10^{-5}	0.80	4.67×10^{-5}	4.66×10^{-5}	0.21
5.00×10^{-5}	1.00×10^{-9}	4500	2.00×10^{-5}	0.80	4.39×10^{-5}	4.21×10^{-5}	4.10

第 2 章 混合弹流润滑基础理论

（续）

输入参数					$\bar{h}_{cen}$		误差(%)
$\bar{w}$	$\bar{u}$	$\bar{g}$	$\bar{\sigma}$	n	数值仿真	曲线拟合	
9.00×10^{-5}	1.00×10^{-9}	4500	2.00×10^{-5}	0.80	4.08×10^{-5}	4.05×10^{-5}	0.74
1.20×10^{-4}	1.00×10^{-9}	4500	2.00×10^{-5}	0.80	3.88×10^{-5}	3.98×10^{-5}	2.58
1.50×10^{-4}	1.00×10^{-9}	4500	2.00×10^{-5}	0.80	3.88×10^{-5}	3.93×10^{-5}	1.29
1.80×10^{-4}	1.00×10^{-9}	4500	2.00×10^{-5}	0.80	3.78×10^{-5}	3.88×10^{-5}	0.53
1.00×10^{-5}	5.00×10^{-10}	4500	2.00×10^{-5}	0.80	3.32×10^{-5}	3.41×10^{-5}	2.71
1.00×10^{-5}	3.00×10^{-9}	4500	2.00×10^{-5}	0.80	7.73×10^{-5}	7.63×10^{-5}	1.29
1.00×10^{-5}	5.00×10^{-9}	4500	2.00×10^{-5}	0.80	9.51×10^{-5}	9.60×10^{-5}	0.95
1.00×10^{-5}	7.00×10^{-9}	4500	2.00×10^{-5}	0.80	1.10×10^{-4}	1.12×10^{-4}	1.82
1.43×10^{-5}	1.43×10^{-9}	3150	2.00×10^{-5}	0.80	5.08×10^{-5}	5.24×10^{-5}	3.15
1.11×10^{-5}	1.11×10^{-9}	4050	2.00×10^{-5}	0.80	4.79×10^{-5}	4.82×10^{-5}	0.63
1.00×10^{-5}	1.00×10^{-9}	4500	2.00×10^{-5}	0.80	4.67×10^{-5}	4.63×10^{-5}	0.86
8.33×10^{-6}	8.33×10^{-10}	5400	2.00×10^{-5}	0.80	4.45×10^{-5}	4.39×10^{-5}	1.35
6.00×10^{-6}	6.00×10^{-10}	7500	2.00×10^{-5}	0.80	4.06×10^{-5}	3.94×10^{-5}	2.96
1.00×10^{-5}	1.00×10^{-9}	4500	0	0.80	4.40×10^{-5}	4.59×10^{-5}	4.32
1.00×10^{-5}	1.00×10^{-9}	4500	1.00×10^{-6}	0.80	4.51×10^{-5}	4.60×10^{-5}	0.02
1.00×10^{-5}	1.00×10^{-9}	4500	1.00×10^{-5}	0.80	4.55×10^{-5}	4.63×10^{-5}	1.76
1.00×10^{-5}	1.00×10^{-9}	4500	3.00×10^{-5}	0.80	4.61×10^{-5}	4.68×10^{-5}	1.52
1.00×10^{-5}	1.00×10^{-9}	4500	4.00×10^{-5}	0.80	5.11×10^{-5}	4.70×10^{-5}	8.02
1.00×10^{-5}	5.00×10^{-11}	4500	2.00×10^{-5}	1.00	6.55×10^{-5}	7.18×10^{-5}	9.62
1.00×10^{-5}	1.00×10^{-9}	4500	2.00×10^{-5}	0.90	1.19×10^{-4}	1.32×10^{-4}	10.92
1.00×10^{-5}	1.00×10^{-9}	4500	2.00×10^{-5}	0.80	4.67×10^{-5}	4.86×10^{-5}	4.07
1.00×10^{-5}	1.00×10^{-8}	4500	2.00×10^{-5}	0.70	4.04×10^{-5}	3.95×10^{-5}	2.23

当润滑剂的流变指数为1且 $\bar{\sigma}$ 为0时，润滑剂为牛顿流体，摩擦表面为光滑表面，因此式（2-122）至式（2-124）退化为光滑接触表面油润滑状态的预测公式，首先在此特殊情况下验证了所提出预测公式的准确性。D-H（Dowson-Higginson）膜厚公式和D-T（Dowson-Toyoda）膜厚公式是在光滑表面油润滑中被广泛应用

的膜厚预测公式，而M-K（Masjedi-Khonasri）公式同样适用于光滑表面的油润滑膜厚预测。此处，采用上述3种膜厚公式验证所提出的润滑状态预测公式在光滑表面油润滑情况下的准确性。

表 2-16 脂润滑粗糙度承载比的数值仿真结果与曲线拟合结果

输入参数					L_a(%)		
$\bar{w}$	$\bar{u}$	$\bar{g}$	$\bar{\sigma}$	n	数值仿真	曲线拟合	误差(%)
1.00×10^{-5}	1.00×10^{-9}	4500	2.00×10^{-5}	0.80	6.56	6.47	0.09
5.00×10^{-5}	1.00×10^{-9}	4500	2.00×10^{-5}	0.80	3.15	3.42	0.27
9.00×10^{-5}	1.00×10^{-9}	4500	2.00×10^{-5}	0.80	3.21	2.71	0.50
1.20×10^{-4}	1.00×10^{-9}	4500	2.00×10^{-5}	0.80	3.43	2.42	1.01
1.50×10^{-4}	1.00×10^{-9}	4500	2.00×10^{-5}	0.80	3.03	2.22	0.81
1.80×10^{-4}	1.00×10^{-9}	4500	2.00×10^{-5}	0.80	3.07	2.06	1.01
1.00×10^{-5}	5.00×10^{-10}	4500	2.00×10^{-5}	0.80	28.42	30.43	2.01
1.00×10^{-5}	2.00×10^{-9}	4500	2.00×10^{-5}	0.80	0.30	0.10	0.20
1.00×10^{-5}	5.00×10^{-9}	4500	2.00×10^{-5}	0.80	0.02	0.01	0.01
1.00×10^{-5}	8.00×10^{-9}	4500	2.00×10^{-5}	0.80	0.00	0.00	0.00
1.43×10^{-5}	1.43×10^{-9}	3150	2.00×10^{-5}	0.80	0.00	2.88	2.88
1.11×10^{-5}	1.11×10^{-9}	4050	2.00×10^{-5}	0.80	5.32	5.17	0.15
1.00×10^{-5}	1.00×10^{-9}	4500	2.00×10^{-5}	0.80	6.56	7.50	0.94
8.33×10^{-6}	8.33×10^{-10}	5400	2.00×10^{-5}	0.80	9.43	9.41	0.02
6.00×10^{-6}	6.00×10^{-10}	7500	2.00×10^{-5}	0.80	17.09	17.09	0.00
1.00×10^{-5}	1.00×10^{-9}	4500	0	0.80	0.00	0.00	0.00
1.00×10^{-5}	1.00×10^{-9}	4500	1.00×10^{-6}	0.80	0.00	0.00	0.00
1.00×10^{-5}	1.00×10^{-9}	4500	1.00×10^{-5}	0.80	0.02	0.02	0.00
1.00×10^{-5}	1.00×10^{-9}	4500	3.00×10^{-5}	0.80	37.76	39.11	1.35
1.00×10^{-5}	1.00×10^{-9}	4500	4.00×10^{-5}	0.80	68.85	69.50	0.65
1.00×10^{-5}	3.00×10^{-9}	4500	2.00×10^{-5}	1.00	0.00	0.00	0.00
1.00×10^{-5}	3.00×10^{-9}	4500	2.00×10^{-5}	0.90	0.00	0.00	0.00
1.00×10^{-5}	3.00×10^{-9}	4500	2.00×10^{-5}	0.80	0.00	0.10	0.10
1.00×10^{-5}	3.00×10^{-9}	4500	2.00×10^{-5}	0.70	59.10	59.79	0.69

对比工况的具体参数为：$R = 0.0127$ mm，$\bar{w} = 4\times10^{-5}$，$\bar{g} = 4500$，$\phi_0 = 0.048$，

$\alpha = 2.03\times10^{-8}$,$\bar{u}=1\times10^{-11}\sim1\times10^{-10}$,$\bar{\sigma}=0$（接触表面光滑）。分别采用D-H膜厚公式、D-T膜厚公式、M-K膜厚公式以及本小节提出的膜厚公式，计算得到光滑表面油润滑的最小膜厚和中心膜厚，将结果对比于图2-24。结果显示本小节提出的润滑状态预测公式与D-H膜厚公式、D-T膜厚公式、M-K膜厚公式具有良好的一致性，最小膜厚的预测结果介于D-H膜厚公式和M-K膜厚公式之间，中心膜厚的预测结果则处于D-T膜厚公式和M-K膜厚公式之间。本小节提出的润滑状态预测公式与已有膜厚公式之间具有微小差异，这可能是由于本小节在数值模拟过程中采用了罗兰黏压方程，而D-H膜厚公式采用的是巴勒斯（Barus）黏压方程；在粗糙峰微接触模型方面，本小节模拟中采用了K-E模型，而M-K公式则采用了G-W模型；采用的平均流量模型也不相同，这些理论模型的不同可能是图2-24中膜厚结果差异的另一个原因。

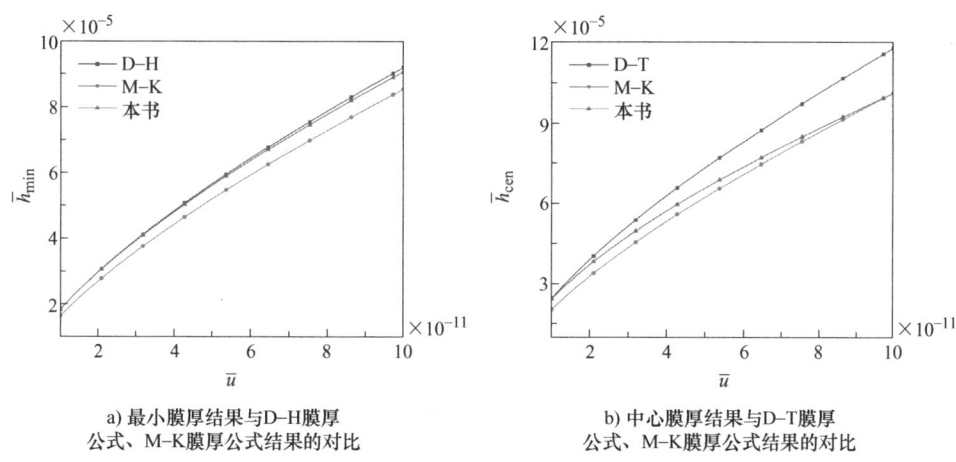

a）最小膜厚结果与D-H膜厚
公式、M-K膜厚公式结果的对比

b）中心膜厚结果与D-T膜厚
公式、M-K膜厚公式结果的对比

图 2-24 光滑表面油润滑的预测准确性验证

接着，验证了所提出的公式对粗糙表面油润滑状态的预测准确性，即式（2-122）至式（2-124）中的润滑剂流变指数为1且$\bar{\sigma}>1\times10^{-6}$的情况。粗糙表面油润滑中通常采用M-K公式来预测润滑膜厚与粗糙度承载比，本小节采用M-K公式对所提出的预测公式进行验证。工况选定为$\bar{w}=4\times10^{-5}$、$\bar{g}=4500$、$R=0.0127$ mm、$\mu_0=0.048$、$\alpha=2.03\times10^{-8}$，$\bar{u}$在1×10^{-11}和1×10^{-10}之间变化，将本小节提出的预测公式和M-K公式计算得到粗糙表面膜厚和粗糙度承载比对比于图2-25。结果显示，预测公式得到的最小膜厚和中心膜厚与M-K公式得到的结果非常接近，粗糙度承载比计算结果之间的误差也比较小，结果之间的微小差异可能是由于所采用的粗糙峰微接触模型和平均流量模型不同。经过上述分析，本小节提出的润滑状态预测公式对粗糙表面油润滑状态的预测精度得到了验证。

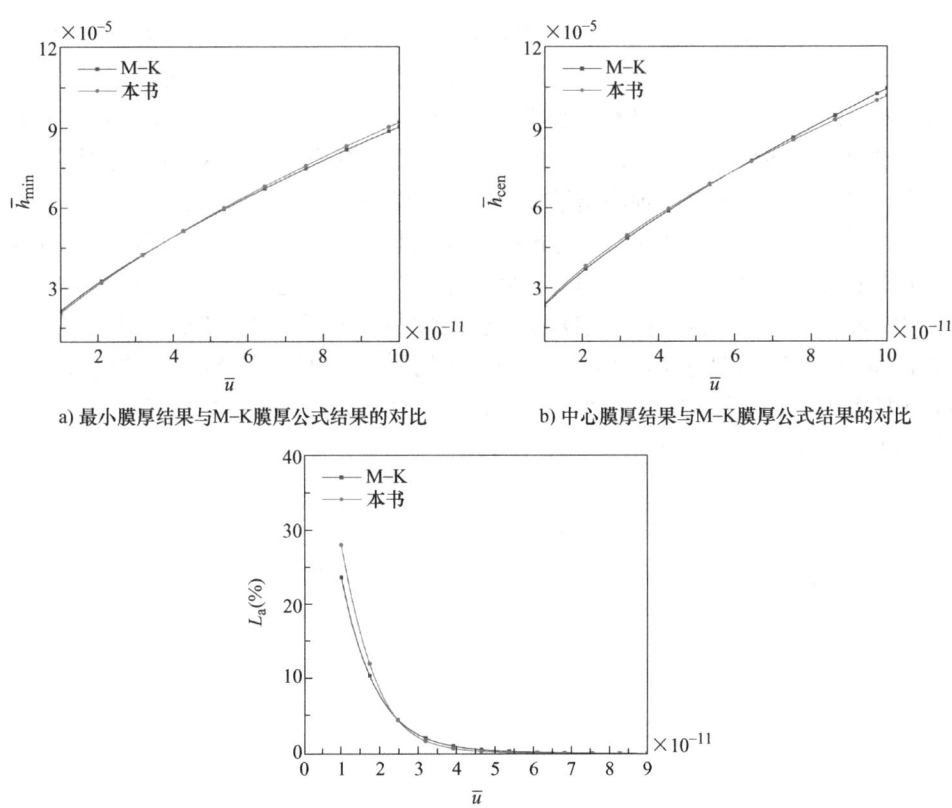

a) 最小膜厚结果与M-K膜厚公式结果的对比

b) 中心膜厚结果与M-K膜厚公式结果的对比

c) 粗糙度承载比结果与M-K膜厚公式结果的对比

图 2-25 粗糙表面油润滑的预测准确性验证

最后，通过与试验结果进行对比，验证了预测公式对粗糙表面脂润滑状态的预测精度。董等制备了多种润滑脂样本，并采用自行开发的四辊子装置测定了这些润滑脂的最小膜厚。本小节选取其中的GL 5-2型润滑脂，将董等测得的最小膜厚与预测公式计算得到的最小膜厚进行对比。采用董等测得的GL 5-2型润滑脂的流变曲线，将这些数据拟合为奥斯特瓦尔德流变模型，如式（2-32）所示，拟合得到的流变参数为 $\eta_s = 1.3488$ 和 $n = 0.909$。由图2-26（a）可知，GL 5-2型润滑脂的流变曲线非常符合奥斯特瓦尔德流变规律，由于本小节提出的脂润滑状态预测公式适用于奥斯特瓦尔德流体，因此可以采用GL 5-2型润滑脂的实测膜厚来验证所提出公式的准确性。董等采用四辊子装置测定最小膜厚时试验条件为：$\bar{w} = 1.8269 \times 10^{-5}$、$\bar{g} = 5200$、$\bar{u} = 3.1552 \times 10^{-11}$ 至 2.5252×10^{-10}，其中辊子表面的粗糙度具有 0.5 μm 的峰-谷高度，在粗糙峰高度符合高斯分布的假设下，可以计算得到 $\bar{\sigma} \approx 7.99 \times 10^{-6}$。将上述无量纲润滑参数及润滑脂流变参数输入所提出的预测公式中，得到最小膜厚的预测结果，与董等实测的最小膜厚值对比于

图2-26。结果显示，粗糙表面脂润滑最小膜厚的预测结果与试验结果具有类似的变化趋势，都随卷吸速度的增大而增大；预测结果和测试结果在数值上也较为接近，最大误差为11.27%。以上分析证明了所提出的预测公式在脂润滑中的有效性。

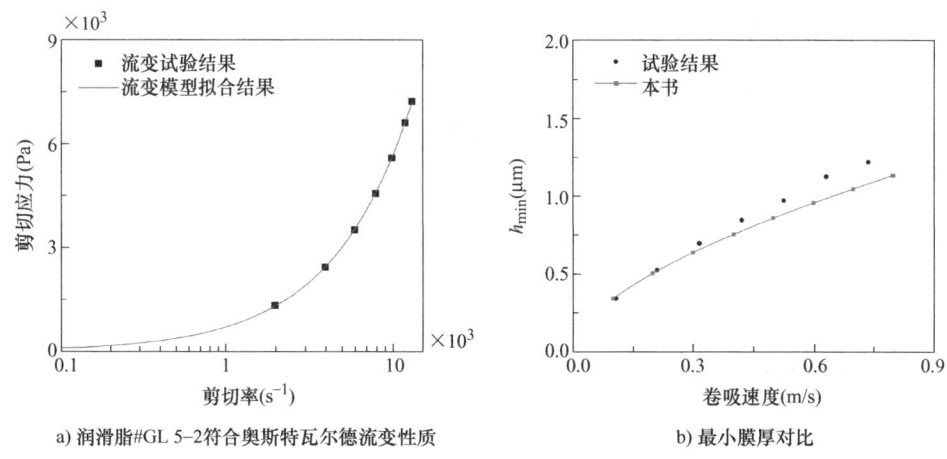

a) 润滑脂#GL 5-2符合奥斯特瓦尔德流变性质　　　　b) 最小膜厚对比

图 2-26　粗糙表面脂润滑的预测准确性验证

至此，已经从光滑表面的油润滑、粗糙表面的油润滑、粗糙表面的脂润滑等多种情况下全面验证了所提出预测公式的精度，为使用其预测润滑状态（至少是定性的趋势分析）的合理性提供了支撑。本书提出的预测公式的主要优点是适用范围较广，能够覆盖多种油润滑及脂润滑工况，且能够考虑表面形貌效应，而已有的D-H膜厚公式、D-T膜厚公式和M-K公式仅适用于油润滑。

工程实际中的脂润滑非常复杂，可能存在乏脂等影响润滑状态的效应。如果需要考虑这些额外的效应，那么在使用本小节提出的预测公式（2-122）至式（2-124）时，需要引入表征这些额外效应的修正系数进行改写。另外，所提出的润滑状态预测公式仅适用于稳态和等温工况。如前所述，虽然在等温工况下，接触表面的相对滑动对齿轮和滚动轴承的润滑膜厚影响很小。但是当考虑温度效应时，相对滑动会提高接触区域中的温度从而引起润滑剂黏度的降低，导致润滑状态发生改变。因此，在滑滚比较高的摩擦副（如滚珠丝杠和凸轮传动等）中或温度效应显著的工况下，需要谨慎使用本小节所提出的预测公式。预测公式中各个输入参数具有表2-13所示的特定取值范围，当输入参数超出此范围时，预测公式的准确性并未经过验证。此外，本小节并未讨论表面粗糙度的朝向对脂润滑状态的影响，预测公式的建立和应用范围只限于各向同性表面。本小节所研究的润滑脂遵循奥斯特瓦尔德流变模型，预测公式适用于奥斯特瓦尔德型流体及其特殊情形（宾汉流体、牛顿流体等）。所提出的预测公式能够用于润滑对工况的敏感性分析中，或改写阿查德（Archard）磨损模型以考虑润滑效应，以及其他需要对脂润滑进行快速预测的分析中。此外，还能够用于建立后续章节中主轴承脂润滑可靠性分析中的功能函数，同时为主轴承润滑性能及可靠性提供了快速有力的分析工具。

2.4.5 计算程序

该程序用于求解非牛顿流体线接触混合润滑的压力分布和膜厚分布。无量纲载荷参数为$9.7×10^{-6}$，无量纲速度参数为$9.7×10^{-12}$，无量纲硬度为0.01，无量纲RMS粗糙度为$2×10^{-5}$。

```
clear
clc;
tic
global a1 AK   HM0 Z ETA0 C1 C2 C3 X
global SIGMA R ff pre_a pre_b kn
n=0.9;
w=1e5/3.5521;
SIGMA=2e-5;
ETA0=0.048;
R=0.0127;
ff=1/n;
N=512;
us=0.5865;
C1=0.3;
C2=0.1;
C3=0.1;
kn=5;
alfa=2.03e-8;
E=2.28E11;
G=alfa*E;
W=w/R/E;
U=us*ETA0/E/R;
V=0.01;
X0=-4;
XE=2;
Rr=0.01;
Z=0.68;
p0=5.1e-9;
a1=log(ETA0)+9.67;
```

```
Ph=E*sqrt(0.5*(W/pi));
B=4*R*Ph/E;
if n==1
    aa=1;
elseif n==0.9
    aa=2;
elseif n==0.8
    aa=3;
elseif n==0.7
    aa=4;
else
    aa=5;
end
pre_a=0.9811;%流量系数公式中的常数
pre_b=0.6081;%流量系数公式中的常数
LAMBDA=2*(2+ff)*ETA0^(ff-1)*U*E^(1-ff)*R^2*pi^ff/B^2/W^ff;
HM0=1.6*(R/B)^2*G^0.6*U^0.7*W^-0.13;
a2=Ph*p0;
DX=(XE-X0)/(N-1);
X(1:N)=0;
for i=1:N
    X(i)=X0+(i-1)*DX;
end
PIN(1:N)=0;
for i=1:N
    if(abs(X(i))<1)
        PIN(i)=sqrt(1-X(i)*X(i));
    end
end
PH=PIN;
AK=f_SUBAK(N);
kk=0;
H00=0;
PA(1:N)=0;
[H,H00,RO,EPS] = HREE(H00,N,PH,PA,X,DX,kk,Ph,LAMBDA,B,a2);
erp=1;
k=0;
POLD=PH;
n1=1000;
ds=6/n1;
```

```
s=-3:ds:3;
p1=1/(2*pi)^0.5*exp(-0.5*s.^2);
%%
while erp>1e-6||erw>1e-3
    k=k+1;
    [PH] = ITER(N,DX,PH,H,RO,EPS,p1,B);
    HA=H*B^2/R^2;
    [PA] = f_KEcontact_NG(HA,W,V,Rr,SIGMA);
    [H,H00,RO,EPS] = HREE(H00,N,PH,PA,X,DX,k,Ph,LAMBDA,B,a2);
    P=PH+PA;
    [erp,POLD]=ERROP(N,P,POLD);
    sump=sum(P);
    erp
    erw=abs((0.5*pi-DX*sump))/0.5*pi
end
hmin=min(H*B^2/R^2);
[cenX,cenY]=find(X==min(min(abs(X))));
hcen=HA(cenX,cenY);
filmthickratio=hmin/SIGMA;
La=sum(PA)/sum(P);
%%%%%%%%%%%%%%%%%%%%%%%%%%
%         SUBFUNCTION:           %
%%%%%%%%%%%%%%%%%%%%%%%%%%
%%
function [ ak ] = f_SUBAK( mm )
ak(1:mm)=0;
for i=0:mm-1
    ak(i+1)=(i+0.5)*(log(abs(i+0.5))-1)-(i-0.5)*(log(abs(i-0.5))-1);
end
end
%%
function [ v ] =f_ELASTICDEFORMATION (n,dx,p)
global AK
v(1:n)=0;
for i=1:n
    for j=1:n
        a=abs(i-j)+1;
        v(i)=v(i)+(AK(a)+log(dx))*p(j);
    end
    v(i)=-(dx/pi)*v(i);
```

```
end
end
%%
function    [h,h00,ro,eps] = HREE(h00,n,PH,PA,x,dx,kk,Ph,LAMBDA,B,a2)
global    a1 Z C3 HM0 SIGMA R ff pre_a pre_b kn
P=PH+PA;
v=f_ELASTICDEFORMATION(n,dx,P);
plot(v)
h1(1:n)=0;
vmax=0;
for i=1:n
    h1(i)=0.5*x(i)*x(i)+v(i);
    if vmax<v(i)
        vmax=v(i);
    end
end
if kk==0
    h00=HM0-vmax;
    kk=1;
end
h(1:n)=0;eda(1:n)=0;ro(1:n)=0;eps(1:n)=0;phix(1:n)=0;phig(1:n)=0;
mp=0;
for i=1:n-1
    mp=mp+0.5*dx*(P(i)+P(i+1));
end
mp;
if mod(kk,kn)==0
    h00=h00+C3*(mp-0.5*pi);
end
for i=1:n
    h(i)=h00+h1(i);
    eda(i)=exp(a1*(-1+(1+a2*PH(i))^Z));
    ro(i)=1+((0.6e-9*PH(i)*Ph)/(1+1.7e-9*PH(i)*Ph));
    phig(i)=1-pre_a*exp(-pre_b*(h(i)*B^2/R)/(SIGMA*R));
    phig(i)=1-0.9*exp(-0.56*(h(i)*B^2/R)/(SIGMA*R));
    if phig(i)>1 && h(i)>4 %若流量系数超过 1, 则置为 1
        phig(i)=1;
    end
    phix(i)=phig(i);
    eps(i)=real(phix(i).*ro(i).*h(i)^(2+ff)./(LAMBDA*eda(i).^ff));
```

```
end
end
%%
function [p1] = ITER(n,dx,p,h,ro,eps,f,B)
global AK C1 C2 SIGMA R ff
ak0=(AK(1)+log(dx))*dx;
ak1=(AK(2)+log(dx))*dx;
p1=p;
p2(1:n)=0;r(1:n)=0;dldp(1:n)=0;s(1:n)=0;ht(1:n)=0;
dx1=1/dx;
dx2=1/(dx)^2;
dx5=dx1^(1+ff);
pi1=1/pi;
n1=1000;
for i=1:n
    sigma=SIGMA*R^2/B^2;
    if h(i)<3*sigma
        ds=(3*sigma+h(i))/n1;
        s=-h(i):ds:3*sigma;
    else
        ds=(6*sigma)/n1;
        s=-3*sigma:ds:3*sigma;
    end
    ht(i)=sum((h(i)+s).*f*(B^2/(R^2*SIGMA))*ds);
end
for i=2:n-1
    d1=0.5*(eps(i)+eps(i-1));
    d2=0.5*(eps(i)+eps(i+1));
    dd=(d1+d2)*dx2;
    d6=(ro(i)*ak0-ro(i-1)*ak1)*dx1*pi1;
    if 0.05*dd>=abs(d6)        %高斯赛德尔迭代
        r(i)=-dx5*(d2*sign(p1(i+1)-p1(i))*abs(p1(i+1)-...
        p1(i))^ff-d1*sign(p1(i)-p2(i-1))*abs(p1(i)-p2(i-1))^ff)+...
        (ro(i)*ht(i)-ro(i-1)*ht(i-1))*dx1;
        dldp(i)=-ff*dx5*(d2*(abs(p1(i+1)-p1(i)))^(ff-1)+...
        d1*(abs(p1(i)-p2(i-1)))^(ff-1))+...
        (ro(i)*ak0-ro(i-1)*ak1)*dx1*pi1;
        RI(i)=r(i)/dldp(i)/C1;
    else        %雅克比双极子迭代
        r(i)=-dx5*(d2*sign(p1(i+1)-p1(i))*abs(p1(i+1)-p1(i))^ff-...
```

```
                    d1*sign(p1(i)-p1(i-1))*abs(p1(i)-p1(i-1))^ff)+...
                    (ro(i)*ht(i)-ro(i-1)*ht(i-1))*dx1;
                    dldp(i)=-ff*dx5*(d2*(abs(p1(i+1)-p1(i)))^(ff-1)+...
                    2*d1*(abs(p1(i)-p1(i-1)))^(ff-1))+...
                    2*(ro(i)*ak0-ro(i-1)*ak1)*dx1*pi1;
                    RI(i)=0.5*r(i)/dldp(i);
                    if p1(i-1)-C1*RI(i)>0
                         p2(i-1)=p1(i-1)-C2*RI(i);
                    end
               end
               p2(i)=p1(i)+C1*RI(i);
               if p2(i)<0
                    p2(i)=0;
               end
               p1(i)=p2(i);
     end
%       plot(x,p)
     end
%%
function [erp,pold] = ERROP(n,p,pold)
erp=0;
sum=0;
for i=1:n
     erp=erp+abs(p(i)-pold(i));
     pold(i)=p(i);
     sum=sum+p(i);
end
erp=erp/sum;
end
%%
function [PA] = f_KEcontact_NG(H,W,V,Rr,SIGMA)
beta=0.04;
nu=0.3;
sr=sqrt(1-(3.717e-4/beta^2));%1
Kh=0.454+0.41*nu;
OMEGA=(0.5*pi*Kh*V)^2*Rr;
YS=1.5/(sqrt(108)*pi*beta)*SIGMA;
SIGMAS=SIGMA*sr;
c=3*SIGMAS;%
n1=1000;n2=1000; n3=1000; n4=1000;
```

```
N=length(H);
%接触力
for i=1:N
    D=H(i)-YS;
    D1=D+OMEGA;D2=D+6*OMEGA;D3=D+110*OMEGA;
    if D1>c
        D1=c;
    end
    Z1=linspace(D,D1,n1);
    Z11=Z1./SIGMAS;
    if D>=c
        sum1=0;
    else
        DZ1=(D1-D)/n1;
        f1=((Z1-D)/OMEGA).^1.5;
        p1=1/(2*pi)^0.5*exp(-0.5*(Z11).^2);
        sum1=sum(f1.*p1/SIGMAS*DZ1);%
    end
    if D2>c
        D2=c;
    end
    Z2=linspace(D1,D2,n2);
    Z22=Z2./SIGMAS;
    if D1>=c
        sum2=0;
    else
        DZ2=(D2-D1)/n2;
        f2=((Z2-D)/OMEGA).^1.425;
        p2=1/(2*pi)^0.5*exp(-0.5*(Z22).^2);
        sum2=sum(f2.*p2/SIGMAS*DZ2);%
    end
    if D3>c
        D3=c;
    end
    Z3=linspace(D2,D3,n3);
    Z33=Z3./SIGMAS;
    if D2>=c
        sum3=0;
    else
        DZ3=(D3-D2)/n3;
```

```
            f3=((Z3-D)/OMEGA).^1.263;
            p3=1/(2*pi)^0.5*exp(-0.5*(Z33).^2);
            sum3=sum(f3.*p3/SIGMAS*DZ3);
        end
        Z4=linspace(D3,c,n4);
        Z44=Z4./SIGMAS;
        if D3>=c
            sum4=0;
        else
            DZ4=(c-D3)/n4;
            f4=(Z4-D)/OMEGA;
            p4=1/(2*pi)^0.5*exp(-0.5*(Z44).^2);
            sum4=sum(f4.*p4/SIGMAS*DZ4);
        end
        P=sqrt(8*pi^3)/3*beta*Kh*OMEGA/SIGMA*V*W^-0.5*...
        (sum1+1.03*sum2+1.4*sum3+(3/Kh)*sum4);
        PA(i)=P;
    end
end
```

2.5 非高斯表面混合弹流润滑分析

2.5.1 非高斯表面线接触混合润滑基本方程

齿轮和轴承的润滑油膜和表面粗糙度处于同一量级，接触压力由油膜和凸起的粗糙峰共同承担。所以，在混合润滑研究中，表面粗糙度不能忽略。一般情况下，我们会假设粗糙表面轮廓高度服从高斯分布。然而，工程中不同加工方式的粗糙表面往往与标准高斯分布存在一定的偏差，车削、刨削和电火花加工的表面具有正偏度，磨削和珩磨加工的表面具有负偏度和高峰度，激光抛光的表面具有较高的峰度。本小节介绍适用于非高斯表面的混合弹流润滑理论。

1. 非高斯表面建模

工程中常采用粗糙度来描述粗糙表面（图2-27）的几何特征，粗糙表面高度为一维形貌的轮廓线到基准线的距离，若其服从高斯分布，则称为高斯表面（图2-28），否则为非高斯表面（图2-29）。对于高斯表面仅采用标准差便可完全描述其统计特征，对于非高斯表面，除标准差外，还需要偏度和峰度。表面高度的均值、方差、偏度和峰度是其前四阶统计矩，它们的定义分别为：

$$\mu = \int_{-\infty}^{\infty} z\phi(z)\mathrm{d}z \qquad (2\text{-}125)$$

$$\sigma^2 = \int_{-\infty}^{\infty} z^2\phi(z)\mathrm{d}z \qquad (2\text{-}126)$$

$$s_k = \frac{\int_{-\infty}^{\infty} z^3\phi(z)\mathrm{d}z}{\sigma^3} \qquad (2\text{-}127)$$

$$k_u = \frac{\int_{-\infty}^{\infty} z^4\phi(z)\mathrm{d}z}{\sigma^4} \qquad (2\text{-}128)$$

式中，μ、σ、s_k和k_u分别是粗糙表面高度的均值（m）、标准差（m）、偏度和峰度；z是粗糙表面的高度（m）；$\phi(z)$是粗糙表面高度的概率密度函数。在下文中除非有特殊说明，否则标准差、偏度、峰度指粗糙表面高度的标准差、偏度和峰度。

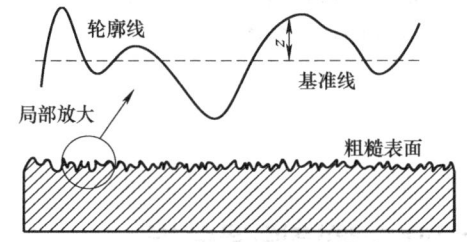

图 2-27 粗糙表面

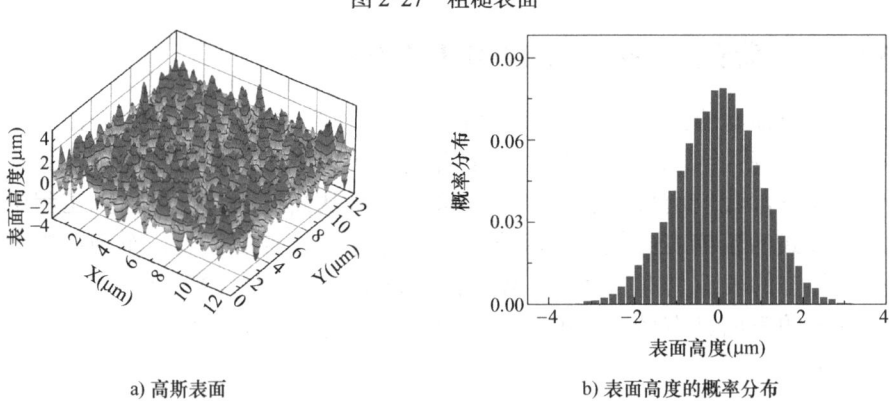

a) 高斯表面　　　　　　　　　b) 表面高度的概率分布

图 2-28 高斯粗糙表面

粗糙表面高度的前四阶统计矩可以用粗糙度测量仪近似获得，工程中常采用这些参数来表征粗糙表面的几何特征。而在使用平均流量模型进行混合弹流润滑研究时需要知道粗糙表面高度和粗糙峰高度的概率密度函数。所以，建立表面粗糙度参数与概率密度函数的关系成为混合润滑研究的关键。此处采用了约翰逊

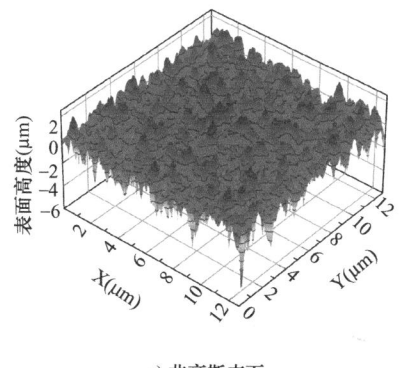
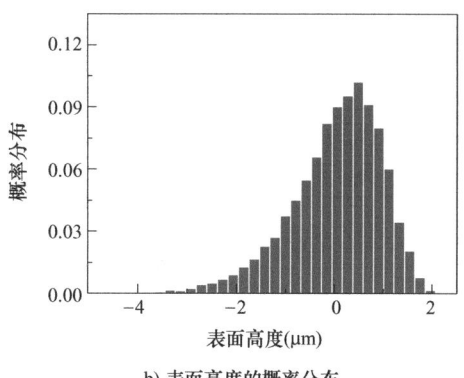

a) 非高斯表面　　　　　　　　　　b) 表面高度的概率分布

图 2-29　非高斯粗糙表面

（Johnson）变换，利用粗糙表面高度的前四阶统计矩构造出其概率密度函数。该方法是约翰逊于20世纪中期提出的，主要用于高斯分布和非高斯分布间的转换，其原理如图2-30所示，它可将大多数常见的非高斯概率分布转换为标准高斯分布。约翰逊变换由3个独立的转换系统构成：

（1）对数高斯系统 S_L：

$$g_N = \gamma + \zeta \ln(z - \xi) \qquad z > \xi \tag{2-129}$$

（2）有界系统 S_B

$$g_N = \gamma + \zeta \ln\left(\frac{z-\xi}{\xi+\varsigma-z}\right) \qquad \xi < z < \xi + \varsigma \tag{2-130}$$

（3）无界系统 S_U：

$$g_N = \gamma + \zeta \sinh^{-1}\left(\frac{z-\xi}{\varsigma}\right) \tag{2-131}$$

式中，g_N 服从标准高斯分布；z 服从非高斯分布，在本小节中为粗糙表面的高度；γ、ζ、ξ 和 ς 是转换参数。

对于非高斯分布，3个转换系统对应的概率密度函数的形式可以由式（2-129）至式（2-131）变换得到：

（1）对数高斯系统 S_L：

$$\phi_{ng}(z) = \frac{1}{\sqrt{2\pi}} \exp\{-0.5[\gamma + \zeta \ln(z-\xi)]^2\} \frac{\zeta}{z-\xi} \tag{2-132}$$

（2）有界系统 S_B：

$$\phi_{ng}(z) = \frac{1}{\sqrt{2\pi}} \exp\left\{-0.5\left[\gamma + \zeta \ln\left(\frac{z-\xi}{\xi+\varsigma-z}\right)\right]^2\right\} \frac{\varsigma\zeta}{(z-\xi)(\xi+\lambda-z)} \tag{2-133}$$

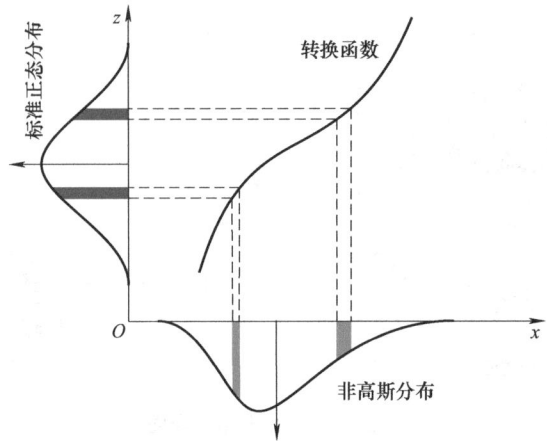

图 2-30 约翰逊变换的原理

（3）无界系统 S_U：

$$\phi_{ng}(z) = \frac{1}{\sqrt{2\pi}} \exp\left\{-0.5\left[\gamma + \zeta \sinh^{-1}\left(\frac{z-\xi}{\varsigma}\right)\right]^2\right\} \frac{\zeta}{\sqrt{(z-\xi)^2 + \varsigma^2}} \quad (2\text{-}134)$$

式中，$\phi_{ng}(z)$ 是非高斯分布的概率密度函数。由式（2-132）至（2-134）可知，若要由粗糙表面高度的前四阶统计矩得到其概率密度函数，需要已知4个转换参数。本书参考文献[55]给出了转换参数详细的求解方法，该方法只需指定非高斯分布的前四阶统计矩，便可以根据前四阶矩选择合适的转换系统并计算出相应的转换参数的值，进而得到非高斯分布的概率密度函数。由该系统得到的不同偏度和峰度对应的概率密度函数如图2-31所示。

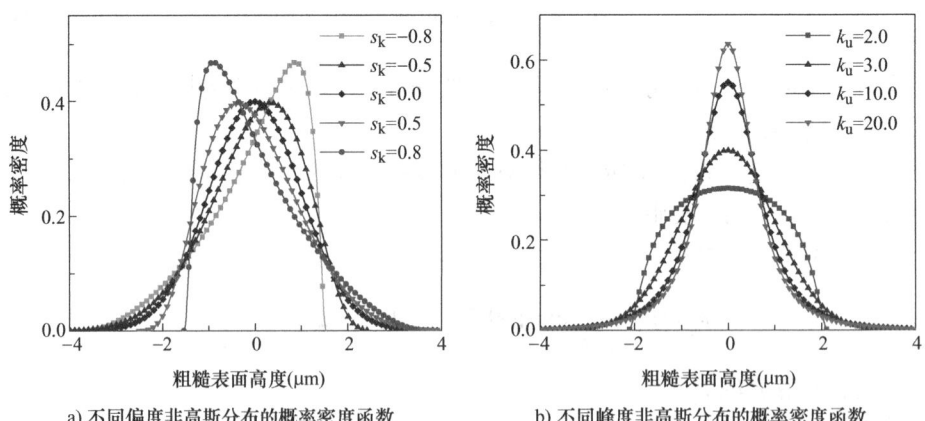

a) 不同偏度非高斯分布的概率密度函数　　b) 不同峰度非高斯分布的概率密度函数

图 2-31 非高斯分布的概率密度函数

第2章 混合弹流润滑基础理论

2. 混合弹流润滑控制方程

等温条件下普遍形式的雷诺方程为：

$$\frac{\partial}{\partial x}\left(\frac{\rho h^3}{\eta}\frac{\partial p}{\partial x}\right)+\frac{\partial}{\partial y}\left(\frac{\rho h^3}{\eta}\frac{\partial p}{\partial y}\right)=12u\frac{\partial}{\partial x}(\rho h)+12v\frac{\partial}{\partial y}(\rho h)+\frac{\partial}{\partial t}(\rho h) \quad (2\text{-}135)$$

式中，

$$u=\frac{u_1+u_2}{2},\ v=\frac{v_1+v_2}{2} \quad (2\text{-}136)$$

式中，p和h是油膜压力（Pa）和厚度（m）；ρ和η是润滑剂的密度（kg/m²）和黏度（Pa·s）；u和v是两接触表面在x和y方向的平均速度（m/s），也称为卷吸速度；u_1、u_2分别是两接触表面沿x方向的速度（m/s）；v_1、v_2分别是两接触表面沿y方向的速度（m/s）；t是时间（s）。雷诺方程的物理意义是流量的平衡，方程左边两项是压力梯度引起的流量，称为泊肃叶（Poiseuille）流；方程右边前两项为接触表面相对滑动引起的剪切流，也称为库爱特（Couette）流；右边第3项为接触表面间的相互挤压产生的流量变化。

为考虑接触表面的粗糙效应，帕蒂尔和程采用压力流量系数和剪切流量系数修正了雷诺方程，得到了经典平均流量模型。对于线接触，非高斯表面的平均流量模型可以简化为：

$$\frac{\mathrm{d}}{\mathrm{d}x}\left(\phi_x^{\mathrm{NG}}\frac{\rho h^3}{12\eta}\frac{\mathrm{d}p_h}{\mathrm{d}x}\right)=u\frac{\partial \rho h_{\mathrm{Ta}}}{\partial x} \quad (2\text{-}137)$$

式中，ϕ_x^{NG}是非高斯表面的压力流量系数；此处为了区别粗糙峰接触压力，将油膜流体压力（Pa）记为p_h；h_{Ta}是两接触表面间的平均间隔（m）。

对于非高斯表面，莫拉雷斯-埃斯佩赫尔（Morales-Espejel）对压力流量系数进行了修正：

$$\phi_x^{\mathrm{NG}}=\phi_x^{\mathrm{G}}+\left(\frac{\sigma}{h}\right)^3 s_k \quad (2\text{-}138)$$

式中，ϕ_x^{G}是高斯表面的压力流量系数，当粗糙表面具有各向同性时，可以根据下面经验公式得出：

$$\phi_x^{\mathrm{G}}=1-0.9\mathrm{e}^{-0.56\frac{h}{\sigma}} \quad (2\text{-}139)$$

应当指出的是，在本书的润滑分析中σ是两接触表面的综合RMS粗糙度，其表达式为：

$$\sigma=\sqrt{\sigma_1^2+\sigma_2^2} \quad (2\text{-}140)$$

式中，σ_1和σ_2分别是两接触表面的RMS粗糙度。

雷诺方程边界条件定义为：

$$\begin{cases} x = x_0, \ p_h = 0 \\ x = x_e, \ p_h = \dfrac{\partial p_h}{\partial x}\Big|_{x=x_e} = 0 \end{cases} \quad (2\text{-}141)$$

式中，x_0和x_e分别是润滑剂的进口和出口位置。

对于线接触，膜厚方程为：

$$h(x) = h_0 + \frac{x^2}{2r} - \frac{4}{\pi E'}\int_{x_0}^{x_e} p \ln|x-s|\mathrm{d}s \quad (2\text{-}142)$$

式中，h_0是刚体中心膜厚（m）；p是总压力（Pa），包括流体压力和粗糙峰接触压力；r是等效接触半径（m）；E'是等效弹性模量（Pa），它们的表达式分别为：

$$\frac{1}{r} = \frac{1}{r_1} + \frac{1}{r_2} \quad (2\text{-}143)$$

$$\frac{1}{E'} = \frac{1}{2}\left(\frac{1-v_1^2}{E_1} + \frac{1-v_2^2}{E_2}\right) \quad (2\text{-}144)$$

式中，r_1和r_2分别是两接触表面在接触点处的曲率半径（m）；v_1和v_2分别是两接触表面的泊松比；E_1和E_2分别是两接触表面的弹性模量（Pa）。

根据帕蒂尔和程，接触表面平均间隔定义为：

$$h_{\mathrm{Ta}} = \int_{-h}^{+\infty}(h+z)\phi(z)\mathrm{d}z \quad (2\text{-}145)$$

此处$z=z_1+z_2$，为综合表面高度，z_1和z_2分别是两粗糙表面的高度（m），积分上限取3σ。

平衡方程表示为：

$$w = \int_{x_0}^{x_e} p_h(x)\mathrm{d}x + \int_{x_0}^{x_e} p_a(x)\mathrm{d}x \quad (2\text{-}146)$$

式中，w是接触表面单位长度上承受的载荷（N）；p_a是表面粗糙峰承受的压力（Pa）。粗糙峰压力在总载荷中所占的百分比称为承载比，其表达式为：

$$L_a = \frac{\int_{x_0}^{x_e} p_a(x)\mathrm{d}x}{w}\% \quad (2\text{-}147)$$

润滑剂密度和黏度与压力间的关系分别采用道森-希金森密压方程和罗兰（Roelands）黏压方程：

第2章 混合弹流润滑基础理论

$$\rho = \rho_0 \left(1 + \frac{0.6 p_h}{1 + 1.7 p_h}\right) \tag{2-148}$$

$$\eta = \eta_0 \exp\{(\ln\eta_0 + 9.67)[-1 + (1 + 5.1\times 10^{-9} p_h)^z]\} \tag{2-149}$$

式中，ρ_0 和 η_0 分别是润滑剂环境密度和环境黏度；z 是黏压指数，它可由黏压系数和环境黏度得到，在本小节中取0.68。

3. 粗糙表面接触控制方程

平均流量雷诺方程控制接触区内的流体压力，求解粗糙峰的接触压力需要借助表面微接触模型。最早的粗糙表面微接触模型是格林伍德和威廉姆森提出的GW模型，但该模型没有考虑粗糙峰的塑性变形。为了考虑塑性变形，国内外学者又开发出了ZMC模型、CEB模型、K-E模型等粗糙表面微接触模型，本书采用第2.4.2小节中介绍的K-E模型。

针对非高斯表面，本小节在计算式（2-96）和式（2-97）中的 $f(\cdot)$ 时，需要根据粗糙峰高度的前四阶统计矩，采用约翰逊变换求得。根据参考文献，粗糙峰高度的偏度和峰度同粗糙表面高度的偏度和峰度大致相等；但粗糙表面高度的标准差 σ 与粗糙峰高度的标准差 σ_s 并不相等，关系如式（2-85）所示。

2.5.2 无量纲化与离散化

无量纲化可以减少参数的数量，简化控制方程，便于结果的讨论；此外，还可以使控制方程不受物理单位的影响。为此，在控制方程求解之前，先对其进行无量纲化。首先引入以下参数：

$$\bar{x} = \frac{x}{b},\ \bar{h} = \frac{h}{r},\ \bar{p}_h = \frac{p_h}{P_H},\ \kappa = \frac{\bar{\rho}\bar{h}^3}{\bar{\eta}\nu},\ \nu = 48\bar{u},\ \bar{h}_d = \frac{h_d}{E'} \tag{2-150}$$

$$\bar{\eta} = \frac{\eta}{\eta_0},\ \bar{\rho} = \frac{\rho}{\rho_0},\ \bar{u} = \frac{\eta_0 u_0}{E'r},\ \bar{w} = \frac{w}{E'r},\ \bar{g} = \alpha E',\ \bar{\sigma} = \frac{\sigma}{r} \tag{2-151}$$

式中，$\bar{x}$ 是坐标 x 无量纲参数；$\bar{h}$ 是膜厚的无量纲参数；$\bar{p}_h$ 是油膜压力的无量纲参数；$\bar{h}_d$ 是硬度的无量纲参数；$\bar{\eta}$ 和 $\bar{\rho}$ 分别是黏度和密度的无量纲参数；$\bar{u}$、$\bar{w}$、$\bar{g}$ 分别是速度参数、载荷参数和材料参数；$\bar{\sigma}$ 是无量纲RMS粗糙度；E'是等效弹性模量（Pa）；b 是赫兹接触半宽（m），P_H 是最大赫兹接触力（N），它们的表达式分别为：

$$b = \sqrt{\frac{8wr}{\pi E'}} \tag{2-152}$$

$$P_H = \frac{2w}{\pi b} = \frac{E'b}{4r} = E'\sqrt{\frac{\bar{w}}{2\pi}} \tag{2-153}$$

以下是各控制方程的无量纲形式：

（1）雷诺方程。

$$\frac{d}{d\bar{x}}\left(\bar{\phi}_x^{NG}\kappa\frac{d\bar{p}_h}{d\bar{x}}\right)=\frac{d(\bar{\rho}\bar{h}_{Ta})}{d\bar{x}} \tag{2-154}$$

式中，$\bar{\phi}_x^{NG}$ 是无量纲压力流量系数，其表达式为：

$$\bar{\phi}_x^{NG}=\left(1-0.9e^{-0.56\frac{\bar{h}}{\bar{\sigma}}}\right)+\left(\frac{\bar{h}}{\bar{\sigma}}\right)^3 s_k \tag{2-155}$$

边界条件为：

$$\begin{cases}\bar{x}=\bar{x}_0,\bar{p}_h=0\\ \bar{x}=\bar{x}_e,\bar{p}_h=\dfrac{\partial \bar{p}_h}{\partial \bar{x}}\bigg|_{\bar{x}=\bar{x}_e}=0\end{cases} \tag{2-156}$$

（2）膜厚方程。

$$\bar{h}(\bar{x})=\bar{h}_0+\frac{4\bar{w}\bar{x}^2}{\pi}-\frac{8\bar{w}}{\pi^2}\int_{\bar{x}_0}^{\bar{x}_e}\bar{p}(S)\ln|\bar{x}-S|dS \tag{2-157}$$

式中，$\bar{p}=\bar{p}_a+\bar{p}_h$ 是无量纲总接触压力。

（3）平均间隔。

$$\bar{h}_{Ta}=\int_{-\bar{h}}^{\infty}(\bar{h}+\bar{z})\bar{f}(\bar{z})d\bar{z} \tag{2-158}$$

式中，$\bar{z}=z/r$ 是无量纲粗糙表面高度；$\bar{f}(\bar{z})$ 是无量纲表面高度的概率密度函数，与有量纲表面高度的概率密度函数满足以下关系：

$$\bar{f}(\bar{z})d\bar{z}=f(z)dz \tag{2-159}$$

（4）平衡方程。

$$\int_{\bar{x}_0}^{\bar{x}_e}\bar{p}_h(\bar{x})d\bar{x}+\int_{\bar{x}_0}^{\bar{x}_e}\bar{p}_a(\bar{x})d\bar{x}=\frac{\pi}{2} \tag{2-160}$$

（5）黏压方程。

$$\bar{\eta}=\exp\{(\ln\eta_0+9.67)[-1+(1+5.1\times10^{-9}P_H\bar{p}_h)^Z]\} \tag{2-161}$$

（6）密压方程。

$$\bar{\rho}=1+\frac{0.6\times10^{-9}P_H\bar{p}_h}{1+1.7\times10^{-9}P_H\bar{p}_h} \tag{2-162}$$

(7)粗糙峰接触压力。

$$\bar{p}_a = \frac{p_a}{P_H} = \frac{2\pi\sqrt{2\pi}\bar{\omega}_c}{3\bar{\sigma}}\beta K_h \bar{h}_d \bar{w}^{-0.5} \times$$
$$\left(\int_{\bar{d}}^{\bar{d}+\bar{\omega}_c} \bar{I}^{1.5} + 1.03\int_{\bar{d}+\bar{\omega}_c}^{\bar{d}+6\bar{\omega}_c} \bar{I}^{1.425} + 1.4\int_{\bar{d}+6\bar{\omega}_c}^{\bar{d}+110\bar{\omega}_c} \bar{I}^{1.263} + \frac{3}{K}\int_{\bar{d}+110\bar{\omega}_c}^{+\infty} \bar{I}\right) \quad (2\text{-}163)$$

式中,

$$\bar{I}^k = \left(\frac{\bar{z}_s - \bar{d}}{\bar{\omega}_c}\right)^k \bar{f}(\bar{z}_s)d\bar{z}_s \quad (2\text{-}164)$$

式中,$\bar{\omega}_c = \omega_c/r$ 是无量纲化的弹性到塑性变形的临界值;$\bar{z}_c = z_c/r$ 是无量纲粗糙峰高度;$\bar{d}_c = d_c/r$ 是无量纲粗糙峰高度中面到粗糙表面高度中面的距离;$\bar{f}(\bar{z})$ 是无量纲粗糙峰概率密度函数,可以表示为:

$$\bar{f}(\bar{z}_s)d\bar{z}_s = f(z_s)dz_s \quad (2\text{-}165)$$

雷诺方程为二阶偏微分方程,膜厚方程、平衡方程及粗糙峰压力方程均为积分方程,一般情况下很难得到这些方程的解析解,本小节采用有限差分法对其进行求解。故需先将各控制方程离散化为代数方程或方程组。

(1)雷诺方程。

方程左侧采用二阶中心差分,右侧采用一阶向后差分。所以,雷诺方程可以写成如下离散形式:

$$\frac{d}{d\bar{x}}\left(\bar{\phi}_x^{NG}\kappa\frac{d\bar{p}_h}{d\bar{x}}\right)$$
$$= \frac{[\bar{\phi}_{x\,i-1/2}^{NG}\kappa_{i-1/2}\bar{p}_{h\,i-1} - (\bar{\phi}_{x\,i-1/2}^{NG}\kappa_{i-1/2} + \bar{\phi}_{x\,i+1/2}^{NG}\kappa_{i+1/2})\bar{p}_{h\,i} + \bar{\phi}_{x\,i+1/2}^{NG}\kappa_{i+1/2}\bar{p}_{h\,i+1}]}{\Delta\bar{x}^2} + o(\Delta\bar{x}^2) \quad (2\text{-}166)$$

$$\frac{d(\bar{\rho}\bar{h}_{Ta})}{d\bar{x}} = \frac{\bar{\rho}_i \bar{h}_{Ta\,i} - \bar{\rho}_{i-1}\bar{h}_{Ta\,i-1}}{\Delta\bar{x}} + o(\Delta\bar{x}) \quad (2\text{-}167)$$

式中,$\phi_{x\,i\pm1/2}^{NG}$ 和 $\kappa_{i\pm1/2}$ 是 $\phi_{x\,i}^{NG}$ 和 κ_i 在节点中间位置 $\bar{x}_i + (i-1/2)\Delta\bar{x}$ 和 $\bar{x}_i + (i+1/2)\Delta\bar{x}$ 的值,它们可以表示为:

$$\begin{cases} \bar{\phi}_{x\,i-1/2}^{NG}\kappa_{i-1/2} = \frac{1}{2}(\bar{\phi}_{x\,i-1}^{NG}\kappa_{i-1} + \bar{\phi}_{x\,i}^{NG}\kappa_i) \\ \bar{\phi}_{x\,i+1/2}^{NG}\kappa_{i+1/2} = \frac{1}{2}(\bar{\phi}_{x\,i+1}^{NG}\kappa_{i+1} + \bar{\phi}_{x\,i}^{NG}\kappa_i) \end{cases} \quad (2\text{-}168)$$

式中,

$$\kappa_i = \frac{\bar{\rho}_i \bar{h}_i^3}{\bar{\eta}_i v} \qquad (2-169)$$

所以，雷诺方程可改写为：

$$\frac{[\bar{\phi}_{x\,i-1/2}^{NG} \kappa_{i-1/2} \bar{p}_{h\,i-1} - (\bar{\phi}_{x\,i-1/2}^{NG} \kappa_{i-1/2} + \bar{\phi}_{x\,i+1/2}^{NG} \kappa_{i+1/2}) \bar{p}_{h\,i} + \bar{\phi}_{x\,i+1/2}^{NG} \kappa_{i+1/2} \bar{p}_{h\,i+1}]}{\Delta \bar{x}^2} -$$

$$\frac{\bar{\rho}_i \bar{h}_{T a\,i} - \bar{\rho}_{i-1} \bar{h}_{T a\,i-1}}{\Delta \bar{x}} = 0 \qquad (2-170)$$

（2）膜厚方程。

膜厚方程中的弹性变形为定积分，是弹流润滑求解中的一个难点，且该积分在 $x=s$ 时没有定义，故本小节采用柔度矩阵法求解弹性变形。该方法将节点的变形描述成其他各节点压力在该点引起变形的总和，离散形式膜厚方程可以表示为：

$$\bar{h}_i = \bar{h}_0 + \frac{\bar{x}_i}{2} - \frac{1}{\pi} \sum_{j=0}^{n} D_{i,j} \bar{p}_j \qquad (2-171)$$

式中，

$$D_{i,j} = \left(i - j + \frac{1}{2} \right) \Delta \bar{x} \left[\ln \left(\left| i - j + \frac{1}{2} \right| \Delta \bar{x} \right) - 1 \right] - \left(i - j - \frac{1}{2} \right) \Delta \bar{x} \left[\ln \left(\left| i - j - \frac{1}{2} \right| \Delta \bar{x} \right) - 1 \right] \qquad (2-172)$$

D 通常被称作影响系数，$D_{i,j}$ 表示在 j 点作用单位力，且在其他点上不受力时，i 点产生的变形量。

（3）平衡方程。

$$\Delta \bar{x} \sum_{j=0}^{n-1} \frac{\bar{p}_j + \bar{p}_{j+1}}{2} = \frac{\pi}{2} \qquad (2-173)$$

（4）粗糙峰接触压力方程。

$$\bar{p}_{a\,i} = \frac{2\pi \sqrt{2\pi} \bar{\omega}_c}{3 \bar{\sigma}} \beta K_h \bar{h}_d \bar{w}^{-0.5} \left[\Delta \bar{z}_{s1} \sum_{i=1}^{m_1} \left(\frac{\bar{z}_{s\,i} - \bar{d}}{\bar{\omega}_c} \right)^{1.5} \bar{f}(\bar{z}_{s\,i}) + \right.$$

$$\Delta \bar{z}_{s2} \sum_{j=1}^{m_2} \left(\frac{\bar{z}_{s\,j} - \bar{d}}{\bar{\omega}_c} \right)^{1.425} \bar{f}(\bar{z}_{s\,j}) + \Delta \bar{z}_{s3} \sum_{k=1}^{m_3} \left(\frac{\bar{z}_{s\,k} - \bar{d}}{\bar{\omega}_c} \right)^{1.26} \bar{f}(\bar{z}_{s\,k}) + \qquad (2-174)$$

$$\left. \Delta \bar{z}_{s4} \sum_{h=1}^{m_4} \left(\frac{\bar{z}_{s\,h} - \bar{d}}{\bar{\omega}_c} \right)^{1.5} \bar{f}(\bar{z}_{s\,h}) \right]$$

式中，m_1、m_2、m_3 和 m_4 分别是 K-E 模型 4 个变形阶段的积分节点的数量，在本小节中4个阶段均取1000个节点；$\Delta \bar{z}_{s1}$、$\Delta \bar{z}_{s2}$、$\Delta \bar{z}_{s3}$和$\Delta \bar{z}_{s4}$分别是相应的节点间距，定义见式（2-107）。

2.5.3 控制方程数值求解

将控制方程离散为代数方程或方程组后对其进行了迭代求解，压力松弛迭代分别采用了高斯-赛德尔松弛迭代法和雅克比双极子迭代法。刚体中心膜厚的初始值通过道森最小膜厚公式得到，迭代收敛判据为两次迭代压力的相对误差小于设定值且载荷误差也小于给定阈值。

1. 油膜压力松弛迭代

在求解式（2-170）时，$\bar{\phi}_x^{NG}\kappa_i$在求解域内变化范围有几个量级，这给方程的求解造成了很大的困难。根据参考文献，在低压区域$\bar{\phi}_x^{NG}\kappa_i \geqslant 1$，雷诺方程右侧第一项起主导作用，方程类似于一维泊松问题，使用高斯-赛德尔松弛迭代法容易得到收敛解。在高斯-赛德尔松弛迭代法中，首先根据给定压力的初值$\hat{\bar{p}}_h$，计算得到膜厚、密度、黏度及$\bar{\phi}_x^{NG}\kappa_i$的值；然后由式（2-175）修正$\hat{\bar{p}}_h$得到新的压力值$\tilde{\bar{p}}_h$；最后再以$\tilde{\bar{p}}_h$作为初值继续求解新的压力值，循环迭代直到满足收敛条件。

高斯-赛德尔松弛迭代法的迭代形式为：

$$\tilde{\bar{p}}_{h\,i} = \hat{\bar{p}}_{h\,i} + c_1 \delta_i \quad (2\text{-}175)$$

式中，c_1为压力松弛因子；δ_i为压力修正量，其表达式为：

$$\delta_i = \varphi_i \left(\frac{\partial L_i}{\partial \bar{p}_{h\,i}} \right)^{-1} \quad (2\text{-}176)$$

式中，

$$\varphi_i = -\frac{[\bar{\phi}_{x\,i-1/2}^{NG}\kappa_{i-1/2}\tilde{\bar{p}}_{h\,i-1} - (\bar{\phi}_{x\,i-1/2}^{NG}\kappa_{i-1/2} + \bar{\phi}_{x\,i+1/2}^{NG}\kappa_{i+1/2})\hat{\bar{p}}_{h\,i} + \bar{\phi}_{x\,i+1/2}^{NG}\kappa_{i+1/2}\hat{\bar{p}}_{h\,i+1}]}{\Delta \bar{x}^2} + \frac{\bar{\rho}_i \bar{h}_{Ta\,i} - \bar{\rho}_{i-1}\bar{h}_{Ta\,i-1}}{\Delta \bar{x}} \quad (2\text{-}177)$$

这里$\hat{\bar{p}}_{h\,i}$和$\hat{\bar{p}}_{h\,i+1}$采用压力初始值，而$\tilde{\bar{p}}_{h\,i-1}$采用的是本轮迭代的新值，这是高斯-赛德尔松弛迭代法的特点。

为了降低难度，在求解$\partial L_i / \partial \bar{p}_{h\,i}$时，只考虑$\bar{h}_i$和$\bar{h}_{i-1}$同压力的函数关系，忽略$\bar{\phi}_x^{NG}\kappa\bar{\phi}_x^{NG}$和密度同压力间的函数关系，因此可得：

$$\frac{\partial L_i}{\partial \bar{p}_{h\,i}} \approx -\frac{\bar{\phi}_{x\,i-1/2}^{NG}\kappa_{i-1/2} + \bar{\phi}_{x\,i+1/2}^{NG}\kappa_{i+1/2}}{\Delta \bar{x}^2} + \frac{\bar{\rho}_i D_{i,i} - \bar{\rho}_{i-1}D_{i-1,i-1}}{\pi \Delta \bar{x}} \quad (2\text{-}178)$$

在高压区域,高斯-赛德尔松弛迭代法的收敛性并不好;本小节在高压区采用雅克比双极子迭代法,该方法考虑了前一点的压力,其修正项的表达式为:

$$\delta_i = \varphi_i \left(\frac{\partial L_i}{\partial \overline{p}_{h\,i}} + \frac{\partial L_i}{\partial \overline{p}_{h\,i-1}} \right)^{-1} \quad (2\text{-}179)$$

式中,

$$\varphi_i = -\frac{[\overline{\phi}_{x\,i-1/2}^{\mathrm{NG}} \kappa_{i-1/2} \hat{\overline{p}}_{h\,i-1} - (\overline{\phi}_{x\,i-1/2}^{\mathrm{NG}} \kappa_{i-1/2} + \overline{\phi}_{x\,i+1/2}^{\mathrm{NG}} \kappa_{i+1/2}) \hat{\overline{p}}_{h\,i} + \overline{\phi}_{x\,i+1/2}^{\mathrm{NG}} \kappa_{i+1/2} \hat{\overline{p}}_{h\,i+1}]}{\Delta \overline{x}^2} + \frac{\overline{\rho}_i \overline{h}_{\mathrm{Ta}} - \overline{\rho}_{i-1} \overline{h}_{\mathrm{Ta}\,i-1}}{\Delta \overline{x}} \quad (2\text{-}180)$$

值得注意的是,此处的 $\hat{\overline{p}}_{h\,i-1}$ 并非新的压力值。由于 $D_{i,j}$ 具有对称性,所以,式(2-179)括号内的部分可以写为:

$$\frac{\partial L_i}{\partial \overline{p}_{h\,i}} + \frac{\partial L_i}{\partial \overline{p}_{h\,i-1}} \approx -\frac{2\overline{\phi}_{x\,i-1/2}^{\mathrm{NG}} \kappa_{i-1/2} + \overline{\phi}_{x\,i+1/2}^{\mathrm{NG}} \kappa_{i+1/2}}{\Delta \overline{x}^2} + \frac{2(\overline{\rho}_i D_{i,i} - \overline{\rho}_{i-1} D_{i,i-1})}{\pi \Delta \overline{x}} \quad (2\text{-}181)$$

2. 刚体中心膜厚初始化及调整

由雷诺方程和K-E微接触模型得到的流体和粗糙峰压力还需满足平衡方程,接触压力和外部载荷的平衡通过在迭代中调整刚体中心膜厚来满足。如果接触压力的积分大于外部载荷则增大刚体中心膜厚,膜厚整体增加,接触压力减小;如果接触压力的积分小于外部载荷则减小刚体中心膜厚,膜厚整体减小,接触压力增大。在每5次压力迭代完成后通过平衡方程来调节一次刚体中心膜厚,然后计算新的膜厚、黏度、密度和 $\overline{\phi}_x^{\mathrm{NG}} \kappa$,刚体中心膜厚的调节方式为:

$$\tilde{\overline{h}}_0 = \hat{\overline{h}}_0 + \frac{c_2}{2}\left[\left(\Delta \overline{x} \sum_{i=1}^{n-1} \hat{\overline{p}}_i + \hat{\overline{p}}_{i-1} \right) - \pi \right] \quad (2\text{-}182)$$

式中,$\hat{\overline{h}}_0$ 和 $\tilde{\overline{h}}_0$ 分别是更新前后的刚体中心膜厚;c_2 是刚体中心膜厚的松弛因子,其取值可根据受载的大小来确定,当无量纲膜厚和压力处于同一量级时,轻载情况取值为0.5或更大,重载取值为0.02或更小。

在迭代求解前需要给出刚体中心膜厚的初始值,刚体中心膜厚的初始值对求解的压力结果和收敛性都有重要的影响,本小节基于道森的最小膜厚公式给出初始值:

$$\overline{h}_0 = \frac{h_{\mathrm{D}}}{r} - v_{\max} \quad (2\text{-}183)$$

式中,h_{D} 是道森最小膜厚(m);$v_{\max}$ 是在赫兹接触压力下求解域上几何间隙减弹性变形的最大值，其表达式为：

$$v_{\max} = \max\left\{\frac{\overline{x}_i^2}{2r} - \frac{1}{\pi}\sum_{j=0}^{n} D_{i,j}P_j\right\} \quad (2-184)$$

此处，P_j 是无量纲赫兹接触压力。

3. 控制方程求解过程及收敛条件

在混合润滑中，接触压力由两部分组成，分别为油膜承受的流体压力和粗糙峰的接触压力，油膜流体压力的初始值取赫兹接触压力，为了避免出现数值乏油，求解域设置为 $\overline{x}=-4$ 到 $\overline{x}=1.5$。根据给定的RMS粗糙度、偏度和峰度，基于约翰逊变换计算得到粗糙表面高度的概率密度函数，用于平均流量模型求解油膜流体压力。利用粗糙峰高度的RMS、偏度和峰度求解粗糙峰高度的概率密度函数，用于微接触模型得到粗糙峰接触压力。采用平均雷诺方程求解油膜流体压力，采用K-E微接触模型得到粗糙峰接触压力，将二者代入平衡方程修正刚体中心膜厚，迭代求解接触压力直到满足设定的收敛条件。值得注意的是，非高斯表面的控制方程收敛性较差，因此本小节采用高斯表面得到的压力和刚体中心膜厚来初始化非高斯表面。本小节使用以下收敛准则：

$$\frac{\sum\left|\overline{p}_i^{n+1}-\overline{p}_i^n\right|}{\sum \overline{p}_i^{n+1}} \leqslant \varepsilon_{\mathrm{p}} \quad (2-185)$$

$$\frac{\left|\int_{\overline{x}_0}^{\overline{x}_e}\overline{p}(\overline{x})\mathrm{d}\overline{x}-\pi/2\right|}{\pi/2} \leqslant \varepsilon_{\mathrm{w}} \quad (2-186)$$

式中，n 是迭代次数；在本小节中 $\varepsilon_{\mathrm{p}}=1\times10^{-6}$，$\varepsilon_{\mathrm{w}}=1\times10^{-4}$。

2.5.4 非高斯表面线接触混合润滑特性

本小节主要讨论表面非高斯特性对线接触混合润滑特性的影响，主要包括表面非高斯特性对压力分布、膜厚分布、最小膜厚和承载比的影响，根据参考文献，本小节所有分析中均假设 $\sigma/r_\mathrm{s}=0.01$。图2-32至图2-35分别为RMS粗糙度、偏度、峰度和表面硬度对压力分布的影响，图2-36为非高斯表面下的膜厚分布，图2-37至图2-40分别为偏度和峰度对最小膜厚和承载比的影响。

1. RMS 粗糙度对压力分布的影响

RMS粗糙度对压力分布的影响如图2-32所示，无量纲RMS粗糙度的值分别取 $\overline{\sigma}=1\times10^{-5}$，$\overline{\sigma}=2\times10^{-5}$，$\overline{\sigma}=3\times10^{-5}$，$\overline{\sigma}=4\times10^{-5}$，其他参数取值为 $\overline{w}=4\times10^{-5}$，$\overline{u}=2\times10^{-11}$，$s_\mathrm{k}=0$，$k_\mathrm{u}=3$，$\overline{h}_\mathrm{d}=0.01$，且保持恒定。由图可知粗糙峰压力随着无量纲RMS粗糙度增大有明显的增加，在 $\overline{\sigma}=1\times10^{-5}$ 时几乎完全消失，此时外部载荷完

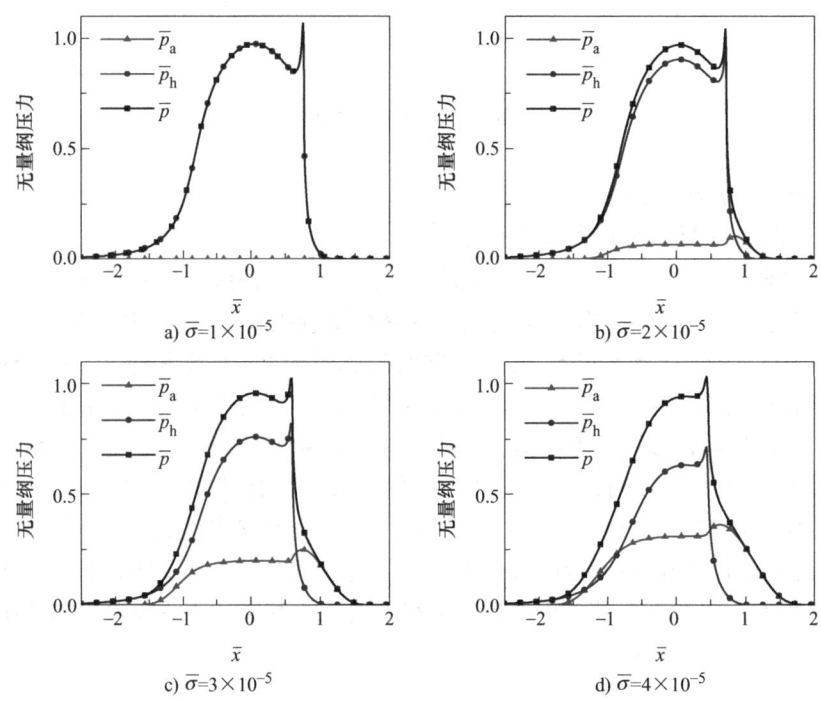

图 2-32 RMS 粗糙度对压力分布的影响

全由油膜承担,油膜压力与总压力几乎重合。粗糙峰压力从入口区开始逐渐增大,在接触中心区接近恒定,在与油膜二次压力峰对应位置之后有凸起,这是由油膜颈缩引起的。粗糙峰压力的作用范围随无量纲RMS粗糙度的增加而增加,这是因为同样载荷下粗糙表面的名义接触面积大于赫兹接触区。在无量纲RMS粗糙度较大时,总接触压力在入口区和出口区的压力由粗糙峰压力主导,这是由于在赫兹接触区外的间隙足够小,致使粗糙峰发生了接触产生。另外,在总压力的接触中心区域油膜的流体压力占主导。油膜压力和总压力的二次峰值随着无量纲RMS粗糙度的增加而减小,并且逐渐向入口区移动,整个流体压力区域减少。在无量纲RMS粗糙度较大时,流体出口区不能形成油膜,粗糙峰发生直接接触,该区域容易产生磨损。另外,可以看出随着无量纲RMS粗糙度的增加,流体压力所占总压力的比例不断下降。

2. 偏度对压力分布的影响

偏度对压力分布的影响如图2-33所示,偏度值分别取$s_k=-0.8$,$s_k=-0.5$,$s_k=0.5$,$s_k=0.8$,其他参数取值为$\bar{w}=4\times10^{-5}$,$\bar{u}=2\times10^{-11}$,$\bar{\sigma}=2\times10^{-5}$,$k_u=3$,$\bar{h}_d=0.01$,且保持恒定。可以看到粗糙峰压力随着偏度的增加而增大,可以推断出该工况下膜厚范围位于图2-33(a)交点之前;在膜厚相同的情况下,偏度大的表面粗糙峰高,因此先发生接触,粗糙峰压力大。偏度越大,出口区压力由粗糙峰承受的比例也越大。在4个不同的偏度下,流体压力都占主导,偏度对压力分布的影响程度相对无量纲RMS粗糙度的较弱。油膜流体压力和总压力都在出口区有二次压力峰值,峰值随着偏度的增加有所增大,但增加的幅度并不大,入口区油膜压力起主导作用,流体二次压力峰值位置没有明显变化。出口区粗糙峰压力占主导作用,压力区域随着偏度的增加而增加。

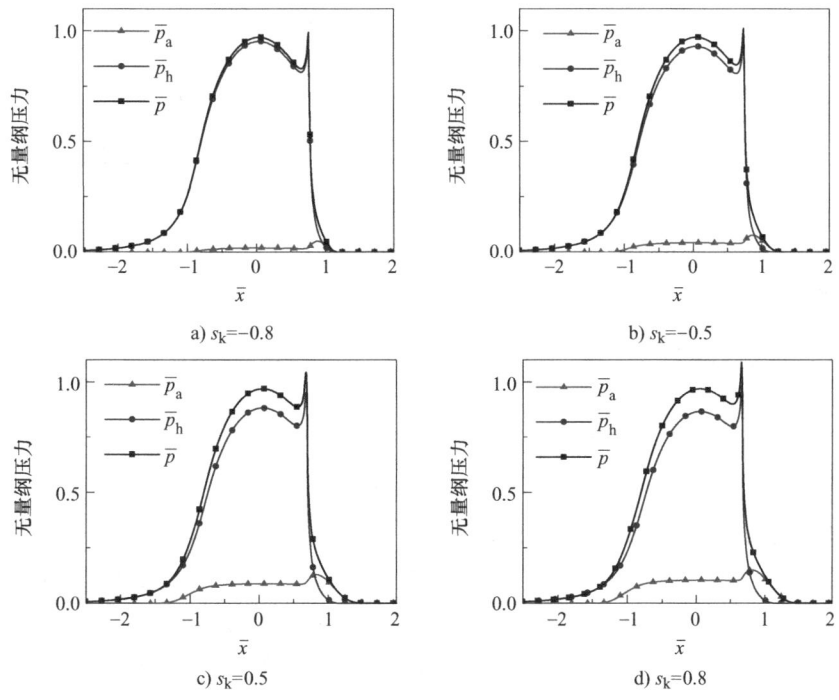

图 2-33 偏度对压力分布的影响

3. 峰度对压力分布的影响

峰度对压力分布的影响如图2-34所示,峰度的取值分别为:$k_u=2$, $k_u=3$, $k_u=10$, $k_u=20$,其他参数取值为 $\bar{w}=4\times10^{-5}$,$\bar{u}=2\times10^{-11}$,$\bar{\sigma}=2\times10^{-5}$,$s_k=0$,$\bar{h}_d=0.01$,且在数值模拟中保持恒定。由图可知峰度对压力分布影响并不显著,粗糙峰压力所占的比例、出入口区的位置、二次压力峰值和位置几乎没有变化,原因可能是此工况下的无量纲膜厚大,处于 4×10^{-5} 附近(如图2-40所示)。从图2-34(b)可以看到,不同峰度下的膜厚与粗糙峰压力曲线的交点恰好位于 $\bar{h}=4\times10^{-5}$ 附近,此时恰好表现出峰度对压力分布影响不大。在膜厚较小的工况下,粗糙峰压力会随着偏度增加而减小,在膜厚较大的工况下,粗糙峰压力会随着偏度增加而增加。然而,膜厚过小或过大时会超出混合润滑状态,此时平均流量模型不再适用,不在本书的研究范围。

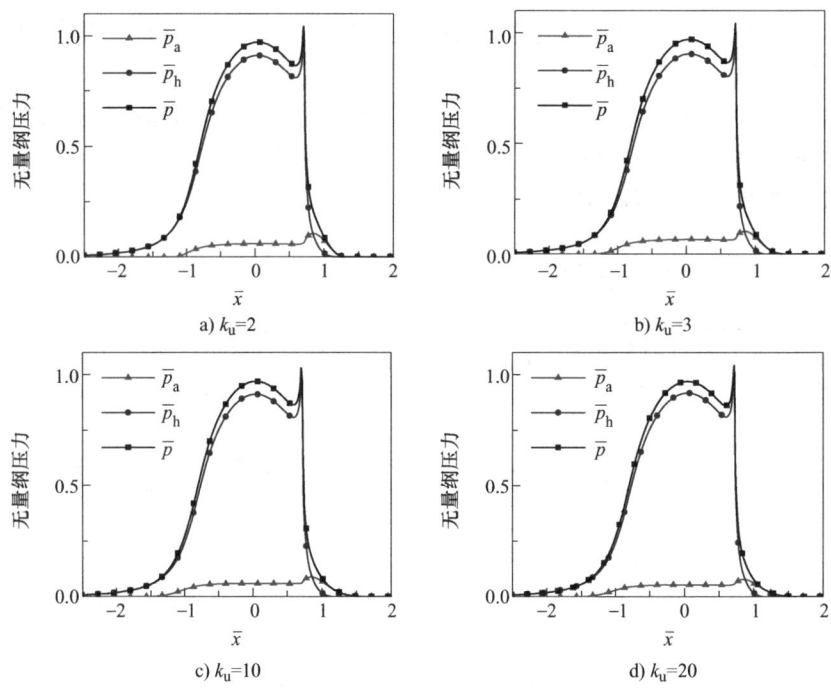

图 2-34 峰度对压力分布的影响

4. 表面硬度对压力分布的影响

表面硬度对压力分布的影响如图 2-35 所示,无量纲表面硬度分别取：$\bar{h}_d=0.0075$,$\bar{h}_d=0.01$,$\bar{h}_d=0.02$,$\bar{h}_d=0.03$。其他参数取值为 $\bar{w}=4\times10^{-5}$,$\bar{u}=2\times10^{-11}$,$\bar{\sigma}=2\times10^{-5}$,$s_k=0$,$k_u=3$,且保持恒定。随着无量纲硬度的增加,粗糙峰压力增加,可以解释为粗糙峰的刚度随硬度增加而增加引起的。润滑剂出口位置没有明显变化,二次压力峰值随着表面硬度增加有所减小。油膜压力在总压力中依然起主导作用,但随着无量纲硬度的增加而有所减小。总体而言,在混合润滑状态下,硬度对压力分布的影响不如无量纲RMS粗糙度和偏度的作用大,但比峰度的影响大。

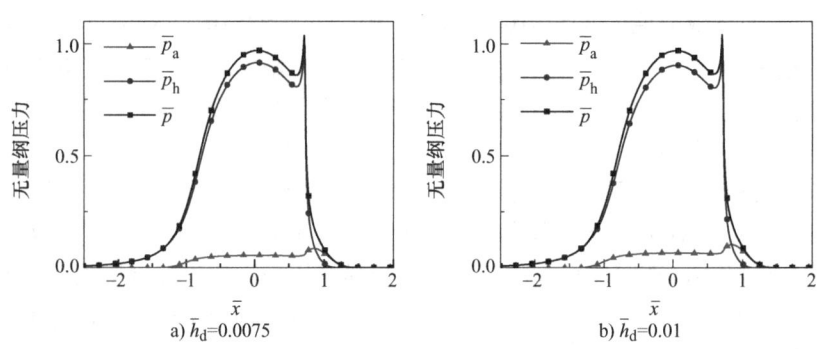

图 2-35 表面硬度对压力分布的影响

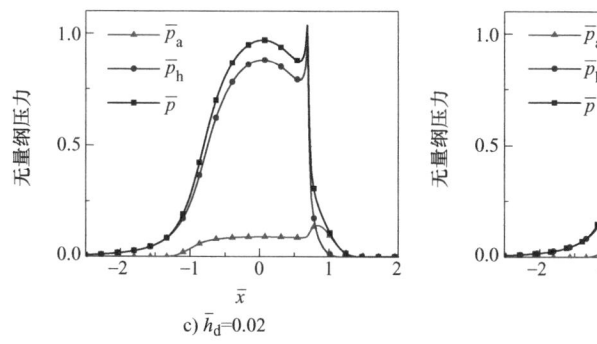

图 2-35 表面硬度对压力分布的影响（续）

5. 粗糙表面非高斯特性和硬度对膜厚分布的影响

在分析粗糙表面非高斯特性和硬度对膜厚的影响时，各参数取值与对应的压力分布研究中一致。图2-36（a）为不同粗糙表面高度无量纲RMS粗糙度下的膜厚分布，可以看到，随着无量纲RMS粗糙度的增大，膜厚增加，这是由于无量纲RMS粗糙度增加后，粗糙峰的高度随之增加，膜厚用于表征两个接触表面间的平均间隙，因此也随之增加。颈缩随无量纲RMS粗糙度增加向入口区移动，这与压力二次峰值的变化相一致，且颈缩的量随无量纲RMS粗糙度增加而减小。膜厚的区域随无量纲RMS粗糙度的增加而减小。膜厚随无量纲RMS粗糙度非线性增加，无量纲RMS粗糙度越大，膜厚增加越快。偏度对膜厚分布的影响如图2-36（b）所示，偏度的影响没有无量纲RMS粗糙度的显著。膜厚随着偏度的增加而减小，这是因为偏度越大，粗糙峰的数量越少，承担同样的载荷，小偏度表面会发生更大的变形，致使膜厚较薄。中心膜厚随偏度的变化幅度小于最小膜厚的。另外，随着偏度的增大，颈缩位置向入口区移动，这与无量纲RMS粗糙度的影响不同，膜厚越小颈缩位置越靠近入口区。图2-36（c）为峰度对膜厚分布的影响，容易得出峰度对膜厚的影响很小，膜厚随着峰度的增加有微弱的减小，颈缩的位置几乎没有变化。无量纲硬度对无量纲膜厚的影响如图2-36（d）所示，无量纲表面硬度对膜厚分布的影响也很小，随着硬度的增加，膜厚有微弱的增加，但颈缩的位置有所变化，随着硬度的增加，颈缩位置向入口区移动，说明接触区域有所减小。

6. 粗糙表面非高斯特性对最小膜厚的影响

在研究粗糙表面非高斯特性对最小膜厚的影响时，将无量纲RMS粗糙度和表面硬度设置为恒值：$\bar{\sigma}=2\times10^{-5}$，$\bar{h}_d=0.01$。图2-37和图2-38分别为不同偏度和峰度下的无量纲最小膜厚同无量纲载荷参数和速度参数的关系，偏度的变化范围为$s_k=-0.8$到$s_k=0.8$，峰度的变化范围为$k_u=2$到$k_u=20$，无量纲载荷参数和速度参数的变化范围分别为$\bar{w}=2\times10^{-5}$到$\bar{w}=1\times10^{-4}$，$\bar{u}=1.5\times10^{-11}$到$\bar{u}=8\times10^{-11}$。

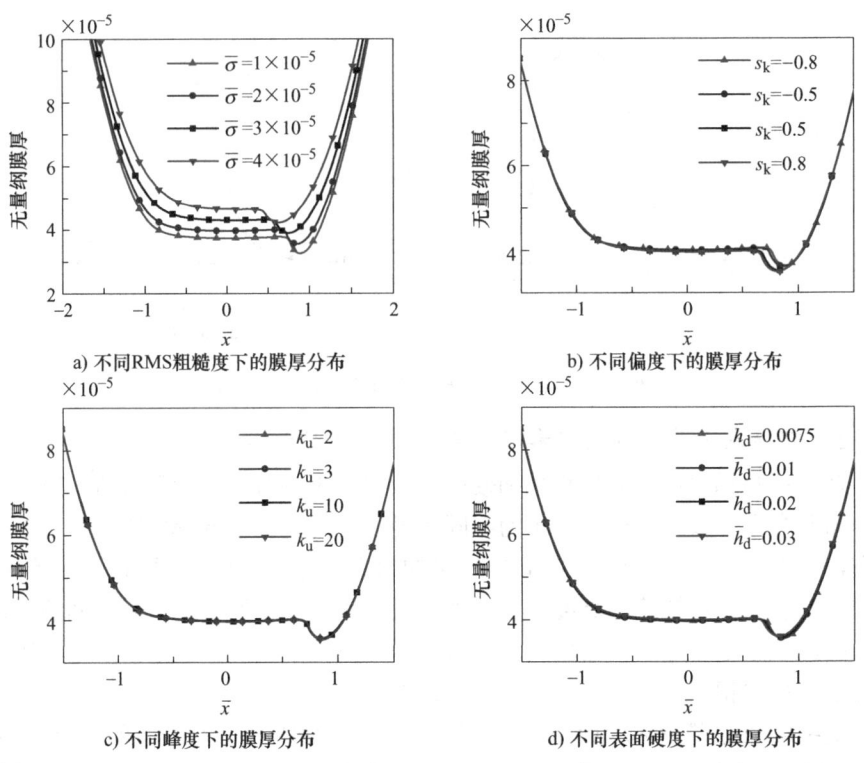

图 2-36 非高斯表面下的膜厚分布

如图2-37（a）所示，无量纲最小膜厚随着载荷参数的增大而减小，且减小的幅度也逐渐变缓。最小膜厚随偏度的增加而减小，且偏度的影响在载荷较大时更为显著；这可以解释为偏度较大时，粗糙峰高且数量少，可提供的支撑力小，相应的接触变形较大，这使得接触表面平均间隙（即膜厚）较小。此外，偏度由负变为正时，最小膜厚变化较大。结合图2-27（b）可以推断，若载荷进一步减小，不同偏度的最小膜厚趋于一点，这是由于此时膜厚远大于粗糙峰高度，最小膜厚对粗糙表面不再敏感；若膜厚进一步增大，不同偏度下的最小膜厚差距会进一步增大。图2-37（b）为不同偏度下的最小膜厚随速度参数的变化曲线，可以看出最小膜厚随速度参数的增加而增加，在速度参数较小时，峰度影响较大，在速度参数较大时几乎没有影响，原因可从载荷参数对最小膜厚的影响分析中得知。

图2-38（a）为不同峰度下无量纲最小膜厚随载荷参数的变化曲线，可以看到最小膜厚随着载荷的增加而减小，在载荷参数较大时，峰度的影响更为显著。这是因为峰度较大时，粗糙峰的高度较大且数量较少，在载荷参数较大时，其承载能力较弱，易产生较大的接触变形，致使接触表面间的平均间隙较小。同样，结合图2-38（b）可以推断，随着载荷进一步增加，不同峰度下的最小膜厚将先增大

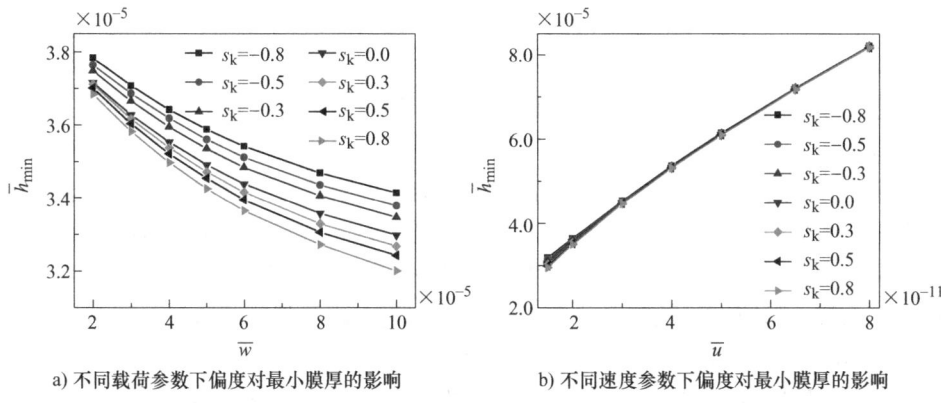

a) 不同载荷参数下偏度对最小膜厚的影响　　b) 不同速度参数下偏度对最小膜厚的影响

图 2-37　偏度对最小膜厚的影响

再减小，最后趋近于同一个值，这是由于不同峰度表面的概率密度函数都关于0点对称。当速度参数进一步增大时，进入全膜润滑状态，最小膜厚也趋于相同。图2-38（b）为不同峰度下无量纲最小膜厚随速度参数的变化曲线。可以看到在速度参数较小时，最小膜厚随着偏度的增加而减小，但减小幅度并不大；在速度参数较大时，最小膜厚趋于相同。这同样可以从上面的分析中得到解释。值得指出的是，峰度对最小膜厚的影响远低于偏度的影响，同样的结论也体现在峰度对膜厚分布的影响分析中。所以，在后续的最小膜厚公式拟合中，将峰度考虑为定值。

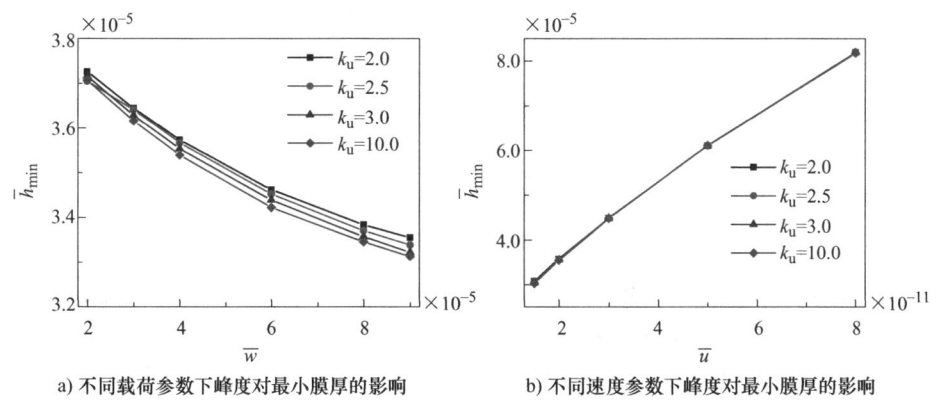

a) 不同载荷参数下峰度对最小膜厚的影响　　b) 不同速度参数下峰度对最小膜厚的影响

图 2-38　峰度对最小膜厚的影响

7. 粗糙表面非高斯特性对承载比的影响

此部分研究的数值模拟参数选取与前面相同，图2-39（a）为不同偏度下承载比随载荷参数的变化曲线。由图可知承载比随着偏度的增加而增加，且增加的幅度不断减小，这是因为大偏度表面粗糙峰较高，先发生接触并承受压力，此时主要是粗糙峰的高度起作用。结合图2-39（b）可以预测当载荷进一步增大，膜厚减小到一定程度，粗糙峰数量将会起关键作用，那时承载比随偏度的增加而减小；但膜厚过小时，进入边界润滑状态，不属于本书的研究范畴。在偏度大于-0.3时，承载比随载荷的增大而减小，因为此情况下粗糙峰压力和外部载荷都增大，但外部载荷增大的速度更大，所以承载比呈现出随载荷参数减小的趋势。在偏度小于-0.3时，承载比开始随载荷的增加而减小；但之后随载荷的增加而增加，这时粗糙峰压力增加的速度更快。当载荷参数继续增加时，所有偏度下的承载比都将随载荷参数增加，最后趋于100%，此时粗糙峰承受全部载荷。图2-39（b）为不同偏度下承载比随速度参数的变化曲线，承载比随着速度参数的增加而减小，不同偏度下的承载比随速度参数收敛到0，因为当膜厚足够大时，油膜承担所有载荷。速度参数不影响外部载荷，不同偏度下的承载比都随速度参数单调下降。可以看到承载比随偏度的增加而增加，其原因为在研究速度参数范围内，承载比主要受粗糙峰的高度影响，大偏度表面粗糙峰高度较大；当速度参数进一步减小时，粗糙峰数量将起主导作用，承载比会随着偏度增加而减小。

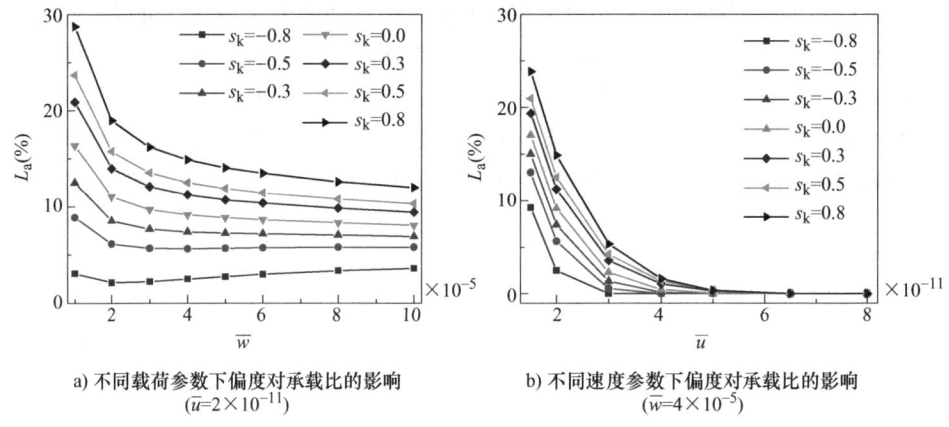

a) 不同载荷参数下偏度对承载比的影响
($\bar{u}=2\times10^{-11}$)

b) 不同速度参数下偏度对承载比的影响
($\bar{w}=4\times10^{-5}$)

图 2-39　偏度对承载比的影响

峰度虽然对最小膜厚的影响不大，但对承载比却有显著的影响。图2-40（a）和（c）为不同峰度下承载比随载荷参数的变化曲线，由图可知在峰度大于3时，承载比随着峰度的增加而减小，这是因为峰度越大，高度大的峰的数量越少，所以，承受的载荷也较少。但是，当峰度小于3时，承载比随着峰度的增加而减小，在此时较小峰度的粗糙表面没有或只有较少的峰进入接触，而峰度较大表面进入接触的峰的数量较多，由此造成这种现象。不同峰度下承载比随着载荷参数的增加而减小，这是由于载荷增加的幅度大于粗糙峰接触力增加的幅度，可以推测载荷参数进一步增加时，承载比会逐渐趋近于100%，载荷全部由粗糙峰承受。不同峰度下承载比随速度参数的变化曲线如图2-40（b）和（d）所示，可以看到在峰度大于3和小于3时，同样呈现出不同的趋势。在峰度大于3时，承载比随峰度的增大而减小；且在速度参数较小时，峰度的影响较大；在速度参数较大时，承载比都趋于0，此时油膜承担所有压力。在峰度小于3时，承载比随着峰度的增大而增大，且在速度参数较小或较大时，承载比趋于相同。这同样是因为在峰度大于3时，粗糙峰的数量起主导作用，而当峰度小于3时，粗糙峰的高度起主导作用。但以上分析都是针对速度参数在文章中的取值范围内，当速度参数进一步减小时，所有峰度的承载比都会趋于100%，那时，粗糙峰将承担全部载荷。

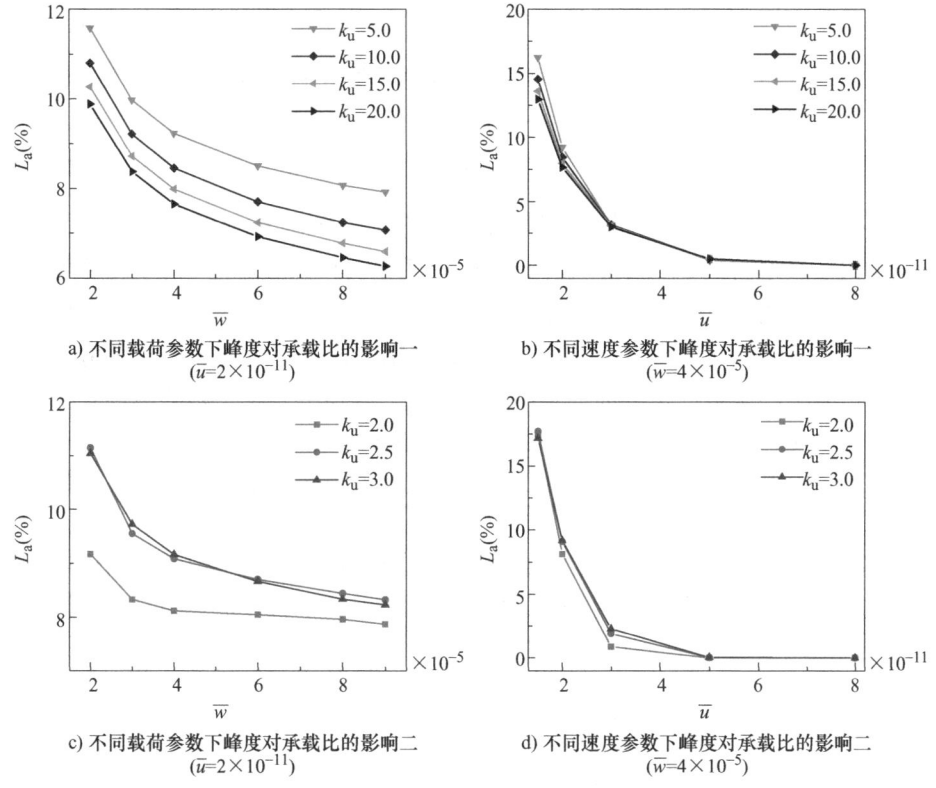

图 2-40 峰度对承载比的影响

2.5.5 非高斯表面线接触最小膜厚公式

最小膜厚公式是润滑研究的重要内容之一，它可以用来确定润滑状态，且是评估润滑可靠性的基础。为此，在上小节数值仿真的基础上拟合出了最小膜厚公式，各参数取值范围如表2-17所示。通常认为膜厚比处于1到3之间为混合润滑，当膜厚比大于3，膜厚足够大，处于全膜润滑状态；当膜厚比小于1，膜厚太小，处于边界润滑状态。全膜润滑和边界润滑均超出了平均流量模型的应用范围，不属于本书的研究范畴。速度参数太大或载荷参数太小都会使膜厚增大，速度参数太小或载荷参数太大会使膜厚过小。所以，本小节中二者的变化范围并不太大。

润滑可靠性建模理论及应用

表 2-17 无量纲输入参数的取值范围

参数	$\bar{w}$	$\bar{u}$	$\bar{g}$	$\bar{\sigma}$	S_k	k_u	$\bar{h}_d$
最小值	2.0×10^{-15}	1.5×10^{-11}	2942	1.0×10^{-5}	−0.8	2	0.0075
最大值	1.2×10^{-4}	8.0×10^{-11}	6780	4.0×10^{-5}	0.8	20	0.03

从上一小节的分析得出，峰度和表面硬度对最小膜厚的影响并不显著，因此在最小膜厚拟合时将峰度和硬度分别设定为定值，即 $\bar{h}_d=0.01$，$k_u=3$，所以，峰度和硬度包含在常数中。根据M-K高斯表面最小膜厚公式，假设无量纲最小膜厚公式具有如下形式：

$$\bar{h}_{\min} = c_1 \bar{w}^{c_2} \bar{u}^{c_3} \bar{g}^{c_4} [1 + c_5 \bar{\sigma}^{c_6} (c_7 + s_k)^{c_8} \bar{w}^{c_9} \bar{u}^{c_{10}} \bar{g}^{c_{11}}] \quad (2-187)$$

式中，c_1到c_{11}是待定参数。此最小膜厚公式可分为两个部分，$c_1 \bar{w}^{c_2} \bar{u}^{c_3} \bar{g}^{c_4}$ 表示光滑表面的最小膜厚公式，$[1 + c_5 \bar{\sigma}^{c_6} (c_7 + s_k)^{c_8} \bar{w}^{c_9} \bar{u}^{c_{10}} \bar{g}^{c_{11}}]$ 可以理解为一个修正系数，该系数可以包含粗糙表面的信息。我们注意到当 $\bar{\sigma}=0$ 时，该最小膜厚公式退化为光滑表面最小膜厚公式；当 $s_k = 0$ 时，退化为高斯表面最小膜厚公式。采用最小二乘法拟合，首先拟合光滑表面的最小膜厚公式，当研究一个参数的影响时，其他参数保持恒定，依次得到c_1到c_4，具体过程可以参考文献[47]。然后，考虑粗糙表面依次得到c_5到c_{11}，应当指出，为了防止偏度取负数时，最小膜厚出现负数值，采用正实数c_7对其进行修正。

本小节采用200余组不同的参数数据分别进行数值模拟，数值结果用于最小膜厚公式拟合，部分数据及数值结果如表2-18所示，其中误差值是绝对值。拟合得到的非高斯线接触混合润滑最小膜厚公式为：

$$\bar{h}_{\min} = \frac{h_{\min}}{r} = 3.4 \bar{w}^{-0.095} \bar{u}^{0.71} \bar{g}^{0.57} [1 + 0.0027 \bar{\sigma}^{1.075} (s_k + 2)^{-0.3744} \bar{w}^{0.09451} \bar{u}^{-0.974} \bar{g}^{-0.806}] \quad (2-188)$$

在使用该最小膜厚公式时，需要注意各参数的取值范围，特别是峰度和硬度，在本小节的取值范围内，对最小膜厚的影响可以忽略，取值在范围之外需要单独讨论。本小节的膜厚指的都是名义膜厚，它是两粗糙接触表面中面间的距离。

表 2-18 最小膜厚的仿真结果与曲线拟合结果

输入							$\bar{h}_{\min}$		
$\bar{w}$	$\bar{u}$	$\bar{g}$	$\bar{\sigma}$	s_k	k_u	$\bar{h}_d$	数值解	拟合值	误差(%)
2.0×10^{-5}	2.0×10^{-11}	5277	2.0×10^{-5}	0.0	3.0	1.0×10^{-2}	3.715×10^{-5}	3.747×10^{-5}	0.87
3.0×10^{-5}	2.0×10^{-11}	5277	2.0×10^{-5}	0.0	3.0	1.0×10^{-2}	3.627×10^{-5}	3.627×10^{-5}	0.02
4.0×10^{-5}	2.0×10^{-11}	5277	2.0×10^{-5}	0.0	3.0	1.0×10^{-2}	3.553×10^{-5}	5.544×10^{-5}	0.25

第 2 章 混合弹流润滑基础理论

（续）

输入							$\bar{h}_{min}$		
$\bar{w}$	$\bar{u}$	$\bar{g}$	$\bar{\sigma}$	s_k	k_u	$\bar{h}_d$	数值解	拟合值	误差(%)
6.0×10^{-5}	2.0×10^{-11}	5277	2.0×10^{-5}	0.0	3.0	1.0×10^{-2}	3.490×10^{-5}	3.431×10^{-5}	1.70
8.0×10^{-5}	2.0×10^{-11}	5277	2.0×10^{-5}	0.0	3.0	1.0×10^{-2}	3.438×10^{-5}	3.354×10^{-5}	2.45
1.0×10^{-4}	2.0×10^{-11}	5277	2.0×10^{-5}	0.0	3.0	1.0×10^{-2}	3.357×10^{-5}	3.295×10^{-5}	1.84
1.2×10^{-4}	2.0×10^{-11}	5277	2.0×10^{-5}	0.0	3.0	1.0×10^{-2}	3.283×10^{-5}	3.248×10^{-5}	1.07
4.0×10^{-5}	1.5×10^{-11}	5277	2.0×10^{-5}	0.0	3.0	1.0×10^{-2}	3.049×10^{-5}	3.037×10^{-5}	0.40
4.0×10^{-5}	2.0×10^{-11}	5277	2.0×10^{-5}	0.0	3.0	1.0×10^{-2}	3.553×10^{-5}	3.544×10^{-5}	0.25
4.0×10^{-5}	3.0×10^{-11}	5277	2.0×10^{-5}	0.0	3.0	1.0×10^{-2}	4.480×10^{-5}	4.483×10^{-5}	0.07
4.0×10^{-5}	4.0×10^{-11}	5277	2.0×10^{-5}	0.0	3.0	1.0×10^{-2}	5.322×10^{-5}	5.347×10^{-5}	0.48
4.0×10^{-5}	5.0×10^{-11}	5277	2.0×10^{-5}	0.0	3.0	1.0×10^{-2}	6.102×10^{-5}	6.159×10^{-5}	0.92
4.0×10^{-5}	6.5×10^{-11}	5277	2.0×10^{-5}	0.0	3.0	1.0×10^{-2}	7.183×10^{-5}	7.300×10^{-5}	1.63
4.0×10^{-5}	8.0×10^{-11}	5277	2.0×10^{-5}	0.0	3.0	1.0×10^{-2}	8.178×10^{-5}	8.178×10^{-5}	2.38
5.0×10^{-5}	3.0×10^{-11}	3132	2.0×10^{-5}	0.0	3.0	1.0×10^{-2}	3.501×10^{-5}	3.463×10^{-5}	1.09
4.0×10^{-5}	3.0×10^{-11}	3874	2.0×10^{-5}	0.0	3.0	1.0×10^{-2}	3.901×10^{-5}	3.878×10^{-5}	0.59
4.0×10^{-5}	3.0×10^{-11}	6780	2.0×10^{-5}	0.0	3.0	1.0×10^{-2}	5.109×10^{-5}	5.065×10^{-5}	0.87
4.0×10^{-5}	2.0×10^{-11}	5277	1.0×10^{-5}	0.0	3.0	1.0×10^{-2}	3.260×10^{-5}	3.250×10^{-5}	0.32
4.0×10^{-5}	2.0×10^{-11}	5277	1.5×10^{-5}	0.0	3.0	1.0×10^{-2}	3.390×10^{-5}	3.395×10^{-5}	0.13
4.0×10^{-5}	2.0×10^{-11}	5277	2.0×10^{-5}	0.0	3.0	1.0×10^{-2}	3.553×10^{-5}	3.544×10^{-5}	0.25
4.0×10^{-5}	2.0×10^{-11}	5277	2.5×10^{-5}	0.0	3.0	1.0×10^{-2}	3.726×10^{-5}	3.696×10^{-5}	0.79
4.0×10^{-5}	2.0×10^{-11}	5277	3.0×10^{-5}	0.0	3.0	1.0×10^{-2}	3.899×10^{-5}	3.850×10^{-5}	1.24
4.0×10^{-5}	2.0×10^{-11}	5277	3.5×10^{-5}	0.0	3.0	1.0×10^{-2}	4.068×10^{-5}	4.007×10^{-5}	1.50
4.0×10^{-5}	2.0×10^{-11}	5277	4.0×10^{-5}	0.0	3.0	1.0×10^{-2}	4.231×10^{-5}	4.165×10^{-5}	1.58
4.0×10^{-5}	2.0×10^{-11}	5277	2.0×10^{-5}	-0.8	3.0	1.0×10^{-2}	3.641×10^{-5}	3.662×10^{-5}	0.57
4.0×10^{-5}	2.0×10^{-11}	5277	2.0×10^{-5}	-0.5	3.0	1.0×10^{-2}	3.618×10^{-5}	3.608×10^{-5}	0.27
4.0×10^{-5}	2.0×10^{-11}	5277	2.0×10^{-5}	-0.3	3.0	1.0×10^{-2}	3.594×10^{-5}	3.5797×10^{-5}	0.42
4.0×10^{-5}	2.0×10^{-11}	5277	2.0×10^{-5}	0.0	3.0	1.0×10^{-2}	3.553×10^{-5}	3.544×10^{-5}	0.25
4.0×10^{-5}	2.0×10^{-11}	5277	2.0×10^{-5}	0.3	3.0	1.0×10^{-2}	3.537×10^{-5}	3.515×10^{-5}	0.61
4.0×10^{-5}	2.0×10^{-11}	5277	2.0×10^{-5}	0.5	3.0	1.0×10^{-2}	3.521×10^{-5}	3.499×10^{-5}	0.61
4.0×10^{-5}	2.0×10^{-11}	5277	2.0×10^{-5}	0.8	3.0	1.0×10^{-2}	3.496×10^{-5}	3.478×10^{-5}	0.53
4.0×10^{-5}	2.0×10^{-11}	5277	2.0×10^{-5}	0.0	2.0	1.0×10^{-2}	3.573×10^{-5}	3.544×10^{-5}	0.80
4.0×10^{-5}	2.0×10^{-11}	5277	2.0×10^{-5}	0.0	3.0	1.0×10^{-2}	3.553×10^{-5}	3.544×10^{-5}	0.25
4.0×10^{-5}	2.0×10^{-11}	5277	2.0×10^{-5}	0.0	10.0	1.0×10^{-2}	3.539×10^{-5}	3.544×10^{-5}	0.14
4.0×10^{-5}	2.0×10^{-11}	5277	2.0×10^{-5}	0.0	20.0	1.0×10^{-2}	3.535×10^{-5}	3.544×10^{-5}	0.26
4.0×10^{-5}	2.0×10^{-11}	5277	2.0×10^{-5}	0.0	3.0	7.5×10^{-3}	3.542×10^{-5}	3.544×10^{-5}	0.05

（续）

输入							$\bar{h}_{min}$		
$\bar{w}$	$\bar{u}$	$\bar{g}$	$\bar{\sigma}$	s_k	k_u	$\bar{h}_d$	数值解	拟合值	误差(%)
4.0×10^{-5}	2.0×10^{-11}	5277	2.0×10^{-5}	0.0	3.0	1.0×10^{-2}	3.553×10^{-5}	3.544×10^{-5}	0.25
4.0×10^{-5}	2.0×10^{-11}	5277	2.0×10^{-5}	0.0	3.0	1.5×10^{-2}	3.566×10^{-5}	3.544×10^{-5}	0.61
4.0×10^{-5}	2.0×10^{-11}	5277	2.0×10^{-5}	0.0	3.0	2.0×10^{-2}	3.577×10^{-5}	3.544×10^{-5}	0.91
4.0×10^{-5}	2.0×10^{-11}	5277	2.0×10^{-5}	0.0	3.0	3.0×10^{-2}	3.593×10^{-5}	3.544×10^{-5}	1.35

在得到最小膜厚公式后，采用相对误差对其与模拟值的误差进行了评估，相对误差定义为：

$$e_f = \frac{\bar{h}_s - \bar{h}_f}{\bar{h}_s} \times 100\% \qquad (2-189)$$

式中，$\bar{h}_s$ 和 $\bar{h}_f$ 分别是最小膜厚数值结果和拟合值，相对误差值如表2-18所示，可以看到最大的相对误差为2.45%，拟合效果较好。

为了验证拟合膜厚公式的正确性，分别同D-H最小膜厚公式和M-K最小膜厚公式进行对比，D-H公式适用于光滑接触表面，其表达式为：

$$\bar{h}_{min} = 2.65\bar{w}^{-0.13}\bar{u}^{0.7}\bar{g}^{0.54} \qquad (2-190)$$

M-K最小膜厚公式适用于高斯表面，其表达式为：

$$\bar{h}_{min} = 1.652\bar{w}^{-0.077}\bar{u}^{0.716}\bar{g}^{0.695}[1+0.026\bar{\sigma}^{1.120}\bar{h}_d^{0.185}\bar{w}^{-0.312}\bar{u}^{-0.809}\bar{g}^{-0.977}] \qquad (2-191)$$

假设 $\bar{g}$=5227，e'=2.28×10^{-11}Pa，r=0.02 m，η_0=0.005Pa·s，且在以下仿真中都保持恒定，载荷参数取值为从 $\bar{w}$=2×10^{-5} 到 $\bar{w}$=1.5×10^{-4}，速度参数的取值范围为 $\bar{u}$=1×10^{-11} 到 $\bar{u}$=8×10^{-11}。由之前的分析可知，当 $\bar{\sigma}$=0时本小节提出的最小膜厚公式和M-K最小膜厚公式都退化为光滑表面最小膜厚公式。

图2-41所示为3个公式得到的最小膜厚随载荷参数和速度参数的变化曲线，可以看到3个公式所得膜厚在轻载或高速时相差较大，相反在重载和低速时比较接近，本小节公式所得最小膜厚在D-H公式和M-K公式之间。对于高斯粗糙表面，本小节最小膜厚公式与M-K公式对比如图2-42所示。

本书的最小膜厚公式可用于高斯表面，取s_k=0，$\bar{\sigma}$=2×10^{-5}时，从图2-42可以看出载荷参数较小时，M-K公式得到的最小膜厚大于本书最小膜厚公式，当载荷参数较大时，M-K公式得到的最小膜厚小于本书最小膜厚公式。在速度参数较大时，M-K公式比本书公式得到的最小膜厚大，当速度参数较小时，本书公式比M-K公式得到的最小膜厚大。可以总结为：在最小膜厚较小时，本书公式结果较大，在膜厚较大时，M-K公式结果较大。在所研究参数范围内最大偏差为6%，这种偏差是因为二者采用的粗糙表面微接触模型不同,本书采用的是K-E模型,而M-K公式中采用的是ZMC模型。

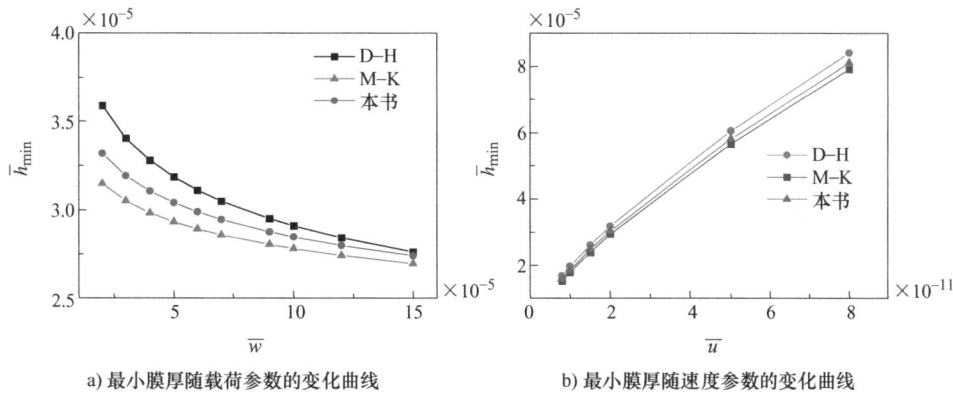

图 2-41　光滑表面下本书最小膜厚公式同 D-H 和 M-K 最小膜厚公式的对比

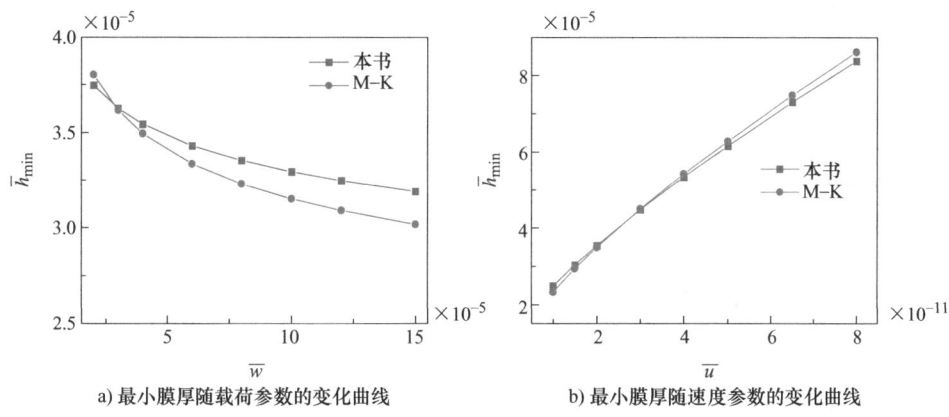

图 2-42　高斯表面下本书最小膜厚公式与 M-K 最小膜厚公式的对比

2.5.6　计算程序

该程序用于求解非高斯表面线接触混合润滑的压力分布和膜厚分布。无量纲载荷参数为$1×10^{-5}$,无量纲速度参数为$2×10^{-11}$,无量纲硬度为0.01,无量纲RMS粗糙度为$2×10^{-5}$,偏度为-0.3,峰度为3。

```
clear
clc;
tic
global a1 a2 a3 AK Ph LAMBDA HM0 Z ETA0 C1 C2 X
global SIGMA R B
```

```
R=0.02;
X0=-4;
XE=2;
C1=0.3;
C2=0.1;
W=1e-5;
U=2e-11;
E=2.28E11;
ETA0=0.05;
Z=0.68;
p0=5.1e-9;
a1=log(ETA0)+9.67;
alfa=Z*a1*p0;
G=alfa*E;
SIGMA=2e-5;
SK=0;KU=3;
V=0.01;
smax=3;
smin=-3;
p2=f_PDF(SK,KU,smax,smin);
LAMBDA=0.75*pi^2*U/W^2;
Ph=E*sqrt(0.5*(W/pi));
B=4*R*Ph/E;
HM0=2.65*(R/B)^2*G^0.54*U^0.7*W^-0.13;
a2=Ph*p0;
a3=0.59/(Ph*1E-9);
N=512;
DX=(XE-X0)/(N-1);
X(1:N)=0;
for i=1:N
    X(i)=X0+(i-1)*DX;
end
PIN(1:N)=0;
for i=1:N
    if(abs(X(i))<1)
        PIN(i)=sqrt(1-X(i)*X(i));
    end
end
PH=PIN;
```

```
AK=f_SUBAK(N);
kk=0;
H00=0;
PA=0;
[H,H00,RO,EPS] = HREE(H00,N,PH,PA,X,DX,kk,SK);
erp=1;
k=0;
POLD=PH;
%%
while erp>1e-6||erw>1e-4
    k=k+1;
    [PH] = ITER(N,DX,PH,H,RO,EPS,p2,smax,smin);
    HA=H*B^2/R^2;
    [PA] = f_KEcontact_NG(HA,W,V,SIGMA,SK,KU,smax);
    [H,H00,RO,EPS] = HREE(H00,N,PH,PA,X,DX,k,SK);
    P=PH+PA;
    [erp,POLD]=ERROP(N,P,POLD);
    sump=sum(P);
    erp
    erw=abs((0.5*pi-DX*sump))/0.5*pi
end
P1=P;
PA1=PA;
PH1=PH;
H1=H;
%%
SK=-0.3;KU=3;
V=0.01;
smax=3;
smin=-4;
p2=f_PDF(SK,KU,smax,smin);
erp=1;erw=1;
while erp>1e-6||erw>1e-4
    k=k+1;
    [PH] = ITER(N,DX,PH,H,RO,EPS,p2,smax,smin);
    HA=H*B^2/R^2;
    [PA] = f_KEcontact_NG(HA,W,V,SIGMA,SK,KU,smax);
    [H,H00,RO,EPS] = HREE(H00,N,PH,PA,X,DX,k,SK);
    P=PH+PA;
```

```
            [erp,POLD]=ERROP(N,P,POLD);
            sump=sum(P);
            erp
            erw=abs((0.5*pi-DX*sump))/0.5*pi
        end
        P2=P;
        PA2=PA;
        PH2=PH;
        H2=H;
        figure
        plot(X,PA,X,PH,X,P,X,H)
        toc
        %%
        function [ ak ] = f_SUBAK( mm )
        ak(1:mm)=0;
        for i=0:mm-1
            ak(i+1)=(i+0.5)*(log(abs(i+0.5))-1)-(i-0.5)*(log(abs(i-0.5))-1);
        end
        end
        %%
        function [ v ] =f_ELASTICDEFORMATION (n,dx,p)
        global AK
        v(1:n)=0;
        for i=1:n
            for j=1:n
                a=abs(i-j)+1;
                v(i)=v(i)+(AK(a)+log(dx))*p(j);
            end
            v(i)=-(dx/pi)*v(i);
        end
        end
        %%
        function  [h,h00,ro,eps] = HREE(h00,n,PH,PA,x,dx,kk,SK)
        global    a1 a2 Ph Z C2 LAMBDA HM0 SIGMA R B
        P=PH+PA;
        v=f_ELASTICDEFORMATION(n,dx,P);
        h1(1:n)=0;
        vmax=0;
        for i=1:n
```

```
        h1(i)=0.5*x(i)*x(i)+v(i);
        if vmax<v(i)
            vmax=v(i);
        end
    end
    if kk==0
        h00=HM0-vmax;
        kk=1;
    end
    h(1:n)=0;eda(1:n)=0;ro(1:n)=0;eps(1:n)=0;
    phix(1:n)=0;phig(1:n)=0;sh(1:n)=0;
    mp=0;
    for i=1:n-1
        mp=mp+0.5*dx*(P(i)+P(i+1));
    end
    if mod(kk,5)==0
        h00=h00+C2*(mp-0.5*pi);
    end
    for i=1:n
        h(i)=h00+h1(i);
        eda(i)=exp(a1*(-1+(1+a2*PH(i))^Z));
        ro(i)=1+((0.6e-9*PH(i)*Ph)/(1+1.7e-9*PH(i)*Ph));
        phig(i)=1-0.9*exp(-0.56*(h(i)*B^2/R)/(SIGMA*R));%
        sh(i)=((SIGMA*R)^3)/((h(i)*B^2)/R)^3;
        phix(i)=phig(i)+sh(i)*SK;%
        eps(i)=phix(i)*ro(i)*h(i)^3/(LAMBDA*eda(i));%
    end
end
%%
function [p1] = ITER(n,dx,p,h,ro,eps,f,smax,smin)
global AK C1 SIGMA R B X
ak0=(AK(1)+log(dx))*dx;
ak1=(AK(2)+log(dx))*dx;
p1=p;
p2(1:n)=0;r(1:n)=0;dldp(1:n)=0;s(1:n)=0;ht(1:n)=0;
dx1=1/dx;
dx2=1/(dx)^2;
pi1=1/pi;
n1=1000;
```

```
sigma=SIGMA*R^2/B^2;
ds=((smax-smin)*sigma)/n1;
s=-smax*sigma:ds:-smin*sigma;
for i=1:n
    if h(i)>=smax*sigma
        ht(i)=sum((h(i)+s).*f*(B^2/(R^2*SIGMA))*ds);%
    else
        for j=1:n1+1
            if -h(i)<s(j)
                m=j;
                break;
            end
        end
        s1=s(m:n1+1);
        f1=f(m:n1+1);
        ht(i)=sum((h(i)+s1).*f1*(B^2/(R^2*SIGMA))*ds);
    end
end
for i=2:n-1
    d1=0.5*(eps(i)+eps(i-1));
    d2=0.5*(eps(i)+eps(i+1));
    if eps(i)*dx>0.01
        dldp(i)=(-(d1+d2)*dx2+(ro(i)*ak0-ro(i-1)*ak1)*dx1*pi1)^-1;
r(i)=-((d1*p2(i-1)+d2*p1(i+1)-(d1+d2)*p1(i))*dx2-(ro(i)*ht(i)-ro(i-1)*ht(i-1))*dx1);
    else
        dldp(i)=(-(2*d1+d2)*dx2+2*(ro(i)*ak0-ro(i-1)*ak1)*dx1*pi1)^-1;
r(i)=-((d1*p1(i-1)+d2*p1(i+1)-(d1+d2)*p1(i))*dx2-(ro(i)*ht(i)-ro(i-1)*ht(i-1))*dx1);
    end
    p2(i)=p1(i)+C1*dldp(i)*r(i);
    if p2(i)<0
        p2(i)=0;
    end
    p1(i)=p2(i);
end
end
%%
function [erp,pold] = ERROP(n,p,pold)
erp=0;
sum=0;
```

```
for i=1:n
    erp=erp+abs(p(i)-pold(i));
    pold(i)=p(i);
    sum=sum+p(i);
end
erp=erp/sum;
end
%%
function [PA] = f_KEcontact_NG(H,W,V,SIGMA,SK,KU,smax)
Mu=0;Sigma=1;
result=f_johnson_M(Mu,Sigma,SK,KU);
gamma=result.coef(1);
delta=result.coef(2);
xi=result.coef(3);
lambda=result.coef(4);
type=result.type;
beta=0.04;
nu=0.3;
sr=sqrt(1-(3.717e-4/beta^2));%1
K=0.454+0.41*nu;
OMEGA=(0.5*pi*K*V)^2*100*SIGMA;
YS=1.5/(sqrt(108)*pi*beta)*SIGMA;
SIGMAS=SIGMA*sr;
c=smax*SIGMAS;
n1=1000;n2=1000; n3=1000; n4=1000;
N=length(H);
for i=1:N
    D=H(i)-YS;
    D1=D+OMEGA;D2=D+6*OMEGA;D3=D+110*OMEGA;
    if D1>c
        D1=c;
    end
    Z1=linspace(D,D1,n1);
    Z11=Z1./SIGMAS;
    if D>=c
        sum1=0;
    else
        DZ1=(D1-D)/n1;
        f1=((Z1-D)/OMEGA).^1.5;
```

```
            switch type
                case 'SL'
p1=1/(2*pi)^0.5*exp(-0.5*(gamma+delta*log(Z11-xi)).^2).*delta./(Z11-xi);
                case 'SB'
p1=1/(2*pi)^0.5*exp(-0.5*(gamma+delta*log((Z11-xi)./(xi+lambda-Z11))).^2).*((lambda*delta)./((Z11-xi).*(xi+lambda-Z11)));
                case 'SU'
p1=1/(2*pi)^0.5*exp(-0.5*(gamma+delta*asinh((Z11-xi)/lambda)).^2)*delta./((Z11-xi).^2+lambda^2).^0.5;
                otherwise
                    p1=1/(2*pi)^0.5*exp(-0.5*(Z11).^2);
            end
            sum1=sum(f1.*p1/SIGMAS*DZ1);
        end
        if D2>c
            D2=c;
        end
        Z2=linspace(D1,D2,n2);
        Z22=Z2./SIGMAS;
        if D1>=c
            sum2=0;
        else
            DZ2=(D2-D1)/n2;
            f2=((Z2-D)/OMEGA).^1.425;
            switch type
    case 'SL'
p1=1/(2*pi)^0.5*exp(-0.5*(gamma+delta*log(Z11-xi)).^2).*delta./(Z11-xi);
                case 'SB'
p1=1/(2*pi)^0.5*exp(-0.5*(gamma+delta*log((Z11-xi)./(xi+lambda-Z11))).^2).*((lambda*delta)./((Z11-xi).*(xi+lambda-Z11)));
                case 'SU'
p1=1/(2*pi)^0.5*exp(-0.5*(gamma+delta*asinh((Z11-xi)/lambda)).^2)*delta./((Z11-xi).^2+lambda^2).^0.5;
                otherwise
                    p2=1/(2*pi)^0.5*exp(-0.5*(Z22).^2);
            end
            sum2=sum(f2.*p2/SIGMAS*DZ2);
        end
        if D3>c
```

```
            D3=c;
        end
        Z3=linspace(D2,D3,n3);
        Z33=Z3./SIGMAS;
        if D2>=c
            sum3=0;
        else
            DZ3=(D3-D2)/n3;
            f3=((Z3-D)/OMEGA).^1.263;
            switch type
                case 'SL'
p1=1/(2*pi)^0.5*exp(-0.5*(gamma+delta*log(Z11-xi)).^2).*delta./(Z11-xi);
                case 'SB'
p1=1/(2*pi)^0.5*exp(-0.5*(gamma+delta*log((Z11-xi)./(xi+lambda-Z11))).^2).*((lambda*delta)./((Z11-xi).*(xi+lambda-Z11)));
                case 'SU'
p1=1/(2*pi)^0.5*exp(-0.5*(gamma+delta*asinh((Z11-xi)/lambda)).^2)*delta./((Z11-xi).^2+lambda^2).^0.5;
                otherwise
                    p3=1/(2*pi)^0.5*exp(-0.5*(Z33).^2);
            end
            sum3=sum(f3.*p3/SIGMAS*DZ3);
        end
        Z4=linspace(D3,c,n4);
        Z44=Z4./SIGMAS;
        if D3>=c
            sum4=0;
        else
            DZ4=(c-D3)/n4;
            f4=(Z4-D)/OMEGA;
            switch type
                case 'SL'
p1=1/(2*pi)^0.5*exp(-0.5*(gamma+delta*log(Z11-xi)).^2).*delta./(Z11-xi);
                case 'SB'
p1=1/(2*pi)^0.5*exp(-0.5*(gamma+delta*log((Z11-xi)./(xi+lambda-Z11))).^2).*((lambda*delta)./((Z11-xi).*(xi+lambda-Z11)));
                case 'SU'
p1=1/(2*pi)^0.5*exp(-0.5*(gamma+delta*asinh((Z11-xi)/lambda)).^2)*delta./((Z11-xi).^2+lambda^2).^0.5;
```

```
            otherwise
                p4=1/(2*pi)^0.5*exp(-0.5*(Z44).^2);
        end
        sum4=sum(f4.*p4/SIGMAS*DZ4);
    end
end
P=sqrt(8*pi^3)/3*beta*K*OMEGA/SIGMA*V*W^-0.5*(sum1+1.03*sum2+1.4*sum3+(3/K)*sum4);
    PA(i)=P;
end
end
%%
function [p2] = f_PDF(SK,KU,smax,smin)
Mu=0;Sigma=1;
result=f_johnson_M(Mu,Sigma,SK,KU);
gamma=result.coef(1);
delta=result.coef(2);
xi=result.coef(3);
lambda=result.coef(4);
type=result.type;
n1=1000;
ds=(smax-smin)/n1;
s=smin:ds:smax;
switch type
    case 'SL'
p1=1/(2*pi)^0.5*exp(-0.5*(gamma+delta*log(Z11-xi)).^2).*delta./(Z11-xi);
    case 'SB'
p1=1/(2*pi)^0.5*exp(-0.5*(gamma+delta*log((Z11-xi)./(xi+lambda-Z11))).^2).*((lambda*delta)./((Z11-xi).*(xi+lambda-Z11)));
    case 'SU'
p1=1/(2*pi)^0.5*exp(-0.5*(gamma+delta*asinh((Z11-xi)/lambda)).^2)*delta./((Z11-xi).^2+lambda^2).^0.5;
    otherwise
        p1=1/(2*pi)^0.5*exp(-0.5*s.^2);
end
p2=fliplr(p1);
end
%%
function result = f_johnson_M(mu,sd,skew,kurt)
if (sum([isscalar(mu) isscalar(sd) isscalar(skew) isscalar(kurt)])<4)
```

```
            error('All inputs must be scalars!');
end
if (sd<0), error('Cannot have a negative SD!'); end
[gamma,delta,lambda,xi,itype,ifault] = sub_jnsn(mu,sd,skew,kurt);
coef = [gamma delta xi lambda];
switch itype
    case 1
        type = 'SL';
    case 2
        type = 'SU';
    case 3
        type = 'SB';
    case 4
        type = 'SN';
    case 5
        type = 'ST';
    otherwise
        error('Unknown ITYPE!');
end
switch ifault
    case 0
        msg = [];
    case 1
        msg = 'Negative SD';
    case 2
        msg = '(b2 < b1+two)';
    otherwise
        msg = 'SB failure, SL or ST used instead';
end
result.coef = coef;
result.type = type;
if ~isempty(msg), result.msg   = msg; end
end
%%
function [gamma,delta,xlam,xi,itype,ifault] = sub_jnsn(xbar,sd,rb1,bb2)
tol = 0.01; zero = 0.0; quart = 0.25; half = 0.5; one = 1.0; two = 2.0;
three = 3.0; four   = 4.0;
if (sd < zero)
    itype   = NaN; gamma = NaN; delta = NaN; xlam = NaN; xi = NaN; ifault = 1;
```

```
        return
    else
        ifault = 0;
        xi      = zero;
        xlam    = zero;
        gamma   = zero;
        delta   = zero;
    end
    if (sd > zero)
        b1      = rb1*rb1;
        b2      = bb2;
        fault = 0;
        if (b2 >= zero)
            if (b2 > b1+tol+one)
                if ((abs(rb1) <= tol) && (abs(b2−three) <= tol))
                    n_GOTO('SN');
                    return
                else
                    stopWhile = 0;
                    skip      = 1;
                end
            else
                if (b2 >= b1+one), n_GOTO('ST'); return; end
                itype   = 5;
                ifault = 2;
                return
            end
        else
            stopWhile = 0;
            skip       = 0;
        end
    else
        itype = 5;
        xi     = xbar;
        return
    end
    while (stopWhile==0)
        if (skip==1)
            skip = 0;
```

```
        else
            if ~(abs(rb1) > tol)
                n_GOTO('SN');
                return
            end
        end
x = half*b1 + one;
y = abs(rb1)*sqrt(quart*b1+one);
u = (x+y)^(one/three);
w = u + one/u - one;
u = w*w*(three+w*(two+w)) - three;
if ((b2 < zero) || (fault)), b2 = u; end
x = u - b2;
if (abs(x) <= tol)
    itype = 1;
    xlam  = sub_sign(one,rb1);
    u     = xlam*xbar;
    x     = one/sqrt(log(w));
    delta = x;
    y     = half*x*log(w*(w-one)/(sd*sd));
    gamma = y;
    xi    = xlam*(u-exp((half/x-y)/x));
    return
elseif (x > zero)
    itype = 3;
    [gamma,delta,xlam,xi,fault] = sub_sbfit(xbar,sd,rb1,b2);
    if (fault==0), return;
    end
    ifault = 3;
    if (b2 <= b1+two)
        n_GOTO('ST');
        return
    else
        skip = 0;
        continue
    end
else
    itype = 2;
    [gamma,delta,xlam,xi] = sub_sufit(xbar,sd,rb1,b2);
```

```
                stopWhile=1;
            end
    end
        function n_GOTO(where)
            switch where
                case 'SN'
                    itype = 4;
                    delta = one/sd;
                    gamma = -xbar/sd;
                    xlam  = one;
                case 'ST'
                    itype = 5;
                    y     = half + half*sqrt(one-four/(b1+four));
                    if (rb1 > zero), y = one - y; end
                    x     = sd/sqrt(y*(one-y));
                    xi    = xbar - y*x;
                    xlam  = xi + x;
                    delta = y;
                otherwise
                    error('Unknown parameter for WHERE!')
            end
        end
end
function A = sub_sign(A,B)
A       = abs(A);
A(B<0) = A(B<0) * -1;
end
function [gamma,delta,xlam,xi] = sub_sufit(xbar,sd,rb1,b2)
tol = 0.01; zero = 0.0; one = 1.0; two = 2.0; three = 3.0; four = 4.0; six = 6.0;
seven = 7.0; eight = 8.0; nine = 9.0; ten = 10.0; sixten = 16.0; half = 0.5;
one5 = 1.5; two8 = 2.8; b1 = rb1 * rb1; b3 = b2 - three;
w = sqrt(two*b2-two8*b1-two);
w = sqrt(w-one);
stopWhile = 0;
if (abs(rb1)>tol)
    while (stopWhile==0)
        w1=w + one;
        wm1=- one;
        z = w1*b3;
```

```
                v = w*(six+w*(three+w));
                a= eight*(wm1*(three+w*(seven+v))-z);
                b= sixten*(wm1*(six+v)-b3);
y=(sqrt(a*a-two*b*(wm1*(three+w*(nine+w*(ten+v)))-two*w1*z))-a)/b;
                z = y*wm1*(four*(w+two)*y+three*w1*w1)^2/(two*(two*y+w1)^3);
                v=w*w;
                w=sqrt(one-two*(one5-b2+(b1*(b2-one5-v*(one+half*v)))/z));
                w=sqrt(w-one);
                if (abs(b1-z) <= tol)
                    y = y/w;
                    y = log(sqrt(y)+sqrt(y+one));
                    if (rb1 > zero), y = -y; end
                    break
                else
                end
            end
        else
            y = zero;
        end
        x = sqrt(one/log(w));
        delta = x;
        gamma = y*x;
        y = exp(y);
        z = y*y;
        x = sd/sqrt(half*(w-one)*(half*w*(z+one/z)+one));
        xlam = x;
        xi = (half*sqrt(w)*(y-one/y))*x + xbar;
end
function [gamma,delta,xlam,xi,fault] = sub_sbfit(xbar,sigma,rtb1,b2)
deriv = nan(4,1); dd = nan(4,1);
tt = 1.0e-4; tol = 0.01; limit = 50; zero = 0.0; one = 1.0; two = 2.0;
three = 3.0; four = 4.0; six = 6.0; half = 0.5; quart = 0.25; one5 = 1.5;
a1 = 0.0124; a2 = 0.0623; a3 = 0.4043; a4 = 0.408; a5 = 0.479; a6 = 0.485;
a7 = 0.5291; a8 = 0.5955; a9 = 0.626; a10 = 0.64; a11 = 0.7077; a12 = 0.7466;
a13 = 0.8; a14 = 0.9281; a15 = 1.0614; a16 = 1.25; a17 = 1.7973; a18 = 1.8;
a19 = 2.163; a20 = 2.5; a21 = 8.5245; a22 = 11.346; rb1 = abs(rtb1);
b1 = rb1 * rb1; neg = (rtb1 < zero);
e = b1 + one;
x = half*b1 + one;
```

```
y = abs(rb1)*sqrt(quart*b1+one);
u = (x+y)^(one/three);
w = u + one/u - one;
f = w*w*(three+w*(two+w)) - three;
e = (b2-e)/(f-e);
if (abs(rb1)>tol)
    d = one/sqrt(log(w));
    if (d < a10)
        f = a16*d;
    else
        f = two - a21/(d*(d*(d-a19)+a22));
    end
else
    f = two;
end
f = e*f + one;
if (f < a18)
    d = a13*(f-one);
else
    d = (a9*f-a4)*(three-f)^(-a5);
end
g = zero;
if (b1 >= tt)
    if (d > one)
        if (d <= a20)
            u = a2;
            y = a3;
        else
            u = a1;
            y = a7;
        end
        g = b1^(u*d+y)*(a14+d*(a15*d-a11));
    else
        g = (a12*d^a17+a8)*b1^a6;
    end
end
stopWhile = 0;
m        = 0;
while (stopWhile==0)
```

```
m = m + 1;
fault = (m > limit);
if (fault), n_fault; return; end
[hmu,fault] = sub_mom(g,d);
if (fault), n_fault; return; end
s = hmu(1)*hmu(1);
h2 = hmu(2) - s;
fault = (h2 <= zero);
if (fault), n_fault; return; end
t = sqrt(h2);
h2a = t*h2;
h2b = h2*h2;
h3 = hmu(3) - hmu(1)*(three*hmu(2)-two*s);
rbet = h3/h2a;
h4 = hmu(4) - hmu(1)*(four*hmu(3)-hmu(1)*(six*hmu(2)-three*s));
bet2 = h4/h2b;
w = g*d;
u = d*d;
for j = 1:2
    for k = 1:4
        t = k;
        if (j==1)
            s = hmu(k+1) - hmu(k);
        else
            s = ((w-t)*(hmu(k)-hmu(k+1))+(t+one)*(hmu(k+1)-hmu(k+2)))/u;
        end
        dd(k) = t*s/d;
    end
    t = two*hmu(1)*dd(1);
    s = hmu(1)*dd(2);
    y = dd(2) - t;
    deriv(j)= (dd(3)-three*(s+hmu(2)*dd(1)-t*hmu(1))-one5*h3*y/h2)/h2a;
deriv(j+2)=(dd(4)-four*(dd(3)*hmu(1)+dd(1)*hmu(3))+six*(hmu(2)*t+hmu(1)*(s-t*hmu(1)))
-two*h4*y/h2)/h2b;
end
t = one/(deriv(1)*deriv(4)-deriv(2)*deriv(3));
u = (deriv(4)*(rbet-rb1)-deriv(2)*(bet2-b2))*t;
y = (deriv(1)*(bet2-b2)-deriv(3)*(rbet-rb1))*t;
g = g - u;
```

```
        if ((b1 == zero) || (g < zero)), g = zero; end
        d = d - y;
        if ((abs(u) <= tt) && (abs(y) <= tt))
            delta = d;
            xlam  = sigma/sqrt(h2);
            if (neg)
                gamma    = -g;
                hmu(1) = one - hmu(1);
            else
                gamma    = g;
            end
            xi = xbar - xlam*hmu(1);
            break
        end
    end
    function n_fault
        gamma = 0;
        delta = 0;
        xlam  = 0;
        xi    = 0;
    end
end
function [a,fault] = sub_mom(g,d)
zz = 1.0e-5; vv = 1.0e-8; limit = 500; rttwo = 1.414213562; rrtpi = 0.5641895835;
expa = 80.0; expb = 23.7; zero = 0.0; quart = 0.25; half = 0.5; p75 = 0.75;
one = 1.0; two = 2.0; three = 3.0; w = g/d;
a = nan(6,1);
b = nan(6,1);
fault = 0;
c = zeros(6,1);
if (w > expa), fault = 1; return; end
e = exp(w) + one;
r = rttwo/d;
h = p75;
if (d < three), h = quart*d; end
k = 1;
skip    = 1;
stop_out = 0;
while (stop_out==0)
```

```
if (skip==1)
    skip = 0;
else
    k = k + 1;
    if ( k > limit ), fault = 1; return; end
    for i = 1:6
        c(i) = a(i);
    end
    h = half*h;
end
t = w;
u = t;
y = h*h;
x = two*y;
a(1) = one/e;
for i = 2:6
    a(i) = a(i-1)/e;
end
v = y;
f = r*h;
m = 0;
stop_inn = 0;
while (stop_inn==0)
    m = m + 1;
    if (m > limit), break; end
    for i = 1:6
        b(i) = a(i);
    end
    u = u - f;
    z = one;
    if (u > -expb), z = exp(u) + z; end
    t = t + f;
    l = (t > expb);
    if (l==0), s = exp(t) + one; end
    p = exp(-v);
    q = p;
    for i = 1:6
        aa = a(i);
        p   = p/z;
```

```
            ab = aa;
            aa = aa + p;
            if (aa == ab), break; end
            if (l==0)
                q   = q/s;
                ab = aa;
                aa = aa + q;
                l = (aa==ab);
            end
            a(i) = aa;
        end
        y = y + x;
        v = v + y;
        for i = 1:6
            if (a(i)==zero), fault = 1; return; end
            if (abs((a(i)-b(i))/a(i)) > vv)
                cont_inn = 1;
                break;
            else
                cont_inn = 0;
            end
        end
        if (cont_inn==1), continue; end
        v = rrtpi*h;
        for i = 1:6
            a(i) = v*a(i);
        end
        for i = 1:6
            if (a(i) == zero), fault = 1; return; end
            if (abs((a(i)-c(i))/a(i)) > zz)
                break_out = 1;
                break;
            else
                break_out = 0;
            end
        end
        if (break_out==1); break; end
    end
    if (break_out==1); break; end
```

```
        end
    end
```

2.6 小结

现有的润滑理论和分析方法并不能完全满足齿轮、轴承等典型机械传动副润滑可靠性研究的需求，针对该问题本章对一些弹流润滑新理论进行了介绍。首先，介绍了平均流量模型，在油润滑平均流量模型的基础上开发了适用于润滑脂的平均流量模型。之后，在脂润滑平均流量模型的基础上，提出了适用于非牛顿流体的混合润滑理论，为后续的轴承润滑可靠性研究提供了基础。最后，提出了适用于非高斯表面的弹流润滑理论，为后续润滑可靠性的演化研究提供了基础。本章为考虑摩擦表面粗糙度的润滑随机建模提供了较为完备的基本理论，对于完善混合弹流润滑理论具有重要意义。

第 3 章 润滑可靠性建模理论

3.1 引言

根据国家标准GB/T 2900.99—2016《电工术语 可信性》，可靠性是产品在给定的条件，给定的时间区间，能无失效地执行要求的能力，这种能力采用概率表示，也可称为可靠度。定义中的"产品"是指作为单独研究和分别试验对象的任何元件、器件、设备和系统；"给定的条件"是指产品的使用条件、维护条件、环境条件和操作技术；"给定的时间区间"是指产品的工作期限，可以用时间单位，也可以用周期、次数、里程或其他单位表示；"执行要求"通常用产品的各种性能指标来表示。对以上4方面内容必须有明确的规定，研究产品可靠性才有意义。可靠性研究最早起源于20世纪40年代，主要是针对电子产品的可靠性进行分析，60年代后逐渐发展到结构机构的可靠性研究。结构机构的可靠度一般较高，失效概率较小，但是一旦失效，功能会完全丧失，结构机构失效在机械传动中表现为断齿、胶合等故障。润滑的失效并不会让机械传动直接失效，但会加剧接触表面的磨损，降低机械传动的使用寿命。所以，润滑可靠性研究不同于机构结构的可靠性研究，润滑可靠性的定义不明确且研究方法不成熟，本章将结合可靠性和润滑的相关理论对润滑可靠性做一个简要的梳理和概括。

3.2 可靠性基础及分析方法

结构可靠性主要研究结构在内部和外部不确定性作用下的安全性问题，涉及概率统计、随机过程、力学等多个学科。本节首先对概率理论进行简单介绍；之后，针对结构可靠性中的一些基本概念和应力-强度干涉理论做简要介绍；最后，给出润滑可靠性的定义，并构建润滑可靠性和齿轮、轴承润滑可靠性模型。

3.2.1 可靠性基础

1. 基本随机变量

在结构的设计和加工过程中，不确定性无处不在，根据产生原因和条件的不同可分为随机性、认知不完善性和模糊性。在随机不确定性的结构可靠性理论中，影响系统响应的各基本变量（如材料弹性模量、机构几何尺寸、外部载荷等）采用随机变量或随机过程来刻画，称作基本随机变量。可靠性分析和设计就是基于这些基本随机变量的统计规律进行的，影响结构性能的各参数都是基本随机变量，通常将其写成向量形式 $X=(X_1, X_2, \cdots, X_n)^T$，其中 X_n 为第 n 个基本随机变量。基本随机变量的统计规律可以采用概率密度函数、累积分布函数或随机变量的统计矩来描述。在本书中，基本随机变量主要有齿轮的自身参数和外部载荷，齿轮自身结构和材料参数用随机变量表示。

2. 随机变量

随机变量就是"其值随机会而定"的变量，正如随机事件是"其发生与否随机会而定"的事件。机会表现为试验结果，一个随机试验有很多可能的结果，到底出现哪一个有一定的概率。数学上，一个随机试验的所有基本事件组成的集合称作样本空间，通常用 Ω 表示。一个基本事件就是样本空间中的一个元素，用 ω 表示，任一事件都是样本空间的某一个子集。而随机变量 $X(\omega)$ 是一个函数，它给样本空间中每一个元素指定一个实数，这个函数的自变量是样本空间中的一个元素，其定义域是样本空间，这个函数就被称为随机变量，常记作 X。引入随机变量的目的就在于用数量来描述一个随机试验的结果，一个事件发生的可能性采用概率 $P(X=x)$ 来描述。下面介绍几个基本概念。

设 X 为一随机变量，则函数：

$$F(x) = P\{X \leqslant x\} = P\{X \in (-\infty, x]\} \tag{3-1}$$

称为 X 的分布函数。

随机变量按其可能取的值的全体的性质，可以分为两大类。一类称作离散型随机变量，其特征是只能取有限个值，或虽在理论上讲能取无限个值，但这些值可以毫无遗漏地一个接一个排列出来。另一类称作连续型随机变量，其全部可能取值是无穷多个，且不能无遗漏逐一排列，而是充满一个区间。

设连续型随机变量 X 有概率分布函数 $F(x)$，则 $F(x)$ 的导数 $f(x)=F'(x)$，称为 X 的概率密度函数。

随机变量 X 的期望或均值，记作 $E(X)$，定义为：

$$\mu = E(X) = \int_{-\infty}^{+\infty} x \, dF(x) = \begin{cases} \int_{-\infty}^{+\infty} x f(x) dx & \text{当} X \text{是连续的} \\ \sum_x x P\{X = x\} & \text{当} X \text{是离散的} \end{cases} \tag{3-2}$$

倘若上述积分存在,随机变量X的方差定义为:

$$\text{var}\, X = E[(X - E[X])^2] = E[X^2] - E^2[X] \tag{3-3}$$

随机变量的标准差为:

$$\sigma = \sqrt{E[X^2] - E^2[X]} \tag{3-4}$$

随机变量X和Y的协方差定义为:

$$\text{cov}(X,Y) = E[(X - E(X))(Y - E(Y))] = E(XY) - E(X)E(Y) \tag{3-5}$$

若随机变量X和Y的协方差为0,则称两随机变量不相关。

变异系数定义为:

$$C_x = \frac{\sigma}{\mu} \tag{3-6}$$

3. 极限状态方程

根据基本随机变量的统计规律,以及结构的基本变量与响应之间的物理关系可以得到结构响应的统计规律,在进行可靠性分析时还需知道结构响应的失效阈值,该阈值便是极限状态,它在基本变量构成的空间中是一个高维超曲面,将基本变量空间分为失效区和安全区。定义随机函数式(3-6)为功能函数。

$$Z = g(\boldsymbol{X}) = g(X_1, X_2, \cdots, X_n) \tag{3-7}$$

式中,$\boldsymbol{X}$是基本随机变量。

当$g(\boldsymbol{X})$=0时,即为极限状态方程,此时结构处于临界状态,当$g(\boldsymbol{X})$>0结构可靠,当$g(\boldsymbol{X})$<0结构失效。

4. 可靠度与失效概率

可靠性采用可靠度来衡量,可靠度是产品在规定的条件和规定的时间内完成规定功能的概率。与可靠度对应的是失效概率,即产品在规定时间和规定条件下无法完成规定功能的概率。结构正常工作和失效是两个不相容的事件,故可靠度p_r和失效概率p_f存在以下关系:

$$p_r + p_f = 1 \tag{3-8}$$

由式(3-8)可知p_r和p_f都可以用来表征结构的可靠度。若已知基本随机变量的联合概率密度函数$f_{\boldsymbol{X}}(\boldsymbol{x})=f_{\boldsymbol{X}}(x_1, x_2, \cdots, x_n)$和联合累积分布函数$F_{\boldsymbol{X}}(\boldsymbol{x})=F_{\boldsymbol{X}}(x_1, x_2, \cdots, x_n)$,则可以得到结构的失效概率为:

$$p_f = \int_{g(\boldsymbol{X}) \leqslant 0} dF_{\boldsymbol{X}}(\boldsymbol{x}) = \int_{g(\boldsymbol{X}) \leqslant 0} f_{\boldsymbol{X}}(\boldsymbol{x}) d\boldsymbol{x} \tag{3-9}$$

5. 应力-强度干涉理论

结构的可靠性可采用强度和应力的相互关系来表征,当强度大于应力时,结构可靠,反之失效。此处的强度和应力都是广义上的概念,作用于结构上的力、转矩、位移、磨损等外部因素都属于广义应力,结构承受此广义应力的能力称为广义强度,在静态可靠性分析中,二者都为随机变量。图3-1为应力-强度干涉模型,$f_R(r)$为结构广义强度的概率密度函数,$f_S(s)$为结构广义应力的概率密度函数,可靠度即为应力小于强度的概率,可由下式得出:

$$p_\mathrm{r} = \Pr(R > S) = \int_{-\infty}^{+\infty} f_S(s) \int_s^{+\infty} f_R(r) \mathrm{d}r \mathrm{d}s \tag{3-10}$$

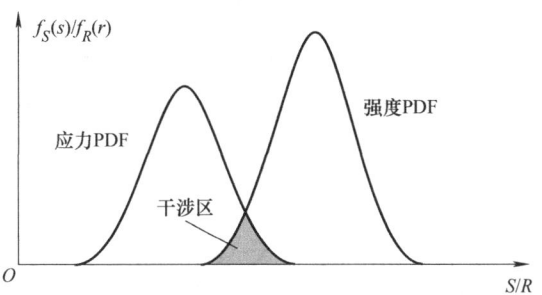

图 3-1 应力-强度干涉模型

同样可以得到失效概率为:

$$p_\mathrm{f} = 1 - p_\mathrm{r} = \int_{-\infty}^{+\infty} f_S(s) \int_{-\infty}^s f_R(r) \mathrm{d}r \mathrm{d}s \tag{3-11}$$

图3-1中,干涉区的大小与结构的可靠度有对应关系,干涉区越大,相应的可靠度越低。另外,可以看到在均值一定时,干涉区的面积同应力和强度的方差相关,方差越大干涉区面积越大,即可靠度越低。应力-强度干涉模型的应力和强度通常具有相同的量纲。

3.2.2　常用的可靠性分析方法

从式(3-9)可以看出,求解结构的失效概率需要进行积分运算,在工程实际中结构基本随机变量数目众多,且功能函数存在非线性,故在工程中直接通过数值积分计算失效概率往往比较困难。为了解决这一难题,研究人员摸索出了大量的数值模拟方法,通常可归纳为4类:展开方法、基于最可能点的方法(此处未介绍)、抽样法和随机响应面法。

1. 一次二阶矩法(展开方法)

将非线性功能函数展开成泰勒(Taylor)级数并取至一次项,并按照可靠性指标的定义形成求解方程,就产生了求解可靠度的一次二阶矩法。一次二阶矩法属于MPP法，可分为中心点法（均值一次二阶矩法）和设计验算点法（改进一次二阶矩法），前者没有利用基本随机变量的概率分布，计算精度较低。改进一次二阶矩法是对均值一次二阶矩法进行改进后得到的一种方法。该方法的优点在于将功能函数的线性化泰勒展开点选取在失效面上，比均值一次二阶矩法更加精确，并且该方法还可以考虑基本随机变量的实际分布。以下对改进一次二阶矩法做简要介绍。

首先，将极限状态方程在点 s^* 处进行一阶泰勒展开：

$$Z_L = g(s^*) + \sum_{i=1}^{m} \frac{\partial g(s^*)}{\partial S_i}(S_i - s_i^*) \tag{3-12}$$

式中，$g(s^*)$ 是极限状态方程，在本章中即式（3-6）；$S=(S_1, S_2, \cdots, S_m)$ 是基本随机变量向量；m 是基本随机变量的个数，$s^* = (s_1^*, s_2^*, \cdots, s_m^*)$ 是极限状态面上的一点（也被称作验算点）。

可靠性指标为：

$$\beta = \frac{\mu_{Z_L}}{\sigma_{Z_L}} = \frac{g(s^*) + \sum_{i=1}^{m} \frac{\partial g(s^*)}{\partial S_i}(\mu_{S_i} - s_i^*)}{\sqrt{\sum_{i=1}^{m} \left[\frac{\partial g(s^*)}{\partial S_i}\right]^2 \sigma_{S_i}^2}} \tag{3-13}$$

式中，μ_{Z_L} 和 σ_{Z_L} 分别是 Z_L 的均值和标准差；μ_{S_i} 和 σ_{S_i} 分别是第 i 个基本随机变量的均值和标准差。

第 i 个基本随机变量 S_i 的灵敏度系数为：

$$\alpha_{S_i} = -\frac{\frac{\partial g(s^*)}{\partial S_i}\sigma_{S_i}}{\sqrt{\sum_{i=1}^{m} \left[\frac{\partial g(s^*)}{\partial S_i}\right]^2 \sigma_{S_i}^2}} \tag{3-14}$$

验算点在 S 空间内的坐标为：

$$s_i^* = \mu_{S_i} + \beta \sigma_{S_i} \alpha_{S_i} \tag{3-15}$$

可靠性指标和验算点可通过迭代获得，最后可得到失效概率为：

$$P_f = \Phi(-\beta) \tag{3-16}$$

式中，$\Phi(\cdot)$ 是标准高斯分布的概率分布函数，详细求解过程可参考相关文献。

2. 抽样法

抽样法又称数值模拟法,包括直接抽样法和重要抽样法,是20世纪40年代中期被提出的一种以概率统计理论为指导的数值计算方法。其基本原理是利用计算机生成符合指定分布类型的随机数,将这些随机数依次代入结构的数值模型中,求解结构的响应;对得到的结构响应进行概率统计,进而得出系统的失效概率。所以,此法又被称作随机模拟方法或统计试验方法。该方法对于基本变量的位数和分布形式没有特殊要求,且不用考虑功能函数的复杂性,适用于大型复杂结构;不足之处在于计算量较大。

直接抽样法是结构可靠度蒙特卡洛模拟的基本方法,若已知结构的功能函数为 $g(X)$,按给定基本变量概率密度函数进行随机抽样,然后将抽样值代入功能函数;若 $g(X) < 0$,则结构失效一次。如果总模拟次数为 N,其中失效的次数为 n_f,那么根据统计理论中的大数定理可知,N 次独立试验中失效的频率 n_f/N 趋于该事件的概率 p_f,可得结构失效的估计值为:

$$\hat{p}_f = \frac{n_f}{N} \tag{3-17}$$

根据失效概率的定义可得:

$$p_f = \int_{g(X) \leqslant 0} f_X(x) \mathrm{d}x = \int_{-\infty}^{+\infty} I[g(x)] f_X(x) \mathrm{d}x \tag{3-18}$$

式中,$I(x)$ 是 x 的指示函数,其表达式为:

$$I(x) = \begin{cases} 1 & x < 0 \\ 0 & x \geqslant 0 \end{cases} \tag{3-19}$$

记 X 的第 i 个样本值为 x_i,可得到失效概率的估计值:

$$\hat{p}_f = \frac{1}{N} \sum_{i=1}^{N} I[g(x_i)] \tag{3-20}$$

工程实际中结构的失效概率往往很低,采用蒙特卡洛方法时,需要大量的抽样才会出现一次失效,这也是该方法费时的主要原因。针对此问题,出现了很多提高抽样效率的方法,用于提高样本落入失效域内的概率。最常用的方法有重要抽样法、渐进重要抽样法、方向抽样法等。但本书研究的润滑可靠性问题,不会直接造成结构失效,其失效概率相对结构较高,采用直接抽样法蒙特卡洛模拟法。

3. 响应面法

现有可靠度计算方法大多都是以功能函数的解析表达式为基础,工程中某些复杂结构基本随机变量的输入和输出的关系可能是高度非线性的,有时甚至不存在明确的解析表达式。响应面法是用一个函数来实现曲线（面）的拟合，这个函数在基本变量和极限状态函数之间建立起显式的输入与输出的关系，可以有效地解决复杂结构系统的可靠度分析问题。

响应面应尽量选择形式简单的函数，并使待定系数数量少以减小结构可靠度分析的工作量。响应面函数最常用的是基本随机变量的多项式。二次多项式是最常采用的响应面函数形式，更高次的多项式因概念或计算通常不予采用。

对于基本随机变量为X的结构，可假设响应面函数为：

$$Z = g(X) \approx Z_r = \hat{g}(X) = a + \sum_{i=1}^{n} b_i X_i + \sum_{i=1}^{n} c_i X_i^2 + \sum_{1 \leqslant i < j \leqslant n} d_{ij} X_i X_j \quad (3-21)$$

式中，a、b_i、c_i和d_{ij}是待定系数。

可靠度分析的目的是求解验算点和可靠指标，要求响应面函数在验算点附近能够拟合功能函数。二次多项式表示的响应函数无法在整个空间很好地拟合真实功能函数，因此有时采用忽略交叉乘积项的非完全二次多项式，即：

$$Z_r = \hat{g}(X) = a + \sum_{i=1}^{n} b_i X_i + \sum_{i=1}^{n} c_i X_i^2 \quad (3-22)$$

可以看到式（3-21）中的待定系数的数量为$(n^2+3n)/2+1$，而式（3-22）中的待定系数只有$2n+1$。

响应面函数的确定首先需要设计X的一系列试验点x_i，并逐点计算结构相应的一系列功能函数值$z_i(i=1, 2, \cdots, n)$。如果试验点数比响应面函数的待定系数多，确定系数的方程组成超定方程组，此外也可以采用最小二乘法确定待定系数。

以上概念都属于静态可靠性，又被称作时不变可靠性，在分析中不考虑时间影响，即不考虑结构强度的退化、载荷的时变性等，将基本变量描述成随机变量。静态可靠性的理论已经较为成熟，是可靠性分析的基础；很多动态可靠性问题通常也是先转化为静态可靠性问题，再进行分析。本书中，齿轮的几何和物理参数都为与时间无关的随机变量，属于静态可靠性问题。

3.3 时变可靠性理论

实际工程中，随着齿轮和轴承服役时间的增加，材料性能、结构强度、承载能力、可靠度等会发生退化；另外，齿轮和轴承所承受的外部载荷具有一定的随机性，如风电机组齿轮和轴承受到的随机风载。这些不确定性参数不能再使用随机变量来刻画，其可靠性也不能使用传统的可靠性方法来评估，由此引入时变可靠性的概念。本节将对时变可靠性的理论基础和分析方法进行介绍。

3.3.1 时变可靠性理论基础

在结构静态可靠性理论中，基本变量为与时间无关的随机变量；而动态可靠性中的基本变量是与时间有关的随机过程，可能是随时间变化的载荷、材料属性及由疲劳和腐蚀引起的强度退化等。动态可靠性的极限状态方程也与时间有关，记为$G[t, \boldsymbol{X}, \boldsymbol{Y}(\omega, t)]$，$\boldsymbol{X}=(X_1, X_2, \cdots, X_n)^T$为$n$维随机变量，可以是结构的材料属性、几何尺寸等；$\boldsymbol{Y}(\omega, t)=[Y_1(t), Y_2(t), \cdots, Y_m(t)]$为$m$维随机过程向量，可以刻画随机载荷、强度退化过程等。当$G[t, \boldsymbol{X}, \boldsymbol{Y}(\omega, t)]>0$时，结构处于安全域；当$G[t, \boldsymbol{X}, \boldsymbol{Y}(\omega, t)]\leqslant 0$，结构处于失效域。

结构在时间区间$[0, T]$内失效可以定义为事件：

$$E = \{\forall t \in [0,T] | G[t, \boldsymbol{X}, \boldsymbol{Y}(\omega,t)] \leqslant 0\} \quad (3\text{-}23)$$

结构在$[0, T]$内失效的概率为：

$$p_{\text{fc}}(0,T) = \Pr(E) = \Pr\{\exists t \in [0,T] | G[t, \boldsymbol{X}, \boldsymbol{Y}(\omega,t)] \leqslant 0\} \quad (3\text{-}24)$$

上式表示在$[0, T]$内任意时刻的失效累积，也称为累积失效概率。相应地，定义结构在某一时刻t的失效概率为：

$$p_{\text{fi}}(t) = \Pr\{G[t, \boldsymbol{X}, \boldsymbol{Y}(\omega,t)] \leqslant 0\} \quad (3\text{-}25)$$

此式称为瞬时失效概率，只考虑结构在某个瞬时的失效概率，各时刻相互独立，随机过程退化为了一系列的随机变量。

当系统结构确定而受到的激励随机时，属于经典的随机振动问题，所涉及的可靠性问题为动力可靠性。

下面对本书时变可靠性涉及的一些概念进行说明。

1. 随机过程

随机试验的结果可能不是单个数值，而是一个函数，且这个函数不能提前预知，只有在试验之后才能确定，通常称这个函数为随机函数；如风载、风压或风速是时间的函数，且这个函数在起风前不能预知，是一个随机函数。随机函数的自变量可以是时间t，此时被称作随机过程（如图3-2所示）；随机函数的自变量也可以是空间坐标，这时被称作随机场。

一个随机过程是一族随机变量$\{Y(t,\omega); t \in T, \omega \in \Omega\}$，$T$是参数集合，$\Omega$是样本空间，为了方便书写通常记作$Y(t, \omega)$。随机过程是自变量$t$和$\omega$的二元函数，对于一个特定的时间$t_i$，$Y(t_i, \omega)$是一个随机变量，称为截口随机变量；对于一个特定的基本事件ω_i，$Y(t_i, \omega)$是一个时间的确定函数，称作样本函数或"实现"。参数集合T和样本空间Ω的取值可以是离散的，也可以是连续的，按照二者性质的不同可以分为4类：离散参数离散状态随机过程、连续参数离散状态随机过程、离散参数连续状态随机过程和连续参数连续状态随机过程。本节讨论的齿轮承受的外部载荷属于连续参数连续状态随机过程，下面只讨论该类随机过程。

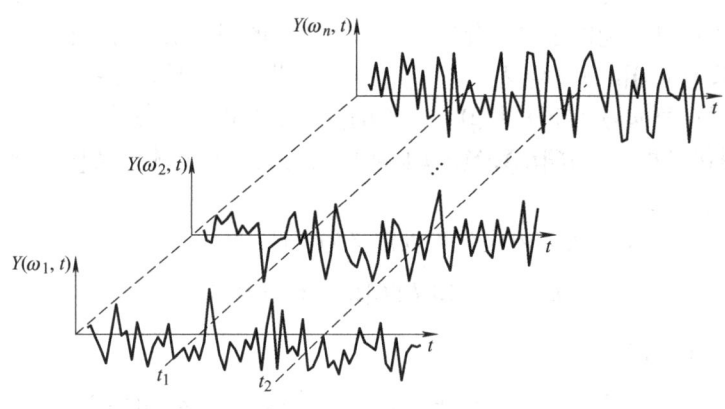

图 3-2 随机过程的样本函数

2. 随机过程的数字特征

有限维概率分布函数族可以完全描述一个随机过程的所有概率和统计问题，但实践中几乎不可能获得。所以，常采用数字特征描述，它不能完全描述随机过程，但便于获取和处理，且能满足实际使用中的需求。下面将对随机过程的一、二阶数字特征做简要介绍。

通过随机过程的一维概率密度函数，可以获得一阶和二阶原点矩函数：

$$\mu_Y(t) = E[Y(t)] = \int_{-\infty}^{+\infty} y p(y,t) \mathrm{d}y \quad (3\text{-}26)$$

$$R_{YY}(t_1,t_2) = E[Y(t_1)Y(t_2)] = \int_{-\infty}^{+\infty}\int_{-\infty}^{+\infty} y_1 y_2 p(y_1,t_1;y_2,t_2) \mathrm{d}y_1 \mathrm{d}y_2 \quad (3\text{-}27)$$

式（3-26）和式（3-27）都是时间的函数，分别称为均值函数和自相关函数，均值函数用来表征随机过程随时间的发展趋势，自相关函数表示随机过程在任意两个时刻的值的相互依赖程度。

当 $t_1=t_2$ 时：

$$R_Y^2(t) = E[Y^2(t)] = \int_{-\infty}^{+\infty} y^2 p(y,t) \mathrm{d}y \quad (3\text{-}28)$$

称为均方函数，由一维概率密度函数进一步得到二阶中心矩：

$$\kappa_{YY}(t_1,t_2) = E\{[Y(t_1) - \mu_Y(t_1)][Y(t_2) - \mu_Y(t_2)]\} = R_{YY}(t_1,t_2) - \mu_Y(t_1)\mu_Y(t_2) \quad (3\text{-}29)$$

称为协方差函数，用来表示两个时刻的值与均值的差的相关程度。若 $t_1 = t_2$，则有：

$$\sigma_Y^2(t) = \text{var}[Y(t)] = E\{[Y(t)-\mu_Y(t)]^2\} = \int_{-\infty}^{+\infty}[y-\mu_Y(t)]^2 p(y,t)\mathrm{d}y \quad (3\text{-}30)$$

上式被称作方差函数,方差函数可以刻画随机过程分散程度随时间的变化情况。

根据随机过程的数字特征是否受起始时间影响,可以将随机过程分为平稳随机过程与非平稳随机过程。若一个随机过程的所有有限维概率分布在时间平移下保持不变,则称为强平稳或严格平稳随机过程。若只有前两维概率密度函数在时间平移下保持不变,一维概率密度与时间无关,二维概率密度只与时间间隔有关,这样的随机过程被称作弱平稳随机过程。在实践中,大多数平稳过程属于弱平稳,后面将弱平稳随机过程简称为平稳随机过程。工程中大多数随机过程是非平稳的,但为了方便数学处理,常将一些非平稳随机过程简化为平稳过程来处理,本书中齿轮和轴承的随机外部载荷也可以简化为平稳过程。

3. 谱密度函数

频谱分析是振动分析的重要手段,它的数学基础是傅里叶变换。对于周期性振动可以采用傅里叶级数展开法进行时频域转换,对于非周期性振动可以采用傅里叶积分进行时频域转换,二者统称为傅里叶变换。随机过程的样本函数不是周期函数、不衰减且无始无终,一般不是绝对可积,故不能直接对其进行傅里叶变换。但自相关函数作为随机过程重要的数字特征可满足傅里叶变换的条件,把它的傅里叶变换定义为功率谱密度函数。

由于平稳随机过程的二阶特性只跟时间间隔有关,若定义 $\tau = t_2 - t_1$,则有:

$$R_{YY}(t_1,t_2) = R_{YY}(\tau) \quad (3\text{-}31)$$

对其进行傅里叶变换:

$$\Phi_{YY}(\omega) = \frac{1}{2\pi}\int_{-\infty}^{+\infty}R_{YY}(\tau)\mathrm{e}^{-i\omega\tau}\mathrm{d}\tau \quad (3\text{-}32)$$

上式被称为功率谱密度函数,用来表征能量在频率域上的分布,对其进行逆傅里叶变换得到:

$$R_{YY}(\tau) = \int_{-\infty}^{+\infty}\Phi_{YY}(\omega)\mathrm{e}^{i\omega\tau}\mathrm{d}\omega \quad (3\text{-}33)$$

式(3-32)和式(3-33)互为傅里叶变换对,称为维纳-辛钦(Wiener-Khintchine)关系式。所以,一个随机过程的自相关函数和功率谱密度函数包含的信息是同等的,自相关函数是该过程时域内的统计信息,而功率谱密度函数是频域内的统计信息。

根据能量在整个频率域上的分布情况,可将随机过程分为窄带过程和宽带过程,窄带过程的能量主要集中在中心频率附近很窄的频率范围内,宽带过程能量分布在较宽的频率范围内。

4. 高斯白噪声过程

本书将外部载荷考虑为确定载荷与随机噪声的组合，其中随机噪声简化为高斯白噪声。白噪声即白噪声过程，是一类特殊的宽带过程，它的能量均匀分布在整个频域上。高斯白噪声$W(t)$就是均值为零且服从高斯分布的白噪声过程；其谱密度函数和自相关函数分别为：

$$\Phi_{WW}(\omega) = S_0 \tag{3-34}$$

$$R_{WW}(\tau) = 2\pi S_0 \delta(\tau) \tag{3-35}$$

式中，S_0是一个非零常数；$\delta(\cdot)$是狄拉克（Dirac）函数。

高斯白噪声的功率谱密度函数和自相关函数如图3-3所示。可以看出白噪声过程在任意两个不同时刻不相关，所以，其样本函数处处不可微，同时具有无穷大的能量。这些在物理上不可能实现，但由于其在数学上易于处理，常将白噪声作为许多物理现象的近似。考虑白噪声的概率分布形式，还可将其分为高斯白噪声和非高斯白噪声，高斯白噪声服从高斯分布，非高斯白噪声不服从高斯分布。

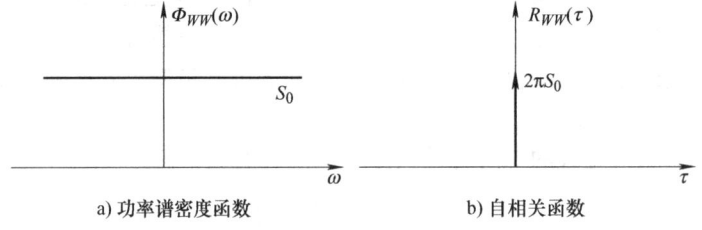

a) 功率谱密度函数　　　　b) 自相关函数

图3-3　高斯白噪声

5. 维纳过程

维纳过程是随机过程理论中最重要的随机过程之一，它源于物理中对布朗运动的描述。如果随机过程$B(t)$满足$B(0) = 0$；对于$t > 0$，$B(t)$服从高斯分布，且均值为$E[(\Delta B)^2] = 0$；$B(t)$有平稳独立增量，则称为维纳过程。

假设维纳过程$B(t)$在任意时间间隔Δt内的增量为ΔB，则ΔB的方差为：

$$E[(\Delta B)^2] = b\Delta t \tag{3-36}$$

式中，b是维纳过程的参数，当$b=1$时，称为标准维纳过程或单位维纳过程。

维纳过程的形式导数$\dot{B}(t)$是零均值高斯过程，其相关函数为：

$$R_{\dot{B}\dot{B}}(t_1, t_2) = b\delta(t_1 - t_2) \tag{3-37}$$

可以看到$\dot{B}(t)$的均值和自相关函数与高斯白噪声相同,在满足高斯分布的条件下，是均值和自相关函数相同的两个随机过程，有相同的有限维分布函数族。所以，可以将高斯白噪声看作维纳过程的形式导数，即：

$$\frac{dB(t)}{dt} = \dot{B}(t) = W(t) \qquad (3-38)$$

值得指出的是，维纳过程在L^2（均方）意义上不可微，所以这只是一种形式上的关系。且维纳过程参数与高斯白噪声的谱密度存在以下关系：

$$b = 2\pi S_0 \qquad (3-39)$$

所以，通常也将b称为高斯白噪声的强度系数。

3.3.2 常用时变可靠性分析方法

相对于静态可靠性问题，时变可靠性考虑了结构性能的退化、时变随机载荷等与时间相关的不确定因素，使得可靠性分析更加困难。目前国内外的研究关于时变可靠性分析方法可以归纳为3类：基于跨越率法时变可靠性分析、基于模拟抽样时变可靠性分析、基于极值法时变可靠性分析。下面对常用的时变可靠性方法进行介绍。

1. 首次穿越法

目前动态可靠性分析主要基于随机方法，动态可靠性研究内容主要包括随时间变化的瞬时可靠度、考虑累计影响的时间累积可靠度和以穿越率为基础的统计可靠度，这些都是基于首次穿越破坏而提出的。20世纪40年代，瑞斯提出了穿越事件的概念，一旦结构的功能函数$G(X, Y(t), t)$超过某安全界限，则穿越事件发生，结构从可靠状态转变为失效状态。事件首次发生的时间是一个随机变量，首次发生时间落在区间$[0,T]$上的概率称为首次穿越概率，如图3-4所示。该事件是否发生，与结构在时间区间$[0,T]$内是否发生失效正相关。所以，求解得到发生首次穿越的概率就可以得到结构的时变可靠度。

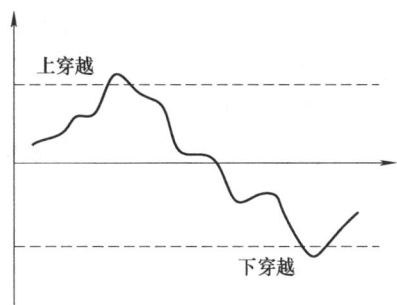

图 3-4 穿越事件示意图

在时间区间$[0,T]$内发生失效的概率：

$$p_f(0,T) = \Pr(\{G(0,X,Y(\omega,t)) \leqslant 0\}) \bigcup \{N^+(0,T)\} \quad (3\text{-}40)$$

这里$N^+(0,T)$表示在时间区间$[0,T]$内由可靠域穿越到失效域的次数。一般假设向上穿越可靠性界限次数服从泊松过程,这样连续发生上穿越的时间间隔相互独立。

$$p[N^+(0,T)=0] = \frac{[\upsilon^+T]^0}{0!}e^{-\upsilon^+T} = e^{-\upsilon^+T} \quad (3\text{-}41)$$

式中,υ^+是穿越率,其定义为:

$$\upsilon^+(t) = \lim_{\Delta t \to 0, \Delta t > 0} \frac{\Pr\{[G(t,X,Y(\omega,t)) \geqslant 0] \bigcap [G(t+\Delta t, X, Y(\omega, t+\Delta t)) \leqslant 0]\}}{\Delta t}$$
$$= \lim_{\Delta t \to 0, \Delta t > 0} \frac{p[N^+(t,t+\Delta t)=1]}{\Delta t} \quad (3\text{-}42)$$

进一步,可得

$$p_f(0,T) = p_f(0) + [1-p_f(0)](1-e^{-\upsilon^+T}) \quad (3\text{-}43)$$

当可靠性界限r不是常数或载荷过程不是平稳随机过程时,上穿越率变为时间的函数,用$\int_0^T \upsilon^+(t)dt$替代上式中的$\upsilon^+(t)$。上式中初始时刻的失效概率容易采用一次二阶矩、抽样法等方法求得,故利用首次穿越法评估时变可靠性的关键便是穿越率的计算。基于穿越率的方法中,应用最广泛的是一阶可靠性方法(First Order Reliability Method,FORM),该方法首先将时间离散化,随机过程在每个时间点上变为随机变量。利用FORM计算时间节点τ对应的可靠度指标$\beta(\tau)$,通过两个相邻时间节点对应的可靠度指标近似得到穿越率。此外,PHI2法、PHI2+法和改进穿越法也有广泛的应用。PHI2法通过一个微小时间步长,将穿越率的求解转化为两个零件并联的静态可靠性问题,并基于FORM算法分别求得两个微小时间间隔点的静态可靠性指标,从而计算出穿越率,该方法效率高且适用性强。但PHI2法计算穿越率的精确性取决于时间步长的选取,设置不当会导致结果出现较大的偏差。针对PHI2法的缺点,萨德里(Sudret)提出了改进PHI2法,避免了时间步长的假定,提高了PHI2法的鲁棒性。基于穿越率的方法都要求穿越事件相互独立且发生的次数服从泊松分布,针对该问题钱等人提出了改进穿越法。

2. MCS法

MCS法是计算时变可靠度最直接的方法,若功能函数为$G(t, X)$的形式,则可以直接利用MCS法进行数值计算。将时间区间$[0, T]$离散为n等份,时间间隔$\Delta t=T/n$,每个时间节点用t_i(k=1, 2, ⋯, n)表示。然后通过随机抽样产生样本点($X^{(1)}, X^{(2)}, ⋯, X^{(N)}$),对于样本$X^{(k)}$($k$=1, 2, ⋯, N),计算各时间点处的功能函数值$G(X^{(k)}, t_i)$。然后根据式(3-18)，若求得的功能函数值小于0，则指示函数取值为1。最后由式(3-19)计算样本均值，该结果为时变可靠度的近似解。

采用MCS方法进行时变可靠性分析的关键在于随机过程的转换和重建，其中级数展开法是最常用的方法之一，该方法将随机过程转换为随机变量级数求和的形式，级数展开法又分为K-L（Karhunen-loève）展开、正交级数展开等。随机过程经过K-L展开后，可表示为由互不相关随机系数所调制的确定性函数的线性组合：

$$Y(t) = \mu_Y(t) + \sum_{i=1}^{\infty} \sqrt{\lambda_i} \phi_i(t) \omega_i \quad (3\text{-}44)$$

式中，$\mu_Y(t)$是随机过程$Y(t)$的均值；ω_i是一组互不相关的标准随机变量，满足：

$$E(\omega_i) = 0 \quad (3\text{-}45)$$

$$E(\omega_i \omega_j) = \begin{cases} 1 & i = j \\ 0 & i \neq j \end{cases} \quad (3\text{-}46)$$

λ_i、ϕ_i是随机过程协方差函数$C(t_1,t_2)$的第i阶特征值和特征函数，由于协方差函数具有齐次、有界和正定的特性，λ_i、ϕ_i可以利用弗雷德霍姆（Fredholm）积分方程求解。对于具体的物理过程，少量的展开项就可以得到随机过程的主要能量结构。从一定物理意义上来说，特征值是一种能量的体现，一般可采用前有限项级数来反映随机过程的主要概率特征。所以，随机过程$Y(t)$可以采用前s项级数近似展开为：

$$\hat{Y}(t) = \mu_Y(t) + \sum_{i=1}^{s} \sqrt{\lambda_i} \phi_i(t) \omega_i \quad (3\text{-}47)$$

3. 极值法

极值法关注结构响应的全局极大或极小值，在给定的时间段内，一旦相应的极值响应超过规定阈值，则结构发生失效。假定$G(X,Y(t),t) < 0$表示结构失效，则关注时间区间$[0, T]$上功能函数的极小值，即

$$G_e(X) = \min G(X, Y(t), t) \quad (3\text{-}48)$$

式中，G_e是功能函数$G(X,Y(t),t)$关于时间t的极小值变量。由于输入变量X和$Y(t)$的随机性，G_e是一个随机变量。于是，可靠度可以表示为：

$$R(0,T) = \Pr(G(X,Y(t),t) > 0) = \Pr(G_e(X) > 0) \quad (3\text{-}49)$$

在一些特殊情况下G_e很容易获得，比如功能函数没有随机过程输入且是时间t的单调函数。若功能函数为：

$$G(t) = \tilde{G}(X)h(t) \tag{3-50}$$

式中，$\tilde{G}(X)$是X的任意函数；$h(t)$是某单调递减函数，则$G_e(t) = \tilde{G}(X)h(t)$，于是这种情况下时变可靠度$R(0,T)$为：

$$R(0,T) = \Pr(\tilde{G}(X)h(t) > 0) \tag{3-51}$$

显然上式是一个瞬时（静态）可靠性问题，可用常规的静态可靠性分析方法求解。另一种容易获得G_e的情况是功能函数不显含时间t、仅含有一个载荷随机过程且功能函数是该随机过程的单调函数，即：

$$G(t) = G(X, Y(t)) \tag{3-52}$$

实际工程中如果$Y(t)$代表结构的载荷，那么功能函数一般是其单调减函数，于是G_e可通过下式计算：

$$G_e(t) = G(X, Y_{\max}) \tag{3-53}$$

式中，$Y_{\max} = \max\limits_{t \in [0,T]} Y(t)$是$Y(t)$的极大值变量，这种情况下时变可靠度变为：

$$R(0,T) = \Pr(G(X, Y_{\max}) > 0) \tag{3-54}$$

因为$Y_{\max}$是一个变量，所以上式实际是一个静态可靠性问题，亦可用常规静态可靠性分析方法计算。

3.4 润滑状态与膜厚比

润滑的目的是在摩擦表面形成具有法向承载能力而切向剪切强度低的润滑油膜，来降低摩擦阻力和减少材料磨损。根据润滑膜的形成原理和特征，可以将润滑状态分为流体动压润滑、流体静压润滑、弹性流体润滑、薄膜润滑、边界润滑、干摩擦状态6种。流体动压润滑的膜厚范围在1～100μm之间，是由摩擦表面的相对运动所产生的动压效应形成流体润滑膜，主要在中高速下的面接触摩擦副上应用，如滑动轴承。流体静压润滑的膜厚同样在1～100μm之间，是通过外部压力将流体送入摩擦表面之间，强制形成润滑膜，主要应用在各种速度下的面接触摩擦副，如滑动轴承、导轨等。弹性流体润滑的膜厚一般在0.1～1μm，同样由摩擦表面的相对运动产生动压效应形成，主要出现在中高速下点线接触摩擦副，如齿轮、滚动轴承等。薄膜润滑的膜厚在10～100nm之间，形成方式与弹流润滑一致，主要出现在低速下的点线接触高精度摩擦副，如精密滚动轴承等。边界润滑的膜厚在1～50nm之间，是由润滑油分子与金属表面产生的物理或化学作用形成的，多出现在低速重载条件下的高精度摩擦副。干摩擦膜厚在1～10nm之间，主要是表面氧化膜、气体吸附膜等，应用在无润滑或自润滑的摩擦副。

各种润滑状态所形成的润滑膜厚度不同，单纯由润滑膜的厚度无法准确地判断润滑状态，尚须与表面粗糙度进行对比。只有润滑膜厚度超过两表面的粗糙峰高度时，才有可能完全避免峰点接触而实现全膜流体润滑。实际机械中的摩擦副常常会有几种润滑状态同时存在，这时称为混合润滑状态。工程中也常采用膜厚比来判别润滑状态，膜厚比是指膜厚（通常取最小膜厚）与综合RMS粗糙度的比值，通常使用 λ 来表示，其表达式为：

$$\lambda = \frac{h}{\sigma} \quad (3\text{-}55)$$

如图3-5所示，根据膜厚比的不同可将润滑分为3种状态：全膜润滑、混合润滑和边界润滑。表面粗糙度受到多种因素的影响，如切削条件、刀具磨损程度和材料参数等，这些因素在某种程度上具有随机性，由中心极限定理可知，假设表面粗糙度服从正态分布或近似正态分布是合理的。根据 3σ 准则，表面粗糙度数值分布在 $(-3\sigma, +3\sigma)$ 中的概率为99.74%，因此当膜厚比 $\lambda > 3$ 时，只有不超过0.3%的表面粗糙峰有可能穿透润滑油膜发生直接接触。由此可见，全膜润

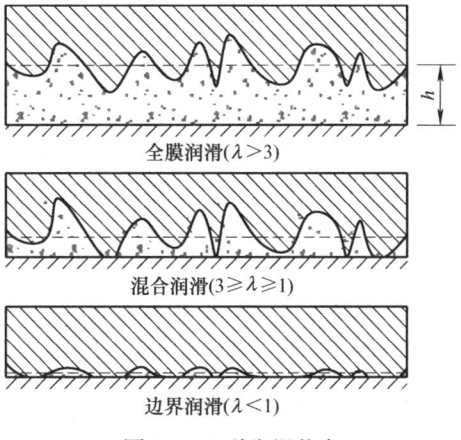

图 3-5　3 种润滑状态

滑 $(\lambda > 3)$ 可以保证两个接触表面几乎完全分离，避免粗糙峰之间的直接接触。此时，载荷主要由润滑油膜承担，可以减少接触表面的磨损和摩擦，降低点蚀、胶合等表面故障的发生概率。混合润滑 $(3 \geqslant \lambda \geqslant 1)$ 时，会有一部分粗糙峰穿透润滑油膜从而发生直接接触，载荷由润滑油膜和粗糙峰共同承担，但依然能够提供有效的润滑效果。而在边界润滑 $(\lambda < 1)$ 状态中，有大量的粗糙峰发生直接接触，大部分载荷由粗糙峰承担，润滑效果较差。在工程中，我们希望接触总是处于全膜润滑状态。但是，由于外部激励、接触表面的几何特征、润滑剂的性能等具有时变性和随机性，全膜润滑往往难以时时保证且润滑状态具有一定的随机性。

3.5　润滑可靠性模型

可靠的润滑可以减少粗糙表面间的直接接触，从而减少磨损、降低摩擦，同时降低点蚀、胶合等表面故障发生的概率。所以，对润滑可靠性展开研究具有重

要的工程价值。根据上节中结构可靠性的定义，润滑可靠性可定义为在规定条件下，接触表面间形成完整油膜的能力。定义中没有指定在规定时间内，这是因为润滑失效没有累积的概念，不考虑性能退化时，润滑失效概率不会随时间而改变。与结构可靠性不同的是，润滑的失效并不直接造成结构或系统的失效，但若接触面长期处于润滑失效状态，会引起其他形式的失效，所以它间接地影响结构和系统的寿命。值得指出的是，由于润滑失效不会直接导致结构或系统失效，润滑的失效概率相对于结构要高一些。

1. 润滑静态可靠性模型

在经典结构可靠性理论的基础上，基于膜厚比概念和广义应力-强度干涉理论分别将综合RMS粗糙度和润滑膜厚视作应力和强度，定义应力和强度的干涉区域为润滑失效，建立了润滑可靠性建模理论，如图3-6所示。当形成油膜的厚度无法达到预期或油膜无法提供理想的润滑效果时，可认为两接触表面间的润滑失效。裴等将润滑失效定义

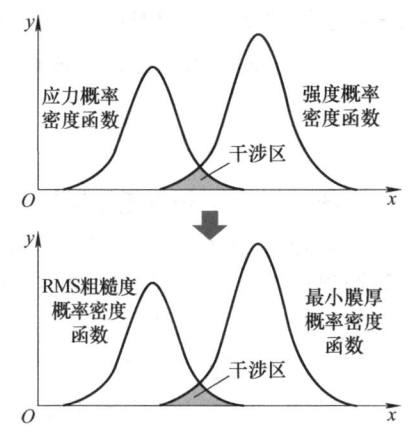

图 3-6 应力-强度干涉理论与润滑可靠性

为全膜润滑的失效，即进入混合或边界润滑状态($\lambda \leqslant 3$)，实际上，可根据实际情况调整润滑失效标准，此处以将润滑失效定义为两接触表面间全膜润滑失效为例，则润滑可靠性的功能函数为：

$$g_f(H_{\min}, \Sigma) = H_{\min} - 3\Sigma \quad (3-56)$$

式中，$H_{\min}$是最小膜厚；Σ是综合RMS粗糙度。此处最小膜厚和综合RMS粗糙度采用大写来表示其为随机变量。在润滑可靠性建模时，粗糙表面的RMS粗糙度相当于应力，润滑剂的膜厚相当于强度。

全膜润滑的失效概率为：

$$p_{\mathrm{ff}} = \Pr[g_f(H_{\min}, 3\Sigma) \leqslant 0] \quad (3-57)$$

全膜润滑的功能函数为：

$$g_m(H_{\min}, 3\Sigma) = H_{\min} - 3\Sigma \quad (3-58)$$

混合润滑的失效概率为：

$$p_{\mathrm{mf}} = \Pr[g_m(H_{\min}, 3\Sigma) \leqslant 0] \quad (3-59)$$

从式（3-56）和式（3-58）可以看出，已知最小膜厚和综合RMS粗糙度的统计规律便可得到润滑的失效概率。接触表面的综合RMS粗糙度的统计规律可通过大量样本的测量统计得到；最小膜厚的统计规律则要通过混合弹流润滑分析和基

第 3 章 润滑可靠性建模理论

本随机变量的统计规律来获取,是润滑可靠性分析的重点与难点。另外,根据传动部件在工程实际中的服役状态,也可将润滑失效定义为混合润滑失效等。

2. 润滑动态可靠性模型

不同于结构动态可靠性,润滑在某时刻的失效并不直接造成结构的失效,润滑失效概率较结构失效概率大。但润滑失效会造成齿面接触,进而造成其他形式的失效,所以,瞬时可靠性的评估更加符合工程实际。根据 3.2 节的润滑可靠性定义及瞬时可靠性的定义,润滑动态可靠性的极限状态方程和瞬时失效概率分别可以写为:

$$G_f[t, H_{\min}(t), \Sigma] = H_{\min}(t) - 3\Sigma \tag{3-60}$$

$$p_{\mathrm{ffi}}(t) = \Pr\{G_f[t, H_{\min}(t), \Sigma] \leqslant 0\} \tag{3-61}$$

齿轮润滑可靠性模型的核心是最小膜厚的求解,由第 2 章混合润滑分析可知最小膜厚是啮合力的函数,随机外部载荷下齿轮啮合力的变化是一个随机过程,最小膜厚也需用随机过程来刻画。

3. 齿轮润滑静态可靠性模型

此处针对齿轮系统润滑的静态可靠性问题,只将齿轮的某些结构和材料参数考虑为随机变量,并没有考虑这些参数随时间的变化,也没有考虑外部激励载荷的随机性。

由混合润滑最小膜厚和本章给出的润滑可靠性定义可以得到齿轮润滑可靠性的功能函数:

$$\begin{aligned} g_f(R, W, U, G, \Sigma, s_k) = & 3.4RW^{-0.095}U^{0.71}G^{0.57}[1 + 0.0027(\Sigma)^{1.075}(s_k + 2)^{-0.3744} \\ & W^{0.09451}U^{-0.974}G^{-0.806}] - 3\Sigma \end{aligned} \tag{3-62}$$

式中,R 是无量纲等效曲率半径; W 是载荷参数; U 是速度参数; G 是材料参数; Σ 是无量纲综合RMS; s_k 为偏度。为了与第2章中确定工况下的润滑分析区分,此处参数均采用大写表示其为随机变量。在本章至第5章定义的润滑可靠性均为齿轮全膜润滑的可靠性,但是,该可靠性方法与模型也适用于混合润滑可靠性和其他 λ 取值的可靠性分析。

4. 齿轮润滑瞬时可靠性模型

根据前面得到的最小膜厚公式和润滑失效的定义,齿轮润滑瞬时可靠性的极限状态方程可以写为:

$$G[t, W(w_t, t), \Sigma, s_k] = AW(t)^{-0.095} + ABW(t)^{-0.0005}\Sigma^{1.075} - 3\Sigma \tag{3-63}$$

式中,A 和 B 都是时间的函数,其表达式如下:

$$A = 3.4R^{1.095}E'^{0.095}U^{0.71}G^{0.57} \tag{3-64}$$

$$B = 0.0027R^{-1.1695}E'^{-0.0945}U^{-0.974}G^{-0.806}(s_k+2)^{-0.3744} \tag{3-65}$$

式中，E' 是当量弹性模量。依据瞬时可靠性的定义可以得到齿轮在 t 时刻的瞬时失效概率：

$$p_{\text{fi}}(t) = \Pr\{G[t, W(w_t, t), \Sigma, s_k] \leqslant 0\} \tag{3-66}$$

将式（3-63）写成离散形式，可以得到在第 n 个离散时间点上的极限状态方程和瞬时失效概率：

$$G[W_n, \Sigma, s_k] = AW_n^{-0.095} + ABW_n^{-0.0005}\Sigma^{1.075} - 3\Sigma \tag{3-67}$$

$$p_{\text{fi}n} = \Pr\{G[W_n, \Sigma, s_k] \leqslant 0\} \tag{3-68}$$

式中，W_n 是第 n 个时间步的单位齿宽单齿啮合力。

5. 轴承润滑可靠性模型

滚动轴承采用油润滑时，其润滑可靠性模型与齿轮的相同。但滚动轴承通常采用脂润滑，此时摩擦副间的膜厚与油润滑不同，因此轴承脂润滑可靠性的功能函数与油润滑不同。

脂润滑最小膜厚可以由式（2-122）计算，由混合脂润滑最小膜厚和润滑可靠性定义可以得到轴承脂润滑可靠性的功能函数：

$$g_{\text{f}}(R, W, U, G, \Sigma) = 11.954Rn^{20.714}W^{-0.126}U^{0.693n^{1.638}}G^{0.345n^{7.526}}[1+0.0009n^{0.274}(R\Sigma)^{3.449n^{6.171}}$$
$$W^{0.192}U^{-1.576n^{5.050}}G^{0.514n^{-1.471}}] - 3\Sigma \tag{3-69}$$

式中，R 是无量纲等效曲率半径；W 是载荷参数；U 是速度参数，G 是材料参数；Σ 是无量纲综合RMS，此处参数均采用大写表示其为随机变量；n 是润滑脂流变指数。

本章和第 6 章定义的润滑可靠性为轴承全膜润滑的可靠性，但该方法同样适用于其他润滑状态的可靠性。如第 7 章将其定义为混合润滑的可靠性。因此膜厚比 λ 取值为 1。

3.6 小结

本章主要介绍了可靠性及润滑可靠性的相关理论。首先，对可靠性和时变可靠性的一些概念、理论及方法做了简要的介绍。之后，引入了润滑状态和膜厚比的概念。最后，结合可靠性和润滑状态给出了润滑可靠性的定义，在润滑可靠性定义的基础上分别发展了齿轮和轴承的润滑可靠性模型。

下篇
润滑可靠性应用

第 4 章 考虑参数不确定性的齿轮润滑可靠性分析

4.1 引言

不确定性在自然世界中无处不在,在齿轮传动中主要有自身参数不确定性和外部激励不确定性。齿轮自身参数不确定性主要体现在材料物理参数(如弹性模量、密度、材料屈服强度等)和结构几何参数。材料的不确定性受加工环境、技术条件和人为因素等影响,几何参数不确定性由加工、安装、测量误差等引入。外部载荷不确定主要是齿轮系统在某些应用场合,如打磨机器人、风电机组、飞机、汽车、轮船等,受到的外部激励具有随机性。本章主要介绍考虑齿轮自身参数不确定性的润滑可靠性问题。首先,建立齿轮副的动力学模型获得动态啮合力,结合齿轮几何和运动学分析获得等效曲率半径和卷吸速度,进一步获得齿轮沿啮合线的最小膜厚。其次,将齿轮的模数、齿宽、主从动轮的转动惯量、材料的弹性模型和静态传动误差的幅值等假设为随机变量,基于 MCS 法获得齿轮动态响应、最小膜厚等的数字特性和润滑可靠性。

4.2 齿轮润滑最小膜厚计算

最小膜厚的求解是齿轮润滑性能评价和建立齿轮润滑可靠性模型的关键,根据第 2 章的分析可知,最小膜厚主要受到接触载荷、卷吸速度、等效曲率半径、材料属性和接触面形貌及润滑剂特性等的影响。在齿轮系统中,接触载荷、卷吸速度和等效曲率半径都是时变量,是求解最小膜厚的关键。接触载荷可通过齿轮动力学分析得到,卷吸速度和等效曲率半径分别通过齿轮的运动学和几何分析获得。本章中将齿轮模数、材料弹性模量、主从动轮转动惯量、齿宽、静态传动误差等自身参数设定为随机变量。齿轮润滑作为接触载荷、卷吸速度和等效曲率半径等随机参数的函数，同样具有随机性，不确定性经动力学系统、运动和几何、润滑系统最终传递到膜厚。

4.2.1 齿轮动力学分析

在第2章最小膜厚公式中，无量纲载荷参数是接触载荷的函数，在齿轮润滑中，接触载荷即为齿轮啮合力。齿轮副是一个强非线性动态系统，采用静态分析不能准确预测其齿面上的啮合力。为此，本章建立了可考虑时变啮合刚度、侧隙、静态传动误差等的齿轮非线性动力学模型，用以获得齿轮啮合过程中的动态啮合力。

1. 动力学方程

如图4-1所示，该动力学模型将齿轮副简化为两个圆盘，圆盘质量分别与主从动轮质量相等，轮齿间的相互作用采用无质量的弹簧和阻尼器模拟。

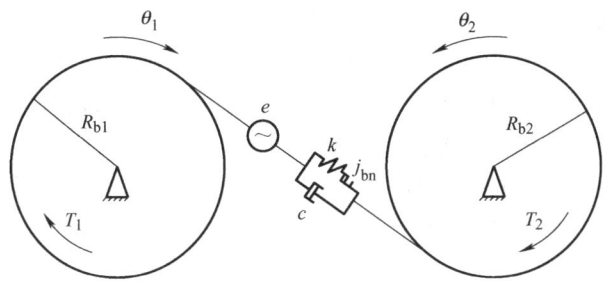

图 4-1 齿轮动力学模型

根据牛顿定理可以得到齿轮副的动力学方程：

$$\begin{cases} I_1\ddot{\theta}_1 + R_{b1}c(R_{b1}\dot{\theta}_1 - R_{b2}\dot{\theta}_2 - \dot{e}) + R_{b1}k(t)(R_{b1}\theta_1 - R_{b2}\theta_2 - e) = T_1 \\ I_2\ddot{\theta}_2 + R_{b2}c(R_{b1}\dot{\theta}_1 - R_{b2}\dot{\theta}_2 - \dot{e}) - R_{b2}k(t)(R_{b1}\theta_1 - R_{b2}\theta_2 - e) = T_2 \end{cases} \quad (4\text{-}1)$$

式中，I_1 和 I_2 是主动和从动齿轮的转动惯量（kg·m²）；θ_1 和 θ_2 是主从动齿轮的扭转位移（rad）；R_{b1} 和 R_{b2} 是主动和从动齿轮的基圆半径（m）；c 是啮合阻尼；e 是静态传动误差（m）；$k(t)$ 是时变啮合刚度（N/m）；T_1 和 T_2 分别是输入和输出转矩（N·m）。

定义齿轮的相对位移（后文简称为位移，且将其一阶和二阶导数分别简称为速度和加速度）为 $x = R_{b1}\theta_1 - R_{b2}\theta_2 - e$，式（4-1）可以写成：

$$m_e\ddot{x} + c\dot{x} + k(t)g(x) = F_m - m_e\frac{d^2e}{dt^2} \quad (4\text{-}2)$$

式中，m_e 是齿轮副的等效质量；$g(x)$ 是 x 的非线性函数；j_{bn} 是侧隙（m），用来保证润滑和防止热变形引起卡死；F_m 是等效驱动力，在本章中是一个恒定值。它们的表达式分别为：

$$m_{\mathrm{e}} = \frac{I_1 I_2}{I_1 R_{\mathrm{b}2}^2 + I_2 R_{\mathrm{b}1}^2} \tag{4-3}$$

$$g(x) = \begin{cases} x - j_{\mathrm{bn}} & x > j_{\mathrm{bn}} \\ 0 & -j_{\mathrm{bn}} \leqslant x \leqslant j_{\mathrm{bn}} \\ x + j_{\mathrm{bn}} & x < -j_{\mathrm{bn}} \end{cases} \tag{4-4}$$

$$F_{\mathrm{m}} = \frac{T_1}{R_{\mathrm{b}1}} = \frac{T_2}{R_{\mathrm{b}2}} \tag{4-5}$$

2. 时变啮合刚度

齿轮啮合刚度具有时变性，这是参与啮合的轮齿对数发生变化造成的，是齿轮振动的主要来源之一。齿轮啮合刚度的定义为参与啮合的轮齿沿啮合线在单位齿宽上产生单位挠度时所需施加的载荷，表现为整个啮合区的综合效应，其大小与啮合时每个轮齿的弹性变形有关，故求解的关键在于获取轮齿的弹性变形。轮齿在受载后的弹性变形求解方法有材料力学方法、弹性力学方法、有限元法等。本章采用日本机械学会推荐的石川法求解轮齿弹性变形，石川法将轮齿简化成矩形和梯形的组合，如图4-2所示。由于油膜刚度远大于轮齿的刚度，在本章中的齿轮动力学模型中均忽略油膜刚度的影响。

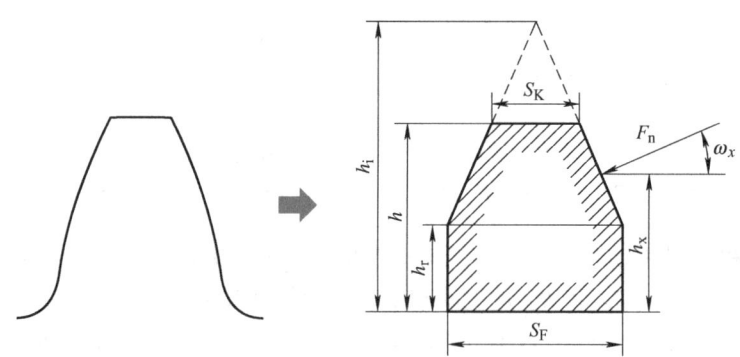

图4-2 石川法近似齿形

载荷作用点沿啮合线方向的变形可以表示为：

$$\delta = \delta_{\mathrm{br}} + \delta_{\mathrm{bt}} + \delta_{\mathrm{s}} + \delta_{\mathrm{g}} \tag{4-6}$$

式中，δ是载荷作用点的变形（m）；δ_{br}是矩形部分的弯曲变形（m）；δ_{bt}是梯形部分的变形（m）；δ_{s}是剪切变形（m）；δ_{g}是因基础部分倾斜产生的变形（m）。

第4章 考虑参数不确定性的齿轮润滑可靠性分析

矩形部分的弯曲变形可以表示为:

$$\delta_{\mathrm{br}} = \frac{12F_{\mathrm{n}}\cos^2\omega_x}{ElS_{\mathrm{F}}^3}\left[h_x h_r(h_x - h_r) + \frac{h_r^3}{3}\right] \quad (4\text{-}7)$$

式中，F_{n} 是法向载荷(N)；ω_x 是载荷角(rad)；l 是齿轮齿宽（m）；S_{F}、h_x、h_r 分别是几何参数，具体如图 4-2 所示。

梯形部分的变形为：

$$\delta_{\mathrm{bt}} = \frac{6F_{\mathrm{n}}\cos^2\omega_x}{ElS_{\mathrm{F}}^3}\left[\frac{h_i - h_x}{h_i - h_r}\left(4 - \frac{h_i - h_x}{h_i - h_r}\right) - 2\ln\frac{h_i - h_x}{h_i - h_r} - 3\right](h_i - h_r)^3 \quad (4\text{-}8)$$

式中，

$$h_i = \frac{hS_{\mathrm{F}} - h_r S_{\mathrm{K}}}{S_{\mathrm{F}} - S_{\mathrm{K}}} \quad (4\text{-}9)$$

$$\omega_x = \theta - \left[\frac{1}{z}\left(\frac{\pi}{2} + 2x\tan\alpha\right) - (\theta - \alpha)\right] \quad (4\text{-}10)$$

式中，x 是变位系数；θ 是齿轮转角；z 是齿数。求解主动轮变形时分别取 x_1、θ_1、z_1，求解从动轮变形时分别取 x_2、θ_2、z_2；此外 α 是压力角。

由剪切引起的变形可以定义为：

$$\delta_{\mathrm{S}} = \frac{2(1+v)F_{\mathrm{n}}\cos^2\omega_x}{ElS_{\mathrm{F}}}\left[h_r + (h_i - h_r)\ln\frac{h_i - h_x}{h_i - h_r}\right] \quad (4\text{-}11)$$

基础部分倾斜产生的变形为：

$$\delta_{\mathrm{g}} = \frac{24F_{\mathrm{n}}h_x^2\cos^2\omega_x}{\pi ElS_{\mathrm{F}}^2} \quad (4\text{-}12)$$

齿轮啮合时的沿啮合线方向总变形为主动轮变形、从动轮变形及接触变形的总和，可以表示为：

$$\delta_{\Sigma} = \delta_1 + \delta_2 + \delta_{\mathrm{pv}} \quad (4\text{-}13)$$

式中，δ_1 和 δ_2 分别是主动轮和从动轮的变形，通过式（4-6）求解；δ_{pv} 是接触变形，可以根据赫兹接触理论求得：

$$\delta_{\mathrm{pv}} = \frac{4F_{\mathrm{n}}(1-v^2)}{\pi El} \quad (4\text{-}14)$$

上述各式中的位置参数可以通过轮齿的几何分析得到，详细分析过程可以参考相关文献。可以注意到石川法得到的变形是转角 θ 的函数，在给定齿轮转速的情况下可以转化为时间的函数：

$$k_1(t) = \frac{F_n}{\delta} \tag{4-15}$$

采用表 4-1 给定的齿轮参数或参数的均值可以得到单对轮齿和齿轮综合时变啮合刚度。单对轮齿啮合刚度为一对轮齿从啮入到啮出的啮合刚度，如图 4-3 所示，可以看到从啮入点开始先增大后减小，在单齿啮合周期（单对轮齿从啮入到啮出所用的时间）的中间某个时刻刚度取得最大值。齿轮综合啮合刚度由单对轮齿啮合刚度叠加得到，呈周期变化，其周期小于单齿啮合周期，大小由转速和齿数决定。综合啮合刚度较大的为双齿啮合区，较小的为单齿啮合区；在双齿区先增大后减小，单齿区单调减小，单双齿啮合区所占的比例跟重合度有关。

表 4-1 齿轮和润滑剂参数

参数	分布类型	均值(值)	变异系数
主/从动轮齿数	—	35/58	—
压力角	—	20°	—
模数	高斯分布	3mm	0.01
齿宽	高斯分布	20mm	0.01
主/从动轮转动惯量	高斯分布	1860/13 590kg·mm^2	0.01
弹性模量	高斯分布	2.06GPa	0.01
中心距	—	139.5mm	—
静态传动误差幅值	高斯分布	0.01mm	0.01
输入功率	—	5kW	—
阻尼比	—	0.05	—
环境黏度	—	0.05Pa·s	—
黏压指数	—	0.68	—

3. 啮合阻尼

在啮合过程中，由于材料特性及齿间摩擦和润滑的存在，齿轮副会产生阻尼效应，这一现象的影响因素较多且较为复杂，通常无法准确描述，一般简化为等效质量和平均啮合刚度的函数：

$$c = 2\zeta\sqrt{m_e k_m} \tag{4-16}$$

式中，ζ 是阻尼比，在本章中取 0.05；k_m 是一个啮合周期内的平均啮合刚度(N/m)，其表达式为：

第4章　考虑参数不确定性的齿轮润滑可靠性分析

$$k_\mathrm{m} = \frac{1}{t_\mathrm{c}} \int_0^{t_\mathrm{c}} k(t) \mathrm{d}t \tag{4-17}$$

式中，t_c 是啮合周期(s)，其表达式为：

$$t_\mathrm{c} = \frac{60}{z_1 n_1} \tag{4-18}$$

式中，z_1 和 n_1 分别是主动轮的齿数和转速(rad/s)。

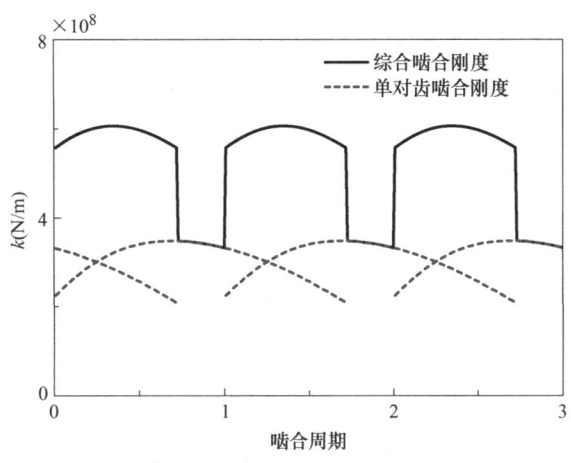

图 4-3　齿轮时变啮合刚度

4. 静态传动误差

齿轮在啮合时，沿啮合线实际啮合位置与理论啮合位置的偏差称为静态传动误差。它是由齿轮加工和装配的误差及轮齿、轴和轴承的弹性变形引起的，属于高频的内部激励。在齿轮动力学中，它可以描述为啮合点沿啮合线方向的周期位移激励，一般假设为简谐函数，本书采用正弦函数来描述：

$$e = e_\mathrm{r} \sin\left(\frac{2\pi t}{t_c} + \varphi\right) \tag{4-19}$$

式中，e_r 是静态传动误差的幅值（m），通常在 1μm 到 10μm 之间，在本章为服从高斯分布的随机变量；φ 是相位角（°）。

5. 动态啮合力

在润滑可靠性模型中需要知道各个时刻的啮合力。求解动力学方程后，主动轮单齿上受的啮合力可由下式求得：

$$w_\mathrm{t} = k_1(t)x + c\dot{x} \tag{4-20}$$

式中,w_t是单齿上的啮合力(N);$k_1(t)$是单对齿啮合刚度(N/m),即单个轮齿从啮入点到啮出点的刚度。

在本章中齿轮的模数、材料弹性模量、主从动轮的转动惯量、静态传动误差幅值都是随机变量,所以啮合力并非确定的时间函数,啮合力的时间函数可以看作一个随机变量。

4.2.2 齿轮几何及运动学分析

1. 几何分析

根据弹流润滑理论,齿轮轮齿在接触点可以等效为两个"无限长"的圆柱体的相互接触,两个等效圆柱的半径为主从动轮在该啮合点的曲率半径,它们可以通过下式获得:

$$r_1 = R_{b1} \tan \alpha + S_p \tag{4-21}$$

$$r_2 = R_{b2} \tan \alpha - S_p \tag{4-22}$$

式中,R_{b1}和R_{b2}分别是主动轮和从动轮的基圆半径(m);α是分度圆压力角(°);S_p是啮合点到节点的距离(m),如图4-4所示,可以由齿轮的几何关系得到。

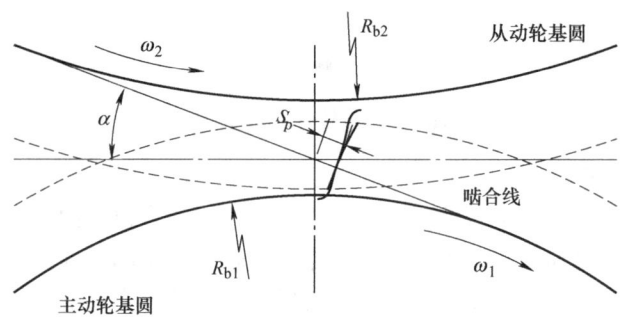

图4-4 齿轮几何参数

两个圆柱可以进一步等效为一个圆柱与一个平面构成的润滑系统,该等效圆柱的半径为:

$$r = \frac{r_1 r_2}{r_1 + r_2} \tag{4-23}$$

由于不同啮合点与节点的距离S_p不同,所以,等效曲率半径沿啮合线方向并不恒定。采用表4-1的齿轮参数求得的主从动轮在啮合点的曲率半径和等效曲率半径如图4-5(a)所示,可以看到主动轮曲率半径从啮入点到啮出点逐渐增大,而从动轮曲率半径从啮入点到啮出点则逐渐减小。等效曲率半径从啮入点到啮出点也是逐渐增大的,而增大的趋势逐渐减小。

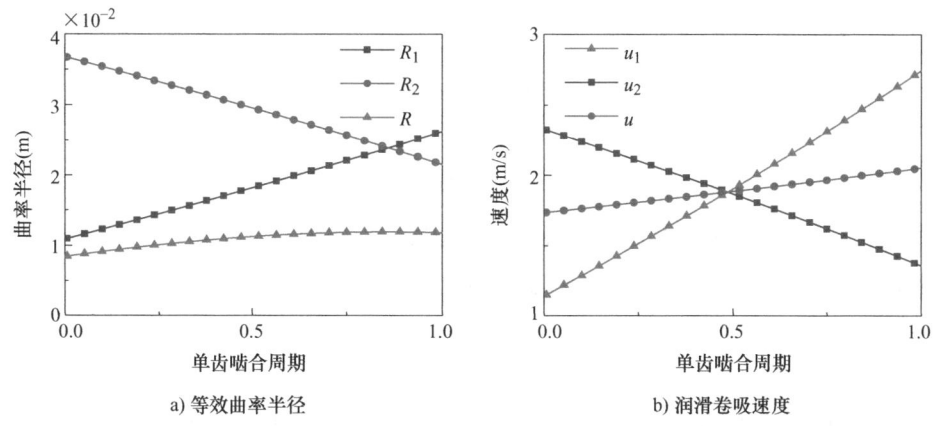

a) 等效曲率半径　　　　　b) 润滑卷吸速度

图 4-5　等效曲率半径及润滑卷吸速度

2. 运动学分析

齿轮啮合时轮齿上各啮合点存在相对滑动,只在节点处为纯滚动,各啮合点主从动轮上的瞬时切向速度可以由下式获得:

$$u_1 = \omega_1 r_1 \tag{4-24}$$

$$u_2 = \omega_2 r_2 \tag{4-25}$$

式中,ω_1 和 ω_2 分别是主动轮和从动轮的转速(rad/s)。

润滑的卷吸速度可以由下式获得:

$$u_0 = (u_1 + u_2)/2 \tag{4-26}$$

图 4-5(b)为一个单齿啮合周期内,主从动轮在啮合点的切向速度及润滑卷吸速度,主动轮在啮合点的切向速度及润滑卷吸速度逐渐增大,而从动轮在啮合点的切向速度逐渐减小。另外,主从动轮啮合点的切向速度有一个交点,在该时刻两速度相等,啮合点没有相对滑动,该点正是齿轮副的是,节点;值得注意的是,节点并不是单个啮合周期的时间中点。

由上分析可知,等效曲率半径和卷吸速度均与基圆半径有关,在本章中基圆半径是随机变量,所以,可以将等效曲率半径和卷吸速度的时间函数考虑为随机变量。本章中的动态啮合力、等效曲率半径和卷吸速度都是时间的函数且具有随机性,但要与随机过程区分,随机过程在每个时刻都是一个随机变量,而本章 3 个变量的随机性与时间无关,对于同一个样本在每个时刻的值是完全相关的,每个样本都是时间的确定函数。本章 3 个变量的随机性源于齿轮材料和几何等自身参数的随机性,可以理解为大量样本间存在的随机性,是静态的随机性,它只与齿轮系统自身的参数相关，而与时间和外部激励无关。

4.2.3 齿轮润滑最小膜厚

求得动态啮合力、时变等效曲率半径和卷吸速度后，齿轮在啮合中的最小膜厚可以通过第 2 章的最小膜厚公式给出：

$$h_{\min} = 3.4 r \overline{w}^{-0.095} \overline{u}^{0.71} \overline{g}^{0.57} [1 + 0.0027 \overline{\sigma}^{1.075} (s_k + 2)^{-0.3744} \overline{w}^{0.09451} \overline{u}^{-0.974} \overline{g}^{-0.806}] \quad (4\text{-}27)$$

式中，$\overline{w}$、$\overline{u}$、$\overline{g}$ 分别是载荷参数、速度参数、材料参数；$\overline{\sigma}$ 和 s_k 分别是无量纲 RMS 粗糙度和偏度，它们的表达式如下：

$$\overline{w} = \frac{w_t}{l e' r}, \ \overline{u} = \frac{\eta_0 u_0}{e' r}, \ \overline{g} = \alpha e', \ \overline{\sigma} = \frac{\sigma}{r} \quad (4\text{-}28)$$

上式中各个参数的定义在前面章节都有详细介绍，此处不再赘述。值得注意的是，由于啮合力、卷吸速度和等效曲率半径均具有时变性，所以，求得的齿轮最小膜厚也是时间的函数。

本章计算齿轮最小膜厚时没有考虑时变挤压效应的影响，这是因为轮齿每个啮合循环的时间远大于润滑剂流经赫兹接触区的时间，故膜厚可以按照准稳态来计算。另外，程等也曾指出挤压效应仅在齿轮刚啮入时的很短时间内起作用，而对最小膜厚并没有太大的影响。

4.3 齿轮动力响应统计特征及润滑可靠性分析

本章的齿轮润滑可靠性研究中主要考虑了齿轮系统的几何和材料等自身参数的随机性，齿轮的模数、齿宽、主/从动轮的转动惯量、材料的弹性模量和静态传动误差的幅值为满足高斯分布的随机变量，且相互独立，其均值和变异系数如表 4-1 所示，其他参数均恒定。

4.3.1 齿轮润滑静态可靠性求解

考虑自身参数随机性的齿轮润滑静态可靠性分析过程如图 4-6 所示，本章采用了直接抽样的 MCS 法。首先，由齿轮模数、齿宽、静态传动误差幅值、材料的弹性模量和主/从动轮的转动惯量等参数的概率密度函数抽样得到其样本值。然后，结合齿轮动力学和润滑系统的确定参数，由齿轮动力学模型得到动态啮合力，通过齿轮运动学和几何分析分别得到时变卷吸速度和时变等效曲率半径，进一步得到齿轮润滑的最小膜厚。最后，将动态啮合力、时变卷吸速度和时变等效曲率半径代入功能函数得到齿轮润滑是否失效，经过 N 次抽样后统计失效频率，估计齿轮润滑的失效概率。本章中抽样次数 N 取 10 万次,动力学方程采用四阶定步长龙格-库塔(Runge-Kutta)数值积分法求解。值得指出的是,本章研究的齿轮润滑静态可靠性并非一个定值,而是与时间有关系的,这时啮合力、卷吸速度和等效曲率半径都是时间的函数,每个样本得到的功能函数也是随时间变化的。但本章的研究并不属于动态可靠性问题,因为每个时间点间是完全相关的,基本变量和响应不必采用随机过程描述。

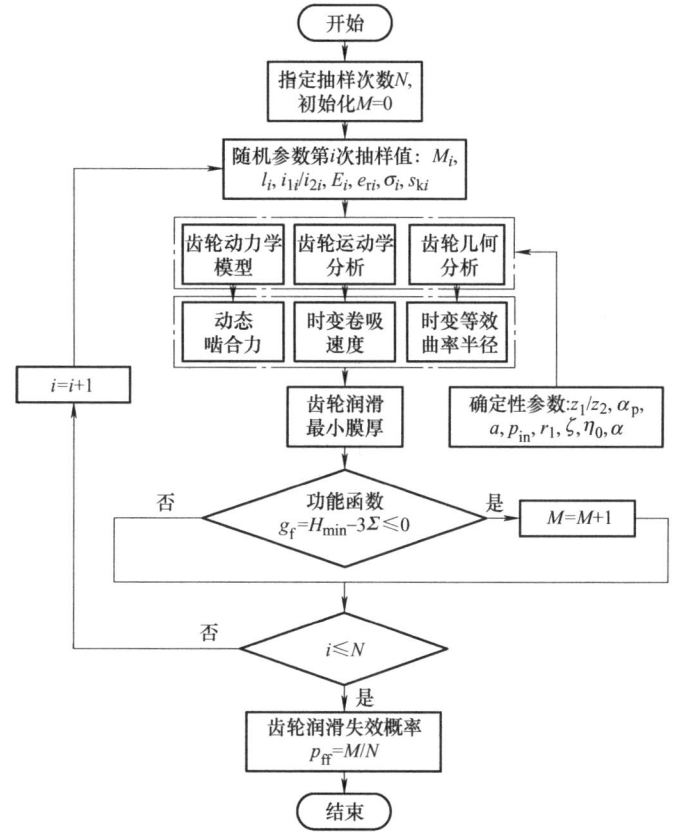

图 4-6　齿轮润滑静态可靠性分析过程

4.3.2　齿轮系统动力响应统计特征

齿轮参数具有随机性,啮合力不再是一个确定的时间函数。图 4-7 为不同的啮合力样本,从这些样本可以看到齿轮的啮合力具有周期性,除了有与啮合刚度相同周期的波动外,还存在一个高频振动成分,该高频振动的频率由齿轮副的固有频率决定,在单双齿交替时波动较大,在阻尼作用下波动逐渐减小。如果齿轮参数为确定值,一条曲线可以描述啮合力随时间的变化规律。当齿轮参数为随机变量时，啮合力曲线会有许多可能的结果，每条曲线的出现有一定的概率。每一时刻的啮合力都是随机变量，但与随机过程不同，每个时刻的啮合力是完全相关的，即某个时刻的啮合力已知，可以得到该样本任意时刻的啮合力。可以理解为每一条啮合力时间函数都是一个随机变量。图4-8为单齿啮合力样本曲线，由图可知啮合力在双齿啮合区的值小于单齿啮合区，在单双齿切换的时候波动较为激烈，然后在阻尼的作用下波动逐渐减弱，啮合力波动的频率与齿轮系统的固有频率有关。

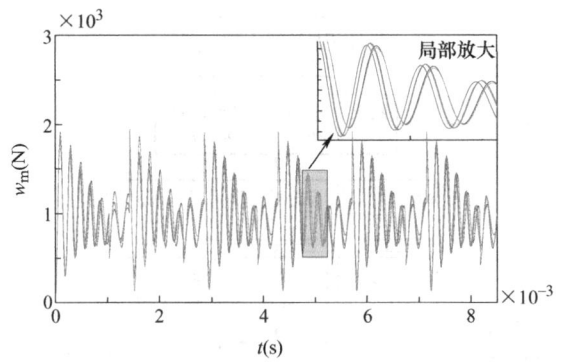

图4-7 动态啮合力样本

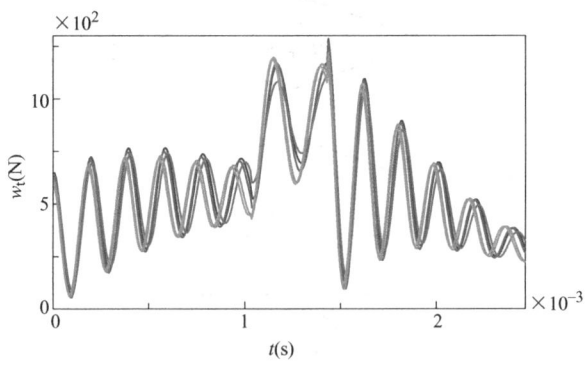

图4-8 单齿啮合力样本曲线

图4-9为等效曲率半径和卷吸速度的样本曲线，与啮合力一样，每一组齿轮的取值都是一条单独的曲线。等效曲率半径和卷吸速度较啮合力更加集中一些，可以说明齿轮参数的随机性对等效曲率半径和卷吸速度的影响较啮合力更弱一些。

图4-10为前6个啮合周期同一时刻点（每个时刻点间隔一个啮合周期）的啮合力分布直方图，可以看到前3个周期分布的直方图差别较大，第5个周期和第

第4章 考虑参数不确定性的齿轮润滑可靠性分析

6个周期几乎没有差别。

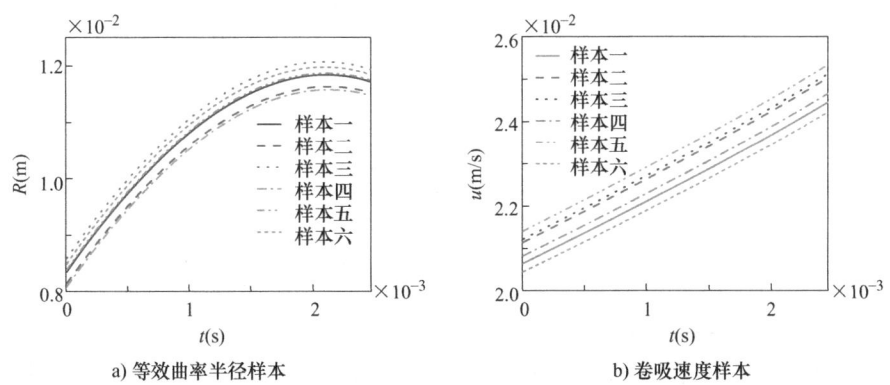

图4-9 等效曲率半径和卷吸速度的样本曲线

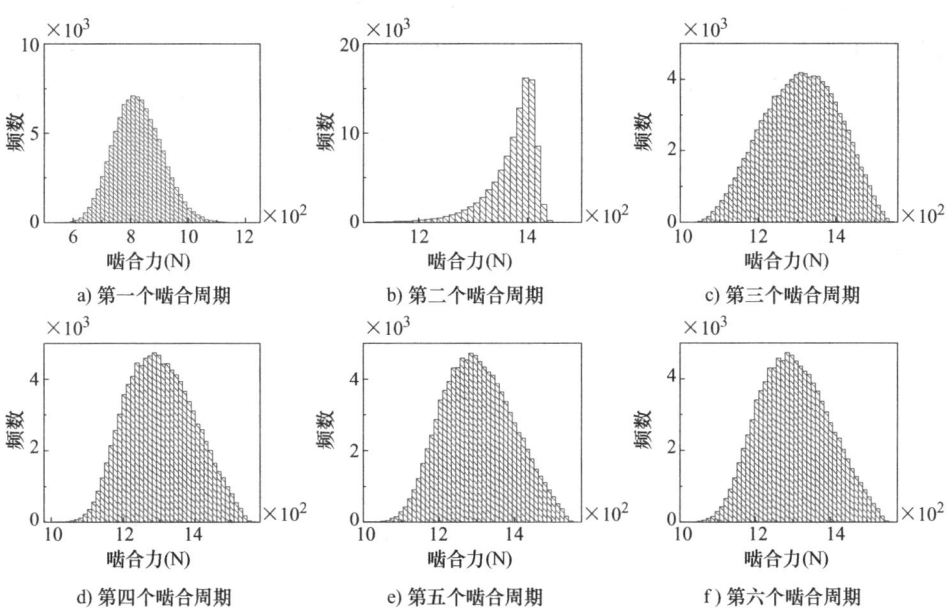

图4-10 某点啮合力在不同啮合周期的频率直方图

由表4-2的6个时刻点的前四阶统计矩和变异系数,同样可以看到第5个啮合周期后统计特征基本不变。所以,可以得出结论,在第5个啮合周期之后,啮合力的分布趋于稳定。为此,若不考虑齿轮参数随时间的退化,可选取第5个啮合周期之后的任一啮合周期来研究齿轮润滑的可靠性。另外,因为前5个周期为起动阶段,在齿轮的整个运行中占的时间很短,在齿轮的整个服役过程中所占比例较小,不是本章可靠性研究中的重点。

表 4-2 某点啮合力在不同啮合周期的啮合力前四阶统计矩和变异系数

时刻	均值(N)	标准差(N)	偏度	峰度	变异系数
1	825.066	83.603	0.250	−3.001	0.101
2	1370.536	47.231	−1.885	8.164	0.034
3	1308.935	95.913	−0.098	−3.632	0.073
4	1303.764	93.079	0.157	−3.572	0.071
5	1303.829	92.541	0.159	−3.520	0.071
6	1303.837	92.537	0.157	−3.519	0.071

两个不同时刻的等效曲率半径分布直方图如图 4-11 所示,可以看到不同时刻的等效曲率半径仍然近似高斯分布。从表 4-3 可以看到,在时刻 1,等效曲率半径的均值和标准差分别为 1.033×10^{-2}m 和 1.288×10^{-4}m;在时刻 2,等效曲率半径的均值和标准差分别为 1.153×10^{-2}m 和 1.280×10^{-4}m。可以看出不同时刻等效曲率半径的标准差并没有很大的差别,两个时刻的变异系数分别为 0.012 和 0.011,影响等效曲率半径的齿轮几何参数变异系数为 0.01。因此可得,不确定性经齿轮几何系统到等效曲率半径没有发生明显改变。

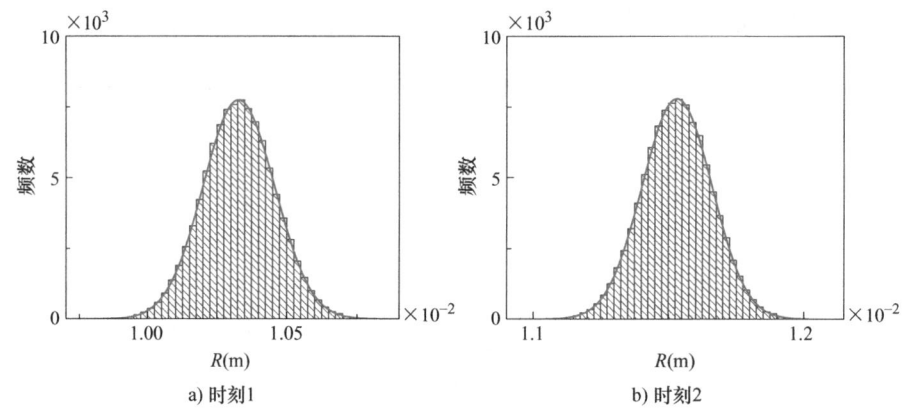

a) 时刻1   b) 时刻2

图 4-11 两个不同时刻的等效曲率半径分布直方图

表 4-3 不同时刻的等效曲率半径前四阶统计矩和变异系数

时刻	均值(m)	标准差(m)	偏度	峰度	变异系数
1	1.033×10^{-2}	1.288×10^{-4}	1.145×10^{-3}	3.034	0.012
2	1.153×10^{-2}	1.280×10^{-4}	0.924×10^{-3}	3.034	0.011

不同时刻卷吸速度的分布直方图如图 4-12 所示,与等效曲率半径一样,卷吸

第4章 考虑参数不确定性的齿轮润滑可靠性分析

速度呈高斯分布,说明齿轮参数经齿轮运动系统后分布形式不发生明显改变。

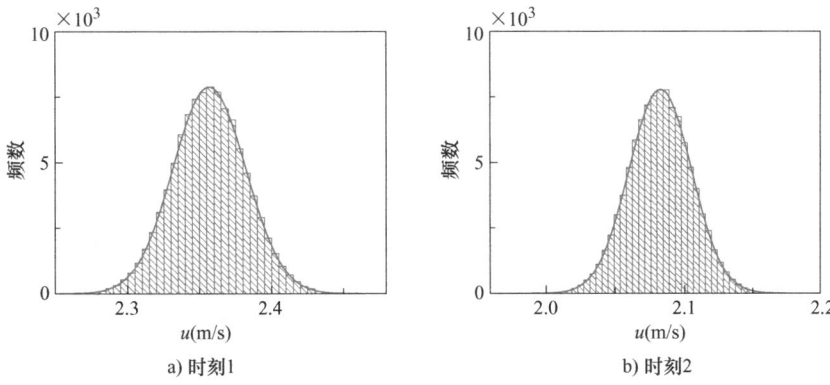

图4-12 不同时刻卷吸速度的分布直方图

表4-4 为与图4-12 对应的卷吸速度的前四阶统计矩和变异系数。从表4-4中可以看到,卷吸速度在两个时刻的均值分别为2.082m/s 和2.356m/s,标准差分别为0.023 和0.025,两个时刻的标准差差别不大。两个时刻变异系数分别为0.011和0.011,与影响卷吸速度的齿轮参数变异系数基本保持一致,所以齿轮的不确定性经运动学系统到卷吸速度没有被明显地放大或缩小。偏度接近0,峰度接近3,可见卷吸速度同样接近高斯分布。

表4-4 不同时刻的卷吸速度前四阶统计矩和变异系数

时刻	均值(m/s)	标准差(m/s)	偏度	峰度	变异系数
1	2.082	0.023	0.006	3.033	0.011
2	2.356	0.025	0.006	3.033	0.011

从上文分析中可知在第5个啮合周期后,各个周期内同一时刻的啮合力趋于稳定,本章以第10个啮合周期为对象来研究一个单齿啮合周期内的啮合力分布规律。将一个单齿啮合周期等间隔分为9个时间点,每个时间点的单齿啮合力分布直方图如图4-13所示。可以看出各啮合点上的啮合力均不再服从高斯分布,而且各时间点的概率分布差异很大,这是齿轮动力学系统的强非线性特性引起的。双齿啮合区的单齿上啮合力的分布较为分散,单齿啮合区的啮合力分布则较为集中;而且单齿啮合区啮合力分布的非高斯性更强。

表4-5 是与图4-13 相对应的9个时间点上啮合力的前四阶统计矩和变异系数,单齿啮合力均值跟确定性分析的结果一致,在双齿啮合区较小,而在单齿啮合区较大。由表可得出,标准差在一个啮合周期的中间时刻较大,在双齿啮合区较小。偏度的绝对值同样在一个啮合周期内中间的单齿啮合区较大,在双齿啮合

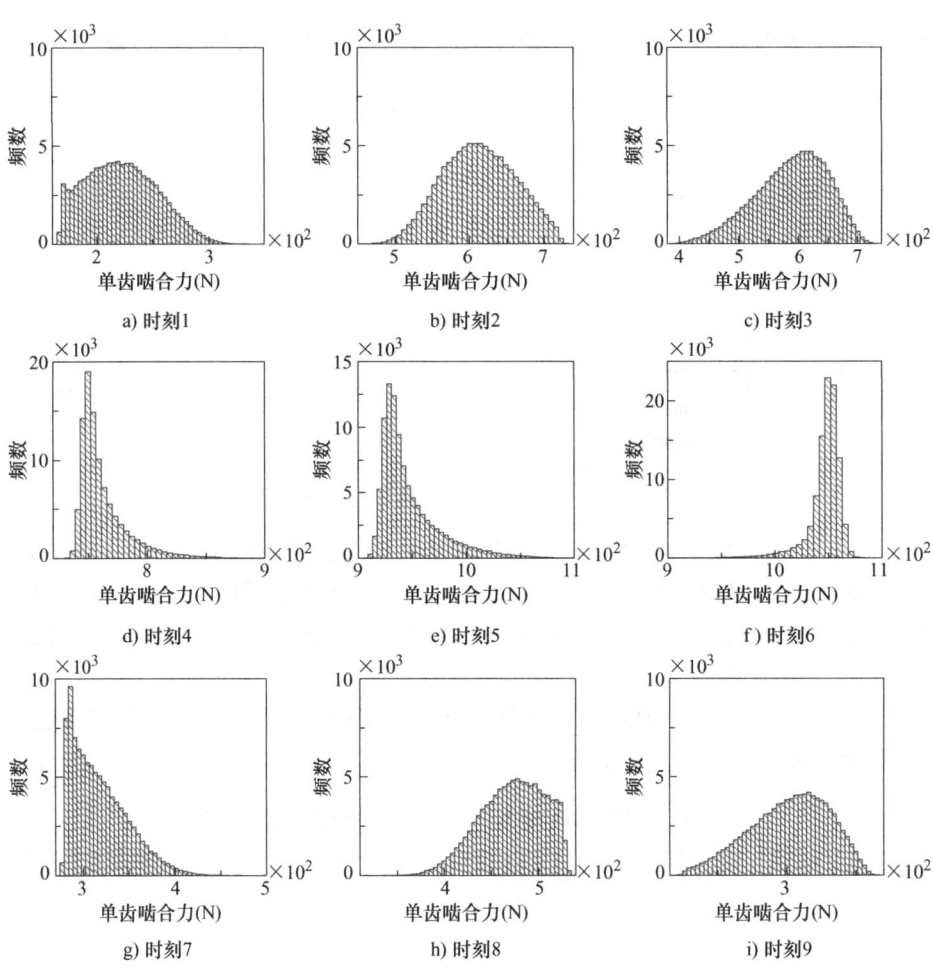

图 4-13 一个单齿啮合周期内 9 个等时间间隔时刻的啮合力分布直方图

表 4-5 一个单齿啮合周期内 9 个等时间间隔时刻的啮合力前四阶统计矩和变异系数

时刻	均值(N)	标准差(N)	偏度	峰度	变异系数
1	222.188	31.825	0.284	2.399	0.143
2	612.536	48.922	−0.024	2.437	0.080
3	588.502	60.283	−0.435	2.707	0.102
4	762.462	21.373	2.177	9.651	0.028
5	947.535	27.674	1.701	6.194	0.029
6	1046.513	16.510	−3.049	18.717	0.016
7	318.197	30.243	0.872	3.298	0.095

（续）

时刻	均值(N)	标准差(N)	偏度	峰度	变异系数
8	472.336	34.040	−0.400	2.556	0.072
9	301.693	28.419	−0.359	2.485	0.094

区较小。峰度在双齿啮合区接近3，在单齿啮合区大于3。这说明在双齿啮合区上，齿轮的单齿啮合力非高斯性要弱一些，而在单齿啮合区更加偏离高斯分布。另外，可以看到各时间点的变异系数均大于齿轮参数，各时间点相差很大，且在双齿啮合区比单齿啮合区更加偏离齿轮参数的变异系数0.01。可以得出，不确定性从齿轮参数经动力学系统传递到动态啮合力后有所增加，这是齿轮系统的强非线性造成的。

4.3.3 齿轮系统润滑可靠性分析

在齿轮润滑可靠性评估之前，我们首先获得了一个单齿啮合周期内的最小膜厚概率分布，此处主动轮转速 n_1=1500r/min，RMS 粗糙度 σ=0.1μm，偏度 s_k=0；由4.4节的磨损试验可知RMS粗糙度和偏度的随机性较大，所以RMS粗糙度变异系数取0.1，偏度的标准差取0.2。图4-13中的9个时间点的最小膜厚分布直方图如图4-14所示，相应的最小膜厚的前四阶统计矩和变异系数如表4-6所示。

表4-6 一个单齿啮合周期内9个等时间间隔时刻的最小膜厚前四阶统计矩和变异系数

时刻	均值(m)	标准差(m)	偏度	峰度	变异系数
1	$6.83×10^{-7}$	$1.02×10^{-8}$	−0.072	3.015	$1.49×10^{-2}$
2	$7.04×10^{-7}$	$1.09×10^{-8}$	−0.033	3.025	$1.55×10^{-2}$
3	$7.39×10^{-7}$	$1.30×10^{-8}$	0.050	3.069	$1.76×10^{-2}$
4	$7.82×10^{-7}$	$1.43×10^{-8}$	0.001	3.023	$1.83×10^{-2}$
5	$7.76×10^{-7}$	$1.23×10^{-8}$	−0.085	3.001	$1.59×10^{-2}$
6	$7.88×10^{-7}$	$1.21×10^{-8}$	0.020	2.979	$1.54×10^{-2}$
7	$8.06×10^{-7}$	$1.04×10^{-8}$	−0.027	2.980	$1.28×10^{-2}$
8	$8.25×10^{-7}$	$1.04×10^{-8}$	−0.011	2.996	$1.26×10^{-2}$
9	$8.68×10^{-7}$	$1.22×10^{-8}$	0.076	3.041	$1.41×10^{-2}$

由图4-14和表4-6可知最小膜厚概率分布与高斯分布较为接近，这是因为等效曲率半径和卷吸速度均服从高斯分布，而此二者对最小膜厚的影响相对载荷更大。在各时间点上，标准差、偏度和峰度没有明显的变化趋势，变异系数较齿轮

参数有所增大，也没有明显的变化规律。所以，不确定性从齿轮参数传递到最小膜厚有所放大，但放大的幅度并不明显。

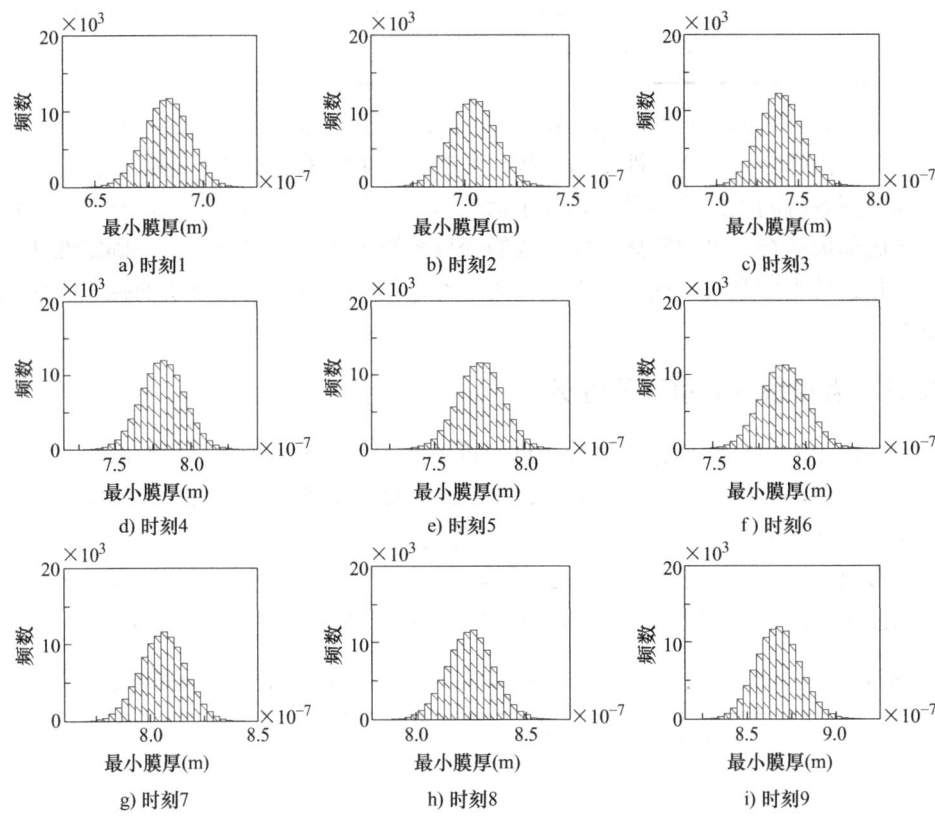

图 4-14 一个单齿啮合周期内 9 个等时间间隔时刻的最小膜厚分布直方图

齿轮转速对膜厚有重要的影响，为此分别研究了主动轮不同转速下的润滑失效概率。主动轮转速分别取 $n_1=1000\text{r/min}$，$n_1=1500\text{r/min}$，$n_1=2000\text{r/min}$；粗糙表面的 RMS 粗糙度和偏度均值分别取 $\sigma_m=0.1\mu\text{m}$ 和 $s_{km}=0$，RMS 粗糙度的变异系数取 0.2，偏度的标准差取 0.2，且保持恒定。齿轮副在不同主动轮转速下一个单齿啮合周期内的润滑失效概率如图 4-15 所示。在 $n_1=1000\text{r/min}$ 时，整个啮合周期内的失效概率都较大，齿根区润滑失效概率大于齿顶区，齿顶区容易形成全膜润滑。在 $n_1=1500\text{r/min}$ 时，齿根区和单齿啮合区容易产生润滑失效，齿顶区失效概率较小，在单齿啮合区后部和刚进入双齿啮合区的一段区域内，润滑失效概率波动较大，其波动的频率与啮合力相同，这是由啮合力的波动引起的。当 $n_1=2000\text{r/min}$ 时，整个啮合周期内润滑失效概率明显减小，齿根区失效概率大于齿顶区。随着转速的增加，失效概率的波动幅度有所增加。另外，主动轮转速对齿轮副润滑的可靠性很敏感，可以推断低于某个转速会完全失效，高于某个转速失效概率将明显降低。

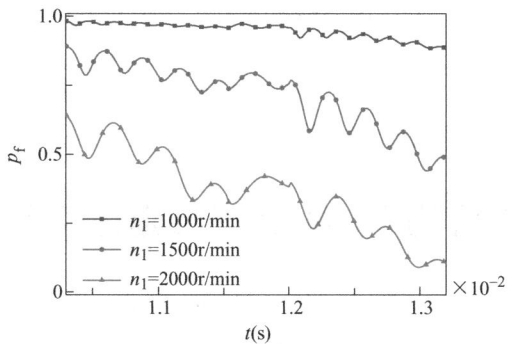

图 4-15 不同主动轮转速下一个单齿啮合周期内的润滑失效概率

图 4-16 为不同综合 RMS 粗糙度和偏度下，齿轮副在一个单齿啮合周期内的润滑失效概率，主动轮转速取 n_1=2000r/min。图 4-16（a）中综合 RMS 粗糙度均值分别取 σ_m=0.10μm，σ_m=0.15μm，σ_m=0.20μm，综合 RMS 粗糙度的标准差均取 0.03μm，偏度均值取 s_{km}=0，偏度的标准差为 0.3。可以得出 RMS 粗糙度对润滑失效概率的影响较大，润滑可靠度随着 RMS 粗糙度的减小而增加。可以预测在 RMS 粗糙度小于某个值时几乎不发生润滑失效，大于某个值时几乎全部失效，所以在齿轮表面加工时，表面粗糙度必须小于某个阈值，否则不能形成完整的油膜，在粗糙度达到某个阈值后继续减小则不会对润滑可靠性有明显的改善。

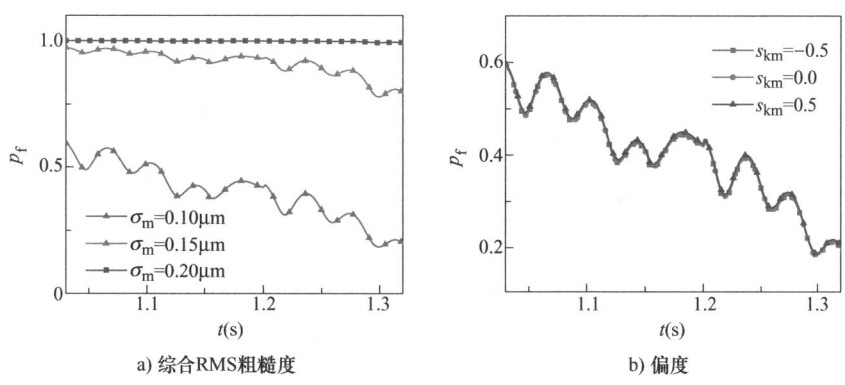

a) 综合RMS粗糙度　　　　　　b) 偏度

图 4-16 不同综合 RMS 粗糙度和偏度下，一个单齿啮合周期内的润滑失效概率

图 4-16（b）中，综合 RMS 粗糙度取 σ_m=0.10μm，其标准差为 0.03μm；偏度分别取 s_{km}=-0.5，s_{km}=0，s_{km}=0.5，其标准差均取 0.3。由图可知偏度对润滑失效

概率的影响较小，随着偏度的增加，润滑的失效概率也有微小的增加。

通过上述分析可以得出，润滑可靠性和一般的机械结构可靠性有所不同，润滑的失效概率较大，这主要是因为润滑失效与结构的失效性质不同。润滑失效不会直接引起结构失效，但会增加磨损或其他形式的损伤，因此长期的润滑失效会导致齿轮结构失效。另外，全膜润滑在齿轮服役中的时间是很短的，特别是在低速时，大部分时间齿轮工作在混合润滑区间。

4.4 齿轮表面粗糙度及润滑可靠性退化规律

在齿轮服役过程中，随着磨损的增加，齿面的形貌也发生变化，由前节分析可知，齿面的形貌参数对润滑可靠性有极大的影响。为此，本节设计了齿轮磨损试验，得到了齿面粗糙度参数 Ra、Rq、s_k、k_u 等随磨损的变化规律。

4.4.1 试验台设计

齿轮磨损试验台如图 4-17 所示，主要由交流伺服电机、转矩转速传感器、齿轮箱、磁粉制动器、加速度传感器等组成。交流伺服电机为驱动装置，其额定功率为 7.5kW，最高转速为 6000r/min，其输出转矩和转速可以通过驱动器精确调节。磁粉制动器用来提供负载转矩，最大可提供 100N·m 的转矩，冷却方式为水冷。转矩转速传感器用来采集减速器输入轴的转速和转矩，额定转矩为 100N·m，最高转速 6000r/min。

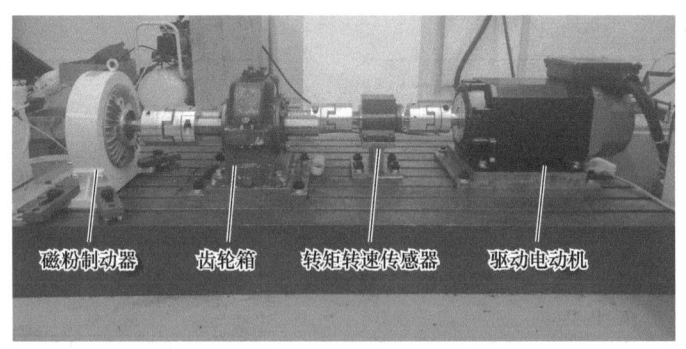

图 4-17 齿轮磨损试验台

试验台控制界面如图 4-18 所示，有转矩和转速两种控制模式，可以实时显示电机的输出转矩和转速。图 4-19 所示为齿轮测试过程，本书采用渐开线直齿轮，其模数为 2.75，主动轮和从动轮的齿数分别为 24 和 49，加工精度为 6 级。试验时，驱动电机输出转矩为 50N·m，输出转速为 500r/min。

第 4 章　考虑参数不确定性的齿轮润滑可靠性分析

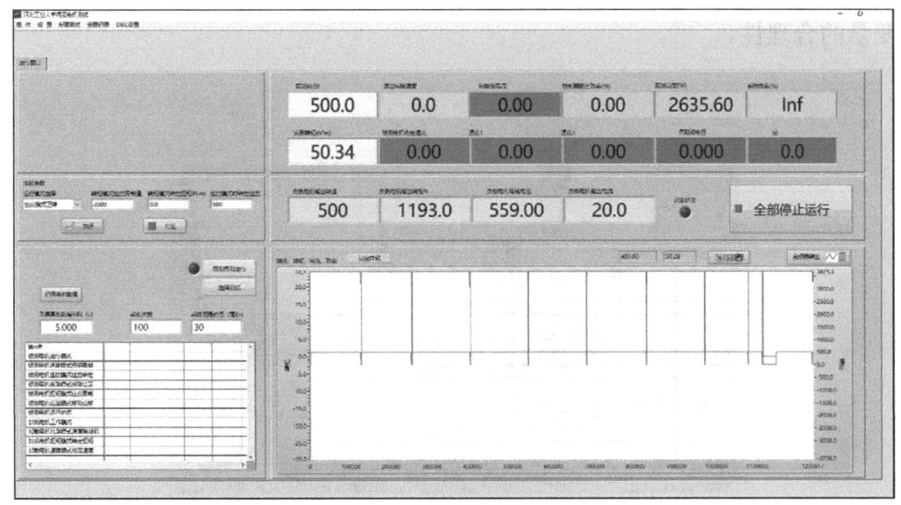

图 4-18　试验台控制界面

图 4-19　齿轮测试过程

4.4.2　齿面粗糙度测量

齿轮的粗糙度测量采用东京精密的 SURFCOM NEX 001SD-12 表面粗糙度测量仪（图 4-20），该测量仪适用于平面、斜面、外圆柱面、内孔表面等的测量，可方便获得 Ra、Rq、Rz、s_k、k_u 等粗糙表面参数。粗糙度测量仪所测数据是测试长度内表面高度的统计特征，通常假设表面高度在测量方向是平稳的，分别可以采用 Rq、s_k、k_u 替代润滑分析中的 RMS 粗糙度、s_k、k_u。

试验时长为 150h，每隔 30h 对主动轮 3 个特定齿的径向粗糙度进行测量，获取齿面粗糙度随磨损的变化规律。每次测量的长度为 0.5mm，测量速度为 0.05mm/s，测量范围±128μm。初始粗糙度分别测量 3 个齿的正反两面，其初始粗糙度值如表 4-7 所示，可以看到齿轮齿面的初始形貌并不服从高斯分布，而且每次测量的值具有一定的随机性，测量结果证明了润滑可靠性分析中将其考虑为随机变量的合理性。

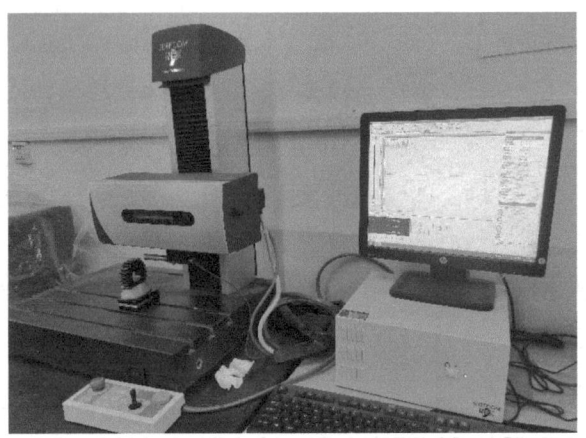

图 4-20 粗糙度测量仪

表 4-7 齿面初始粗糙度值

		粗糙表面参数			
		Ra (μm)	Rq (μm)	s_k	k_u
左齿面	齿1	0.1738	0.2235	0.2764	3.1038
		0.2601	0.316	0.1365	2.4721
	齿2	0.147	0.1903	0.6354	4.4105
		0.2449	0.3257	0.2471	4.1247
	齿3	0.165	0.2097	0.5966	4.6435
		0.1624	0.2268	0.7014	6.6575
右齿面	齿1	0.0969	0.1206	0.2044	2.7381
		0.1481	0.2001	0.9516	5.0896
	齿2	0.1576	0.1954	−0.0997	2.5829
		0.2752	0.3605	0.0618	3.7304
	齿3	0.2069	0.2514	−0.1919	2.8555
		0.3296	0.424	0.4009	3.0632

为了便于分析与比较粗糙度随磨损的变化情况，对测得的粗糙度数据进行了统计处理，初始测量的均值、标准差和变异系数如表 4-8 所示。从表 4-7 可以看出，相对于 Ra 和 Rq，s_k 和 k_u 的随机性更大一些。之后的粗糙度测量只选取这 3 个齿的啮合面，每个齿的啮合面做 5 次径向测量，然后对 15 组测量结果分别进行统计处理。从 30h 到 150h 的 5 次测量的 Ra、Rq、s_k 和 k_u 的均值、标准差和变异

第4章 考虑参数不确定性的齿轮润滑可靠性分析

系数如表4-9至表4-13所示。

表4-8 齿面初始粗糙度统计特征

统计特征	Ra (μm)	Rq (μm)	s_k	k_u
均值	0.1973	0.2537	0.3267	3.7893
标准差	0.0669	0.0858	0.3419	1.2546
变异系数	0.3393	0.3384	1.0464	0.3311

表4-9 30h后齿面粗糙度统计特征

统计特征	Ra (μm)	Rq (μm)	s_k	k_u
均值	0.0832	0.1089	−0.2348	4.0709
标准差	0.0310	0.0390	0.5012	1.0802
变异系数	0.3729	0.3584	−2.1346	0.2653

表4-10 60h后齿面粗糙度统计特征

统计特征	Ra (μm)	Rq (μm)	s_k	k_u
均值	0.1021	0.1377	0.1703	4.5223
标准差	0.0279	0.0404	0.5227	2.0813
变异系数	0.2736	0.2930	3.0692	0.4602

表4-11 90h后齿面粗糙度统计特征

统计特征	Ra (μm)	Rq (μm)	s_k	k_u
均值	0.0852	0.1085	−0.2361	4.4048
标准差	0.0500	0.0620	0.6302	2.8187
变异系数	0.5885	0.5713	−2.6699	0.6399

表4-12 120h后齿面粗糙度统计特征

统计特征	Ra (μm)	Rq (μm)	s_k	k_u
均值	0.0861	0.1153	−0.1422	5.0968
标准差	0.0511	0.0663	0.6993	3.1847
变异系数	0.5933	0.5751	−4.9190	0.6248

表 4-13 150h 后齿面粗糙度统计特征

统计特征	Ra (μm)	Rq (μm)	s_k	k_u
均值	0.0925	0.1145	−0.0851	4.2621
标准差	0.0588	0.0711	0.5101	0.8154
变异系数	0.6355	0.6210	−6.0001	0.1913

图 4-21 为 4 个表面形貌参数的均值在 0~150h 的变化情况，从图中可以看出，Ra、Rq 的均值随着磨损先是迅速下降，然后逐渐平稳；从表 4-8 至表 4-13 可以看到，其标准差也有所降低，但是变异系数有所增加，这表明其分散性在增加。s_k 的均值有下降的趋势，k_u 的均值有所增加，然后都趋于平稳。从表 4-8 至表 4-13 可以看到，相对于 Ra 和 Rq，s_k 和 k_u 的随机性更大。4 个参数随时间的变化规律都呈现出了浴盆曲线的特征，先急剧变化然后趋于平稳。由于试验成本，只测试了 150 个小时，没有捕捉到粗糙度参数急剧劣化的阶段；换而言之，试验齿轮只经历了磨合磨损和稳定磨损两个阶段，并没有进入剧烈磨损阶段。

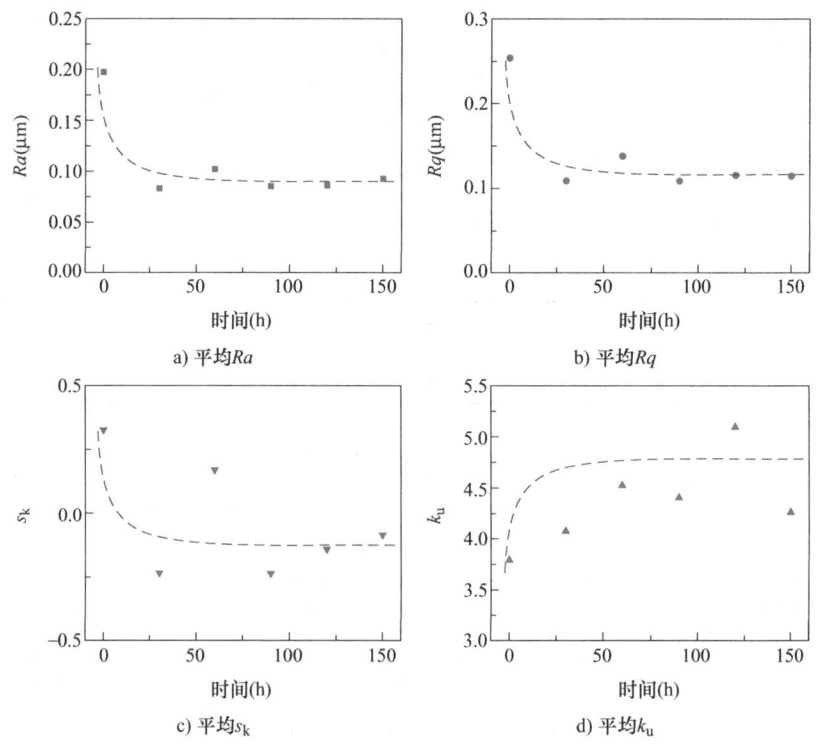

a) 平均Ra　　b) 平均Rq

c) 平均s_k　　d) 平均k_u

图 4-21 齿轮表面粗糙度参数随磨损的变化过程

4.4.3 齿轮润滑可靠性演化规律

齿轮副在服役当中，表面的形貌会发生变化，上一小节设计齿轮磨损试验台得到了轮齿表面粗糙度 Rq 和 s_k 的变化趋势，结果显示随着时间和磨损量的增加，RMS 粗糙度和偏度逐渐减小，但其分散程度随之增加。为了研究齿轮在服役中润滑可靠性的变化情况，本小节在齿面磨损过程中选取 3 个磨损阶段，3 个阶段的 RMS 粗糙度和偏度逐渐减小，其分散程度相应增加。3 个阶段 RMS 粗糙度和偏度的均值和标准差取值如表 4-14 所示，主动轮转速取 n_1=2000r/min。图 4-22 为 3 个阶段中一个单齿啮合周期内的润滑失效概率，很容易得出，在齿轮的服役初期（阶段 1）润滑失效概率较大，随着磨损的增加，齿轮的润滑可靠性有所提高。本试验只涉及磨合和稳定磨损阶段，所以润滑性能随着服役的时间逐渐改善。当服役时间进一步增加时，粗糙度会急剧增加，进入剧烈磨损阶段，那时润滑可靠度也会随之降低。

表 4-14　3 个阶段 RMS 粗糙度和偏度的均值和标准差取值

阶段	RMS 粗糙度均值（μm）	标准差（μm）	偏度均值	偏度标准差
阶段 1	0.20	0.02	0.10	0.20
阶段 2	0.15	0.03	0	0.30
阶段 3	0.10	0.03	−0.10	0.40

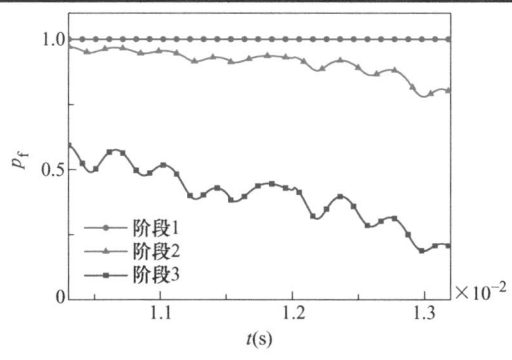

图 4-22　不同服役阶段一个单齿啮合周期内的润滑失效概率

4.5　计算程序

以下程序用于求解主动轮单齿啮合周期内的润滑失效概率，主动轮转速 n_1=1500r/min，粗糙表面的 RMS 粗糙度和偏度均值分别取 σ_m=0.1μm 和 s_{km}=0，RMS 粗糙度的变异系数取 0.2，偏度的标准差取 0.2。

```
clear
clc;
tic
global t n1 z1 z2    rb1 rb2 alphax1 alphax2 chi ha c v alpha
global a om tn n nn mm dt
global rk    rb rr rf
x1=0.1229e−3;
x2=−0.1229e−3;
chi=[x1,x2];
z1=35;
z2=58;
ha=1;
c=0.25;
v=0.3;
alpha=pi/9;
Z=0.68;
eda0=0.05;
p0=5.1e−9;
a1=log(eda0)+9.67;
alfa=Z*a1*p0;
n1=1500;
tt=60/(z1*n1);
om=1/tt;
mm=10;
tn=1;
dt=tt/(100*tn);
t=dt:dt:mm*tt;
n=length(t);
nn=tn*172;
cn=1e5;
mcfm=zeros(cn,tn*mm*100);
EV=zeros(cn,nn);
ER=zeros(cn,nn);
EU=zeros(cn,nn);
CE(1:cn)=0;
G(1:cn)=0;
cl(1:cn)=0;
sigma(1:cn)=0;
sk(1:cn)=0;
for i=1:cn
```

第4章 考虑参数不确定性的齿轮润滑可靠性分析

```
um=3e-3;
m=normrnd(um,0.01*um);
uE=2.26e11;
E=normrnd(uE,0.01*uE);
CE(i)=E;
ul=0.02;
l=normrnd(ul,0.01*ul);
cl(i)=l;
ui1=1860e-6;
i1=normrnd(ui1,0.01*ui1);
ui2=13590e-6;
i2=normrnd(ui2,0.01*ui2);
uer=1e-5;
er=normrnd(uer,0.01*uer);
usigma=0.1e-6;
sigma(i)=normrnd(usigma,0.2*usigma);
if sigma(i)<0
    sigma(i)=0.1e-8;
end
usk=0;
sk(i)=normrnd(usk,0.2);
G(i)=alfa*E;
d1=z1*m;
d2=z2*m;
rb1=0.5*d1*cos(alpha);
rb2=0.5*d2*cos(alpha);
rb=[rb1,rb2];
ra1=0.5*(d1+2*(ha+x1)*m);
ra2=0.5*(d2+2*(ha+x2)*m);
rk=[ra1,ra2];
rr1=0.5*(d1-2*(ha+c-x1)*m);
rr2=0.5*(d2-2*(ha+c-x2)*m);
rr=[rr1,rr2];
rf1=0.5*(d1-2*(ha-x1)*m);
rf2=0.5*(d2-2*(ha-x2)*m);
rf=[rf1,rf2];
a=0.5*(d1+d2);
alph1max=atan(sqrt(rk(1)^2-rb(1)^2)/rb(1));
alph1min=atan((a*sin(alpha)-sqrt(rk(2)^2-rb(2)^2))/rb(1));
alph2max=atan(sqrt(rk(2)^2-rb(2)^2)/rb(2));
```

```
alph2min=atan((a*sin(alpha)-sqrt(rk(2)^2-rb(2)^2))/rb(2));
alphax1=linspace(alph1min,alph1max,nn);
alphax2=linspace(alph2max,alph2min,nn);
mcfm(i,:)=chouyang(E,l,i1,i2,er);%
n2=z1*n1/z2;
s(1:nn)=0;R1(1:nn)=0;R2(1:nn)=0;R(1:nn)=0;
for j=1:nn
    if j==1
        s(j)=-6.9832e-3;
    else
        s(j)=s(j-1)+(rb1*tan(alphax1(j))-rb1*tan(alphax1(j-1)));
    end
    R1(j)=rb1*tan(alpha)+s(j);
    R2(j)=rb2*tan(alpha)-s(j);
end
for ii=1:nn
    R(ii)=((R1(ii)*R2(ii))/(R1(ii)+R2(ii)));
end
ER(i,:)=R;
V1=(2*pi*n1/60)*R1;
V2=(2*pi*n2/60)*R2;
VR=((V1+V2)/2);
EV(i,:)=VR;
UR=eda0*VR./(E*R);
EU(i,:)=UR;
end
tm=6;
start=tm*100*tn;
mcft=mcfm(:,start+1:start+tn*172);
st(1:tn*172)=1;
st(1:tn*72)=linspace(1/3,2/3,tn*72);
st(tn*100+1:tn*172)=linspace(2/3,1/3,tn*72);
for i=1:cn
    mcft(i,:)=mcft(i,:).*st;
end
Tt=t(start+1:start+tn*172);
hmin=zeros(cn,nn);
lamda=zeros(cn,nn);
W=zeros(cn,nn);
for i=1:cn
```

```
        for j=1:nn
            W(i,j)=mcft(i,j)/(CE(i)*ER(i,j)*cl(i));
hmin(i,j)=ER(i,j)*3.4*W(i,j)^-0.095*EU(i,j)^0.71*G(i)^0.57*(1+0.002711*(sigma(i)/ER(i,j))^
1.075*(sk(i)+2)^-0.3744*W(i,j)^0.0945*EU(i,j)^-0.9740*G(i)^-0.806);
            lamda(i,j)=hmin(i,j)/(3*sigma(i));
        end
end
nf(1:nn)=0;
for i=1:cn
    for j=1:nn
        if lamda(i,j)<3
            nf(j)=nf(j)+1;
        end
    end
end
pf=nf/cn;
figure
plot(Tt,pf);
toc
function [fm]=chouyang(E,l,i1,i2,er)
global zeta  om t n nn tn mm rb dt
[k1]=ishikawa(nn,tn,E,l);
k(1:n)=0;
for i=1:mm
    k(tn*100*(i-1)+1:tn*100*(i))=k1(1:tn*100);
end
kk=0;
for i=1:nn
    kk=kk+k1(i);
end
kk=kk/nn;
me=i1*i2/(i1*rb(2)^2+i2*rb(1)^2);
omega0=sqrt(kk/me);
DT=omega0*dt;
K=k/kk;
zeta=0.05;
T1=47.7465;
fm=T1/rb(1)+4*pi^2*me*om^2*er*sin(2*pi*om.*t);
bb=1e-4;
F0=fm/(kk*bb);
```

```
X(1:n)=0;
Y(1:n)=0;
FM(1:n)=0;
X1=1;
Y1=0;
for i=1:n
    K1=K(i);
    F=F0(i);
    [X2,Y2]=rungekutta(X1,Y1,F,K1,DT);
    X1=X2;
    Y1=Y2;
    X(i)=X2;
    Y(i)=Y2;
FM(i)=2*zeta*Y1+K(i)*((X1-1).*(X1>1))+0.*(-1<=X1&X1<=1)+(X1+1).*(X1<-1));
    fm(i)=FM(i)*me*bb*omega0^2;
end
end
function [X2,Y2] = rungekutta(X1,Y1,F0,K1,H)
global zeta
F1=Y1;
XX=X1;
YY=Y1;
G1=F0-2*zeta*YY-K1*(((XX)-1).*((XX)>1))+0.*(-1<=(XX)&(XX)<=1)+((XX)+1).*((XX)<-1));
F2=Y1+0.5*G1*H;
XX=X1+0.5*F1*H;
YY=Y1+0.5*G1*H;
G2=F0-2*zeta*YY-K1*(((XX)-1).*((XX)>1))+0.*(-1<=(XX)&(XX)<=1)+((XX)+1).*((XX)<-1));
F3=Y1+0.5*G2*H;
XX=X1+0.5*F2*H;
YY=Y1+0.5*G2*H;
G3=F0-2*zeta*YY-K1*(((XX)-1).*((XX)>1))+0.*(-1<=(XX)&(XX)<=1)+((XX)+1).*((XX)<-1));
F4=Y1+G3*H;
XX=X1+F3*H;
YY=Y1+G3*H;
G4=F0-2*zeta*YY-K1*(((XX)-1).*((XX)>1))+0.*(-1<=(XX)&(XX)<=1)+((XX)+1).*((XX)<-1));
X2=X1+(F1+2*F2+2*F3+F4)*H/6;
```

第4章　考虑参数不确定性的齿轮润滑可靠性分析

```
Y2=Y1+(G1+2*G2+2*G3+G4)*H/6;
end
function [k1]=ishikawa(nn,tn,E,l)
global alpha z1 z2 v    chi alphax1 alphax2
global rb rk rr rf
fn=1000;
z=[z1,z2];
rx=zeros(2,nn);
alphax=zeros(2,nn);
omegax=zeros(2,nn);
alphak=[acos(rb(1)/rk(1)),acos(rb(2)/rk(2))];
inva=@(x,y)tan(x)-x;
for i=1:nn
    rx(1,i)=rb(1)/cos(alphax1(i));
    rx(2,i)=rb(2)/cos(alphax2(i));
    alphax(1,i)=alphax1(i);
    alphax(2,i)=alphax2(i);
omegax(1,i)=alphax1(i)-((0.5*pi+2*chi(1)*tan(alpha))/z(1)-(inva(alphax1(i))-inva(alpha)));
omegax(2,i)=alphax2(i)-((0.5*pi+2*chi(2)*tan(alpha))/z(2)-(inva(alphax2(i))-inva(alpha)));
end
sk=[0,0];
sf=[0,0];
hr=[0,0];
h=[0,0];
hi=[0,0];
hx=zeros(1,nn);
for i=1:2
    alphaf=acos(rb(i)/rf(i));
    sk(i)=2*rk(i)*sin(0.5*pi/z(i)-(inva(alphak(i))-inva(alpha)));
    if rb(i)<=rf(i)
sf(i)=2*rf(i)*sin(0.5*(pi+4*chi(i)*tan(alpha))/z(i)-(inva(alphaf)-inva(alpha)));
        hr(i)=sqrt(rf(i)^2-(0.5*sf(i)^2))-sqrt(rr(i)^2-(0.5*sf(i)^2));
    else
        sf(i)=2*rb(i)*sin(0.5*(pi+4*chi(i)*tan(alpha))/z(i)+inva(alpha));
        hr(i)=sqrt(rb(i)^2-(0.5*sf(i)^2))-sqrt(rr(i)^2-(0.5*sf(i)^2));
    end
    h(i)=sqrt(rk(i)^2-(0.5*sk(i))^2)-sqrt(rr(i)^2-(0.5*sf(i)^2));
    hi(i)=(h(i)*sf(i)-hr(i)*sk(i))/(sf(i)-sk(i));
    for j=1:nn
        hx(i,j)=rx(i,j)*cos(alphax(i,j)-omegax(i,j))-sqrt(rr(i)^2-(0.5*sf(i))^2);
```

```
            end
        end
        dbr=zeros(1,nn);
        dbt=zeros(1,nn);
        ds=zeros(1,nn);
        dg=zeros(1,nn);
        for i=1:2
            for j=1:nn
        dbr(i,j)=(12*fn*(cos(omegax(i,j)))^2/(E*l*sf(i)^3))*(hx(i,j)*hr(i)*(hx(i,j)−hr(i))+(hr(i)^3)/3);
        dbt(i,j)=(6*fn*(cos(omegax(i,j)))^2/(E*l*sf(i)^3))*(((hi(i)−hx(i,j))/(hi(i)−hr(i)))*
        （4−((hi(i)−hx(i,j))/(hi(i)−hr(i))))−2*log((hi(i)−hx(i,j))/(hi(i)−hr(i)))−3)*(hi(i)−hr(i))^3;
        ds(i,j)=(2*(1+v)*fn*(cos(omegax(i,j)))^2/(E*l*sf(i)))*(hr(i)+(hi(i)−hr(i))*log((hi(i)−hr(i))/(hi(i)−
        hx(i,j))));
                    dg(i,j)=(24*fn*hx(i)^2*(cos(omegax(i,j)))^2/(pi*E*l*sf(i)^2));
            end
        end
        dpv=4*(1+v^2)*fn/(pi*E*l);
        dm(1:nn)=0;
        k(1:nn)=0;
        for i=1:nn
        dm(i)=dbr(1,i)+dbr(2,i)+dbt(1,i)+dbt(2,i)+ds(1,i)+ds(2,i)+dg(1,i)+dg(2,i)+dpv;
        k(i)=fn/dm(i);
        end
        k1=k;
        for i=1:tn*72
            k1(i)=k(i)+k(i+tn*100);
            k1(i+tn*100)=k(i)+k(i+tn*100);
        end
    end
```

4.6 小结

本章主要研究了不确定自身参数下的齿轮副动力响应、最小膜厚分布及静态润滑可靠性问题。为得到齿轮啮合过程中的动态最小膜厚，建立可考虑时变啮合刚度、侧隙、静态传动误差的齿轮动力学模型，获得了齿轮动态啮合力，通过齿轮几何和运动学分析分别获得了齿轮润滑的等效曲率半径和卷吸速度。将齿轮模数、齿宽、主/从动轮转动惯量、齿轮材料弹性模量、静态传动误差幅值等考虑为随机变量，且假设其均服从高斯分布。构建了润滑可靠性模型并建立了齿轮润滑

第4章　考虑参数不确定性的齿轮润滑可靠性分析

的可靠性模型，采用 MCS 法得到了齿轮动态啮合力、等效曲率半径、卷吸速度和最小膜厚的统计特征，并且得到了不同主动轮转速、轮齿表面 RMS 粗糙度和偏度下齿轮副在一个单齿啮合周期内的失效概率。设计了齿轮磨损试验台，通过试验得到了齿面粗糙度随磨损的演化规律，基于试验结果研究了齿轮在不同磨损阶段的润滑可靠性。结果显示动态啮合力不再服从高斯分布，而等效曲率半径、卷吸速度仍服从高斯分布；最小膜厚不服从高斯分布，但非高斯性弱于啮合力，不确定性从齿轮参数到啮合力、最小膜厚均有所增大。齿轮副润滑失效概率在齿根区大于其他区域，齿轮转速和 RMS 粗糙度对齿轮润滑可靠度影响较大，而轮齿表面偏度影响较小。齿面粗糙度参数随服役时间先急剧变化然后趋于平稳，但随着磨损其随机性不断增加，齿轮的润滑可靠性早期随着磨损的增加有所改善。

第 5 章 考虑外部载荷不确定性的齿轮润滑可靠性分析

5.1 引言

本章主要针对齿轮副在随机载荷作用下的润滑可靠性问题,齿轮自身参数的不确定性并未考虑,此类问题可以看作是单对齿轮在承受随机载荷时的动态可靠性问题。润滑的不确定主要来自动态啮合力和齿轮表面形貌参数。采用在恒定载荷中加入随机噪声的方式刻画随机载荷,将随机载荷代入动力学方程建立齿轮副的随机动力学模型,采用随机纽马克法求解随机动力学方程获得齿轮响应的协方差矩阵,进一步获得动态啮合力的均值函数和方差函数,并采用 MCS 法对结果进行了验证。最后,结合第 3 章提出的膜厚公式和润滑动态可靠性定义,建立了齿轮瞬时可靠性模型,采用改进一次二阶矩法求解得到了齿轮润滑在各个时刻的瞬时可靠度,并获得了齿轮瞬时润滑可靠度随磨损的变化情况。

5.2 齿轮随机动力学模型

5.2.1 随机载荷建模

随机载荷一般可以描述成恒定载荷与随机载荷组合的形式,如风机承受的风载主要包括恒定的平均风和随机的脉动风。本章的载荷采用随机过程来刻画,也分为两部分:一部分为恒定载荷,一部分为随机噪声。将随机部分假设为高斯白噪声。所以,外部载荷可以表示为:

$$r(t) = F(t) + b\dot{B}(t) \tag{5-1}$$

式中,$F(t)$ 是恒定载荷;$B(t)$ 是标准布朗运动;b 是随机噪声的强度。将随机载荷

第 5 章 考虑外部载荷不确定性的齿轮润滑可靠性分析

代入齿轮动力学方程,可得到控制齿轮响应的随机微分方程。

本章需要求解的齿轮在随机外部载荷下的响应属于随机振动的研究范畴,随机振动主要研究机械或结构在随机激励下的响应、稳定性及可靠性问题。随机过程理论是随机振动研究的数学基础,它是与时间有关的一组随机变量。随机变量只能描述静态的随机现象,而随机过程可用来刻画动态的随机现象,本章中涉及的随机载荷采用随机过程刻画更为合理。

5.2.2 齿轮随机动力学方程

在第 4 章根据牛顿定理已得到齿轮副的动力学方程:

$$\begin{cases} I_1\ddot{\theta}_1 + R_{b1}c(R_{b1}\dot{\theta}_1 - R_{b2}\dot{\theta}_2 - \dot{e}) + R_{b1}k(t)(R_{b1}\theta_1 - R_{b2}\theta_2 - e) = T_1 \\ I_2\ddot{\theta}_2 + R_{b2}c(R_{b1}\dot{\theta}_1 - R_{b2}\dot{\theta}_2 - \dot{e}) - R_{b2}k(t)(R_{b1}\theta_1 - R_{b2}\theta_2 - e) = T_2 \end{cases} \quad (5\text{-}2)$$

式中,I_1 和 I_2 是主动和从动齿轮的转动惯量($kg \cdot m^2$);θ_1 和 θ_2 是主从动齿轮的扭转位移(rad);R_{b1}、R_{b2} 是主动和从动齿轮的基圆半径(m);c 是啮合阻尼;e 是静态传动误差(m);$k(t)$ 是时变啮合刚度(N/m);T_1 和 T_2 分别是输入和输出转矩(N·m),与上一章不同的是,此处的负载转矩具有随机性。

齿轮的侧隙在轻载或共振时会对其动力响应产生较大的影响,在一般工况下通常可以忽略,因此本章不予考虑。同样定义齿轮的相对位移为 $X = R_{b1}\theta_1 - R_{b2}\theta_2 - e$,则式(5-2)可以写成如下形式:

$$m_e\ddot{X} + c\dot{X} + k(t)X = F \quad (5\text{-}3)$$

式中,X 大写表示其为随机过程;F 是外部载荷 F_m 与静态传动误差引起的等效载荷 F_e 之和:

$$F = F_m + F_e \quad (5\text{-}4)$$

根据上一章得到的外部载荷和静态传动误差可得等效载荷为:

$$F(t) = \frac{T_1}{R_{b1}} + \frac{4m_e\pi^2}{t_c^2}\sin\left(\frac{2\pi t}{t_c} + \varphi\right) \quad (5\text{-}5)$$

式(5-3)为二阶非线性常微分方程,可采用逐步积分法求解。逐步积分法是构造出由某一时刻及其之前时刻的运动,导出下一时刻运动的递推计算公式,它是计算系统动力学响应最有效的方法之一。随机形式的逐步积分法可用于求解动力学系统在随机激励下响应的协方差矩阵,在处理非线性、多自由度及非平稳激励等随机动力学问题上都有巨大的优势。随机逐步积分法主要包括随机中心法(Stochastic Central Difference Method)、随机霍博尔特法(Stochastic Houbolt Method)、随机纽马克法(Stochastic Newmark Method)等。

将时间离散成一系列小的时间段，在每个小的时间段内，式（5-3）可以等效为线性方程。所以，式（5-3）可写成以下形式：

$$m_e \ddot{X}_n + c\dot{X}_n + k_n X_n = F_n \tag{5-6}$$

$$m_e \ddot{X}_{n+1} + c\dot{X}_{n+1} + k_{n+1} X_{n+1} = F_{n+1} \tag{5-7}$$

式中，下标 n 和 $n+1$ 是第 n 个和第 $n+1$ 个时间步。

根据纽马克积分法，系统的响应可以写成：

$$\dot{X}_{n+1} = \dot{X}_n + (1-\gamma)\ddot{X}_n \Delta t + \gamma \ddot{X}_{n+1} \Delta t \tag{5-8}$$

$$X_{n+1} = X_n + \dot{X}_n \Delta t + \left(\frac{1}{2} - \delta\right)\ddot{X}_n \Delta t^2 + \delta \ddot{X}_{n+1} \Delta t^2 \tag{5-9}$$

式中，Δt 是时间步长，定义为 T/N；T 是求解时长；N 是时间步数；γ 和 δ 分别是积分参数。将式（5-8）和式（5-9）代入式（5-6）和式（5-7）可以得到：

$$\begin{bmatrix} m_e + \delta \Delta t^2 k_{n+1} & \delta \Delta t^2 c \\ \gamma \Delta t k_{n+1} & -\frac{\Delta t}{2} m_e \end{bmatrix} \begin{bmatrix} X_{n+1} \\ \dot{X}_{n+1} \end{bmatrix} = \begin{bmatrix} m_e - \left(\frac{1}{2} - \delta\right)\Delta t^2 k_n & \Delta t m_e - \left(\frac{1}{2} - \delta\right)\Delta t^2 c \\ (1-\gamma)\Delta t k_n & m_e(1-\gamma)\Delta t c \end{bmatrix} \begin{bmatrix} X_n \\ \dot{X}_n \end{bmatrix} + \Delta t \begin{bmatrix} \left(\frac{1}{2} - \delta\right)\Delta t & \delta \Delta t \\ 1-\gamma & \gamma \end{bmatrix} \begin{bmatrix} F_n \\ F_{n+1} \end{bmatrix} \tag{5-10}$$

当 $\gamma \geq 1/2$，$\delta \geq 1/16 + (\gamma^2 + \gamma/4)$ 时，纽马克数值积分法是绝对稳定的，通常取 $\gamma = 1/2$，$\delta = 1/4$。

当考虑外部载荷不确定性时，将式（5-1）的随机外部载荷代入式（5-3），可以得到齿轮传动的随机微分方程：

$$m_e \ddot{X} + c\dot{X} + k(t)X = F + b\dot{B}(t) \tag{5-11}$$

将随机外部载荷替换式（5-10）中的确定载荷，并进行简单的线性变换后可以得到随机系统状态向量的递推表达式：

$$\begin{bmatrix} X_{n+1} \\ \dot{X}_{n+1} \end{bmatrix} = \begin{bmatrix} c + \frac{\Delta t}{2} k_{n+1} & m_e \\ m_e & -\frac{\Delta t}{2} m_e \end{bmatrix}^{-1} \left\{ \begin{bmatrix} c - \frac{\Delta t}{2} k_n & m_e \\ m_e & \frac{\Delta t}{2} m_e \end{bmatrix} \begin{bmatrix} X_n \\ \dot{X}_n \end{bmatrix} + \begin{bmatrix} \frac{\Delta t}{2} & \frac{\Delta t}{2} \\ 0 & 0 \end{bmatrix} \begin{bmatrix} F_n \\ F_{n+1} \end{bmatrix} + \begin{bmatrix} \frac{\sqrt{\Delta t}}{2} b & 0 \\ 0 & \frac{\Delta t \sqrt{\Delta t}}{\sqrt{12}} b \end{bmatrix} \begin{bmatrix} N_{n+1} \\ Q_{n+1} \end{bmatrix} \right\} \tag{5-12}$$

第5章 考虑外部载荷不确定性的齿轮润滑可靠性分析

式中，N 和 Q 是相互独立且服从标准高斯分布的随机变量序列。若初始条件已知，由式（5-12）可以递推计算出系统的动态响应。在每个时间步内，动力学系统是线性的，且满足可加性，式（5-12）可以写成：

$$\begin{bmatrix} X_{n+1} \\ \dot{X}_{n+1} \end{bmatrix} = \begin{bmatrix} Y_{n+1} \\ \dot{Y}_{n+1} \end{bmatrix} + \begin{bmatrix} Z_{n+1} \\ \dot{Z}_{n+1} \end{bmatrix} \tag{5-13}$$

式中，

$$\begin{bmatrix} Y_{n+1} \\ \dot{Y}_{n+1} \end{bmatrix} = \boldsymbol{T}_1 \begin{bmatrix} Y_n \\ Y_n \end{bmatrix} + \boldsymbol{T}_2 \begin{bmatrix} F_n \\ F_{n+1} \end{bmatrix} \tag{5-14}$$

$$\begin{bmatrix} Z_{n+1} \\ \dot{Z}_{n+1} \end{bmatrix} = \boldsymbol{T}_1 \begin{bmatrix} Z_n \\ \dot{Z}_n \end{bmatrix} + \boldsymbol{T}_3 \begin{bmatrix} N_{n+1} \\ P_{n+1} \end{bmatrix} \tag{5-15}$$

$$\boldsymbol{T}_1 = \boldsymbol{N}_1^{-1} \boldsymbol{N}_2, \boldsymbol{T}_2 = \boldsymbol{N}_1^{-1} \boldsymbol{N}_3, \boldsymbol{T}_3 = \boldsymbol{N}_1^{-1} \boldsymbol{N}_4 \tag{5-16}$$

$$\boldsymbol{N}_1 = \begin{bmatrix} c + \dfrac{\Delta t}{2} k_{n+1} & m_e \\ m_e & -\dfrac{\Delta t}{2} m_e \end{bmatrix} \tag{5-17}$$

$$\boldsymbol{N}_2 = \begin{bmatrix} c - \dfrac{\Delta t}{2} k_n & m_e \\ m_e & \dfrac{\Delta t}{2} m_e \end{bmatrix} \tag{5-18}$$

$$\boldsymbol{N}_3 = \begin{bmatrix} \dfrac{\Delta t}{2} & \dfrac{\Delta t}{2} \\ 0 & 0 \end{bmatrix} \tag{5-19}$$

$$\boldsymbol{N}_4 = \begin{bmatrix} \dfrac{\sqrt{\Delta t}}{2} b & 0 \\ 0 & \dfrac{\Delta t \sqrt{\Delta t}}{\sqrt{12}} b \end{bmatrix} \tag{5-20}$$

在上式中，$[Y_n \ \dot{Y}_n]^{\mathrm{T}}$ 是第 n 个时间步系统响应的确定性部分；$[Z_n \ \dot{Z}_n]^{\mathrm{T}}$ 是第 n 个时间步系统响应的随机部分，且该部分的均值为0。另外，容易看到 $\boldsymbol{T}_1$、$\boldsymbol{T}_2$ 和 $\boldsymbol{T}_3$ 均为与齿轮自身参数有关的确定矩阵。

将式（5-13）右边乘它的转置矩阵并取系综平均，便可以得到系统响应的协方差矩阵：

$$\boldsymbol{R}(n+1) = \boldsymbol{T}_1\boldsymbol{R}(n)\boldsymbol{T}_1^{\mathrm{T}} + \boldsymbol{T}_3\boldsymbol{D}_1(n)\boldsymbol{T}_3^{\mathrm{T}} + \boldsymbol{T}_1\boldsymbol{D}_2(n)\boldsymbol{T}_3^{\mathrm{T}} + \boldsymbol{T}_3\boldsymbol{D}_2^{\mathrm{T}}(n)\boldsymbol{T}_1^{\mathrm{T}} \quad (5\text{-}21)$$

式中,

$$\boldsymbol{R}(n) = \begin{bmatrix} E(Z_n^2) & E(Z_n\dot{Z}_n) \\ E(\dot{Z}_nZ_n) & E(\dot{Z}_n^2) \end{bmatrix} = \begin{bmatrix} \mathrm{cov}(Z_n,Z_n) & \mathrm{cov}(Z_n,\dot{Z}_n) \\ \mathrm{cov}(\dot{Z}_n,Z_n) & \mathrm{cov}(\dot{Z}_n,\dot{Z}_n) \end{bmatrix} \quad (5\text{-}22)$$

$$\boldsymbol{D}_1(n) = \begin{bmatrix} E(P_{n+1}P_{n+1}) & E(P_{n+1}N_{n+1}) \\ E(N_{n+1}P_{n+1}) & E(N_{n+1}N_{n+1}) \end{bmatrix} \quad (5\text{-}23)$$

$$\boldsymbol{D}_2(n) = \begin{bmatrix} E(Z_nP_{n+1}) & E(Z_nN_{n+1}) \\ E(\dot{Z}_nP_{n+1}) & E(\dot{Z}_nN_{n+1}) \end{bmatrix} \quad (5\text{-}24)$$

因为 N 和 P 相互独立,所以,$\boldsymbol{D}_1(n)$ 为单位矩阵;对于白噪声或调制白噪声激励,$\boldsymbol{D}_2(n)$ 为 0 矩阵。将动力学系统的响应分解为确定部分和随机部分后,根据概率理论,响应在某个时间步的协方差矩阵等于随机部分协方差矩阵:

$$\boldsymbol{R}(n) = \begin{bmatrix} \mathrm{cov}(X_n,X_n) & \mathrm{cov}(X_n,\dot{X}_n) \\ \mathrm{cov}(\dot{X}_n,X_n) & \mathrm{cov}(\dot{X}_n,\dot{X}_n) \end{bmatrix} \quad (5\text{-}25)$$

自协方差等于方差:

$$\mathrm{cov}(X_n,X_n) = \mathrm{var}(X_n),\ \mathrm{cov}(\dot{X}_n,\dot{X}_n) = \mathrm{var}(\dot{X}_n) \quad (5\text{-}26)$$

系统响应的均值矩阵递推式可以通过对式(5-12)求系综平均得到:

$$\begin{bmatrix} E(X_{n+1}) \\ E(\dot{X}_{n+1}) \end{bmatrix} = \boldsymbol{T}_1 \begin{bmatrix} E(X_n) \\ E(\dot{X}_n) \end{bmatrix} + \boldsymbol{T}_2 \begin{bmatrix} F_n \\ F_{n+1} \end{bmatrix} \quad (5\text{-}27)$$

5.2.3 齿轮动态啮合力

由于齿轮润滑可靠性评估的关键在于获得最小膜厚,在本章不确定外部载荷作用下的齿轮润滑可靠性分析中,最小膜厚的不确定性来自啮合力,故求解啮合力的矩函数是可靠性评估的关键。

通过求解齿轮的随机动力学方程得到的齿轮每个时间步的位移和速度响应,进一步可以求得任意时间步的单齿啮合力:

$$W_{tn} = W_n l = c\dot{X}_n + k_{sn}X_n \quad (5\text{-}28)$$

式中,W_{tn} 是第 n 个时间步的单齿上的啮合力;W_n 是第 n 个时间步的单位齿宽单齿啮合力;l 是齿宽;c 是阻尼;X_n 和 $\dot{X}_n$ 分别是第 n 个时间步的位移和速度;k_{sn} 是单个齿在第 n 个时间步的啮合刚度。根据均值和方差的性质,可以由速度和位移的均值和协方差得到单齿上啮合力的均值和方差:

第 5 章 考虑外部载荷不确定性的齿轮润滑可靠性分析

$$E(W_{tn}) = \mu_{W_{tn}} = cE(\dot{X}_n) + k_{sn}E(X_n) \qquad (5\text{-}29)$$

$$\text{var}(W_{tn}) = c^2\text{var}(\dot{X}_n) + k_{sn}^2\text{var}(X_n) + ck_{sn}[\text{cov}(\dot{X}_n, X_n) + \text{cov}(X_n, \dot{X}_n)] \quad (5\text{-}30)$$

5.3 齿轮动力响应及润滑瞬时可靠性分析

齿轮传动在很多的应用场合承受的外部载荷都具有随机性，这种随机性会通过动力学系统传递到润滑系统，使得齿轮在任意时刻的润滑状态不能确定，给齿轮动力学响应和润滑可靠性研究造成了困难。本节采用所提齿轮润滑瞬时可靠性分析方法对某渐开线直齿轮副的润滑瞬时可靠性进行了评估。首先，对齿轮润滑瞬时可靠性分析的流程做了简要的介绍。然后，获得齿轮副在随机载荷下的动力响应的统计特征，并分析了随机噪声强度对动力响应统计特征的影响。最后，获得了动态啮合力的均值和方差函数，并得到了齿轮单个啮合周期内润滑瞬时失效概率。在本章中采用了高斯白噪声来模拟外部载荷的随机性，但该方法对于非白噪声外部激励依然适用。本章用到的齿轮和润滑剂的参数如表 5-1 所示。

表 5-1 齿轮和润滑剂的参数

参数（单位）	主/从动轮
齿数 $z_1 : z_2$	35∶58
压力角（°）	20
模数（mm）	3
齿宽（mm）	20
转动惯量（kg·mm²）	1860/13590
中心距（mm）	139.5
静态传动误差幅值（m）	1×10^{-5}
弹性模量（GPa）	206/206
泊松比	0.3
阻尼比	0.05
功率均值（kW）	5
主动轮转速（r/min）	1500
环境黏度（Pa·s）	0.05
黏压指数	0.68

5.3.1 齿轮润滑瞬时可靠度求解

齿轮润滑瞬时失效概率求解过程如图 5-1 所示,随机外部载荷激励下的齿轮啮合力是一个随机过程,由于不考虑齿轮自身参数的不确定性,故研究润滑瞬时可靠性的关键在于获得动态啮合力的均值函数和方差函数。为此,在前一章的齿轮动力学模型的基础上建立了齿轮副的单自由度随机动力学模型。采用恒定载荷中加入高斯白噪声的方式来模拟随机外部载荷,随机动力学方程采用随机纽马克法求解,获得了系统位移和速度的协方差矩阵,并用 MCS 法对该方法进行了验证。由齿轮系统位移和速度的协方差矩阵进一步获得啮合力的均值和方差函数。求解随机动力学方程时,每个啮合周期被离散成了 100 个时间步,求解时长为 20 个啮合周期。不失一般性地将起始时刻的位移和速度设置为 0,将初始时刻的协方差矩阵设置为零矩阵,但此方法对于随机的位移和速度初始值的情况一样适用。采用上一章的齿轮运动和几何分析方法可以获得齿轮润滑的卷吸速度和等效曲率半径。结合第 2 章拟合的最小膜厚公式和瞬时可靠性的定义建立齿轮润滑的瞬时可靠性模型,采用改进一次二阶矩法求解得到齿轮润滑的瞬时失效概率。

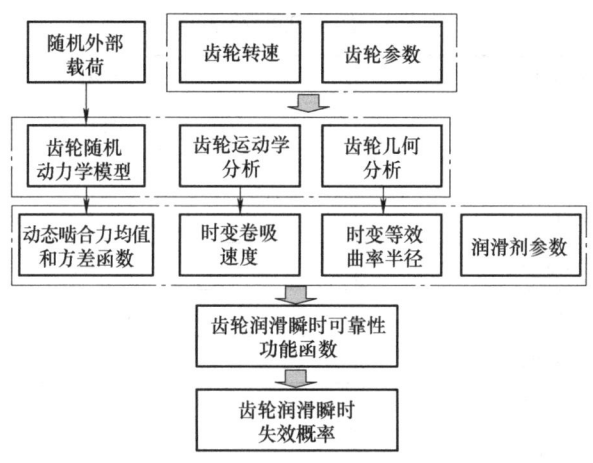

图 5-1 齿轮润滑瞬时失效概率求解过程

5.3.2 随机外部载荷下齿轮动力响应的数字特征

在评估齿轮润滑的瞬时可靠性之前,先获得了其动力学响应的矩函数,图 5-2 展示了激励噪声强度为 $b=0.15$ 时,前 10 个啮合周期内位移 X 和速度 $\dot{X}$ 的均值。由图 5-2(a)可以看出,位移均值函数和确定载荷下的位移响应一样,有两个主要频率的振动成分,低频成分与时变啮合刚度相同,高频成分与齿轮系统的固有

第5章 考虑外部载荷不确定性的齿轮润滑可靠性分析

频率有关。在单齿啮合区，位移响应较大，在单双齿转换时振动较为剧烈，在阻尼的作用下逐渐衰减。在前两个啮合周期，位移响应由于啮入带来的冲击有些波动，属于瞬态响应，之后的几个啮合周期振动逐渐平稳，此时进入稳态响应。图 5-2（b）为速度的均值函数，以 0 为中心上下波动，与恒定载荷下的速度响应相同，同样包含两个主要的振动成分，在单双齿变换时波动较为剧烈。在前两个啮合周期有啮入冲击，之后逐渐平稳。与位移响应均值的不同之处在于，速度均值在双齿区的振动幅值大于单齿区的。

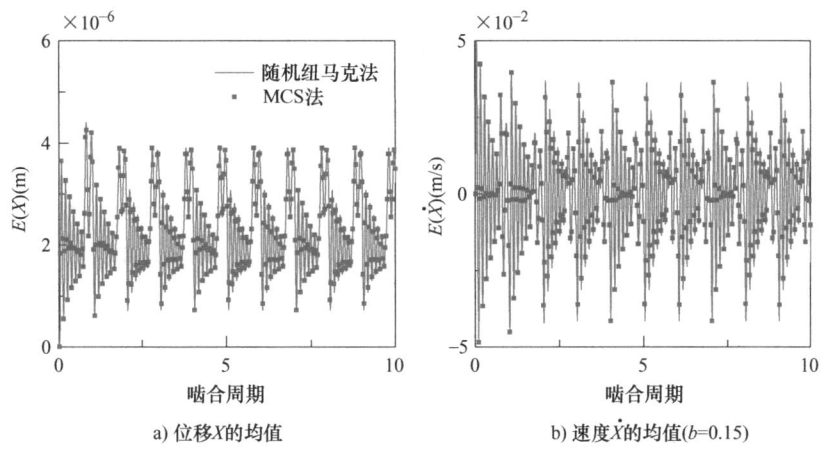

a) 位移 X 的均值　　　　　　b) 速度 $\dot{X}$ 的均值（b=0.15）

图 5-2　齿轮响应的均值

本小节同时求取了不同噪声强度下的位移和速度均值函数，结果显示噪声强度对位移和速度均值并没有影响。采用 MCS 法求解了随机外部载荷激励下 10 个啮合周期内齿轮位移和速度的均值函数和协方差函数，MCS 法仿真次数为 10 万次。如图 5-2 所示，图中方形散点为采用 MCS 法获得的位移和速度的均值函数，可以看出由随机纽马克法和 MCS 法所得位移和速度的均值函数吻合很好，可以证明本章方法的有效性。

由随机纽马克法和 MCS 法获得的位移速度协方差函数如图 5-3 所示。图 5-3 中实线为随机纽马克法结果，方形散点为 MCS 法结果，由于协方差的初始值为零矩阵，所以，各图中起始点均为 0。图 5-3（a）为位移的方差函数，图 5-3（b）为位移和速度的协方差函数，图 5-3（c）为速度和位移的协方差函数，图 5-3（d）为速度的方差函数。协方差同样存在与位移和速度均值相同的振动特征，前两个啮合周期有啮入冲击引起的不稳定，在单双齿交替时波动较为强烈，在阻尼作用下逐渐平稳。协方差振动的频率与位移和速度均值有所不同，协方差依然存在与啮合频率相同的成分，但高频成分频率相对均值增加了约一倍。另外，由于协方差满足交换律，位移和速度的协方差与速度和位移的协方差相同。值得指出的是，位移的方差在单齿啮合区较大，而速度的方差在双齿啮合区较大。同样可以由图 5-3 看出，随机纽马克法和 MCS 法所得的协方差可以很好地吻合。然而，在 i7-6700 CPU @ 3.4 GHz 处理器的个人电脑上运算时，MCS 法大约需要 4h，而随机纽马克法只需要 0.18s，计算效率得到了极大提升。

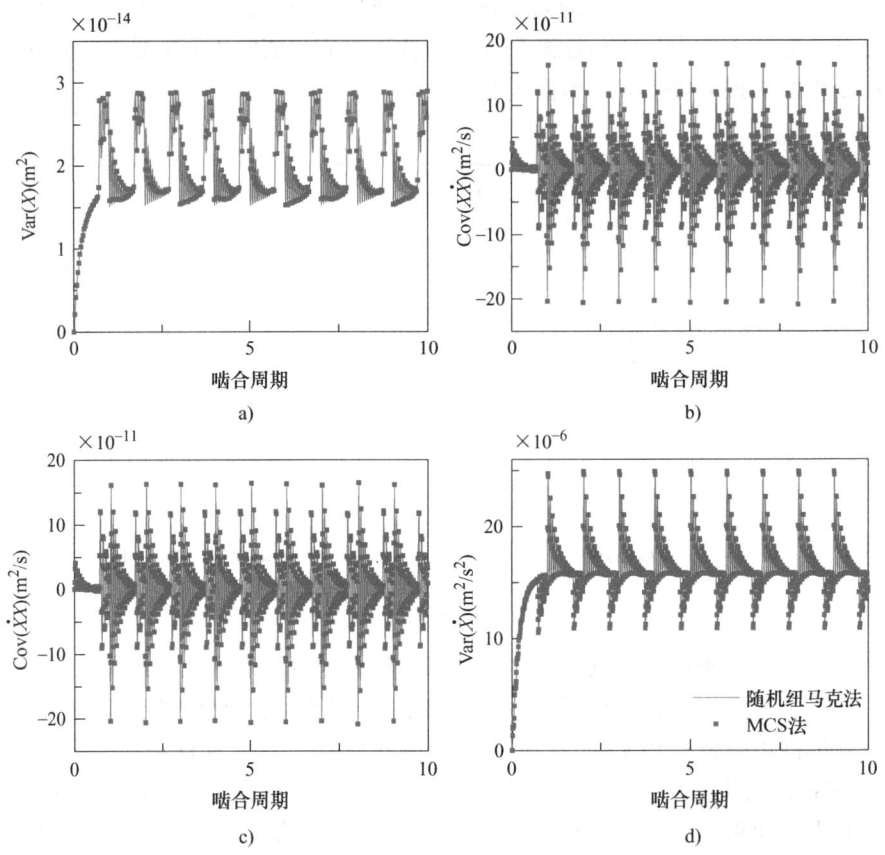

图 5-3 随机纽马克法和 MCS 法得到的动力响应的协方差函数（$b=0.15$）

激励噪声的强度对位移和速度的均值没有影响，但却对二者的协方差有很大的影响，不同噪声强度下的位移速度协方差如图 5-4 所示。图 5-4（a）、（b）、（c）、（d）分别为位移的方差、位移速度的协方差、速度位移的协方差、速度的方差。由图可知，随着噪声强度的增加，位移、速度的方差的值和波动幅度都有所增加，位移速度协方差和速度位移协方差只增加了波动的幅值。

5.3.3 齿轮润滑瞬时可靠性分析

在齿轮副的瞬时润滑可靠性评估之前，需要先获取啮合力的均值和方差函数，前 10 个啮合周期内，不同激励噪声强度下的啮合力均值和方差如图 5-5 所示。从

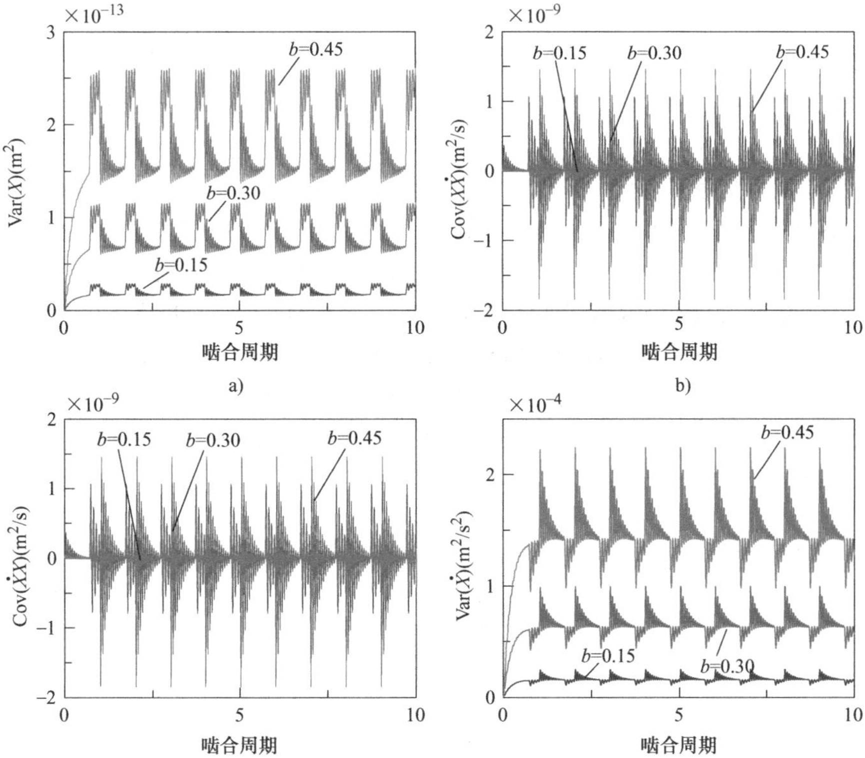

第 5 章 考虑外部载荷不确定性的齿轮润滑可靠性分析

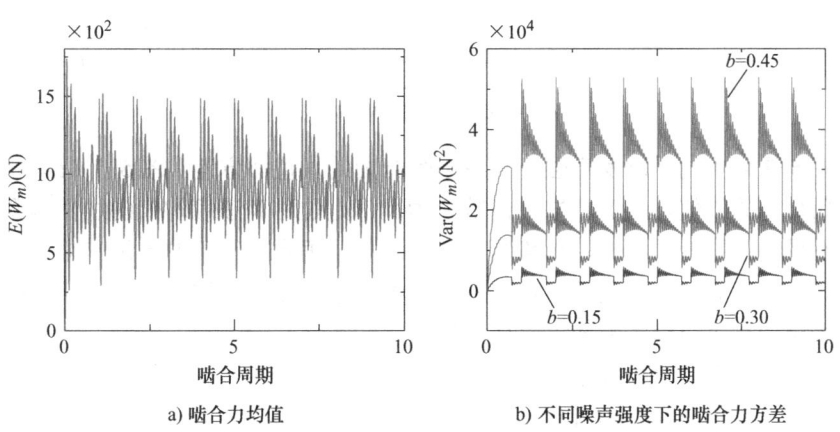

图 5-4 不同噪声强度下的位移速度协方差（$b=0.15$，$b=0.30$ 和 $b=0.45$）

a) 啮合力均值　　b) 不同噪声强度下的啮合力方差

图 5-5　啮合力的统计特征

图 5-5（a）啮合力均值函数可以看出，其与确定载荷下的啮合力曲线相似，包含低频和高频振动，高频由系统固有频率决定，低频与齿轮的啮合频率相同。在前

润滑可靠性建模理论及应用

两个啮合周期内存在啮入冲击带来的不稳定，两个周期后啮合力均值逐渐平稳。在单双齿交替时，波动较为剧烈。不过啮合力均值同样不受噪声强度的影响，而啮合力方差波动的幅值和均值都随着噪声强度的增加而增加。从图 5-5（b）还可以看出，啮合力的方差在单齿啮合区明显小于双齿啮合区的；其振动特征与啮合力均值相似，在单双齿交替时有较大的波动，但高频成分的频率是啮合力均值的两倍。

不同单齿啮合周期内（第 1 个、第 5 个和第 10 个）的单齿啮合力均值和方差如图 5-6 所示，由图可知，不同周期内的啮合力均值和方差相差不大。第 1 个与第 5 个单齿啮合周期内的单齿啮合力均值和方差稍有差别，但是第 5 个与第 10 个单齿啮合周期内的单齿啮合力均值和方差几乎没有差别，可以得出在前 5 个单齿啮合周期后，齿轮啮合趋于稳定。在不考虑齿轮参数退化时，之后的任意单齿啮合周期的啮合力都可表示轮齿的受力，在后续齿轮润滑瞬时可靠性研究中均将第 5 个单齿周期作为对象。

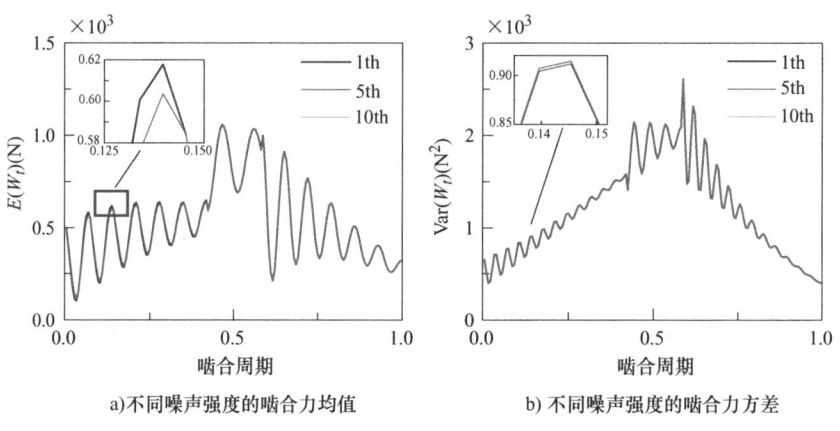

a) 不同噪声强度的啮合力均值　　　b) 不同噪声强度的啮合力方差

图 5-6　不同单齿啮合周期内的啮合力统计特征

图 5-7 为不同激励噪声强度下单齿啮合力的均值和方差。图 5-7（a）所示为单齿啮合力的均值，由前可知单齿啮合力均值是位移和速度均值的线性函数，所以也不受噪声强度的影响。单齿啮合力的均值同恒定载荷下的单齿啮合力相似，单齿区啮合力大于双齿区的，在单双齿交替时会有较大的波动，且幅值在阻尼作用下逐渐减小，波动频率为齿轮系统的固有频率。

图 5-7（b）为不同激励噪声强度下轮齿在第 5 个单齿啮合周期内的啮合力方差，噪声强度分别取 $b=0.15$，$b=0.30$，$b=0.45$。可以看到单齿啮合力方差随着噪声强度的增加而增加，单齿啮合力的方差从啮入点到单齿啮合最低点逐渐增加，在单齿啮合区大于双齿啮合区且基本保持恒定，从单齿啮合最高点到啮出点逐渐减小，且在双齿啮合区变化的梯度随着噪声强度而增加。单齿啮合力方差在单双齿变化时同样有较大的波动，然后逐渐衰减，波动的幅值随着噪声强度的增加而

第 5 章 考虑外部载荷不确定性的齿轮润滑可靠性分析

增加。波动的频率与位移和速度协方差一样,大概为系统固有频率的两倍。

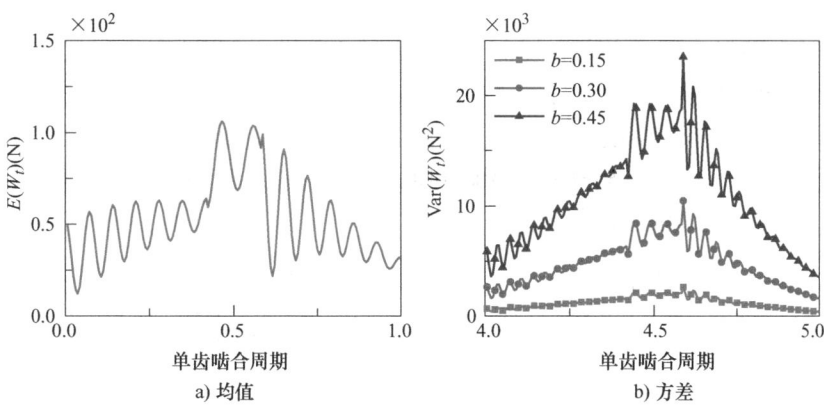

图 5-7 不同激励噪声强度下的单齿啮合力

不同单齿啮合周期和不同激励噪声强度下的齿轮润滑瞬时失效概率如图 5-8 所示,噪声强度分别取 $b=0.15, b=0.30, b=0.45$;RMS 粗糙度均值取 $\sigma_m=0.3\mu m$,变异系数为 0.1;粗糙表面偏度均值取 $s_{km}=0.0$,偏度的标准差为 0.5。其中图 5-8(a)为第 1 个、第 5 个和第 10 个单齿啮合周期,图 5-8(b)为不同噪声强度。由图可以得出,从啮入点到啮出点失效概率逐渐减小,但单齿啮合区失效概率较高,齿根区失效概率最高。失效概率在单双齿交替时有较大的波动,之后逐渐衰减,波动频率与系统固有频率有关。第 1 个单齿啮合周期内润滑瞬时失效概率与第 5 个单齿啮合周期有微小的差别,这是啮入冲击引起的,而第 5 个单齿啮合周期和第 10 个啮合周期几乎没有变化。润滑失效的概率随着噪声强度的增加略有增加,但噪声强度对润滑失效概率影响不大,可以得出,外部载荷的随机性对润滑可靠性影响不占主导,表面粗糙度是影响齿轮润滑瞬时可靠性的主要因素。

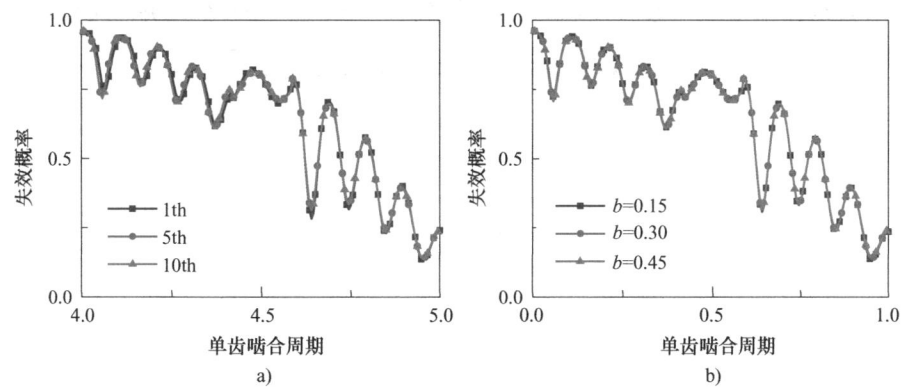

图 5-8 不同单齿啮合周期和不同激励噪声强度下的齿轮润滑瞬时失效概率

润滑可靠性建模理论及应用

图 5-9 为不同主动轮转速下齿轮润滑瞬时失效概率，转速分别取 n_1=1500r/min，n_1=2000r/min 和 n_1=2500r/min，RMS 粗糙度均值取 σ_m=0.3μm，变异系数为 0.1；粗糙表面偏度均值取 s_{km}=0.0，标准差为 0.5；噪声强度 b=0.3。可以看到随着主动轮转速的增加，失效概率降低，这是转速增加后膜厚增加造成的。转速的影响很大，转速超过某个转速时能持续形成完整的油膜，低于某个转速时润滑会完全失效。但是，转速不能无限制地增大，在高转速下润滑剂的非牛顿特性明显，同样会造成油膜破裂。

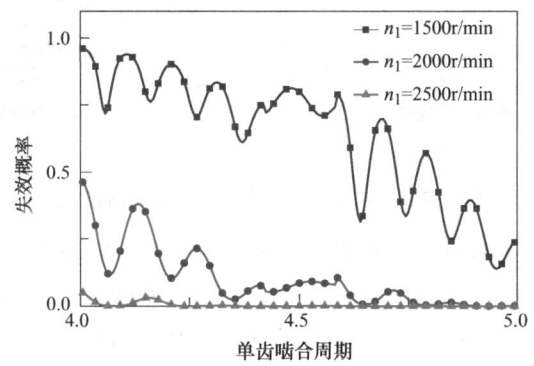

图 5-9 不同主动轮转速下齿轮润滑瞬时失效概率

图 5-10 为不同 RMS 粗糙度下齿轮润滑瞬时失效概率，RMS 粗糙度均值分别取 σ_m=0.2μm，σ_m=0.3μm 和 σ_m=0.4μm，变异系数均取 0.1；粗糙表面偏度均值为 s_{km}=0.0，标准差为 0.5。由图可知，齿轮润滑瞬时失效概率随着 RMS 粗糙度的增加而增加，当 σ_m=0.2μm 时润滑没有失效，当 σ_m=0.4μm 时，瞬时润滑几乎完全失效。所以可以得出，RMS 粗糙度是影响齿轮润滑可靠性的重要指标，适当降低 RMS 粗糙度可以显著地改变润滑可靠性，但 RMS 粗糙度达到一定值时如果进一步降低，也不再影响润滑的可靠度，所以对于润滑来说，一味地减小粗糙度并不可取。

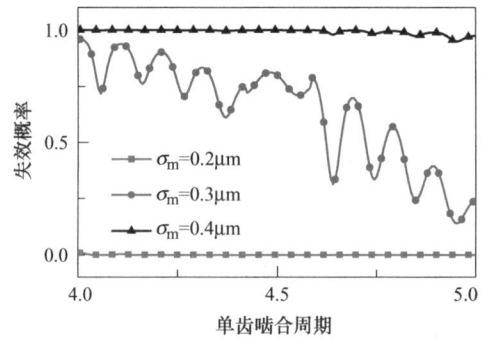

图 5-10 不同 RMS 粗糙度下齿轮润滑瞬时失效概率

第5章 考虑外部载荷不确定性的齿轮润滑可靠性分析

图 5-11 为不同粗糙表面偏度下齿轮润滑瞬时失效概率,粗糙表面偏度均值分别取 $s_{km}=-0.5$,$s_{km}=0.0$ 和 $s_{km}=0.5$,标准差均为 0.5;RMS 粗糙度均值取 $\sigma_m=0.3\mu m$,变异系数取 0.1,主动轮转速取 $n_1=1500r/min$,且保持恒定。可以看到齿轮润滑瞬时失效概率随着偏度的减小而减小,但偏度的影响没有 RMS 粗糙度的大。

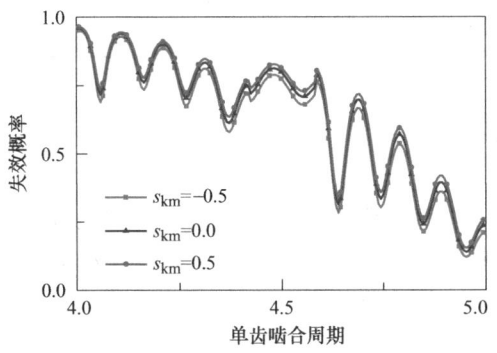

图 5-11 不同粗糙表面偏度下齿轮润滑瞬时失效概率

在前一章的磨损试验中已得出 RMS 粗糙度和偏度在齿轮服役过程中会不断变化,其均值随着磨损呈现出先减小、后增大的趋势,而其方差逐渐增加。本小节也取服役过程的 3 个阶段,各阶段的粗糙度参数如表 5-2 所示。3个阶段的润滑瞬时失效概率如图 5-12 所示。可以看出在初始阶段(阶段 1)瞬时润滑失效概率较大,随着服役时间地增加,齿面粗糙度下降,润滑可靠度相应地增加。当服役时间继续增加时,进入剧烈磨损阶段,润滑可靠度随之急剧下降。

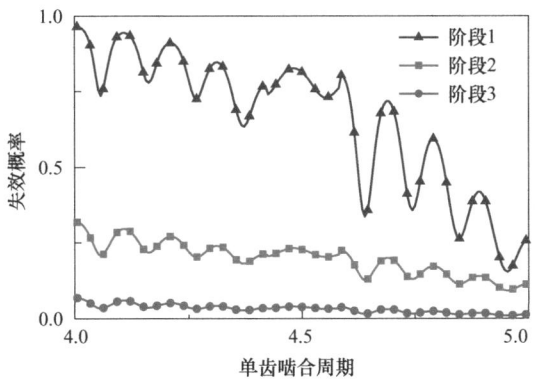

图 5-12 3 个阶段的润滑瞬时失效概率

表 5-2 3 个磨损阶段的 RMS 粗糙度和偏度

阶段	RMS 粗糙度均值 (μm)	RMS 粗糙度标准差 (μm)	偏度均值	偏度标准差
阶段 1	0.30	0.03	0.50	0.30
阶段 2	0.20	0.10	0.00	0.40
阶段 3	0.10	0.10	−0.50	0.50

5.4 计算程序

以下程序用于求解随机载荷下齿轮的润滑瞬时失效概率。主动轮转速 n_1=1500r/min，RMS 粗糙度均值取 σ_m=0.3μm，变异系数为 0.1；粗糙表面偏度均值取 s_{km}=0.0，标准差为 0.5；噪声强度 b=0.3。

```
clear
clc;
tic
x1=0;
x2=0;
z1=35;
z2=58;
epsa=1.72;
i1=1860e-6;
i2=13590e-6;
alpha=pi/9;
d1=0.105;
d2=0.174;
r1=d1/2;
r2=d2/2;
db1=d1*cos(alpha);
db2=d2*cos(alpha);
rb1=db1/2;
rb2=db2/2;
a=0.1395;
m=3e-3;
l=0.02;
E1=2.06e11;
```

第5章　考虑外部载荷不确定性的齿轮润滑可靠性分析

```
E2=2.06e11;
v1=0.3;
v2=0.3;
E=2/(((1-v1^2)/E1)+((1-v2^2)/E2));
z=0.68;
eda0=0.05;
p0=5.1e-9;
a1=log(eda0)+9.67;
alfa=z*a1*p0;
G=alfa*E;
n1=1500;
tt=60/(z1*n1);
om=1/tt;
mm=15;
tn=1;
dt=tt/(100*tn);
T=dt:dt:mm*tt;
n=length(T);
nn=172;
k1=ishikawa(nn);
kk=0;
for i=1:nn
    kk=kk+k1(i);
end
kk=kk/nn;
er=1e-5;
T1=47.7465;
T2=z2*T1/z1;
me=i1*i2/(i1*r2^2+i2*r1^2);
fm=T1/r1+4*pi^2*me*om^2*er*sin(2*pi*om.*T);
cm=0.1*sqrt（me*kk);
b=0.3;
k(1:n)=0;
for i=1:mm
    k(100*(i-1)+1:100*(i))=k1(1:100);
end
R1=zeros(2,2);
```

```
R2=zeros(2,2);
EY=cell(1,n);
YR=cell(1,n);
R=cell(1,n);
EY{1}=[0;0];
YR{1}=[0;0];
R{1}=[0,0;0,0];
for i=1:n-1
    Q=[fm(i);fm(i+1)];
    A1=[cm+0.5*dt*k(i+1),me;me,-0.5*dt*me];
    A2=[cm-0.5*dt*k(i),me;me,0.5*dt*me];
    A3=[0.5*dt,0.5*dt;0,0];
    A4=[b*sqrt(dt),0;0,b*dt*sqrt(dt)/sqrt(12)];
    T1=inv(A1)*A2;
    T2=inv(A1)*A3;
    T3=inv(A1)*A4;
    sx=normrnd(0,1);
    dx=normrnd(0,1);
    WN=[sx;dx];
    EY{i+1}=T1*EY{i}+T2*Q;
    YR{i+1}=T1*YR{i}+T2*Q+T3*WN;
    D1=Q*Q';
    D2=eye(2);
    D3=EY{i}*Q';
    R2=T1*R1*T1'+T3*D2*T3';
    R1=R2;
    R{i+1}=R2;
end
EX1(1:n)=0;
EX2(1:n)=0;
X1R(1:n)=0;
X2R(1:n)=0;
C1(1:n)=0;
C2(1:n)=0;
C3(1:n)=0;
C4(1:n)=0;
for i=1:n
```

第5章 考虑外部载荷不确定性的齿轮润滑可靠性分析

```
        EX1(i)=EY{i}(1);
        EX2(i)=EY{i}(2);
        X1R(i)=YR{i}(1);
        X2R(i)=YR{i}(2);
        C1(i)=R{i}(1,1);
        C2(i)=R{i}(1,2);
        C3(i)=R{i}(2,1);
        C4(i)=R{i}(2,2);
end
EF(1:n)=0;VARF(1:n)=0;
for i=1:n
        EF(i)=EX1(i)*k(i)+EX2(i)*cm;
        VARF(i)=C1(i)*(k(i))^2+C4(i)*(cm)^2+(cm*k(i))*(C2(i)+C3(i));
end
W(1:nn)=1;
W(1:72)=linspace(1/3,2/3,72);
W(101:nn)=linspace(2/3,1/3,72);
EW(1:nn)=0;VARW(1:nn)=0;
tm=10;
for i=1:nn
        EW(i)= W(i)*EF(tm*100+i)/l;
        VARW(i)=W(i)^2*VARF(tm*100+i)/l^2;
end
SVARW=sqrt(VARW);
n2=z1*n1/z2;
h=(1.72*tt)/nn;
t=h:h:(1.72*tt);
d1=m*z1;
d2=m*z2;
r1=d1/2;
r2=d2/2;
s(1:nn)=0;ER1(1:nn)=0;ER2(1:nn)=0;ER(1:nn)=0;
for i=1:nn
        s(i)=(-5.7376+(15.653/nn)*(i-1))*1e-3;
        ER1(i)=rb1*tan(alpha)+s(i);
        ER2(i)=rb2*tan(alpha)-s(i);
end
```

195

```
for i=1:nn
    ER(i)=((ER1(i)*ER2(i))/(ER1(i)+ER2(i)));
end
V1=(2*pi*n1/60)*ER1;
V2=(2*pi*n2/60)*ER2;
VR=((V1+V2)/2);
for i=1:nn
    UR(i)=eda0*VR(i)/(E*ER(i));
end
WWW=EW./(ER*E);
A(1:nn)=0;B(1:nn)=0;H(1:nn)=0;
AN(1:nn)=0;BN(1:nn)=0;HN(1:nn)=0;
SK=0;
sigma=0.3e-6;
for i=1:nn
    AN(i)=3.4*ER(i)^1.095*E^0.095*UR(i)^0.71*G^0.57;
    BN(i)=0.0027*UR(i)^-0.974*G^-0.806*E^-0.0945*ER(i)^-1.1695;
H(i)=AN(i)*EW(i)^-0.095+AN(i)*BN(i)*(SK+2)^-0.3744*EW(i)^-0.0005*sigma^1.075;
HN(i)=3.4*ER(i)*(EW(i)/(ER(i)*E))^-0.095*UR(i)^0.71*G^0.57*(1+0.0027*(sigma/ER(i))^
1.075*(SK+2)^-0.3744*(EW(i)/(E*ER(i)))^0.0945*UR(i)^-0.9740*G^-0.806);
end
PF(1:nn)=0;
for i=1:nn
    MUX=[EW(i);sigma;SK];SIGMAX=[SVARW(i);sigma*0.1;0.5];
    X=MUX;NORMX=eps;
    while abs(norm(X)-NORMX)/NORMX>1e-6
        NORMX=norm(X);
g=AN(i)*X(1)^-0.095+AN(i)*BN(i)*(X(3)+2)^-0.3744*X(1)^-0.0005*X(2)^1.075-3*X(2);
gx1=-0.095*AN(i)*X(1)^-1.095-0.0005*X(1)^-1.0005*AN(i)*BN(i)*(X(3)+2)^-0.3744*X(2)^
1.075;
gx2=1.075*AN(i)*BN(i)*(X(3)+2)^-0.3744*X(1)^-0.0005*X(2)^0.075-3;
gx3=-0.3744*AN(i)*BN(i)*(X(3)+2)^-1.3744*X(1)^-0.0005*X(2)^1.075;
        gx=[gx1;gx2;gx3];
        gs=gx.*SIGMAX;
        alphaX=-gs/norm(gs);
        beta=(g+gx'*(mUX-X))/norm(gs);
        X=MUX+beta*SIGMAX.*alphaX;
```

第5章 考虑外部载荷不确定性的齿轮润滑可靠性分析

```
        end
    PF(i)=normcdf(-beta);
end
figure(1)
plot(T(1:172),PF)
hold on;
toc
function [k1,alphax1] = ishikawa(nn)
alpha0=pi/9;
z=[35,58];
e=2.1e11;
v=0.3;
l=0.02;
fn=1000;
rb=0.5e-3*[98.668,163.507];
rk=0.5e-3*[111,180];
rr=0.5e-3*[97.5,166.5];
rf=0.5e-3*[100.705,169.473];
rx=zeros(2,nn);
alphax=zeros(2,nn);
omegax=zeros(2,nn);
alphax1=linspace(acos(rb(1)/50.39e-3),acos(rb(1)/55.59e-3),nn);
alphax2=linspace(acos(rb(2)/89.91e-3),acos(rb(2)/84.68e-3),nn);
alphak=[acos(rb(1)/rk(1)),acos(rb(2)/rk(2))];
inva=@(x,y)tan(x)-x;
for i=1:nn
rx(1,i)=rb(1)/cos(alphax1(i));
rx(2,i)=rb(2)/cos(alphax2(i));
alphax(1,i)=alphax1(i);
alphax(2,i)=alphax2(i);
omegax(1,i)=alphax1(i)-(0.5*pi/z(1)-(inva(alphax1(i))-inva(alpha0)));
omegax(2,i)=alphax2(i)-(0.5*pi/z(2)-(inva(alphax2(i))-inva(alpha0)));
end
sk=[0,0];
sf=[0,0];
hr=[0,0];
h=[0,0];
```

```
hi=[0,0];
hx=zeros(1,nn);
for i=1:2
    alphaf=acos(rb(i)/rf(i));
    sk(i)=2*rk(i)*sin(0.5*pi/z(i)-(inva(alphak(i))-inva(alpha0)));
    sf(i)=2*rf(i)*sin(0.5*pi/z(i)-(inva(alphaf)-inva(alpha0)));
    hr(i)=sqrt(rf(i)^2-(0.5*sf(i)^2))-sqrt(rr(i)^2-(0.5*sf(i)^2));
    h(i)=sqrt(rk(i)^2-(0.5*sk(i))^2)-sqrt(rr(i)^2-(0.5*sf(i))^2);
    hi(i)=(h(i)*sf(i)-hr(i)*sk(i))/(sf(i)-sk(i));
    for j=1:nn
hx(i,j)=rx(i,j)*cos(alphax(i,j)-omegax(i,j))-sqrt(rr(i)^2-(0.5*sf(i))^2);
    end
end
dbr=zeros(1,nn);
dbt=zeros(1,nn);
ds=zeros(1,nn);
dg=zeros(1,nn);
for i=1:2
    for j=1:nn
dbr(i,j)=(12*fn*(cos(omegax(i,j)))^2/(e*l*sf(i)^3))*(hx(i,j)*hr(i)*(hx(i,j)-hr(i))+(hr(i)^3)/3);
dbt(i,j)=(6*fn*(cos(omegax(i,j)))^2/(e*l*sf(i)^3))*(((hi(i)-hx(i,j))/(hi(i)-hr(i)))*
 (4-((hi(i)-hx(i,j))/(hi(i)-hr(i))))-2*log((hi(i)-hx(i,j))/(hi(i)-hr(i)))-3)*(hi(i)-hr(i))^3;
ds(i,j)=(2*(1+v)*fn*(cos(omegax(i,j)))^2/(e*l*sf(i)))*(hr(i)+(hi(i)-hr(i))*log((hi(i)-hr(i))/(hi(i)-hx(i,j))));
dg(i,j)=(24*fn*hx(i)^2*(cos(omegax(i,j)))^2/(pi*e*l*sf(i)^2));
    end
end
dpv=4*(1+v^2)*fn/(pi*e*l);
dm(1:nn)=0;
k(1:nn)=0;
for i=1:nn
dm(i)=dbr(1,i)+dbr(2,i)+dbt(1,i)+dbt(2,i)+ds(1,i)+ds(2,i)+dg(1,i)+dg(2,i)+dpv;
    k(i)=fn/dm(i);
end
k1=k;
for i=1:72
    k1(i)=k(i)+k(i+100);
```

```
        k1(i+100)=k(i)+k(i+100);
    end
end
```

5.5 小结

  本章主要研究了齿轮传动在承受不确定性外部载荷时的动力响应和润滑动态可靠性。将外部不确定性载荷考虑为恒定载荷和高斯白噪声的组合，建立了齿轮单自由度随机动力学模型，采用随机纽马克法求解得到了系统位移和速度的协方差函数，并进一步得到齿轮动态啮合力的均值和方差函数。基于第3章的润滑失效定义给出了齿轮润滑的瞬时可靠性定义，结合第2章的最小膜厚公式，建立了齿轮润滑的瞬时可靠性模型，采用改进一次二阶矩法获得了齿轮润滑瞬时失效概率。研究表明激励噪声的强度对系统位移和速度的均值没有影响，但二者的方差随着噪声强度的增加而增加，且位移和速度的协方差也随着激励噪声强度的增加而增加。齿轮单齿上的润滑瞬时失效概率在齿根区大于齿顶区，且有跟齿轮副固有频率相同频率的波动。此外，本章还研究了齿轮转速、RMS 粗糙度和偏度对润滑瞬时可靠性的影响。结果显示，润滑瞬时失效概率对转速和 RMS 粗糙度较为敏感，受偏度的影响相对较小，且齿轮润滑瞬时可靠性在早期磨损中有所改善。

第 6 章
载荷和转速不确定情况下轴承润滑可靠性分析

6.1 引言

实际服役条件下，传动部件的载荷和转速通常是随时间变化的，而且存在随机性，这会给传动部件摩擦副的润滑带来大量不确定性。例如，风机通过与风场的交互作用来发电，随机风载对主轴承润滑的作用路径为：风场与风机结构和控制系统的相互作用、传动系统的载荷传递、主轴承内部载荷分配、滚子-滚道润滑状态。随机风场中包含不同频率和大小的风速成分，并且入射风速是随时间随机变化的，加上风切变和湍流等效应，导致风机运行状态多变，风机主轴承在服役中经历较大的载荷波动和转速波动，使得主轴承的润滑状态难以用一个恒定的值或确定的函数来描述和评估。在随机载荷和转速的作用下，如何合理评价传动部件的润滑状态是一个值得深入思考和进一步研究的问题：在载荷和转速不断变化的随机工况下，传动部件的润滑状态如何描述？传动部件润滑的可靠程度如何？随机工况特性对传动部件的润滑状态具有怎样的影响？这一系列问题尚待解答。然而，目前缺乏对载荷和转速不确定情况下传动部件润滑状态的合理评价方法，无法量化随机工况对传动部件润滑的影响，难以描述传动部件在随机工况下润滑的可靠程度。因此，建立载荷和转速不确定情况下传动部件润滑可靠性评估方法，对于描述传动部件在载荷和转速不确定情况下的润滑状态、理解随机工况对传动部件润滑的作用机制、评价传动部件润滑的可靠程度、判断传动部件结构与实际工况是否匹配等具有重要意义。

因此，本章建立载荷和转速不确定情况下轴承润滑可靠性评估方法，以风机主轴承为例，将其载荷和转速假设为平稳遍历过程，探究随机工况特性对主轴承润滑可靠性和失效概率的影响。首先，在随机风场中进行风机气动弹性模拟，获取随机风场-风机交互作用下风机的运行状态和载荷条件。其次，将轮毂载荷作为

第6章 载荷和转速不确定情况下轴承润滑可靠性分析

输入，通过传动系统的力学分析确定主轴承的外部载荷，分析主轴承滚子的受力和运动状态。再次，建立主轴承的润滑可靠性模型，评估随机风场中主轴承的润滑可靠性。最后，讨论随机风场特性（平均风速和湍流强度）对主轴承润滑可靠性和失效概率的影响，针对某型风机主轴承构建用于快速估计的润滑失效概率公式。

6.2 主轴承载荷及润滑可靠性建模理论

风机有多种类型的主轴承配置方式，在不同的配置方式下，主轴承的外部载荷和内部载荷分布各有差异，都会影响主轴承的润滑状态。本节首先简要介绍风机主轴承的主流配置方案，然后采用风机传动系统平衡模型，将风机气动弹性模拟得到的轮毂载荷作为输入，确定随机风场中主轴承的外部载荷。最后将主轴承外部载荷作为输入，采用主轴承内部载荷理论分析模型，获得主轴承单个滚子载荷，通过轴承运动学分析获取摩擦副的运动参数，为后续章节中主轴承无量纲润滑参数的生成打下基础。

6.2.1 风机主轴承配置

风机传动系统的设计方案取决于多种因素，在是否使用齿轮箱、载荷、可靠性、维护性及成本等方面的考虑都会影响传动系统的布局。目前对于主轴承配置的标准设计方法尚未形成共识，不同制造商生产的陆上风机传动系统的配置也不尽相同，对于使用齿轮箱传动的陆上风机，有以下几种常见的传动系统配置方式，分别是：三点支撑（单主轴承）式；四点支撑（双主轴承）式；主轴齿轮箱集成式；直驱式。

三点支撑和四点支撑是风电行业中传统的传动系统配置，其中三点支撑的使用尤其广泛。在三点支撑式传动系统中，主轴与齿轮箱的低速轴通常采用胀紧套刚性连接，主轴承处提供一个支撑点，齿轮箱两侧提供两个支撑点。三点支撑的优点是结构比较简单，轴向尺寸较短，但载荷在传递至扭力臂支撑前会先经过齿轮箱，为了平衡风轮重力等外部载荷，齿轮箱需要提供较大的转矩和支反力。因此，为了降低齿轮箱的故障风险，通常在齿轮箱的两个支撑点处加装减振弹性套或垫块，以降低其振动水平。

四点支撑式传动系统是在三点支撑的基础上，在靠近齿轮箱的位置增设一个主轴承作为浮动端。靠近轮毂的固定端主轴承承受所有的轴向载荷和部分径向载荷，浮动端的主轴承承受部分径向载荷。因此，四点支撑能够将主轴承上大部分载荷转移至风机的支撑结构上，从而有效减少进入齿轮箱内部的负载。然而，由于四点支撑配置中主轴的长度较大，加上主轴和齿轮箱需要使用联轴器连接，因此四点支撑配置中的传动链较长,体积更大,制造成本更高。

在齿轮箱中集成主轴承则是一种更加紧凑的设计方案,通过将主轴、主轴承和齿轮箱集成而实现,主轴与第一级行星轮采用花键或过盈连接。其优点是风轮和主轴的装配难度较低,可以显著减轻机舱的重量,得益于主轴承内置在齿轮箱中,可以采用集中强制润滑,这种方式润滑效果较好,能够有效减少主轴承的润滑维护工作。然而,齿轮箱集成主轴承的设计对主轴承的承载能力和刚度提出了较高的要求,因此,用于这种配置方案的主轴承一般具有更大的尺寸。此外,为了能够将载荷传递至机舱底板,此配置方式中风轮载荷直接作用于齿轮箱箱体上,对齿轮箱箱体的刚度有较高的要求。以往经验表明,在采用齿轮箱集成主轴承设计的风机中,主轴承易发生早期故障,而且还存在较为严重的振动噪声问题。更为重要的是,一旦主轴承发生故障,就需要更换整个机舱,主轴承的故障成本较高,可维护性较差。

直驱式风机大多采用径向磁通电机,少部分采用轴向磁通电机,电机轴直接连接至风轮上。直驱式风机的传动系统中可以配置单个主轴承、两个主轴承或三个主轴承,相比传统的齿轮增速传动方式,直驱式传动系统的结构简单,风机的可靠性较高,振动噪声也较小。但是直驱式风机的发电机直径较大,制造成本较高,而且由于传动系统集中于轮毂侧,会使机舱的重心前倾,增大了风机的设计难度。

三点支撑(单主轴承)的布局方式多见于 1.5MW 至 3MW 的风机,如 General Electric GE 1.5MW,Siemens SWT108 2.3MW,Nordex N117 2.4MW 以及 Vestas V112 3.0MW 等。四点支撑(双主轴承)则在 2MW 至 2.5MW 的商用机型中有所应用,如 Gamesa G114 2.0MW,Vestas V80 2.0MW 以及 General Electric GE120 2.5MW 等机型。

6.2.2 三点支撑式主轴承外部载荷分析

本章分析的 1.5MW 风机的传动系统采用三点支撑结构。在确定传动系统部件负载的分析中,有限元分析是一种常用的方法。虽然有限元分析方法具有较高的计算精度,但是其计算成本较高,进行大量分析时耗时巨大。在后续的润滑可靠性分析中,为了生成主轴承润滑参数数据集,需要在多个随机风场中以及大量的离散时间步上求解主轴承的负载。在主轴承的外部载荷分析中,采用有限元分析方法会产生不可接受的计算量。因此,采用哈特(Hart)等开发的能够快速高效分析大量加载时间序列且具有一定精度的传动系统简化分析模型来计算主轴承所受到的外部载荷,主轴承传动系统的等效分析模型如图 6-1 所示。

第6章　载荷和转速不确定情况下轴承润滑可靠性分析

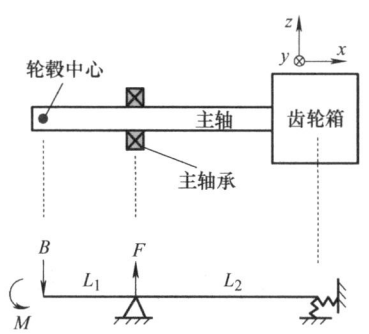

图6-1　主轴承传动系统的等效分析模型

在三点支撑式传动系统中，每个平面内的力-力矩对是静定的，因此可以很容易地求解主轴承的反作用力。三点支撑式传动系统的力矩平衡关系为：

$$M_i + (L_1 + L_2)B_i - L_2 F_i = 0 \qquad (6-1)$$

式中，i 是坐标轴 y 或 z；F_i 是沿 i 轴方向上的主轴承反作用力（N）；M_i 是关于 i 轴的力矩（N·m）；B_i 是沿 i 轴方向上的外力（N）；L_1 和 L_2 分别是轮毂质心与主轴承之间的距离和主轴承与齿轮箱质心的距离（m）。

那么主轴承的支反力可以表示为：

$$F_i = \frac{M_i + (L_1 + L_2)B_i}{L_2} \qquad (6-2)$$

确定主轴承上沿 y 轴和 z 轴的支反力后，主轴承上总的径向载荷 F_r 即可表示为：

$$F_r = \sqrt{(F_y)^2 + (F_z)^2} \qquad (6-3)$$

主轴承轴向的支反力与轮毂所受的轴向推力大小相等，方向相反。需要注意的是，第6.2.3小节中主轴承滚子载荷分析所需的输入载荷是主轴施加在主轴承上的力，和主轴承支反力的方向相反。

6.2.3　主轴承滚子载荷分析

本章所研究的1.5MW风机主轴承类型为双列球面滚子轴承，双列球面滚子轴承的优点是设计和制造的难度较小，而且在工作中能够承受较大的偏转，在风机中具有广泛应用。哈特等提出了双列球面滚子轴承的内部载荷分布和单个滚子载荷分析模型，此模型是基于哈里斯（Harris）等提出的载荷积分公式，并通过对哈拉姆奇（Ghalamchi）等提出的模型进行降维建立的，能够兼顾计算精度和计算效率。本章节及后续章节中对双列球面滚子轴承内部载荷的分析都基于此模型进行。

1. 内部载荷分布

哈特等指出，在径向载荷和轴向载荷的组合作用下，在球面滚子轴承的单列内的位移如图6-2所示。沿轴承滚道的整个圆周，定义分析位置与最大载荷方向的偏转角度为ψ，在偏转角度ψ处内滚道和外滚道之间的趋近量δ_ψ为：

$$\delta_\psi = \delta_{\max}\left[1-\frac{1}{2\varepsilon}(1-\cos\psi)\right] \tag{6-4}$$

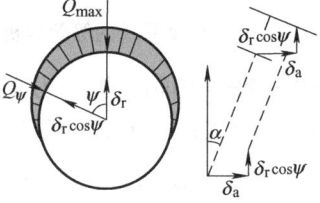

图6-2 球面滚子轴承单列内的位移示意图

将球面滚子等效为作用于滚道之间的仅能受压的非线性弹簧，球面滚子由于承受变形δ所产生的反作用力可以表示为：

$$Q = K_{\text{tot}}\delta^{3/2} \tag{6-5}$$

式中，K_{tot}是轴承的综合刚度（N/m）。

将式（6-4）代入式（6-5）中，可得沿圆周方向的反作用力为：

$$Q_\psi = Q_{\max}\left[1-\frac{1}{2\varepsilon}(1-\cos\psi)\right]^{3/2} \tag{6-6}$$

在发生一定变形量时，并非所有的滚子都处于受载状态，只有沿圆周方向位于特定角度范围的滚子发生接触。限制角度ψ_L用于描述滚子承载区域的极限角度，处于$-\psi_L$和ψ_L角度范围内的滚子视为发生接触并起到承载作用，限制角度ψ_L具有如下表达式：

$$\psi_L = \arccos(-\delta_a \tan\alpha / \delta_r) \tag{6-7}$$

式中，α是接触角（rad）。

轴承圆周上某一点处的反作用力可分解为径向分力和轴向分力，将全部受载滚子所产生的反作用力在两个方向上进行叠加，得到在两个方向上的总反作用力，将它们分别记作径向总反作用力Q_r和轴向总反作用力Q_a，Q_r和Q_a可以通过在轴承圆周上进行积分求得：

第6章 载荷和转速不确定情况下轴承润滑可靠性分析

$$Q_r = \frac{ZQ_{max}\cos\alpha}{2\pi}\int_{-\psi_L}^{\psi_L}\left[1-\frac{1}{2\varepsilon}(1-\cos\psi)\right]^{3/2}\cos\psi\,d\psi$$

$$Q_a = \frac{ZQ_{max}\sin\alpha}{2\pi}\int_{-\psi_L}^{\psi_L}\left[1-\frac{1}{2\varepsilon}(1-\cos\psi)\right]^{3/2}d\psi \tag{6-8}$$

在平衡假设中,轴承的反作用力与外部载荷相互平衡。位移问题可以通过式(6-9)求解。

$$(F_r - Q_r)^2 + (F_a - Q_a)^2 = 0 \tag{6-9}$$

在轴承具有双列滚子的情况下,还需考虑如下关系式:

$$\delta_{r1}=\delta_{r2}=\delta_r,\ -\delta_{a1}=\delta_{a2}=\delta_a,\ Q_r=Q_{r1}+Q_{r2},\ Q_a=Q_{a2}-Q_{a1} \tag{6-10}$$

当求得上述问题的解后,即可得到径向变形 δ_r 和轴向变形 δ_a,则主轴承内部沿圆周方向的载荷分布可以表示为:

$$Q_r = \begin{cases} \dfrac{ZQ_{max}}{2\pi}\left[1-\dfrac{1}{2\varepsilon}(1-\cos\psi)\right]^{3/2} & -\psi_L < \psi < \psi_L \\ 0 & \text{其余} \end{cases} \tag{6-11}$$

式(6-10)和式(6-11)中,$\delta_{max} = \delta_a\sin\alpha + \delta_r\cos\alpha$ (m);$\varepsilon=0.5+0.5(\delta_a\tan\alpha)/\delta_r$;$\delta_r$ 和 δ_a 分别是沿径向和轴向的趋近量(m);ψ 是沿圆周方向的角度(rad);Z 是轴承单列的滚子数;下标 1 和 2 分别代表靠近风轮侧和远离风轮侧的滚子列。

2. 轴承综合刚度分析

滚子-滚道交界面总的综合刚度 K_{tot} 的计算方法已由哈特等给出,已知在某方向具有曲率半径为 r 的曲面 S,其曲率定义为:

$$\rho_S = \text{sign}(S)\frac{1}{r} \tag{6-12}$$

式中,sign(S) 是符号函数,凸面取 1,凹面取值为 -1。

两个相互接触的旋转曲面分别以 I 和 II 表示,其主轴分别为 x 和 y,两曲面的接触几何可由曲率和的形式给出:

$$\sum\rho = \rho_{Ix} + \rho_{Iy} + \rho_{IIx} + \rho_{IIy} \tag{6-13}$$

曲率差为:

$$F_\rho = \frac{(\rho_{Iy} - \rho_{Ix}) + (\rho_{IIy} - \rho_{IIx})}{\sum\rho} \tag{6-14}$$

哈特等指出,主轴的选取应保证曲率差为正值。球面滚子轴承的内部结构如

图 6-3 所示。D_p 表示轴承节径，r_{Ix}、r_{IIx}^{in} 和 r_{IIx}^{out} 表示轮廓半径，r_{Iy} 表示滚子半径。图中的其他参数可以表示为：

$$r_{IIy}^{in} = \frac{D_p}{2\cos\alpha} - r_{Iy}, \quad r_{IIy}^{out} = \frac{D_p}{2\cos\alpha} + r_{Iy}, \quad \tilde{r}^{in} = r_{IIy}^{in}\cos\alpha, \quad \tilde{r}^{out} = r_{IIy}^{out}\cos\alpha \quad (6-15)$$

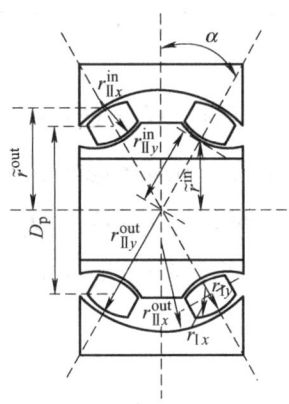

图 6-3 主轴承内部结构示意图

由于球面滚子轴承为点接触，其赫兹接触区域可能是椭圆形的，分别用 a_L 和 b_L 表示接触区域的长半轴和短半轴的长度。将 a_L 和 b_L 的比值定义为椭圆度参数 k_e，在赫兹理论中，椭圆度参数决定了接触中的载荷-挠度关系，具有如下形式：

$$Q = \left(\frac{\sqrt{2}\pi E}{3(1-\nu^2)} k_e \sqrt{\frac{\varepsilon(k_e)}{F(k_e)^3 \sum_\rho}}\right) \delta^{3/2} \quad (6-16)$$

式中，$F(k_e)$ 和 $\varepsilon(k_e)$ 分别是第一类椭圆积分和第二类椭圆积分。

在一定的载荷和轴承变形情况下，式（6-16）右侧中轴承的材料参数和几何参数是已知的，只需要确定第一类椭圆积分 $F(k_e)$ 和第二类椭圆积分 $\varepsilon(k_e)$ 的值，然而这往往需要大量的反复迭代。为了避免产生耗时的计算量，已经建立了许多第一类椭圆积分和第二类椭圆积分的经验公式，如安托尼（Antoine）等提出 $F(k_e)$ 和 $\varepsilon(k_e)$ 可以近似为（误差小于 4×10^{-5}）：

$$\begin{aligned} F(k_e) &= (\lambda_0 + \lambda_1 k_e^{-2} + \lambda_2 k_e^{-4}) - \ln(k_e^{-2})(\lambda_3 + \lambda_4 k_e^{-2} + \lambda_5 k_e^{-4}) \\ \varepsilon(k_e) &= (\beta_0 + \beta_1 k_e^{-2} + \beta_2 k_e^{-4}) - \ln(k_e^{-2})(\beta_3 k_e^{-2} + \beta_4 k_e^{-4}) \end{aligned} \quad (6-17)$$

将 $1+F_\rho$ 和 $1-F_\rho$ 的比值定义为 X，安托尼等进行了大量验证，结果表明 k_e 可以近似表示为：

$$k_e(X) = X^{\mathrm{sign}(F_\rho)\gamma_X(\log_{10}X)} \quad (6-18)$$

第6章 载荷和转速不确定情况下轴承润滑可靠性分析

式中，

$$\gamma_X(X) = \frac{2}{3}\left(\frac{1+\mu_1 X^2+\mu_2 X^4+\mu_3 X^6+\mu_4 X^8}{1+\mu_5 X^2+\mu_6 X^4+\mu_7 X^6+\mu_8 X^8}\right) \quad (6\text{-}19)$$

近似表达式（6-19）中的系数由安托尼等给出，列于表 6-1。由刚度定义可得单个接触界面的接触刚度表达式，如式（6-20）所示，结合式（6-16）至式（6-19）以及轴承材料参数，即可求得轴承单个接触界面的接触刚度 K_s 为：

$$K_s = \frac{\sqrt{2}\pi E}{3(1-\nu^2)} k_e \sqrt{\frac{\varepsilon(k_e)}{F(k_e)^3 \sum \rho}} \quad (6\text{-}20)$$

式（6-20）能够得到轴承单个接触界面的接触刚度，然而在滚子轴承中通常存在两类接触，分别发生在滚子-内滚道之间以及滚子-外滚道之间，在计算轴承接触总刚度 K_{tot} 时需要同时考虑这两类接触。将滚子-内滚道接触和滚子-外滚道接触等效为串联的非线性弹簧，定义其刚度分别为 K_s^{in} 和 K_s^{out}，变形分别为 δ_{in} 和 δ_{out}。则轴承接触总刚度 K_{tot} 实际表示两个非线性弹簧串联后的等效刚度，因此有：

$$K_s^{in}\delta_{in}^{3/2} = K_s^{out}\delta_{out}^{3/2} = K_{tot}(\delta_{in}+\delta_{out})^{3/2} \quad (6\text{-}21)$$

可以得到式（6-5）中所需要的轴承综合刚度 K_{tot} 为：

$$K_{tot} = \frac{1}{\left[\left(\frac{1}{K_s^{in}}\right)^{2/3} + \left(\frac{1}{K_s^{out}}\right)^{2/3}\right]^{3/2}} \quad (6\text{-}22)$$

3. 单个滚子载荷

在求得主轴承内部载荷分布后，即可通过积分运算获得单个滚子所受到的载荷。假设主轴承滚子沿轴承圆周方向均匀分布，则对于单列具有 Z 个滚子的轴承，滚子之间的角间距为：

$$\psi_s = \frac{2\pi}{Z} \quad (6\text{-}23)$$

对处于角位置 ψ_{roll} 的滚子，可以通过以下积分获得其载荷 Q_{roll}：

$$Q_{roll} = \int_{\psi_{roll}-\psi_s/2}^{\psi_{roll}+\psi_s/2} Q_\psi \, d\psi \quad (6\text{-}24)$$

在围绕轴承圆周旋转的过程中，滚子经历"空载-受载-空载"的载荷循环，在此过程中各个滚子具有相同的滚动速度和几何尺寸。已有研究表明，在其他润滑条件相同时，较高的载荷更不利于润滑。因此对于整个主轴承而言，载荷最大的位置具有最差的润滑状态。在后续章节的主轴承润滑分析中，无论载荷沿轴承圆周如何分布，将始终关注载荷最大位置处的滚子。

表 6-1 经验公式（6-19）中的系数

系数	取值	系数	取值
μ_1	0.40227436	μ_5	0.42678878
μ_2	3.7491752×10^{-2}	μ_6	4.2605401×10^{-2}
μ_3	7.4855761×10^{-4}	μ_7	9.0786922×10^{-4}
μ_4	2.1667028×10^{-6}	μ_8	2.7868927×10^{-6}

6.2.4 主轴承运动学分析

主轴承的外圈固定，内圈与主轴紧固联结做旋转运动。假设主轴承内圈以角速度 ω_i 旋转，带动滚子和保持架绕 OZ 轴（如图 6-4 所示）以角速度 ω_c 旋转。同时所有滚子还绕自身轴心进行自转，自转角速度为 ω_r。由于主轴承通常工作于低速重载工况，因此可以忽略滚子-滚道之间的滑动。在纯滚动假设下，滚子-内滚道接触和滚子-外滚道接触的平均线速度可以表示为：

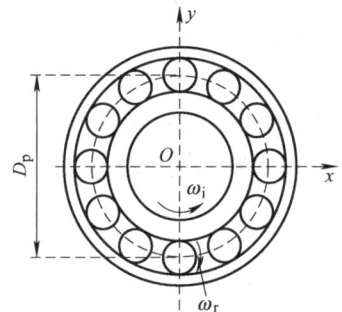

图 6-4 主轴承运动学分析

$$\begin{aligned} U_j^{in} &= 0.5 D_p [(1-\gamma_d)(\omega_i - \omega_c) + (r_{1y}/D_p)\omega_r] \\ U_j^{out} &= 0.5 D_p [(1+\gamma_d)\omega_c + (r_{1y}/D_p)\omega_r] \end{aligned} \quad (6-25)$$

式中，$\gamma_d = r_{1y} \cos\alpha / D_p$；$D_p$ 是轴承节径（m）；r_{1y} 是滚子半径（m）。

6.2.5 主轴承润滑可靠性模型

由于随机风场-风机复杂的交互作用，风场风速的不确定性会影响风机的转速、功率、轮毂载荷等，使得主轴承的服役状态多变，导致主轴承的润滑状态难以用一个恒定的值或确定的函数描述。润滑可靠性建模理论可以考虑摩擦副工况的不确定性，描述接触表面间形成有效润滑油膜的能力，随机风场中主轴承的润滑状态可以采用润滑可靠性方法进行评估。本小节简要介绍了润滑可靠性基本理论，并结合主轴承的几何分析和运动学分析建立了主轴承的润滑可靠性模型。主轴承采用脂润滑，本小节结合脂润滑理论和润滑可靠性建模理论，建立主轴承的润滑可靠性模型。哈特等的研究表明，主轴承在滚动方向上的动态效应对润滑状态的影响可以忽略。因此，前文基于准静态假设建立的脂润滑膜厚公式（2-122）可用于随机风场中主轴承的润滑可靠性分析。本小节将主轴承的润滑失效定义为全膜润滑失效，主轴承润滑的功能函数如下：

$$g_f(R, W, U, G, \Sigma) = 11.954 R n^{20.714} W^{-0.126 U^{0.693 n^{1.638}}} G^{0.345 n^{7.526}} [1+0.0009 n^{0.274} (R\Sigma)^{3.449 n^{6.171}} W^{0.192} U^{-1.576 n^{5.050}} G^{0.514 n^{-1.471}}] - 3\Sigma \quad (6\text{-}26)$$

则主轴承全膜润滑可靠性的失效概率为：

$$p_{\text{failure}} = \Pr[g_f(H_{\min}, 3\Sigma) \leq 0] = \Pr(\lambda \leq 3) \quad (6\text{-}27)$$

以上无量纲参数与式（2-86）中的定义相同，第6.2.3节中获得的单个滚子载荷转化为单位长度载荷后，代入式（2-86）即可求得无量纲载荷 W，而第6.2.4节中的平均线速度可作为卷吸速度以计算无量纲速度 U，它们关注对象为具有最大载荷的滚子，这是因为在转速和几何尺寸等条件相同时，载荷最大的滚子润滑条件最恶劣，是主轴承的润滑薄弱位置。

6.3 风机主轴承随机工况模拟

主轴承的随机载荷和转速是由随机风场引起的，因此，为了准确获取主轴承的随机工况，必须首先生成随机风场并进行风机的气动弹性模拟。研究对象为某款单机装机容量为1.5MW的风机，该风机根据国际标准IEC 61400-1设计，与美国可再生能源实验室（National Renewable Energy Laboratory，NREL）公开的WindPACT 1.5MW参考风机比较类似。本节对该款1.5MW风机进行气动弹性模拟，其主要参数汇总于表6-2。在给定风速下，风机的控制策略会影响风轮转速和轮毂处载荷，改变主轴承的滚动速度和负载，最终决定主轴承的润滑状态。该款1.5MW风机采用变速、变桨距调节的控制策略，通过变速发电机和桨距控制器实现。

表6-2 1.5MW风机主要参数

参数	数值
额定功率	1.5 MW
切入风速	3 m/s
切出风速	25 m/s
额定风速	11.4 m/s
轮毂高度	84 m
轮毂直径	3.5 m
风轮直径	70 m

6.3.1 随机风场生成

本小节通过随机湍流风场模拟生成了正常风工况的随机风场，采用 TurbSim 开源程序对三维风场离散网格点处的三分量风速矢量的时间序列进行模拟。假设轮毂高度处 10min 周期内的平均风速 V_{hub} 服从瑞利分布：

$$P_R(V_{hub}) = 1 - \exp[-\pi(V_{hub}/2V_{ave})^2] \quad (6\text{-}28)$$

式中，V_{ave} 是年平均风速（m/s），对于标准风机等级，V_{ave} 值已由 IEC 61400-1 标准给出。

为了定义风轮扫掠区域的平均垂直风切变，需要引入随机风场的风廓线 $V(z_h)$。风廓线 $V(z_h)$ 表示平均风速与离地面高度 z_h 之间的关系，标准风机的正常风廓线 $V(z_h)$ 具有幂律关系：

$$V(z_h) = V_{hub}(z_h/z_{hub})^{\alpha_p} \quad (6\text{-}29)$$

式中，z_{hub} 是轮毂离地面高度（m）；幂律指数 α_p 取值为 0.2。

IEC 61400-1 标准规定，正常湍流模型的湍流标准偏差代表值 σ_{NTM} 应为轮毂高度风速的 90%分位数。标准风力放电机等级的湍流标准偏差代表值 σ_{NTM} 可以表示为：

$$\sigma_{NTM} = I_{ref}(0.75V_{hub} + 5.6) \quad (6\text{-}30)$$

式中，I_{ref} 是湍流强度参考值。

特别地，当生成非标准湍流强度类别的风场时，可以定义百分比形式的湍流强度 T_I，则纵向风速的标准偏差可以表示为：

$$\sigma_{NTM} = \frac{T_I}{100}\bar{u}_{hub} \quad (6\text{-}31)$$

式中，$\bar{u}_{hub}$ 是轮毂高度的纵向平均风速（m/s）。

风速时间序列则基于谱表示方法生成，常见的谱模型大多来自 IEC 和 NREL，如 IECKAI（IEC Kaimal）谱模型、IECVKM 谱模型、SMOOTH 谱模型、NWTCUP 谱模型、以及 GP_LLJ 谱模型等。本小节采用基于中性大气稳定性假设的 IECKAI 谱模型生成风速时间序列，IEC 61400-1 标准对 IECKAI 谱模型进行了详细定义，根据 IECKAI 谱模型，3 个方向风分量 $K = u, v, w$ 的频谱可以表示为：

$$S_K(f) = \frac{4\sigma_K^2 L_K / \bar{u}_{hub}}{(1 + 6fL_K/\bar{u}_{hub})^{5/3}} \quad (6\text{-}32)$$

第6章 载荷和转速不确定情况下轴承润滑可靠性分析

式中，f 是循环频率（Hz），L_K 是积分比例参数。

将积分比例参数 L_K 定义为：

$$L_K = \begin{cases} 8.10\Lambda_U & K = u \\ 2.70\Lambda_U & K = v \\ 0.66\Lambda_U & K = w \end{cases} \quad (6\text{-}33)$$

式中，Λ_U 是湍流尺度参数。

根据 IEC 61400-1 标准，湍流尺度参数 Λ_U 的取值为：

$$\Lambda_U = 0.7\min(60\text{ m}, 轮毂高度) \quad (6\text{-}34)$$

式中，$\min(x_1, x_2)$ 表示取 x_1 和 x_2 中的最小值。

假设 IECKAI 谱模型的速度谱和标准差在整个风场网格中不变，三个方向风分量标准差之间的关系为：

$$\begin{aligned} \sigma_v &= 0.8\sigma_u \\ \sigma_w &= 0.8\sigma_u \end{aligned} \quad (6\text{-}35)$$

平均分速为 10m/s、A 级湍流强度的三维湍流风场如图 6-5 和图 6-6 所示。

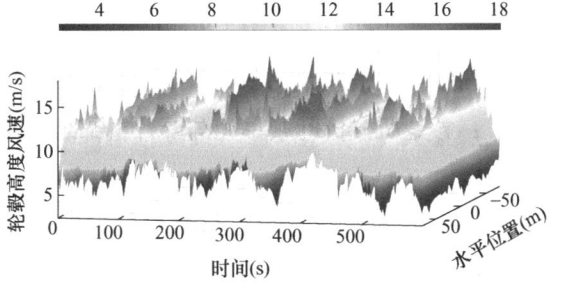

图 6-5 10min 周期内轮毂高度处水平向剖面风速时程图

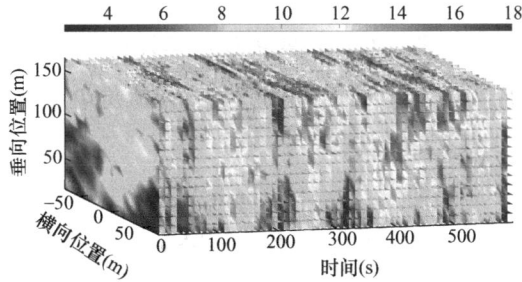

图 6-6 10min 周期内全风场垂直向剖面风速时程图

6.3.2 气动弹性模拟

本小节采用 OpenFast 进行风机的气动弹性模拟，采用效率较高的叶素理论计算叶片的空气动力载荷，将风机的叶片沿径向离散成多个独立叶素单元，并对每个叶素单元做出如下假设。

（1）各个离散叶素单元相互独立，忽略叶片径向相邻的叶素单元之间的相互作用。

（2）每个叶素单元所受到的气动力载荷只由叶素翼型气动性能决定，且每个离散叶素单元上的气动载荷在圆环方向上保持恒定。

（3）忽略叶片长度对气动载荷的影响。

叶素理论假设每个离散叶素单元的厚度为无限小，可以被视作独立的二维翼型单元，将作用于每个叶素上的力和转矩的微分形式沿着叶片径向进行积分，可获得作用在整个叶片上的总载荷，即叶片上的气动力载荷。

如图 6-7 所示，对于每个独立的叶素单元，沿平行于旋转平面和垂直于旋转平面方向，气流相对速度 V_{ref} 可以分别分解为分速度 V_{x0} 和 V_{y0}。设来流速度为 V_0，则分速度 V_{x0} 和 V_{y0} 可以表示为：

$$V_{x0} = V_0(1-a_a) \tag{6-36}$$

$$V_{y0} = C_\theta r_a(1+a_t) \tag{6-37}$$

式中，V_0 是来流速度（m/s）；a_a 是轴向诱导因子；a_t 是径向诱导因子；C_θ 是叶片旋转角速度（rad/s）；r_a 是所分析叶素单元与叶片根部之间的距离（m）。

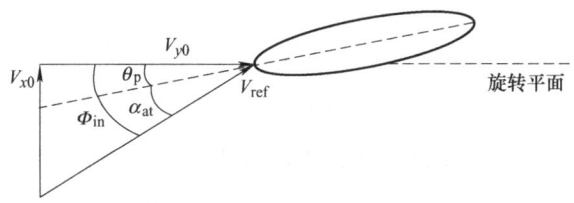

图 6-7 二维翼型气动流速矢量图

定义相对流速 V_{ref} 与旋转平面之间的夹角为入流角 Φ_{in}，入流角与桨距角 θ_p 之差为叶片的攻角 α_{at}，其表达式分别为：

$$\Phi_{in} = \tan\frac{(1-a_a)V_0}{(1+a_t)r_a C_\theta} \tag{6-38}$$

$$\alpha_{at} = \Phi_{in} - \theta_p \tag{6-39}$$

将垂直于 V_{ref} 方向的气动力载荷分量定义为升力 F_L，平行于 V_{ref} 方向的气动力

第6章 载荷和转速不确定情况下轴承润滑可靠性分析

载荷分量定义为阻力 F_D，将升力 F_L 和阻力 F_D 的合力记作 F_R。沿旋转平面对合力 F_R 进行矢量分解，沿垂直于旋转平面方向和平行于旋转平面方向分别得到法向力 F_N 和切向力 F_T：

$$F_L = \frac{1}{2}\rho_{air}V_{ref}^2 L_t C_L \tag{6-40}$$

$$F_D = \frac{1}{2}\rho_{air}V_{ref}^2 L_t C_D \tag{6-41}$$

$$F_N = F_L \cos\Phi_{in} + F_D \sin\Phi_{in} \tag{6-42}$$

$$F_T = F_L \sin\Phi_{in} + F_D \cos\Phi_{in} \tag{6-43}$$

式中，F_L 和 F_D 分别是作用于叶素单元 dr_a 上的升力和阻力（N）；C_L 和 C_D 分别是升力系数和阻力系数；L_t 是叶片弦线长度（m）。

根据空气动力学载荷的合成与分解关系，对式（6-42）和式（6-43）进行标准化，即可得到法向力系数 C_N 和切向力系数 C_T：

$$C_N = C_L \cos\Phi_{in} + C_D \sin\Phi_{in} \tag{6-44}$$

$$C_T = C_L \sin\Phi_{in} + C_D \cos\Phi_{in} \tag{6-45}$$

速度矢量具有如下关系：

$$V_{ref} \sin\Phi_{in} = V_0(1-a_a) \tag{6-46}$$

$$V_{ref} \cos\Phi_{in} = C_\theta r_a(1+a_t) \tag{6-47}$$

叶素单元 dr_a 上的气动力载荷分为气动力推力 dT 和气动力弯矩 dM，可以分别通过叶素单元上的法向力 F_N 和切向力 F_T 表示为：

$$dT = F_N dr_a \tag{6-48}$$

$$dM = r_a F_T dr_a \tag{6-49}$$

将式（6-44）和式（6-46）代入式（6-48）中，将式（6-45）和式（6-47）代入式（6-49）中，经整理分别可得：

$$dT = \frac{1}{2}\rho_{air}\frac{V_0^2(1-a_a)^2}{\sin^2\Phi_{in}}L_t C_N dr_a \tag{6-50}$$

$$dM = \frac{1}{2}\rho_{air}\frac{V_0(1-a_a)C_\theta r_a(1+a_t)}{\sin\Phi_{in}\cos\Phi_{in}}L_t C_T dr_a \tag{6-51}$$

将标量参数面积比 $\sigma(r_a)$ 表示为：

$$\sigma(r_a) = \frac{L_t(r_a)}{2\pi r_a} \tag{6-52}$$

为了得到轴向诱导因子 a_a 的表达式，将式（6-40）和式（6-50）联立后代入式（6-52）中，可得：

$$a_a = \cfrac{1}{\cfrac{4\sin^2 \Phi_{in}}{\sigma(r_a)C_N}+1} \quad (6\text{-}53)$$

同理，将式（6-40）和式（6-51）联立后代入式（6-52）中，得到径向诱导因子 a_t 的表达式：

$$a_t = \cfrac{1}{\cfrac{4\sin \Phi_{in}\cos \Phi_{in}}{\sigma(r_a)C_T}+1} \quad (6\text{-}54)$$

$$C_T = C_L \sin \Phi_{in} + C_D \cos \Phi_{in} \quad (6\text{-}55)$$

基于叶素-动量理论进行迭代求解，可得到每个离散叶素单元的气动力推力 dT 和气动力弯矩 dM，根据积分和叠加原理即可求得作用于整个旋转平面的气动力推力 T_R 和气动力弯矩 M_R：

$$T = B_N \int_{i=1}^{K} dT_i dr_a = \int_{i=1}^{K} \frac{1}{2}\rho_{air} \frac{V_0^2[1-a_a(r_a)]^2}{\sin^2 \Phi_{in}(r_a)} L_t(r_a) C_N(r_a) dr_a \quad (6\text{-}56)$$

$$M = B_N \int_{i=1}^{K} dM_i dr_a = \int_{i=1}^{K} \frac{1}{2}\rho_{air} \frac{V_0[1-a_a(r_a)]C_0 r_a [1+a_t(r_a)]}{\sin \Phi_{in}(r_a)\cos \Phi_{in}(r_a)} L_t(r_a) C_N(r_a) dr_a \quad (6\text{-}57)$$

式中，B_N 是叶片数量。

将第 6.3.1 小节中生成的随机风场作为输入，在随机风场中对表 6-2 中的风机进行气动弹性模拟。提取轮毂载荷在 6 个自由度（3 个位移方向和 3 个旋转方向）的时间序列，输出主轴转速，采样频率为 160Hz。轮毂载荷的时间序列会在第 6.2 节中输入至传动系统和主轴承的理论分析模型，用以获取主轴承的外部载荷以及滚子载荷，风轮转速与轮毂载荷的部分时间序列如图 6-8 所示。

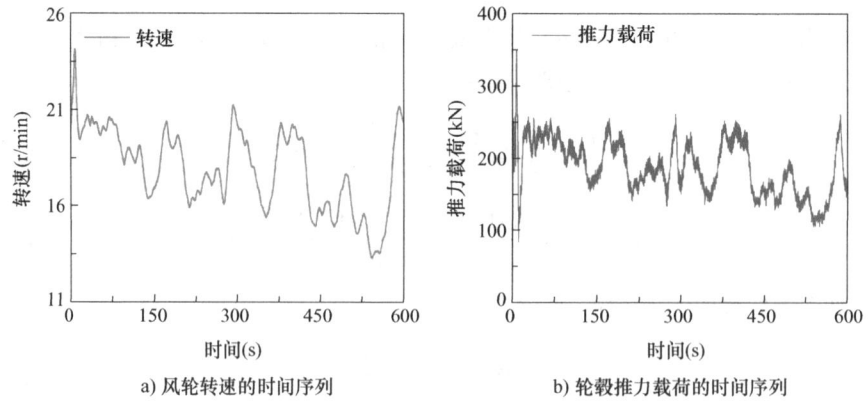

a) 风轮转速的时间序列　　　　b) 轮毂推力载荷的时间序列

图 6-8　风轮转速与轮毂载荷的部分时间序列

第6章 载荷和转速不确定情况下轴承润滑可靠性分析

6.4 随机载荷和转速下主轴承润滑可靠性分析

当服役工况不同时,轴承载荷和转速也会有较大差异,可能会影响轴承的润滑性能。本节依然以风机主轴承为例,讨论了随机风场的平均风速和湍流强度对主轴承润滑失效概率的影响,提出了快速评估主轴承在随机风场中润滑失效概率的公式,形成了润滑失效概率公式的构建方法。所形成的方法对载荷和转速不确定情况下传动部件的润滑可靠性分析及润滑失效概率公式构建具有指导意义,可用于评价传动部件与随机工况是否相互匹配。

随机风场根据国际标准 IEC 61400-1 生成,随机风场的主要参数如表 6-3 所示。风机的详细参数如表 6-2 所示,传动系统采用三点支撑式的单主轴承配置,安装有一个双列球面滚子轴承,型号为 SKF 240/630CA/W33,轴承的部分信息可以在斯凯孚官网获取。鉴于商业保密和破坏性测试的高昂成本,部分几何参数通过斯凯孚提供的三维模型获得,表面粗糙度则依据已有研究中的典型值进行假设;采用流变试验测定润滑脂的流变性质并拟合为奥斯特瓦尔德流变模型,流变参数和轴承参数列于表 6-4。采用第 6.2 节至第 6.3 节中的随机载荷和转速下主轴承润滑可靠性分析方法,在每个随机风场中对风机进行气动弹性模拟,提取轮毂处 6 个自由度的负载和主轴转速,获取主轴承服役状态,结合润滑可靠性模型分析主轴承的润滑可靠性。

需要指出,当随机过程具有遍历性时,可以使用单个样本估计过程的统计特征。国际标准 IEC 61400-1 规定风机气动弹性模拟中使用 6 个样本风场。因此,本书假设主轴承的载荷和转速均为平稳遍历过程,从而允许使用它们少量样本的长时间观测进行主轴承的润滑可靠性分析。

表 6-3 随机风场的主要参数

风场编号	平均风速	湍流强度
7-B	7m/s	0.14(B 等级)
9-B	9m/s	0.14(B 等级)
11-B	1 m/s	0.14(B 等级)
10-C	10m/s	0.12(C 等级)
10-B	10m/s	0.14(B 等级)
10-A	10m/s	0.16(A 等级)

表 6-4 主轴承(SKF 240/630CA/W33)和润滑剂参数

参数	数值
内径	630mm
外径	920mm

(续)

参数	数值
总宽度	290mm
列数	2
单列滚子数	28
滚子长度	118mm
滚子-滚道综合 RMS 粗糙度	约 300nm
滚子-内滚道当量曲率半径	32.6mm
滚子-外滚道当量曲率半径	39.0mm
等效弹性模量	225.3Gpa
润滑剂塑性黏度	$4.1Pa \cdot s^n$
润滑剂流变指数	0.692

6.4.1 主轴承润滑可靠性

本小节以 10-B 风场（10m/s 的平均风速和中等湍流强度）为例，讨论了主轴承润滑可靠性的分析结果。如前所述，本书假设主轴承载荷和转速为平稳遍历过程，因此本小节使用 10-B 风场的一个样本进行润滑可靠性分析。在 10-B 风场中对风机进行气动弹性模拟，得到的风轮转速如图 6-9 所示。

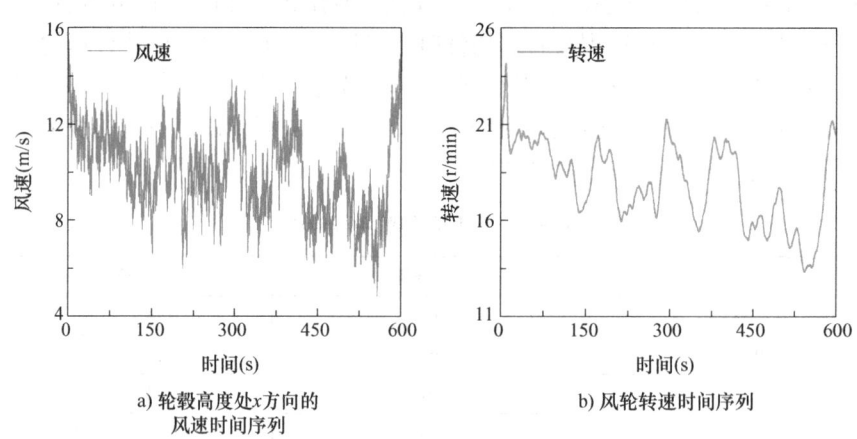

a) 轮毂高度处 x 方向的风速时间序列

b) 风轮转速时间序列

图 6-9　10-B 风场风速与风机风轮转速

结果表明，风轮转速波动明显小于轮毂高度处的风速波动，这是由于在风速变化时，风机的控制系统能够使风轮保持转速的相对平稳变化。主轴承外部载荷分析和主轴承滚子载荷分析结果如图 6-10 所示，载荷方向由上风侧指向风机。图 6-10（a）中的结果表明在随机风场中，主轴承的径向载荷具有明显的幅值波动，但并未发生方向的改变。图 6-10（b）是主轴承径向载荷的密度图，图中的

第 6 章　载荷和转速不确定情况下轴承润滑可靠性分析

绘点根据载荷发生的概率进行着色，采用极坐标绘制以反映径向载荷沿主轴承圆周方向的分布。结果表明，主轴承的径向载荷主要沿竖直方向，载荷幅值以风轮重力值为中心进行明显的波动，在风轮重力值附近具有更高的发生概率。

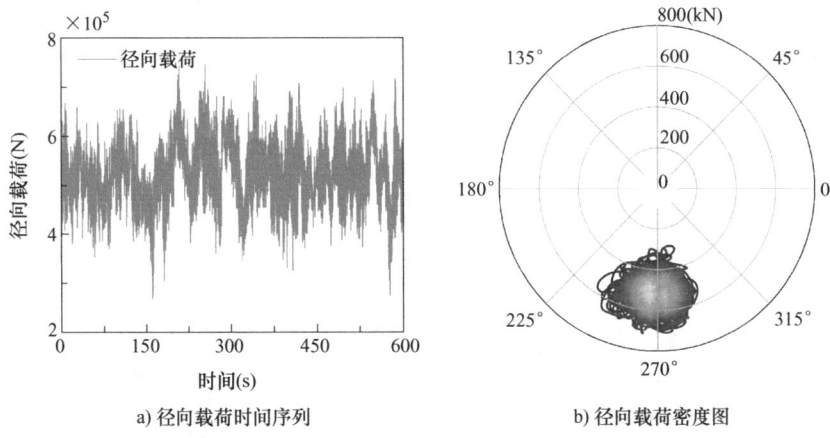

图 6-10　10-B 风场中主轴承径向载荷

计算主轴承滚子-内滚道和滚子-外滚道接触副的无量纲润滑参数，无量纲载荷比无量纲速度的波动更明显，如图 6-11 所示。这是由于风机的控制系统能够保持风轮的相对平稳，然而，轮毂处受到入射风的直接作用，风速变化会直接引起轮毂载荷、主轴载荷和主轴承载荷的波动。此外，相比滚子-外滚道摩擦副，滚子-内滚道具有更大的无量纲载荷和无量纲速度，这是由于滚子-内滚道和滚子-外滚道的等效接触半径不同。

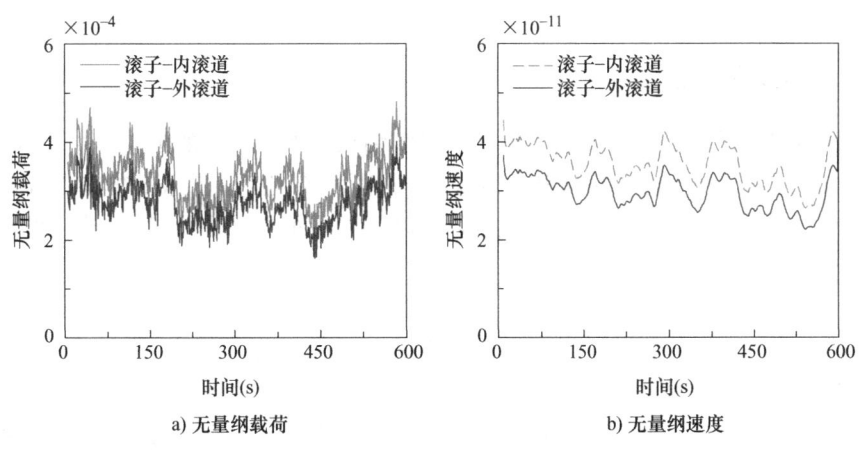

图 6-11　10-B 风场中主轴承无量纲润滑参数

将无量纲润滑参数输入主轴承润滑可靠性模型中，计算最小膜厚及膜厚比，获得膜厚比的概率分布如图 6-12 所示。本章将主轴承的润滑失效定义为全膜润滑的失效，通常在膜厚比 $\lambda \leqslant 3$ 时发生。因此，主轴承润滑失效概率等于图 6-12 中润滑失效区域的相对频率。经统计分析，主轴承滚子-内滚道和滚子-外滚道接触的润滑失效概率分别为 35.9% 和 20.5%。结果表明，滚子-内滚道接触更可能处于混合润滑状态，即发生润滑失效，因此更容易损坏。

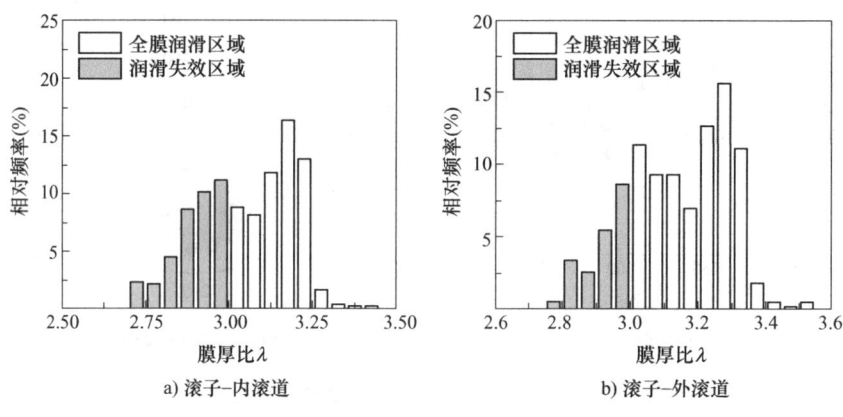

图 6-12 10-B 风场中主轴承膜厚比的概率分布

上述分析表明，对于该款风机主轴承，滚子-内滚道的润滑条件更差，这是由于滚子-内滚道摩擦副比滚子-外滚道摩擦副的等效接触半径更小，使滚子-内滚道摩擦副的无量纲粗糙度更大。虽然滚子-内滚道形成了更厚的油膜从而对润滑产生了正面效果，但并不足以抵消无量纲粗糙度增大所带来的负面效果，这两种效果的综合作用使得滚子-内滚道摩擦副的膜厚比更小、润滑效果更差，因此后续分析主要关注滚子-内滚道摩擦副。

6.4.2 平均风速的影响

本小节分析了随机风场的平均风速对主轴承润滑可靠性的影响。生成具有不同平均风速水平（7m/s、9m/s 和 11m/s）且相同湍流强度（国际标准 IEC 61400-1 规定的 B 级）的随机风场，对风机进行气动弹性模拟、主轴承载荷分析和润滑可靠性分析，结果如图 6-13 所示。

结果表明，随机风场的平均风速不同时，主轴承膜厚比的概率分布具有显著差异。当平均风速较大时，主轴承膜厚比的平均值较大，表示主轴承润滑膜的平均相对厚度较大。这说明随机风场的平均风速较高时，主轴承润滑性能的整体水平更高。进一步的统计分析表明，图 6-13（a）、（b）、（c）中的润滑失效概率分别为 99.17%、61.17% 和 14.67%（"失效"是指摩擦副全膜润滑的失效，并不意味着主轴承结构的失效概率如此高），可见随机风场的平均风速会显著影响风机主轴承的润滑可靠性和润滑失效概率。这是因为较高的风速会给主轴承带来更大的无量纲速度,虽然平均风速的变化会改变主轴承的载荷,但是润滑膜厚对无量纲速度的变化非常敏感,无量纲速度的增大会极大地改善主轴承的润滑条件。因此,主轴承的润滑可靠性对随机风场的平均风速非常敏感,当平均风速增大时,主轴承润滑可靠性更高,失效概率更低。

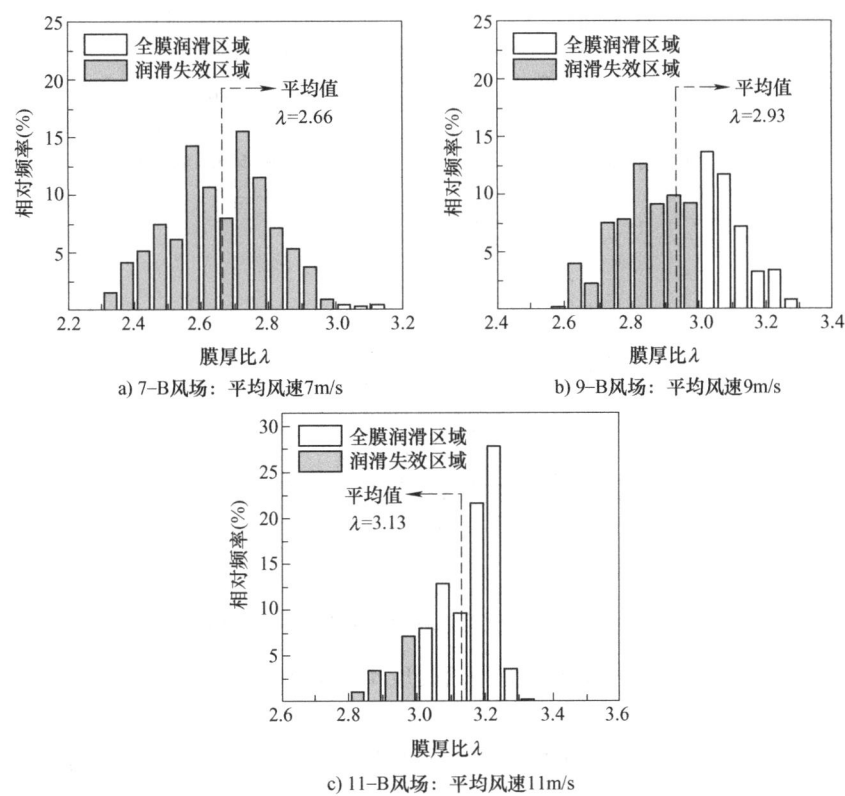

图 6-13 不同平均风速随机风场中主轴承膜厚比概率分布

上述分析表明,随机风场的平均风速会显著影响主轴承的润滑性能。为了确保风机和传动系统的使用寿命,保障风机的正常使用和经济效益,应使风机和主轴承的结构与所安装地区的风场特性相匹配。

6.4.3 湍流强度的影响

本小节分析了随机风场的湍流强度对主轴承润滑可靠性的影响。生成具有相同平均风速水平(10m/s)且不同湍流强度的随机风场(表 6-3 中的 10-A、10-B 和 10-C 风场),对风机进行气动弹性模拟、主轴承载荷分析和润滑可靠性分析,膜厚比的概率分布和主轴承载荷分别如图 6-14 和图 6-15 所示。

润滑可靠性建模理论及应用

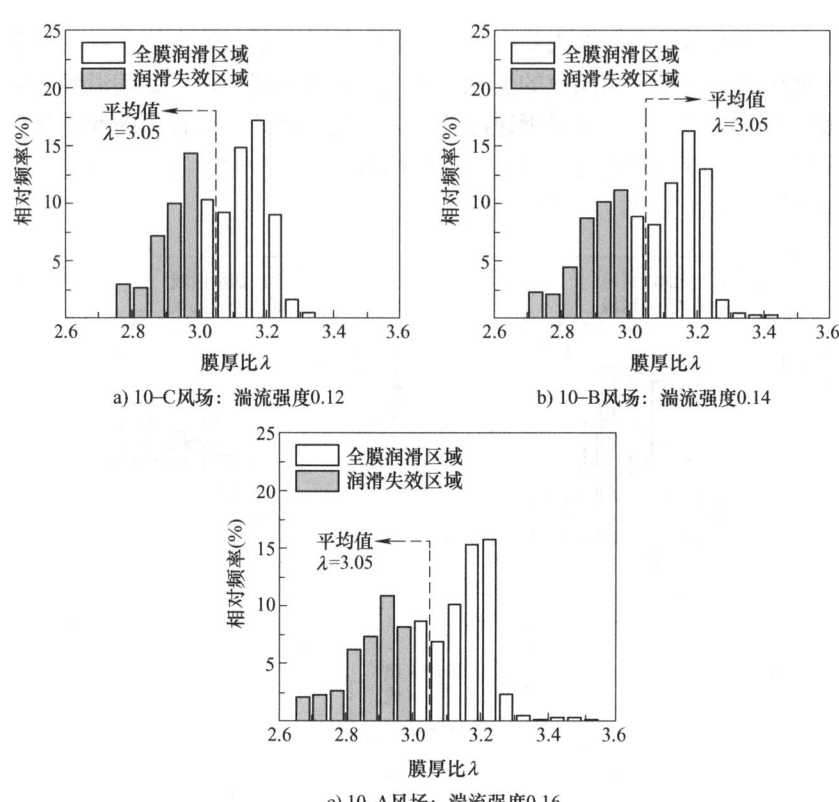

图 6-14 不同湍流强度随机风场中主轴承膜厚比概率分布

结果表明，在平均风速相同而湍流强度不同的随机风场中，主轴承膜厚比的平均水平非常相似，大约为 3.05。这意味着从长期运行角度来看，随机风场的湍流强度对主轴承润滑性能的平均水平几乎没有影响。这是因为所分析的 3 种随机

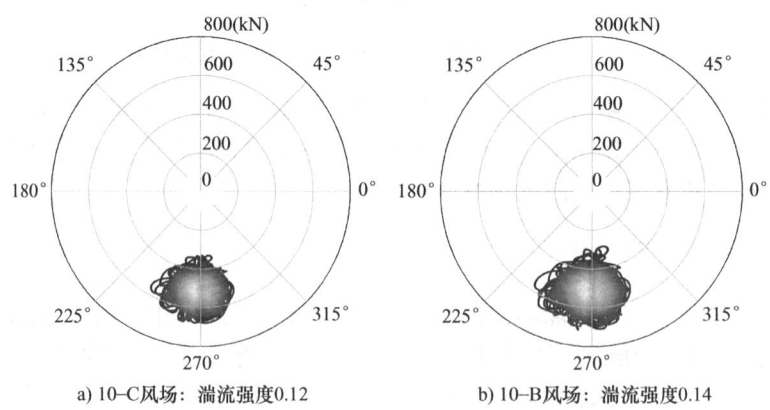

图 6-15 不同湍流强度随机风场中主轴承径向载荷

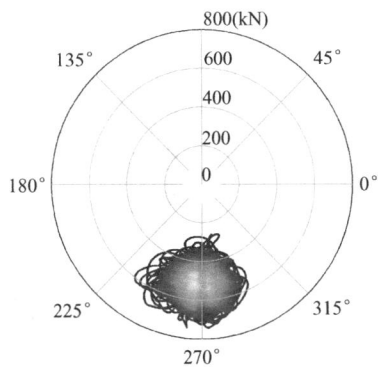

c) 10-A风场：湍流强度0.16

图 6-15　不同湍流强度随机风场中主轴承径向载荷（续）

风场具有相同的平均风速，如前所述，平均风速对主轴承润滑性能的总体水平起决定性作用。

然而，统计分析表明主轴承在 3 种随机风场中的润滑失效概率不同，分别为 37.17%、39.00% 和 39.50%，主轴承润滑失效概率随着湍流强度的增强而略有升高。图 6-14 中膜厚比的分布范围随湍流强度增大变宽，这是由于较大的湍流强度加重了随机风场中实时风速的离散程度，提高了极端风速的出现概率。此时，风机在较低风速下工作的概率增大，主轴承在这些低风速工作点具有较小的无量纲速度参数和较差的润滑状态，最终导致更多的润滑失效。除了主轴承卷吸速度的影响，湍流强度的增大还会加剧主轴承载荷的波动程度，如图 6-15 所示。载荷波动程度增大会引起更多的极端载荷出现，降低主轴承的润滑性能。总之，较大的湍流强度增加了主轴承润滑膜厚的离散程度，引起了更多的润滑失效点。

6.4.4　润滑失效概率公式

在本小节中，提出了用于快速评估该款主轴承在随机风场中润滑失效概率的工程公式，虽然该润滑失效概率公式是针对该例风机提出的，但建立公式的方法和流程具有广泛适用性。为了得到主轴承在不同性质风场中的润滑失效概率，生成了平均风速和湍流强度不同的随机风场。

国际标准 IEC 61400-1 将平均风速和湍流强度相同的随机风场定义为同类型的风场，对于每类风场需要生成 6 个随机风场，完成气动弹性模拟后需要综合 6 个风场的结果，即每类风场使用 6 个样本进行润滑可靠性分析。本小节生成 12 种共 72 个随机风场，在这些风场中评估了主轴承的润滑失效概率，表 6-5 列出了主轴承在 6 个随机风场中润滑失效概率的平均值。主轴承润滑失效概率随风场特性的变化规律如图 6-16 所示，每个数据点采用 6 个随机风场分析结果的平均值和误差条绘制。

润滑可靠性建模理论及应用

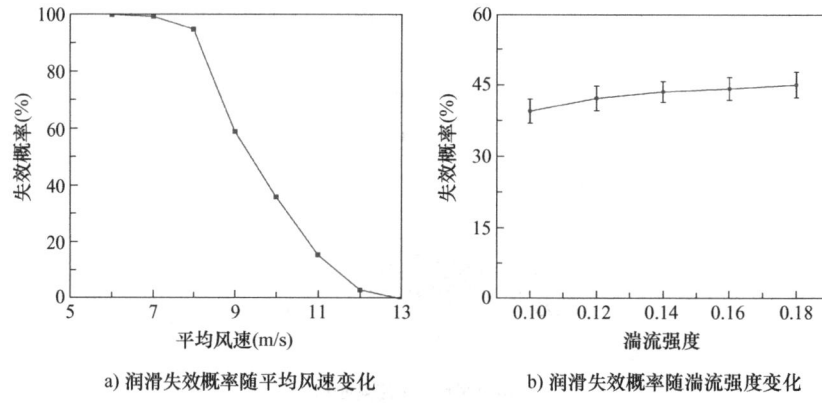

a) 润滑失效概率随平均风速变化　　b) 润滑失效概率随湍流强度变化

图 6-16　不同随机风场中主轴承润滑失效概率

结果表明，当随机风场的平均风速为 7m/s 时，主轴承的润滑失效概率接近 100%。当随机风场的平均风速达到 13m/s 时，几乎不会发生主轴承的润滑失效，这意味着主轴承几乎完全处于全膜润滑状态。如图 6-16（a）所示，主轴承的润滑失效概率以 S 形曲线的形式随平均风速变化。Gompertz 模型被广泛用于描述 S 形变化规律，因此采用该模型描述平均风速对主轴承润滑失效概率的影响规律，其形式为 $a \times b^{c^{U_{ave}}}$。此外，润滑失效概率随湍流强度近似呈线性变化，如图 6-16（b）所示，采用 $d \times (I_{ref} - e)$ 的形式表征湍流强度对润滑失效概率的影响。综上，确定随机风场中主轴承润滑失效概率公式的最终形式为式（6-58），其中 a 至 e 为需要通过拟合确定的未知常数，右手侧的两项分别用来表示平均风速和湍流强度对主轴承润滑失效概率的影响作用。

将表 6-5 中的数据进行拟合，得到该款风机主轴承在随机风场中的润滑失效概率预测公式：

$$p_{\text{failure}} = ab^{c^{U_{ave}}} + d(I_{ref} - e) \tag{6-58}$$

$$p_{\text{failure}} = 111.2(0.9991^{2.044^{U_{ave}}}) + 78.35(I_{ref} - 0.14) \tag{6-59}$$

式中，U_{ave} 是随机风场的平均风速（m/s）；I_{ref} 是随机风场的湍流强度。

模拟结果和拟合结果之间的误差列于表 6-5 中，误差分析表明拟合公式具有理想的精度。

式（6-59）可用于评估主轴承在随机风场中的润滑失效概率，为主轴承选型、风机-风场匹配设计提供指导。虽然式（6-59）是针对本章所讨论的风机主轴承和润滑剂开发的，但所建立的方法是通用的，可用于研究其他型号的风机主轴承和润滑剂。研究表明，在随机风场中主轴承润滑存在显著的热惯性，这意味着主轴承的温度与载荷、转速的相关性较弱，预测主轴承在随机风场中的温度是有难度

第6章 载荷和转速不确定情况下轴承润滑可靠性分析

的。因此，本章的主轴承润滑分析中并未考虑热效应的影响。虽然式（6-59）的平均风速输入范围是 7m/s 至 13m/s，但根据平均风速与润滑失效概率之间的影响规律有如下判断：当平均风速小于 7m/s 时，润滑失效概率约为 100%；当平均风速大于 13m/s 时，润滑失效概率约为 0。

表6-5 润滑失效概率的模拟和拟合结果

输入参数		失效概率(%)		误差(%)
平均风速 U_{ave} (m/s)	湍流强度 I_{ref}	仿真结果	拟合结果	
7	—	99.34	97.23	2.11
8	—	94.92	84.52	10.40
9	—	58.84	63.47	4.63
10	0.14	35.92	35.35	0.57
11	—	15.50	10.68	4.82
12	—	3.25	0.93	2.32
13	—	0.00	0.01	0.01
—	0.10	31.25	32.21	0.96
—	0.12	33.92	33.78	0.14
10	0.14	35.92	35.35	0.57
—	0.16	36.75	36.91	0.16
—	0.18	37.67	38.48	0.81

6.5 计算程序

以下程序用于求解随机载荷和转速下轴承的润滑失效概率，包括轴承刚度求解、轴承内部载荷分布求解和润滑可靠性分析。轴承型号为 SKF 240/630CA/W33，轴承径向力、轴向力和转速由外部文件输入。润滑脂塑性黏度为 $6.52 Pa \cdot s^n$，流变指数为 0.8685，RMS 粗糙度为 0.3μm。

```
clc
clear
close all
global Q_r Q_a alpha Z K_tot r1x r1y r2x_in r2y_in r2x_out r2y_out
%%% %赋值与计算刚度
load('XXX.mat','fr1','fa1','rot_speed');%读取储存外部载荷分析结果的文件 XXX.mat
Q_r_input = fr1;%径向力
Q_a_input = fa1;%轴向力
```

```
ni_input = rot_speed;
Q_r_all = Q_r_input;%径向力
Q_a_all = Q_a_input;%轴向力
ni_all = ni_input;
clear fa1 fr1 rot_speed
Z=28; %单列滚子数
length_roller=0.118;
Dp=795.95;
alpha=10.67/180*pi;
r1x=425.12;
r1y=35.8;
r2x_in=427.12;
r2y_in=Dp/2/cos(alpha)-r1y;
r2x_out=-427.12;
r2y_out=Dp/2/cos(alpha)+r1y;
d1y=2*r1y;
K_tot=K_total;
delta0=[0.01,0.01];
options = optimset('TolFun',1e-1);
%%% 变形求解和内部载荷分布
phiSp=2*pi/Z/50;
phi=linspace(0,2*pi,50*Z);
for i=1:length(Q_r_all)
    Q_r=Q_r_all(i);%径向力
    Q_a=Q_a_all(i);%轴向力
    [delta]=fsolve(@(delta)func(delta),delta0,options);
    delta_max=delta(2).*sin(alpha)+delta(1).*cos(alpha);%第二列
    Qmax=K_tot.*delta_max.^1.5;
    epsilon=0.5*(1+delta(2).*tan(alpha)./delta(1));
    Q_phi=real(Qmax.*(1-0.5./epsilon.*(1-cos(phi))).^1.5);
    [val, idx] = max(Q_phi);% 最大值的索引
    idxMin=idx-25;
    idxMax=idx+25;
    if idxMin<0
        idxMin=50*Z-idxMin;
    end
    if idxMax>50*Z
        idxMax=idxMax-50*Z;
    end
    Q_roller(i)=sum(Q_phi(1:idxMax))+sum(Q_phi(idxMin:end));
```

第6章 载荷和转速不确定情况下轴承润滑可靠性分析

```
        delta1(i)=delta(1);
        delta2(i)=delta(2);
end
%%%运动学分析
gamma=d1y.*cos(alpha)./Dp;
omega_i=2.*pi.*ni_all./60;
omega_r=omega_i.*Dp.*(1-gamma.^2)./(2.*d1y);
omega_c=omega_i.*(1-gamma)./2;
Us_in=0.5.*Dp.*((1-gamma).*(omega_i-omega_c)+d1y./Dp.*omega_r);
Us_out=0.5.*Dp.*((1+gamma).*omega_c+d1y./Dp.*omega_r);
%%%润滑可靠性
yita0=6.52;
n=0.8685;
E=2.253e11;
R_in=1/(1/r1y+1/r2y_in)*1e-3;
R_out=1/(1/r1y-1/r2y_out)*1e-3;
R=[R_in R_out];
us=[Us_in Us_out]*1e-3;
w=Q_roller./length_roller;
W_in=w./R_in/E;
W_out=w./R_out/E;
W=[W_in' W_out'];
U=yita0.*us./(E.*R);
G=2.1e-8*E;
SIGMA=300*1e-9./R;
hmin_in=22.547.*n.^21.502.*W(:,1).^-0.226.*U(:,1).^(0.667.*n.^0.970).*
        G.^(0.034.*n.^99.569).*(1+1.296.*n.^0.078.*SIGMA(:,1).^
        (1.182.*n.^2.245).*W(:,1).^0.524.*U(:,1).^(-0.566.*n.^2.475).*
        G.^(0.384.*n.^-1.967));
hmin_out=22.547.*n.^21.502.*W(:,2).^-0.226.*U(:,2).^(0.667.*n.^0.970).*
        G.^(0.034.*n.^99.569).*(1+1.296.*n.^0.078.*SIGMA(:,2).^
        (1.182.*n.^2.245).*W(:,2).^0.524.*U(:,2).^(-0.566.*n.^2.475).*G.^
        (0.384.*n.^-1.967));
Lambda_in=hmin_in./SIGMA(:,1);
Lambda_out=hmin_out./SIGMA(:,2);
U1=0.453.*us./E./R;
hmin_m=1.652.*W(:,1).^-0.077.*U1(:,1).^0.716.*G.^0.695.*
        (1+0.026.*SIGMA(:,1).^1.120.*W(:,1).^-0.312.*U1(:,1).^-0.809.*
        G.^-0.977);
Lambda_m=hmin_m./SIGMA(1);
```

```
failure_prob_in=sum(sum(Lambda_in<3))/length(Lambda_in);
failure_prob_out=sum(sum(Lambda_out<3))/length(Lambda_out);
%%%求解函数子程序
function y=func(delta)
global Q_r Q_a alpha Z K_tot
syms psi_x
delta_r=delta(1);
delta_a=delta(2);
delta_r_m=[delta_r delta_r];% [1 2]
delta_a_m=[-delta_a delta_a];
epsilon=0.5.*(1+delta_a_m.*tan(alpha)./delta_r_m);
psi_limit=acos(-delta_a_m.*tan(alpha)./delta_r_m);
delta_max=delta_a_m.*sin(alpha)+delta_r_m.*cos(alpha);
delta_max(delta_max<=0)=0;
Qmax=K_tot.*delta_max.^1.5;
fr1=(1-0.5/epsilon(1)*(1-cos(psi_x)))^1.5*cos(psi_x);
fr2=(1-0.5/epsilon(2)*(1-cos(psi_x)))^1.5*cos(psi_x);
fa1=(1-0.5/epsilon(1)*(1-cos(psi_x))).^1.5;
fa2=(1-0.5/epsilon(2)*(1-cos(psi_x))).^1.5;
yr1=Z*Qmax(1)*cos(alpha)/2/pi*int(fr1,psi_x,-psi_limit(1),psi_limit(1));
yr2=Z*Qmax(2)*cos(alpha)/2/pi*int(fr2,psi_x,-psi_limit(2),psi_limit(2));
ya1=Z*Qmax(1)*sin(alpha)/2/pi*int(fa1,psi_x,-psi_limit(1),psi_limit(1));
ya2=Z*Qmax(2)*sin(alpha)/2/pi*int(fa2,psi_x,-psi_limit(2),psi_limit(2));
y(1)=yr1+yr2-Q_r;
y(2)=-ya1+ya2-Q_a;
y=real(double(subs(y)));
end
%%%刚度子程序
function K_tot=K_total
global r1x r1y r2x_in r2y_in r2x_out r2y_out
r2x=[-r2x_in -r2x_out];
r2y=[r2y_in -r2y_out];
rho1x=1/r1x;
rho1y=1/r1y;
rho2x=1./r2x;
rho2y=1./r2y;
sigma_rho=rho1x+rho1y+rho2x+rho2y;
F_rho=((rho1y-rho1x)+(rho2y-rho2x))./sigma_rho;
X=(1+F_rho)./(1-F_rho);
x=log10(X);
```

```
gamax=2/3.*(1+0.40227436.*x.^2+3.7491752e-2.*x.^4+7.4855761e-4.*x.^6+
      2.1667028e-6.*x.^8)/(1+0.42678878.*x.^2+4.2605401e-2.*x.^4+
      9.0786922e-4.*x.^6+2.7868927e-6.*x.^8);
kappa=X.^(sign(F_rho).*gamax);
fk=(1.3862944+0.1119723.*kappa.^-2+0.0725296.*kappa.^-4)-log(kappa.^-2).*
     (0.5+0.1213478.*kappa.^-2+0.0288729.*kappa.^-4);
ek=(1+0.4630151.*kappa.^-2+0.1077812.*kappa.^-4)-log(kappa.^-2).*
     (0.2452727.*kappa.^-2+0.0412496.*kappa.^-4);
K=3.336e5.*kappa.*sqrt(ek./fk.^3./sigma_rho);
K_tot=(1/((1/K(1))^(2/3)+(1/K(2))^(2/3)))^1.5;
end
```

6.6 小结

本章提出了一种随机载荷和转速下风机主轴承润滑可靠性评估方法，研究了随机风场的平均风速和湍流强度对主轴承润滑可靠性的影响规律。结果表明，所研究风机主轴承滚子-内滚道摩擦副的润滑失效概率高于滚子-外滚道摩擦副的，内滚道处于混合润滑或边界润滑状态的概率更高，更可能发生表面损伤。风场的平均风速对主轴承润滑可靠性的平均水平具有很大影响，润滑失效概率随平均风速的增大而减小，近似呈 S 形曲线。较大的湍流强度会增强主轴承的卷吸速度和载荷的分散性，增加极端工况的发生概率，从而近似线性地影响其润滑可靠性。然而，从长期工作角度来看，湍流强度的变化几乎不会改变主轴承润滑性能的平均水平。当风机处于平均风速为 7m/s 的随机风场中时，主轴承基本进入混合润滑状态，在运行过程中可能会发生表面磨损或其他损伤。当风机处于平均风速为 13m/s 的随机风场中时，主轴承几乎完全处于全膜润滑状态，不会发生润滑失效。此外，基于数值仿真结果拟合了用于快速评估风机主轴承润滑失效概率的工程公式，可从主轴承摩擦学的角度评估风机结构和随机风场的匹配程度。本章提出的随机载荷和转速下主轴承润滑可靠性评估方法和润滑失效概率公式的构建方法具有广泛适用性，并不局限于该款风机，能够用于不同型号风机主轴承的润滑可靠性分析。

第 7 章
工程实际中的轴承润滑可靠性问题

7.1 引言

在工程实际中，准确刻画传动部件摩擦副在服役状态下的真实润滑行为，对于机械的结构改进、运行维护和润滑剂选型等具有重要指导意义。然而，单独采用理论分析可能难以获取传动部件摩擦副润滑分析中所需的全部信息。例如，准确刻画风机主轴承在服役中的润滑状态，需要保证主轴承分析的输入参数能够反映其实际运行条件，这就必须先准确获取风机的实际气象条件和运行状态。这些关于机械设备服役工况的信息无法通过单一的仿真模拟方法获取，这一问题在工程中普遍存在。将设备的实际监测数据和润滑可靠性评估技术相结合，能够解决传动部件实际运行状态的获取难题，实现服役状态下传动部件润滑性能及可靠性评估。这有利于理解传动部件摩擦副在服役中的润滑行为，从摩擦学角度对机械的结构设计、润滑脂选型和运行维护等提出合理建议，对提升机械结构的可靠性具有重要意义。为此，本章以风机主轴承为例，提出服役状态下主轴承润滑性能及可靠性分析方法，分析主轴承在服役风场中的润滑性能及可靠性，对主轴承的润滑脂选型提出建议，为解决工程实际中的轴承润滑可靠性问题提供基本范例。

7.2 监测数据集构建

前面的分析表明，风机的气象条件和运行状态对主轴承的润滑有很大影响，服役状态下主轴承润滑分析的关键是如何准确获取风机的气象条件和运行状态。一部分反映风机运行工况的数据可以通过 SCADA 监测系统直接测得，因此本节采用 SCADA 系统对某款 5MW 直驱式风机进行测试，同步记录下风机所在风场的气象条件及运行状态变化，生成监测数据集。

7.2.1 SCADA 监测系统

为了记录服役中风机的运行参数，掌握风机的气象条件和运行状况，提高风电控制与调度效率，风机通常配备有独立的第三方 SCADA 监测系统。SCADA 监测系统设置有独立的电网、子站和气象观测站远程通信接口。电网和子站的接口单元能够实时监控风电场的电气系统，而气象观测站的接口单元则能够监测气象参数，如风速、风向以及外部环境温度等。SCADA 监测系统通常由就地监控部分、中央监控部分和远程监控部分组成。中央监控部分和远程监控部分可以根据现场运行数据调节风机运行以及对中控室进行远程控制。就地监控部分能够监控风机的运行状态，获取和记录丰富的风机运行参数。在风机的关键部件中，大多安装有 SCADA 监测系统的各类型传感器，SCADA 系统监测的数据类型主要包括压力、温度、风速、风向、转速等，如图 7-1 所示。SCADA 监测系统的历史数据量大，包含大量反映风机运行状态的信息，而且在大部分机组中是默认配置的，无须改造就能够以较低成本获取大量风机服役数据。因此，合理利用 SCADA 监测系统，能够为分析服役状态中的主轴承润滑性能提供坚实的数据基础。

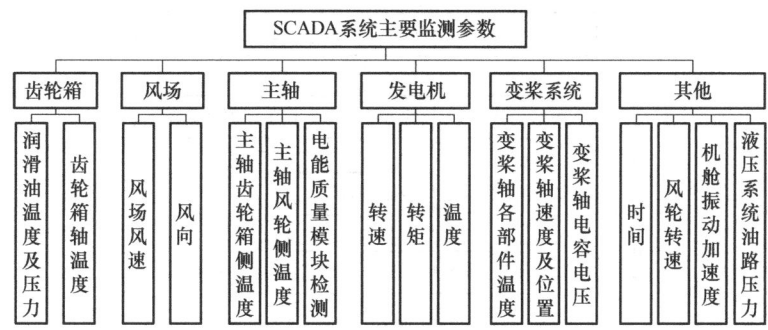

图 7-1 SCADA 系统主要监测参数

7.2.2 监测数据集

在服役风场中分析主轴承润滑性能的前提是主轴承的服役工况已知，首先需要确定主轴承的转速与载荷。主轴承转速与风轮转速在数值上相等，可直接提取 SCADA 系统中的风轮转速数据。而主轴承载荷则受风机结构、控制系统和风场条件等多种因素影响，需通过仿真方法确定。为了让风机服役工况得到真实反映，必须保证仿真模拟中风机的气象条件与现实风场相同，这就需要提取 SCADA 系统中的风速数据。除此之外，还需提取 SCADA 系统记录的时间数据。

目标风机所配备的 SCADA 系统的实际数据采样时间间隔为 6s，提取 100min 时长的时间数据、风轮转速数据和风速数据的时间序列，组成主轴承润滑性能及可靠性分析所需的数据集，如图 7-2 所示。时间数据作为基本的时间标尺，风速数据用于生成风机仿真模拟中的三维湍流风场，实测风轮转速数据则可用于比对风机仿真模拟的输出结果，验证风机仿真的准确性。SCADA系统监测数据集在主轴承润滑分析中的作用如图7-3所示。

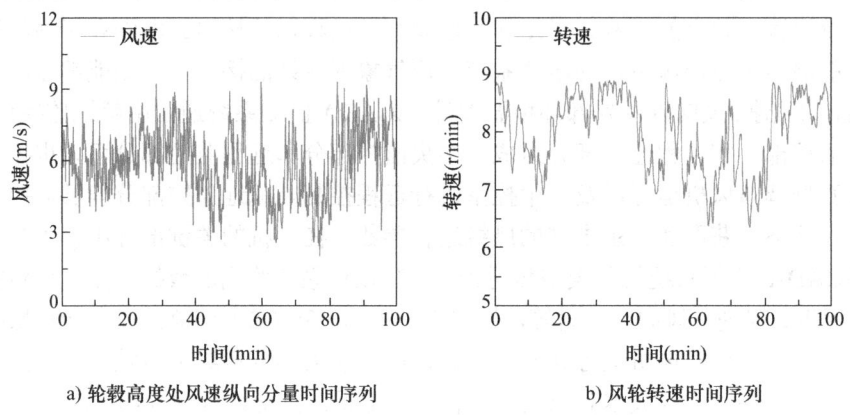

a) 轮毂高度处风速纵向分量时间序列　　　　b) 风轮转速时间序列

图 7-2　SCADA 系统监测数据集部分数据

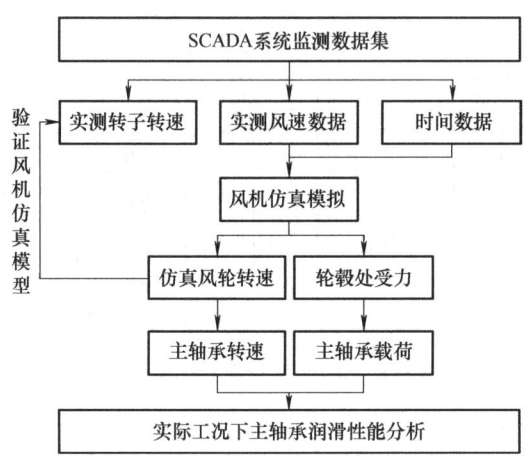

图 7-3　监测数据集在主轴承润滑分析中的作用

7.3　实测工况模拟

由于SCADA系统传感器类型的局限性，无法直接测得服役过程中主轴承的载荷情况，因此需要借助风机仿真模拟以及主轴承载荷理论分析来确定。要保证风机的仿真模拟结果能够准确反映风机的服役工况，至关重要的是在风机仿真模拟中准确复现风机的实际气象条件。不同于第6章中使用统计参数描述随机风场，

第7章 工程实际中的轴承润滑可靠性问题

本章需保证生成的风场风速能够准确反映服役风场中的风速变化规律。因此，本节首先以实测风速的时间序列为基础，采用风场数值模拟生成三维湍流风场，以准确复现风机的现实风场。其次，在所生成的三维湍流风场中进行风机运行状态复现模拟，获取用于主轴承分析的轮毂处载荷。最后，采用 SCADA 系统实测的风场风速和风轮转速数据，验证实测风场和运行状态复现模拟的准确性。

7.3.1 实测风场复现模拟

实测风场的数值模拟采用 TIMSER 湍流模型。将 SCADA 系统记录的 u、v 和 w 三向风速历史数据作为输入，计算每个风速测量点的平均风向以生成方向剖面，然后旋转每个测量点的速度矢量以与平均风速（u、v 和 w 方向分量）对齐。在每个测量点移除风速的平均值形成零均值时间序列（保存平均风速以生成速度剖面），对这些零均值时间序列执行快速傅里叶变换，并计算谱幅和相位角，在频率和空间上进行线性插值以获得模拟点的谱幅。模拟点的相位角从随机均匀分布中选择，采用一致性模型将其与指定点处（本小节中为轮毂高度处）时间序列的相位角相关联，以确保模拟点与 SCADA 输入数据间的关联性，更详细的信息可查阅相关用户手册。

本章中，水平网格点矩阵尺寸和垂直网格点矩阵尺寸分别为15m，水平方向和垂直方向的风场尺寸都为150m，参考高度根据SCADA系统测量点设置为90m。时间步长为0.06s，分析时长为100min。统计 SCADA 监测风速数据可知参考点（轮毂高度处测量点）的平均风速为5.912m/s，根据监测风速时间序列生成湍流风场，风廓线类型为幂律型。采用上述方法得到模拟湍流风场，轮毂高度处风速的统计数据列于表 7-1，风场复现模拟的准确性将在第 7.3.3 小节中讨论。

表 7-1 模拟湍流风场在轮毂高度处风速的统计数据

类型	最小值（m/s）	平均值（m/s）	最大值（m/s）	标准差（m/s）
纵向分量 u	2.06	5.91	9.72	1.361
横向分量 v	-3.52	0.10	3.48	1.244
垂向分量 w	-2.26	0.08	2.24	0.800
总计	4.35	6.11	10.56	1.272

7.3.2 风机运行状态复现模拟

所研究的主轴承安装于某款直驱 5MW 风机传动系统中，由于商业保密的原因，难以批露该款风机全面的设计参数和模型细节。然而，NREL 公开的单机装机容量为 5MW 的参考风机在目标风机的开发中发挥了重要作用，因此这两款风机之间具有较多相似性。故对于该款风机中无法获得的详细设计参数，在气动弹性模拟中采用 NREL 5MW 参考风机的相关信息进行近似替代，此种处理方法的合理性将在第 7.3.3 小节中复现模拟准确性验证部分讨论。

NREL 5MW 风机满足国际标准 IEC 61400-1 规定的设计荷载工况模拟仿真的要求，其主要参数汇总于表 7-2，更详细的设计参数可查看定义文件。风机的控制策略决定了给定风速下的风轮转速和轮毂所受推力大小，从而影响主轴承的润滑状态。所研究风机采用传统的变速、变桨距功率调节的控制策略，基于发电机转矩控制器和叶片变桨控制器两个控制系统实现。发电机转矩控制器用于最大化额定工作点以下的功率捕获，叶片变桨控制器则用于调节在额定工作点以上的发电机转速。

表 7-2 NREL 5MW 风机主要参数

参数	数值
额定功率	5MW
切入风速	3m/s
切出风速	25m/s
额定风速	11.4m/s
风轮额定转速	12.1r/min
轮毂高度	90m
轮毂直径	3m
风轮直径	126m
风轮质量	110000kg
塔体质量	347500kg
叶片质量	53220kg
轮毂质量	56780kg

风机仿真模拟在第 7.3.1 小节中模拟得到的服役风场中进行。根据 SCADA 系统监测数据，设置模拟时长为 100min，分析时间步长为 0.006s。提取轮毂处 6 个自由度的载荷时间序列，输出风轮转速。为了避免庞大的数据量，将结果输出时间步长设置为 1.2s，100min 的模拟时长共输出 5000 个数据点。在实测服役工况中，风机的实际运行状态如图 7-4 所示。图 7-4（a）为实测工况中轮毂处的轴向推力，由于轴向入射风会在叶片部位产生较大的气动载荷，轮毂处的轴向推力受到轴向风速变化的直接影响，因此图 7-4（a）中轮毂处的轴向推力和图 7-2（a）中的风速具有类似的变化趋势。图 7-4（b）为实测工况中轮毂处横向弯矩的变化，叶片所受的横向力主要由横向入射风引起，因此轮毂处的横向弯矩主要受横向风速影响。由于横向风速的均值接近于零，因此图 7-4（b）中轮毂处的横向弯矩值

围绕零值波动。风机运行状态复现模拟的准确性将在第 7.3.3 小节中讨论。

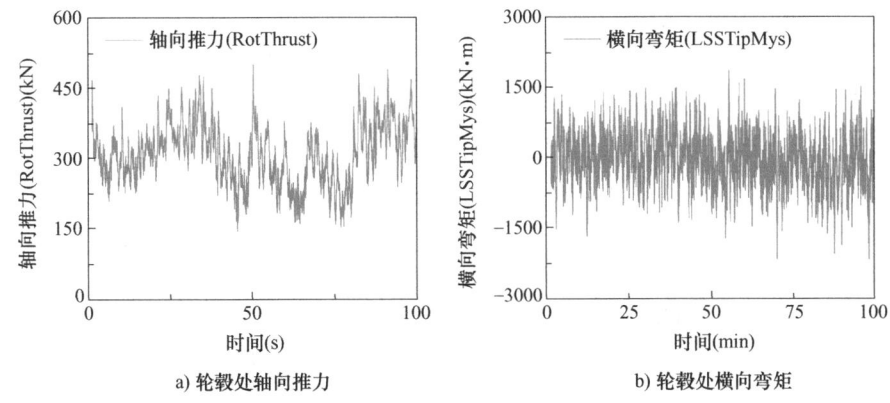

图 7-4 风机的实际运行状态

7.3.3 复现模拟准确性验证

通过第 7.3.1 小节和第 7.3.2 小节中的复现模拟,已经得到风机在服役中的气象条件和运行状态,本小节对上述复现模拟的准确性进行验证,如图 7-5 所示。准确性验证将在两个方面进行:一是验证对实测风场复现的准确性,二是验证对风机运行状态复现的准确性。在第 7.3.1 小节中生成的湍流风场可以采用 SCADA 数据集中的风速数据进行验证。在 SCADA 系统的气象条件监测中,一个重要的监测点位于轮毂高度处。因此,选取轮毂高度处的风速作为验证的物理量,对比了复现模拟和 SCADA 实测得到的结果,图 7-5(a)表明,复现模拟得到的风速和实测数据高度一致,风场复现模拟能够准确反映现实风场中风速的实际变化。

风轮转速反映了风机的综合运行状态,因此采用风轮转速来验证风机运行状态复现模拟的准确性。将复现模拟得到的风轮转速与 SCADA 系统监测得到的风轮转速进行对比,如图 7-5(b)所示。结果显示复现模拟得到的风轮转速和实测的风轮转速具有相似的变化趋势,表明复现模拟能够反映风轮转速大部分的实际波动特征,在一定程度上复现了风机在服役风场中的运行状态。在某些时刻,风机运行状态的复现模拟结果与实测结果之间存在差异,这是由于所研究的商用风机与 NREL 5MW 参考风机的结构和控制系统并不完全相同。经分析,最大误差不超过 10%,考虑到商用风机模型获取的难度,此误差仍然处于可接受范围内。因此,在商用风机模型不可用的情况下,采用开源的 NREL 5MW 机型进行近似替代是有效可行。当商用风机的模型可用时,通过复现模拟能够更准确地复现风机的气象条件和运行状态,从而在后续的主轴承润滑分析中获得更精确的结果。

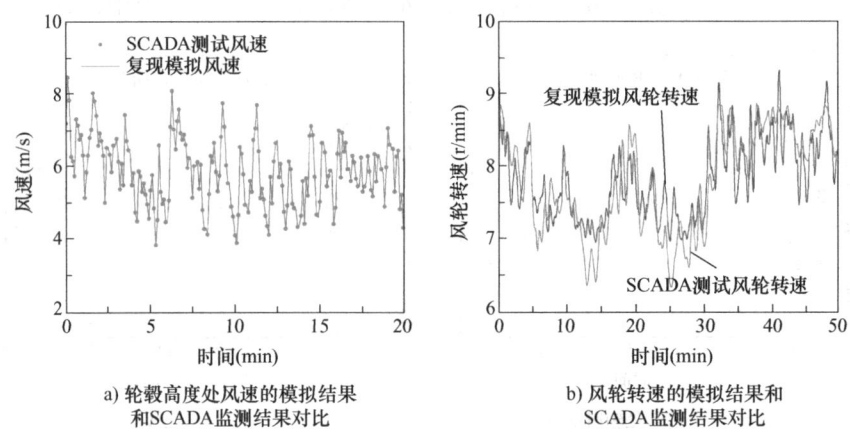

a) 轮毂高度处风速的模拟结果
和SCADA监测结果对比

b) 风轮转速的模拟结果和
SCADA监测结果对比

图 7-5 复现模拟的准确性验证

7.4 实测工况下主轴承工作状态分析

模拟获得风机风轮转速和轮毂处 6 个自由度载荷的时间序列后，即可确定主轴承在服役风场中的工作状态。主轴承转速在数值上与风轮转速相同，而主轴承载荷还需根据轮毂载荷进一步分析确定。主轴承载荷分析流程与第 6.2 节中的类似，不同的是本款风机为直驱式，所采用的主轴承载荷分析方法不同。本节首先分析直驱式风机主轴承的外部载荷，进而确定主轴承的内部载荷分布和单个滚子载荷，结合主轴承的运动学分析，获取了实测工况下主轴承的工作状态。

7.4.1 直驱式风机主轴承外部载荷分析

直驱式风机的电机由风轮通过主轴直接驱动。根据主轴承数量的不同，可将直接驱动系统分为多种类型，目前主流的直接驱动系统主轴承配置主要有单主轴承式、双主轴承式及三主轴承式，如图 7-6 所示。

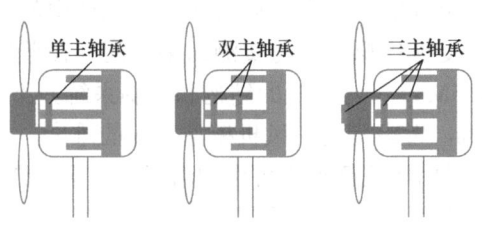

图 7-6 直驱式风机传动系统布局

第7章 工程实际中的轴承润滑可靠性问题

本款直驱式风机的传动系统布局为双主轴承配置,前主轴承(靠近风轮侧)采用背对背式双列圆锥滚子轴承,后主轴承(远离风轮侧)采用双列球面滚子轴承,可以使用简单的梁理论和静态方程计算主轴承上的反作用力。主轴-主轴承系统的力和力矩如图7-7所示,对前主轴承,绕 y 轴和 z 轴方向上的力矩之和分别为 M_1 和 M_2:

$$M_1 = M_y + m_{rh}g\cos(\rho)L_r + m_{gr}g\cos(\rho)L_{gr} - m_s g\cos(\rho)L_s \quad (7-1)$$

$$M_2 = F_y L_r + M_z \quad (7-2)$$

式中,M_y 和 M_z 分别是轮毂处受到的绕 y 轴和 z 轴的力矩(N·m);F_y 是轮毂处沿 y 轴方向受到的力(N);L_r 是轮毂与前主轴承之间的距离(m);ρ 是机舱底板倾斜角度(rad);m_{rh} 是风轮的质量(kg);m_{gr} 是发电机的质量(kg);L_{gr} 是前主轴承和发电机之间的距离(m);m_s 是主轴质量(kg);L_s 是主轴重心和前主轴承之间的距离(m);g 是重力加速度(m/s²)。

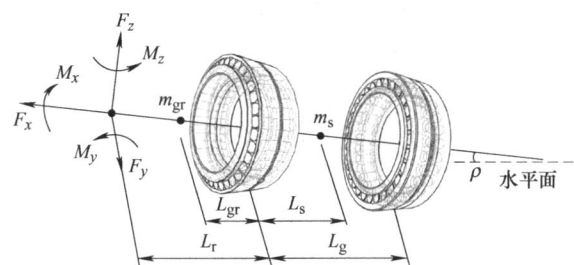

图 7-7 双主轴承配置的直驱式风机轴系力和力矩示意图

因此,后主轴承的反作用力矩可以由 M_1 和 M_2 的均方根值表示,进一步可求得后主轴承上的径向力 F_{r2} 为:

$$F_{r2} = \frac{1}{L_g}\sqrt{M_1^2 + M_2^2} \quad (7-3)$$

式中,L_g 是两个主轴承之间的距离(m)。

对于双主轴承配置,后主轴承承担的轴向力为零,前主轴承承担全部的轴向力。因此,前主轴承受到的轴向力 F_{a1} 可以由沿 x 轴方向的力总和来表示:

$$F_{a1} = -F_x + m_{rh}g\sin(\rho) + m_{gr}g\sin(\rho) + m_s g\sin(\rho) \quad (7-4)$$

式中,F_x 是轮毂处沿 x 轴方向受到的力(N);其他符号意义同上。

对于前主轴承,其受到的总径向力分为两部分,一部分为与后主轴承相同大

小的 F_{r2} 载荷,另一部分为轮毂处沿 y 轴和 z 轴方向上的正交合力分量。则前主轴承承受的总径向力 F_{r1} 可以表示为:

$$F_{r1} = F_{r2} + \sqrt{F_y^2 + (F_z\cos(\rho))^2} \qquad (7-5)$$

7.4.2 主轴承滚子载荷与运动学分析

本小节介绍主轴承运动学分析方法,以及求解实测工况中主轴承滚子载荷的方法。本款直驱式风机的后主轴承为双列球面滚子轴承,只承受径向载荷,其滚子载荷分析和运动学分析可分别采用第 6.2.3 小节和第 6.2.4 小节中的方法进行。而前主轴承则为双列圆锥滚子轴承,其滚子载荷分析和运动学分析采用以下方法进行。

1. 前主轴承滚子载荷

前主轴承为背对背式双列圆锥滚子轴承,同时承受轴向载荷、径向载荷和倾覆力矩载荷,其受载情况如图 7-8 所示。前主轴承的内部载荷分布需要通过轴承系统的平衡方程确定,本小节采用罗继伟等提出的方法进行。在轴向载荷、径向载荷和倾覆力矩载荷共同作用下,前主轴承的内圈和外圈将产生整体相对位移:轴向位移 δ_a、径向位移 δ_r 和转角 θ。在整体相对位移作用下,不同滚子处的位移并不相同,背对背安装左侧一列在第 i 个滚子处产生的总轴向位移 δ_{ai} 和总径向位移 δ_{ri} 分别为:

$$\delta_{ai} = \delta_a + \delta_0 + \delta_{a\theta i} \qquad (7-6)$$

$$\delta_{ri} = \delta_r \cos(\phi_i) + \delta_{r\theta i} \qquad (7-7)$$

式中,δ_0 是轴向预负荷作用下产生的轴向预变形(m);ϕ_i 是滚子的位置角(rad);$\delta_{a\theta i}$ 和 $\delta_{r\theta i}$ 分别是由于转角 θ 产生的轴向和径向位移分量(m):

$$\delta_{a\theta i} = 0.5 D_m \theta \cos(\phi_i) \qquad (7-8)$$

$$\delta_{r\theta i} = R_2 \theta \cos(\phi_i - \phi_m) \qquad (7-9)$$

式中,D_m 是轴承中心节圆直径(m);R_2 是滚子中心到轴承中心距离在轴向的投影(m);ϕ_m 是倾覆力矩位置角(rad)。

在背对背安装左侧一列第 i 个滚子处,沿外滚道接触法线方向的总位移 δ_{ni} 可由总轴向位移 δ_{ai} 和总径向位移 δ_{ri} 表示为:

$$\delta_{ni} = \delta_{ai} \sin(\phi_i) + \delta_{ri} \theta \cos(\phi_i) \qquad (7-10)$$

第 7 章　工程实际中的轴承润滑可靠性问题

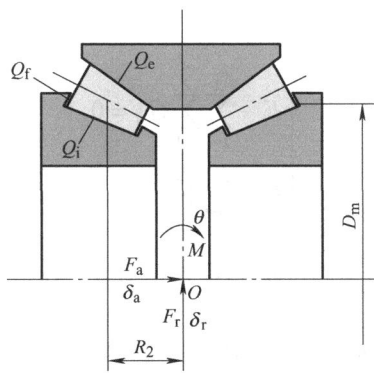

图 7-8　前主轴承的受载情况

第 i 个滚子处，沿滚子与外滚道接触位置的法线方向的外接触载荷 Q_e 可由沿外滚道接触法线方向的总位移 δ_{ni} 与接触总刚度系数 K_n 表示为式（7-11），接触总刚度系数 K_n 的计算方法已由帕姆格林（Palmgren）给出。

$$Q_e = K_n \delta_{ni}^{1.11} \tag{7-11}$$

在上小节中，由外部载荷分析得到的主轴承载荷为轴向和径向分量，为方便列出轴承整体平衡方程，将沿滚子与外滚道接触位置的法线方向的外接触载荷 Q_e 在轴向和径向进行分解，得到 Q_e 的轴向和径向分量：

$$Q_{ai} = Q_e \sin(\alpha_e) \tag{7-12}$$

$$Q_{ri} = Q_e \cos(\alpha_e)\cos(\phi_i) \tag{7-13}$$

式中，α_e 是外滚道接触角（rad）。

在轴向载荷和径向载荷作用下，对轴承产生的力矩分别为：

$$M_a = \sum_{i=1}^{Z} 0.5 D_m Q_e \cos(\phi_i) \sin(\alpha_e) \tag{7-14}$$

$$M_r = \sum_{i=1}^{Z} 0.5 D_c Q_e \cos(\phi_i) \cos(\alpha_e) \tag{7-15}$$

式中，Z 是单列滚子数；D_m 是轴承中心节圆直径（m）；D_c 是两列滚子中心之间的距离（m）。

则第 j 列滚子所产生的总的抵抗力矩可以表示为：

$$M_j = M_a + M_r \tag{7-16}$$

在轴向载荷、径向载荷和倾覆力矩载荷作用下，背靠背双列圆锥滚子轴承的整体平衡方程为：

$$\begin{cases} F_{\mathrm{r}} - \sum_{j=1}^{2}\sum_{i=1}^{Z} Q_{\mathrm{r}ji} = 0 \\ F_{\mathrm{a}} - \sum_{j=1}^{2}\sum_{i=1}^{Z} Q_{\mathrm{a}ji} = 0 \\ M - \sum_{j=1}^{2} M_{j} = 0 \end{cases} \quad (7\text{-}17)$$

式中，i 是滚子序号；j 是双列圆锥滚子轴承中轴承的列数。

采用牛顿迭代法对式（7-17）进行迭代求解，即可求得圆锥滚子轴承滚子与外滚道之间接触载荷 Q_{e} 的分布规律。C_{i} 为与内滚道接触角 α_{i}、外滚道接触角 α_{e} 和挡边接触角 α_{f} 有关的系数，其定义如下：

$$C_{\mathrm{i}} = \frac{\sin(\alpha_{\mathrm{e}} + \alpha_{\mathrm{f}})}{\sin(\alpha_{\mathrm{i}} + \alpha_{\mathrm{f}})} \quad (7\text{-}18)$$

则根据圆锥滚子轴承的载荷关系，可采用 C_{i} 和 Q_{e} 求得滚子与内滚道之间接触载荷 Q_{i}：

$$Q_{\mathrm{i}} = C_{\mathrm{i}} Q_{\mathrm{e}} \quad (7\text{-}19)$$

对于背对背双列圆锥滚子轴承，第一列和第二列滚子的位移符号和载荷符号并不相同，表 7-3 给出了每一列滚子的位移符号和载荷符号，在上述分析中应计入对应的正负号。

表 7-3 背对背双列圆锥滚子轴承位移和载荷的符号定义

参数	第一列	第二列
$\delta_{\mathrm{r}} Q_{\mathrm{r}}$	正	正
$\delta_{\mathrm{a}} Q_{\mathrm{a}}$	正	负
$\delta_{\mathrm{r}\theta} Q_{\mathrm{r}\theta}$	正	负
$\delta_{\mathrm{a}\theta} Q_{\mathrm{a}\theta}$	正	负

采用上述方法计算教材《滚动轴承分析计算与分析》（机械工业出版社，罗继伟）中例题 6.4，并将计算结果与教材中结果进行比对以验证上述方法的有效性。案例采用 30212E 轴承背对背安装，轴向载荷、径向载荷和倾覆力矩载荷分别为 5000N、15000N 和 300000N·mm。对比第一列滚子外滚道接触载荷的计算结果如图 7-9 所示，结果表明本书结果与上述教材结果较为接近，此方法能够准确计

算双列圆锥滚子主轴承的内部载荷分布。

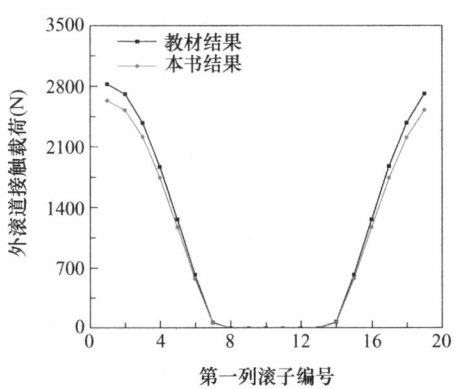

图 7-9　对比第一列滚子外滚道接触载荷的计算结果

2. 前主轴承运动学分析

不考虑滚子打滑时,圆锥滚子轴承的滚子-内滚道和滚子-外滚道接触表面的平均线速度(卷吸速度)可以近似为:

$$u_0^{in} = \frac{D_m}{2}[(1-\gamma)(\omega_i - \omega_c) - \gamma\omega_r] \quad (7-20)$$

$$u_0^{out} = \frac{D_m}{2}[(1+\gamma)\omega_c - \gamma\omega_r] \quad (7-21)$$

式中,D_m 是轴承节圆直径(m);ω_r 是滚动体绕自身轴线的自转角速度(rad/s);ω_i 是内滚道角速度(rad/s);ω_c 是滚动体绕轴承轴线的公转角速度(rad/s);γ 具有如下表达式:

$$\gamma = \frac{D_w}{D_m}\cos\left(\frac{\alpha_i + \alpha_o}{2}\right) \quad (7-22)$$

式中,D_w 是圆锥滚子的平均直径(m);α_i 和 α_o 分别是滚子和内滚道、外滚道的接触角(rad)。

滚动体公转角速度 ω_c 和自转角速度 ω_r 具有如下表达式:

$$\omega_c = \frac{\omega_i}{2D_m}\left[D_m - D_w\cos\left(\frac{\alpha_i - \alpha_o}{2}\right)\right] \quad (7-23)$$

$$\omega_r = \frac{\omega_i}{2}\left[\frac{D_m}{D_w} - \frac{D_w}{D_m}\cos^2\left(\frac{\alpha_i + \alpha_o}{2}\right)\right] \quad (7-24)$$

7.5 实测工况下轴承润滑可靠性分析

在之前章节中已获得了主轴承在实际风场中的转速和载荷，再结合前面提出的混合弹流脂润滑膜厚公式及主轴承润滑可靠性分析模型，即可将 SCADA 监测与随机载荷和转速下主轴承润滑可靠性评估方法相结合，形成实测工况下主轴承润滑性能及可靠性分析方法。采用此方法可以评估在服役风场中该款 5MW 直驱式风机主轴承的润滑性能及可靠性，具体分析流程如图 7-10 所示。

首先，采用第 7.2 节中的方法实测风机工况并生成 SCADA 数据集；然后，采用第 7.3 节中复现模拟获取风机的实际运行状态；接着，采用第 7.4.1 小节中的直驱式传动系统模型分析主轴承的外部载荷，结合主轴承内部载荷分析（第 6.2.3 小节、第 7.4.2 小节）和主轴承运动学分析（第 6.2.4 小节、第 7.4.2 小节），确定主轴承的服役状态，传动系统的部分参数列于表 7-4；最后，结合脂润滑参数的无量纲方法（第 2.4.2 小节）、混合弹流脂润滑膜厚公式（第 2.4.4 小节）以及主轴承润滑可靠性模型（第 6.2.5 小节），即可计算主轴承的润滑参数，获取主轴承的润滑状态，进而评估主轴承在实测工况下的润滑性能及可靠性，本章将主轴承的润滑失效定义为进入边界润滑状态。前主轴承型号为 SKF BT2B/332446，后主轴承型号为 SKF 230/750CA/W33，主轴承结构参数通过斯凯孚官方提供的技术资料和三维模型获取，润滑脂型号为#1 号，主轴承和润滑脂的部分参数列于表 7-5 和表 7-6。

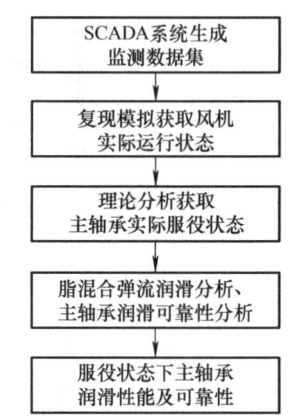

图 7-10 实测工况下主轴承润滑性能及可靠性分析流程

表 7-4 双主轴承配置的直驱式风机传动系统的部分参数

参数	数值
发电机质量 m_{gr}	131000kg
轴质量 m_s	28500kg
机舱底板倾斜角度 ρ	5°
主轴承间距 L_g	2m
发电机-前主轴承距离 L_{gr}	0.85m
主轴-前主轴承距离 L_s	0.85m
轮毂-前主轴承距离 L_r	0.65m

表 7-5 前主轴承（SKF BT2B/332446）和润滑脂的部分参数

参数	数值
内径	536.575mm
外径	761.873mm
总宽度	311.15mm
列数	2
单列滚子数	37
滚子长度	109mm
滚子平均直径	53.5mm
接触角布置	背对背
接触角	12.5°
滚子-滚道界面综合 RMS 粗糙度	约 300nm
滚子-内滚道当量曲率半径	45.4mm
滚子-外滚道当量曲率半径	46.4mm
等效弹性模量	225.3GPa
润滑剂塑性黏度	15.2Pa·s^n
润滑剂流变指数	0.691

表 7-6 后主轴承（SKF 230/750 CA/W33）和润滑脂的部分参数

参数	数值
内径	750.0mm
外径	1090.0mm
总宽度	250.0mm
列数	2
单列滚子数	29
滚子长度	98mm
滚子直径	44mm
接触角布置	背对背
接触角	7.98°
滚子-滚道界面综合 RMS 粗糙度	约 300nm
滚子-内滚道当量曲率半径	39.9mm
滚子-外滚道当量曲率半径	48.1mm
等效弹性模量	225.3GPa

(续)

参数	数值
润滑剂塑性黏度	$15.2\text{Pa}\cdot\text{s}^n$
润滑剂流变指数	0.691

7.5.1 前主轴承润滑可靠性

前主轴承同时承受轴向载荷和径向载荷,分析结果如图7-11所示。由于前主轴承承受了传动系统中的全部轴向力,因此前主轴承的轴向载荷[图7-11(a)]变化趋势与图7-4(a)轮毂处的轴向推力相似。由于风轮和主轴质量较大,且其重力主要作用于轴承径向,因此前主轴承的径向载荷[图7-11(b)]远大于轴向载荷。图7-11(c)中的径向载荷密度图显示前主轴承的径向载荷主要集中分

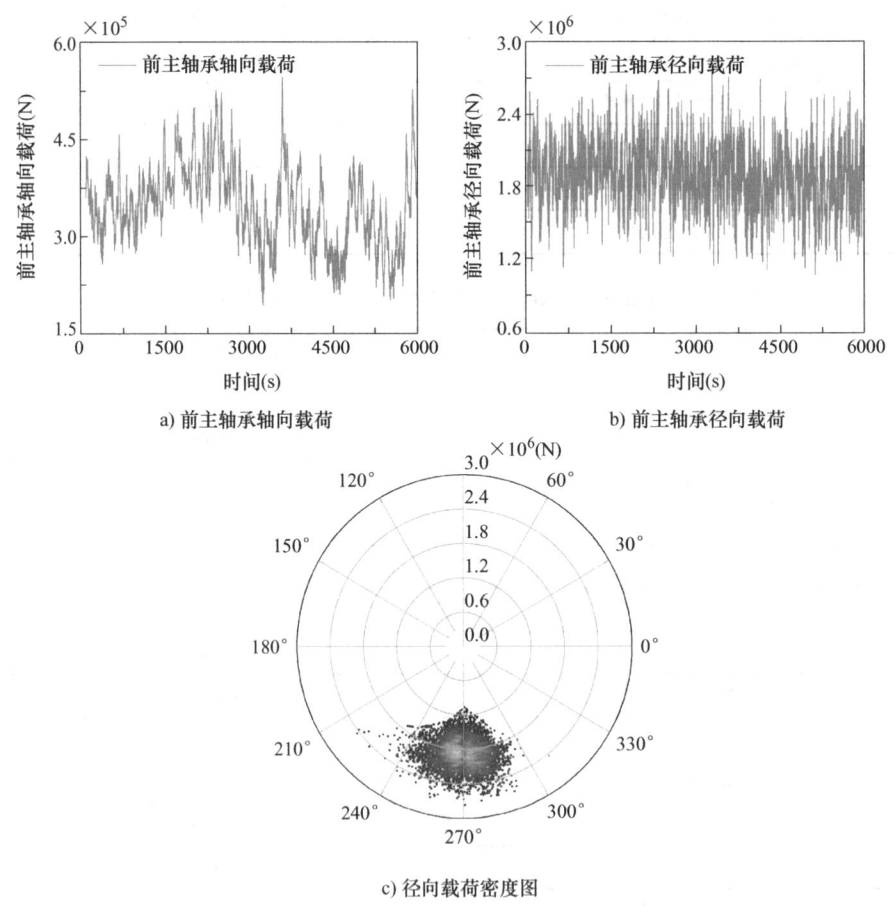

a) 前主轴承轴向载荷　　b) 前主轴承径向载荷

c) 径向载荷密度图

图7-11 直驱式风机前主轴承载荷

布于270°方向,表明前主轴承主要承受重力方向的载荷,这是因为风轮的重力极大,其中很大一部分由前主轴承承载。正因如此,前主轴承的径向载荷幅值虽有波动,但仍处于同一数量级,最小径向载荷依然接近$1×10^6$N,并未出现径向零负载情况。然而,径向载荷并非严格分布于270°方向,而主要处于240°至300°的区间范围内,这是由于横向风速的均值接近于零,横向风速不断在"正值-零-负值"之间变化,使得前主轴承径向载荷的作用方向在270°附近波动。

在纯滚动假设下,主轴承中各个滚子与滚道间的卷吸速度相同,因此整个主轴承的最小膜厚出现在承受最大载荷的位置,所以在润滑分析中主要关注承受最大载荷的滚子。如第6.4.1小节中所述,虽然滚子-内滚道摩擦副比滚子-外滚道摩擦副的膜厚更大,但滚子-内滚道更小的等效接触半径形成了更大的无量纲粗糙度,因此滚子-内滚道摩擦副的润滑状态比滚子-外滚道摩擦副更差,后续分析主要关注滚子-内滚道摩擦副。图7-12显示了前主轴承滚子-内滚道最大接触载荷,结果显示第一列滚子最大载荷的平均水平高于第二列滚子。这是由于直驱式风机的前主轴承在轴向载荷作用下会发生轴向位移,而本款双列圆锥滚子轴承为背对背安装方式,那么轴向位移会使第一列滚子的内圈与外圈相趋近,而第二列滚子的内圈和外圈相远离,从而在第一列滚子的滚子-内滚道接触处引起更大的接触载荷。

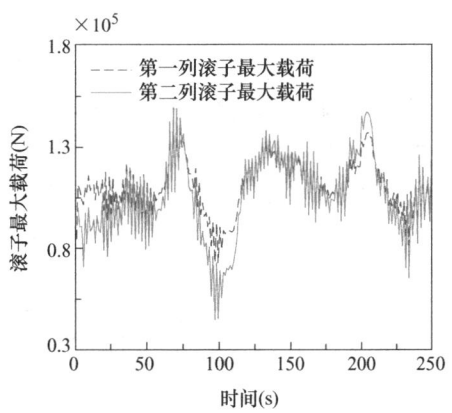

图7-12 前主轴承滚子-内滚道最大接触载荷

圆锥滚子轴承滚子-滚道接触通常可视为线接触,因此本书针对线接触提出的混合弹流脂润滑膜厚公式(2-122)也适用。而滚子大端面与内滚道大挡边接触通常被视为点接触,本章并未分析此摩擦副的润滑性能。如前所述,前主轴承的最小膜厚出现于最大载荷滚子-内滚道接触处。前主轴承为双列圆锥滚子轴承,通过内部载荷分析确定承受最大载荷的滚子编号后,即可计算其单位长度载荷。结合表7-5中的参数,对滚子单位长度载荷和滚子-内滚道的卷吸速度进行无量纲化后，得到最大载荷滚子-内滚道接触的无量纲载荷和无量纲速度，随后采用混合弹流脂润滑膜厚公式即可计算在实测工况下前主轴承滚子-内滚道最小膜厚，如图 7-13 所示。在实测工况中，前主轴承两列滚子最小膜厚的变化趋势较为相似，都与图 7-2 中实测风速的变化趋势类似，表明入射风速对前主轴承的润滑状态具有直接影响，二者之间具有密切的关联。第一列滚子的最小膜厚小于第二列滚子，两列滚子的转速相同，但在轴向载荷作用下，第一列滚子的最大载荷大于第二列滚子（如图 7-12 所示），因此第一列的最小膜厚更小，第一列滚子是轴承的润滑薄弱位置。

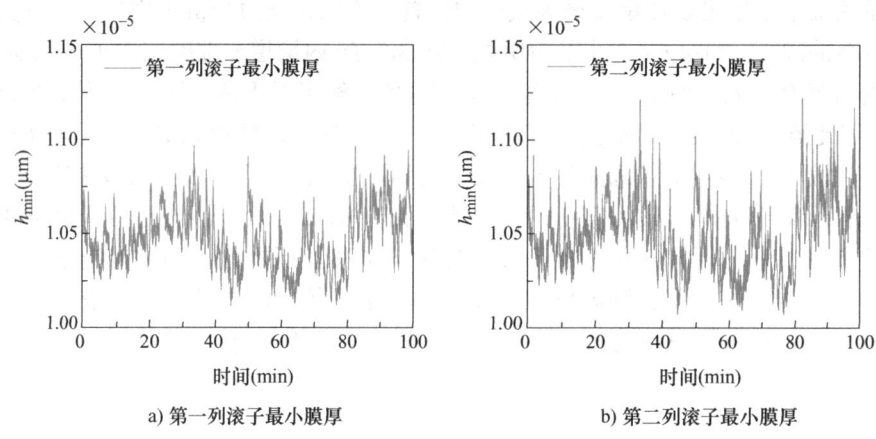

图 7-13 实测工况下前主轴承滚子-内滚道最小膜厚

将前主轴承的两列滚子视为整体，采用式（3-55）计算前主轴承的膜厚比，结合轴承润滑可靠性模型分析其润滑可靠性。如图 7-14 所示，前主轴承的膜厚比平均值为 1.03，表明前主轴承的润滑状态整体上属于混合润滑机制。然而，前主轴承膜厚比的最小值小于 1，表明滚子-滚道摩擦副在 100min 的实测工况中出现

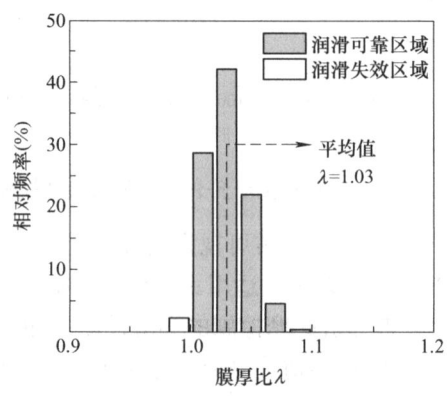

图 7-14 实测工况下前主轴承润滑可靠性

了边界润滑状态。润滑可靠性分析表明,前主轴承的润滑失效概率为 2.3%。以上分析表明,在 100min 的实测工况下,前主轴承大多数时间工作于混合润滑状态,有少量时间处于边界润滑状态。前主轴承的润滑性能整体上较为理想,混合润滑可靠度为 97.7%。

7.5.2 后主轴承润滑可靠性

后主轴承只承受径向载荷而不承受轴向载荷,外部载荷分析结果如图 7-15 所示。后主轴承径向载荷具有和前主轴承径向载荷类似的变化趋势,但载荷大小明显小于前主轴承。如图 7-15(b)为后主轴承的径向载荷密度图,其径向载荷的分布主要集中于 90°方向,表明后主轴承主要承受与重力方向相反的载荷,也与前主轴承的径向载荷方向相反。同样地,后主轴承的径向载荷也并非严格分布于 90°方向,而主要处于 60°至 120°的区间范围内,这同样是由横向风速方向变化造成的。如图 7-16 所示,两列滚子最大接触载荷几乎完全相同,这是由于后主

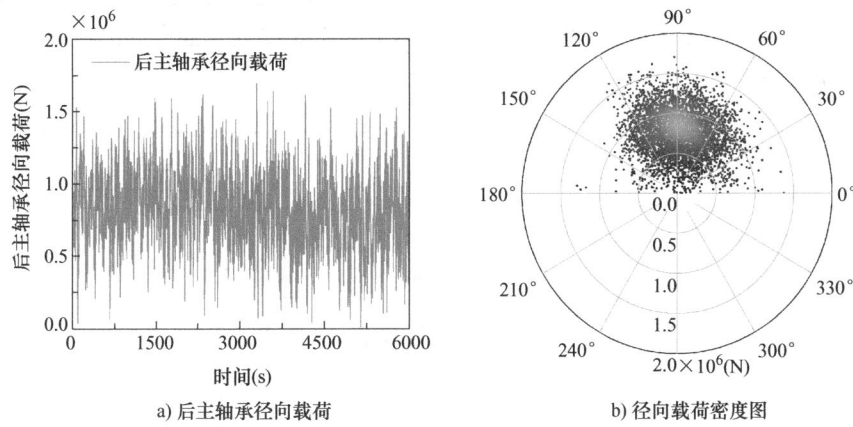

a) 后主轴承径向载荷   b) 径向载荷密度图

图 7-15 直驱式风机后主轴承外部载荷分析

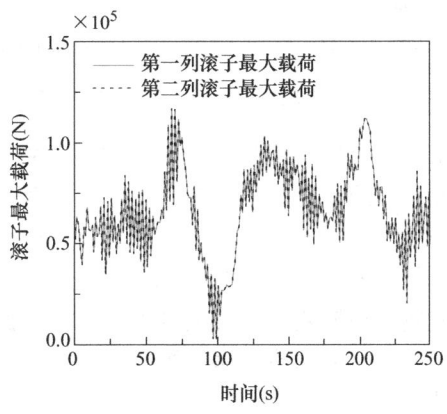

图 7-16 后主轴承滚子-内滚道最大接触载荷

润滑可靠性建模理论及应用

轴承仅承受径向载荷,并未发生轴向位移,因此两列滚子受载情况相同。上述结果表明,相比前主轴承,后主轴承径向载荷的幅值发生了更大程度的波动,波动范围跨越了 3 个数量级,最小径向载荷约为 $1.3×10^4$N,后主轴承滚子的最大载荷接近零值,这对轴承润滑状态的影响将在下面讨论。

由于转速和受载情况相同,后主轴承的两列滚子具有相同的润滑状态,因此在下面讨论中不再区分第一列滚子和第二列滚子,而将其统称为后主轴承。后主轴承滚子在 100min 实测工况中的最小膜厚如图 7-17 所示。图 7-17(a)显示后主轴承的最小膜厚值有强烈的波动,波动幅值明显强于前主轴承(图 7-13),而且波动主要表现为膜厚的增大。经过对比分析,发现膜厚的显著增大发生在图 7-15(a)中的径向载荷显著减小的时刻,这是由于风速和风机运行工况的变化使后主轴承接近卸载,轴承的轻载工况大幅降低了滚子载荷,从而显著提高了滚子-内滚道的膜厚。后主轴承膜厚的整体水平较高,图 7-17(b)显示后主轴承膜厚比的平均值为 1.65,明显高于前主轴承的 1.03,而且膜厚比的最小值依然远大于 1。在 100min 的实测工况中,当使用#1 号型润滑脂时,后主轴承始终处于混合润滑状态,并未发生润滑失效。

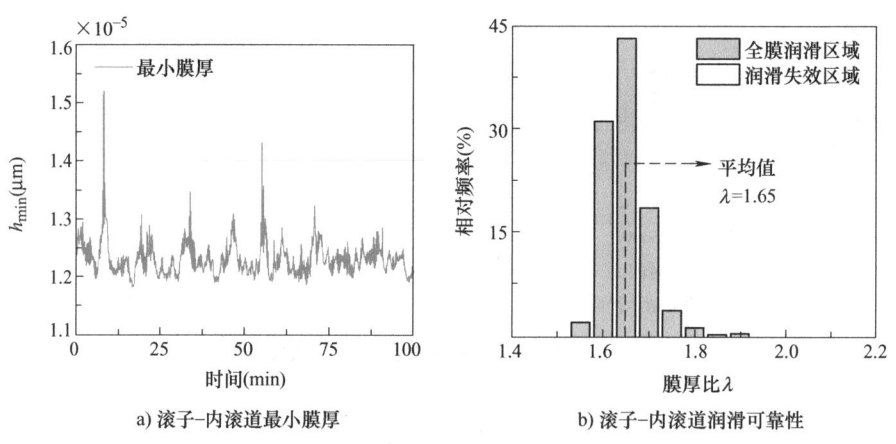

a) 滚子-内滚道最小膜厚   b) 滚子-内滚道润滑可靠性

图 7-17 实测工况下后主轴承润滑性能

综合上述分析结果,在实测工况下使用#1 号型润滑脂时,此款直驱式风机的后主轴承始终能够形成有效的润滑油膜,具有良好的润滑性能,润滑可靠性高,磨损风险小;而前主轴承润滑大部分时间内可靠,只有在小段时间内处于边界润滑状态,在部分时刻发生了润滑失效,可能会导致滚子-滚道间的机械磨损,从而引发前主轴承的早期失效。在该款直驱式风机的使用和维护中,应重点关注前主轴承的工作状态和故障风险,或调整传动系统布置和前主轴承选型方案以改善其润滑状态,提高其服役寿命。

7.5.3 主轴承润滑脂选型

本款风机主轴承有 3 种润滑脂可选,本小节对比了主轴承使用这 3 种润滑脂时的润滑性能和可靠性,讨论了在服役风场中 3 种润滑脂对主轴承的润滑能力,为主轴承的润滑脂选型提供了参考。3 种润滑脂的流变参数如表 7-7 所示。

表 7-7 3 种润滑脂的流变参数

名称	塑性黏度	流变指数
#1 号	15.2Pa·s^n	0.691
#2 号	11.2Pa·s^n	0.701
#3 号	4.5Pa·s^n	0.728

采用本书提出的服役状态下主轴承润滑性能及可靠性分析方法,计算得到前主轴承和后主轴承使用 3 种润滑脂时的润滑可靠性,并将结果对比于图 7-18。结果显示,采用#1 号型润滑脂时,前主轴承在 100min 的实测工况中润滑失效概率为 2.3%,采用#2 号型润滑脂时的润滑失效概率为 44.9%,而当采用#3 号型润滑脂时难以形成有效的润滑油膜。对于后主轴承,无论采用哪种类型的润滑脂,都能在 100min 的实测工况中保持良好的润滑状态,然而,进一步的分析表明使用不同的润滑脂时,后主轴承的润滑状态也会发生变化。为了说明这一问题,表 7-8 对比了使用不同类型润滑脂时主轴承膜厚比的平均值。结果表明,无论是前主轴承还是后主轴承,使用#1 号型润滑脂时的膜厚比平均值最大,而使用#3 号型润滑脂时的膜厚比平均值最小。膜厚比的平均值能够反映主轴承润滑的整体水平,这说明主轴承在使用#1 号型润滑脂时的润滑状态最好,而使用#3 号型润滑脂时的润滑状态最差,使用#2 号型润滑脂时的润滑状态则处于中间水平。

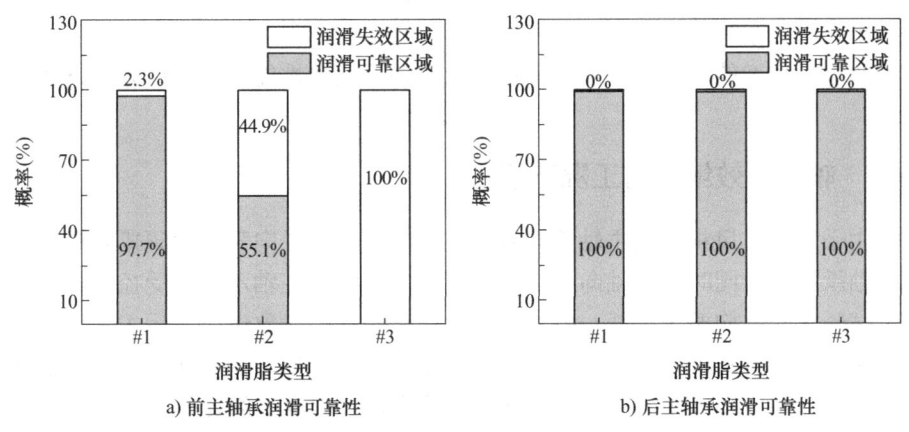

图 7-18 不同润滑脂下主轴承的润滑可靠性

润滑可靠性建模理论及应用

以上分析表明，本款直驱式风机的主轴承更适合采用#1 号型润滑脂。#1 号型润滑脂能够保证后主轴承在 100min 的实测工况中始终保持有效的润滑油膜，前主轴承虽有可能发生润滑失效，但失效概率也仅有 2.3%。

表 7-8 使用不同润滑脂时主轴承膜厚比的平均值

名称	膜厚比平均值	
	前主轴承	后主轴承
#1 号	1.03	1.65
#2 号	1.00	1.61
#3 号	0.92	1.47

7.6 轴承润滑可靠性试验

本节采用试验方法研究主轴承在使用 3 种不同润滑脂时的磨损情况，评估不同润滑脂对主轴承的润滑效果，为第 7.5 节中润滑脂的选型建议提供支撑，间接验证主轴承润滑性能及可靠性分析方法的准确性。

风机主轴承属于特大型轴承，全尺寸主轴承的试验设备开发难度大，而且试验成本很高，目前我国国内对大功率风电轴承试验台的研发比较欠缺。因此，本节中的主轴承润滑可靠性试验采用等效缩比轴承进行。首先基于等效相似理论，将主轴承进行等效缩比，确定合适的等效缩比轴承型号；其次，根据试验需求进行试验台设计与搭建，依据风机主轴承的实际工况进行磨损试验；然后，采集磨损后轴承的润滑脂，通过铁谱测试和光谱测试揭示轴承的磨损状态；最后，对比使用不同润滑脂时轴承磨损的严重程度，判断 3 种润滑脂的润滑性能优劣，验证润滑脂选型方案的合理性，同时间接证明主轴承润滑性能及可靠性分析方法的准确性。

7.6.1 轴承等效缩比与工况选取

由于直驱式风机的前主轴承同时承受轴向载荷、径向载荷和倾覆力矩，这就要求轴承试验台同时具备轴向和径向加载能力，而后主轴承只承受径向载荷，对轴承试验台的结构要求更低一些。因此，试验研究的对象选取为后主轴承，首先基于相似理论对其进行等效缩比，完成缩比轴承的选型。为了保证缩比轴承试验能够重演原型主轴承中的力学过程和润滑状态，需要保证缩比轴承和原型轴承之间的相似性，各物理量参数如表 7-9 所示。

第7章 工程实际中的轴承润滑可靠性问题

表7-9 物理量参数表

物理量			量纲		
序号	符号	名称	质量	长度	时间
α_1	E	弹性模量	1	−1	−2
α_2	ρ	密度	1	−3	0
α_3	ν	泊松比	0	0	0
α_4	α	接触角	0	0	0
α_5	D	几何尺寸	0	1	0
α_6	λ	润滑条件	0	0	0
α_7	n	缩比轴承转速	0	0	−1
α_8	Q	缩比轴承承载力	1	1	−2
α_9	M	缩比轴承倾覆力矩	1	2	−2

试验模型采用质量系统量纲，则描述试验模型的一般函数表达式为：

$$f(E,\rho,\nu,\alpha,D,\lambda,n,Q,M)=0 \tag{7-25}$$

其 Π 项表达式为：

$$\Pi(E^{\alpha_1},\rho^{\alpha_2},\nu^{\alpha_3},\alpha^{\alpha_4},D^{\alpha_5},\lambda^{\alpha_6},n^{\alpha_7},Q^{\alpha_8},M^{\alpha_9}) \tag{7-26}$$

由量纲分析法可得到如下相似准则：

$$\Pi_1=\alpha,\ \Pi_2=\nu,\ \Pi_3=\lambda,\ \Pi_4=E\rho Dn,\ \Pi_5=\rho DQ^2,\ \Pi_6=\rho DM \tag{7-27}$$

依据式（7-27）中的相似准则，缩比轴承和原型轴承的几何尺寸（节圆直径、滚子直径、滚子数等）相似，则需要考虑轴承的结构、接触角和截面比例等参数的相似性。此外，试验中还需满足轴承的运动方式和润滑条件相似。大型风电主轴承在选取缩比轴承时应符合以下基本要求：（1）等效缩比轴承的接触角、泊松比应与原型轴承保持一致；（2）等效缩比轴承的几何结构和载荷条件应与原型轴承保持一致；（3）等效缩比轴承的润滑条件（润滑方式和膜厚比）应与原型轴承保持一致。

原型主轴承的型号为 SKF 230/750CA/W33（双列球面滚子轴承），根据相似性准则，缩比轴承的材料、结构、润滑、载荷条件等应与原型主轴承保持一致，考虑到试验台允许测量的轴承直径范围、加载范围和转速范围，拟选取双列球面滚子轴承 SKF 22214/EK 作为缩比轴承。缩比轴承使用和原型轴承相同的套圈材

润滑可靠性建模理论及应用

料和滚子材料，接触角等结构相似，采用相同的润滑脂以保持润滑方式一致，运行方式与原型轴承相似，都为完全回转，如表 7-10 所示。

表 7-10 缩比轴承与原型轴承的相似性

	230/750CA/W33	22214/EK	相似性
轴承类型	双列球面滚子轴承	双列球面滚子轴承	相同
滚子直径	44.0	14.1	相似
滚子长度	98.0	11.9	相似
滚子数	29	20	相似
接触角	7.98°	8.8°	相似
加载方式	径向	径向	相同
运动方式	完全回转	完全回转	相同

除表 7-10 中的相似性外，还需保证载荷条件和膜厚比的相似性。其中，载荷条件的相似性可以通过式（7-27）中的载荷相似准则 Π_5 保证，而膜厚比则需要通过设置等效轴承合适的转速来保证。

根据式（7-27）中的载荷相似准则 Π_5，可以计算得到等效轴承上所需施加的载荷：

$$Q_{\text{model}} = Q_{\text{prototype}} \frac{\rho_{\text{model}}}{\rho_{\text{prototype}}} \left(\frac{D_{\text{model}}}{D_{\text{prototype}}} \right)^2 \qquad (7\text{-}28)$$

式中，Q_{model} 和 $Q_{\text{prototype}}$ 分别是等效轴承和原型轴承的载荷（N）；ρ_{model} 和 $\rho_{\text{prototype}}$ 分别是等效轴承和原型轴承的材料密度（kg/m^3）；D_{model} 和 $D_{\text{prototype}}$ 分别是等效轴承和原型轴承的几何尺寸（m）。

润滑分析表明，虽然主轴承服役过程中的工况在发生变化，但在任意时刻#1号型的润滑性能始终最优，#2号型次之，#3号型再次之，如图 7-19 所示，这说明选定任意一个时刻的工况对比 3 种润滑脂的润滑性能就可以反映主轴承润滑性能的实际情况。考虑到时变载荷加载的难度，可在一个固定工况中进行轴承磨损试验。因此，综合考虑试验台电动机的转速范围和径向加力范围，选择 5131.2s 时的工况作为试验工况。这时，主轴承的径向载荷为 13052N，转速为 8.401r/min，在 3 种润滑脂下滚子-内滚道摩擦副的膜厚比分别为 2.22、2.19 和 2.05。根据计算可得等效轴承的径向载荷应为 4182.6N，位于试验台径向加载能力范围内。根据等效轴承 SKF 22214/EK 的载荷、材料参数、几何尺寸和 3 种润滑剂流变参数，计算得到其无量纲润滑参数，代入脂润滑膜厚预测公式(2-122)，在保证膜厚比相似的前提下对等效轴承的转速进行多次试算,最终确定等效轴承在#1号型、#2号型和#3号型润滑脂下的转速分别为2535r/min、2301r/min和1714r/min时,这样能够保证等效轴承的膜厚比与原型轴承相同。

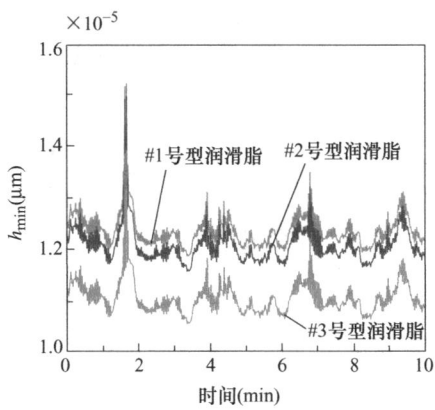

图7-19 润滑性能优劣对比(不受工况影响)

综上所述,采用SKF 22214/EK作为等效轴承,选定原型主轴承在5131.2s时的工况作为试验工况。经过计算,在等效轴承上施加的试验载荷为径向载荷4182.6N,对#1号型、#2号型和#3号型润滑脂分别设置转速为2535r/min、2301r/min和1714r/min。

7.6.2 轴承磨损试验

轴承试验台如图7-20所示,主要由交流电动机、速度传感器、减速器、转矩传感器、联轴器、伺服电缸加载装置、数据采集卡和控制终端等组成。控制终端能够通过调节交流电动机的转速控制被试轴承的转速,控制终端还可以通过调节伺服电缸加载装置的加载力调节被试轴承的径向载荷。被试轴承可测试内径为20~300mm,径向加载力范围为0~6000N,转速为0~5000r/min。

分别采用#1号型、#2号型和#3号型润滑脂作为等效轴承的润滑剂,根据标准NB/SH/T 0944.1—2017《润滑剂抗磨损性能的测定 FE8滚动轴承磨损试验机法》对等效轴承进行模拟试验。本试验中,被试轴承的径向加载力为4186.2N,对#1号型、#2号型和#3号型润滑脂分别设置被试轴承的转速为2535r/min、2301r/min和1714r/min,通过控制终端进行载荷和转速的调节。每种类型的润滑脂设置1组轴承进行试验,每组轴承运行240h后立即对润滑脂取样。磨损颗粒在润滑脂中的分布并不均匀,为了保证润滑脂分析中样品的真实性,必须保证样品具有良好的代表性。因此,首先在轴承圆周上选定4个取样点,并将轴承外部已经在试验过程中被污染的润滑脂擦拭干净;然后,在保持轴承不断运转的同时,通过油泵加入新的润滑脂将旧的润滑脂挤压出来；最后，采用刮刀从 4 个取样点将挤出的润滑脂收集到密封袋中完成取样，3 个轴承共取得 12 个润滑脂样本。

图 7-20　轴承试验台

7.6.3　轴承磨损程度与润滑可靠性

轴承在运行过程中，即使处于有效润滑下仍会不可避免地发生正常磨损，这会产生磨粒以及改变润滑脂中的元素成分。轴承磨粒具有不同的尺寸、形貌、颜色等特征，可以采用铁谱分析获取润滑脂中磨粒的特征，通过观察磨粒的形态判断轴承的磨损程度。此外，由于轴承中的所有摩擦副都是钢材质，轴承运行后润滑脂中铁元素的含量也可以反映轴承在运行期间的磨损程度，润滑脂中铁元素的含量可以通过光谱分析获得。因此，本小节对润滑脂样品进行铁谱分析和光谱分析，判断等效轴承在使用不同类型润滑脂时的磨损程度，其分析结果可以为润滑脂的方案选型和主轴承润滑可靠性分析方法的合理性提供支撑。

1. 铁谱分析

观察轴承磨损后产生的磨粒形态可以判别其磨损状态，按照磨损机理的不同，磨损颗粒可大致分为 8 个大类，其形态特征与产生机理如表 7-11 所示。

表 7-11　磨损颗粒形态特征与产生机理

磨粒种类	形态特征	产生机理
正常磨损颗粒	沿磁力线呈链状分布的薄片，表面高度抛光	正常滑动摩擦磨损导致的疲劳脱落
疲劳磨损颗粒	包括疲劳剥块、片状磨粒、球形磨粒	疲劳磨损
严重滑动磨损颗粒	表面光滑带有划痕，棱边平直	黏着磨损
切削磨损颗粒	切屑状，呈现螺旋形、弧形	磨料磨损
铁的氧化物颗粒	铁的红色氧化物和黑色氧化物	润滑不良及腐蚀
有色金属颗粒	铝合金、铜合金等	来源于轴承合金

第 7 章 工程实际中的轴承润滑可靠性问题

（续）

磨粒种类	形态特征	产生机理
腐蚀磨损颗粒	黄褐色极细微粒	润滑剂或环境中的腐蚀性物质造成摩擦副金属材料的腐蚀磨损
污染物颗粒	摩擦聚合物、积炭等	润滑剂变质或环境污染物

如前所述，在每个轴承上设置了 4 个采样点，3 种润滑脂的轴承试验获得 12 份样本。样本中黏度较高的润滑脂会将磨粒包裹起来，为了将磨粒分离出来，同时不破坏磨粒的外观形貌，将 6mL 四氯化碳溶剂和 1g 润滑脂进行混合，在 40℃ 水浴加热 10min 后制作铁谱片，采用如图 7-21 所示的铁谱仪观察 12 组铁谱片磨粒的形态，拍摄磨粒图像如图 7-22 至图 7-24 所示。

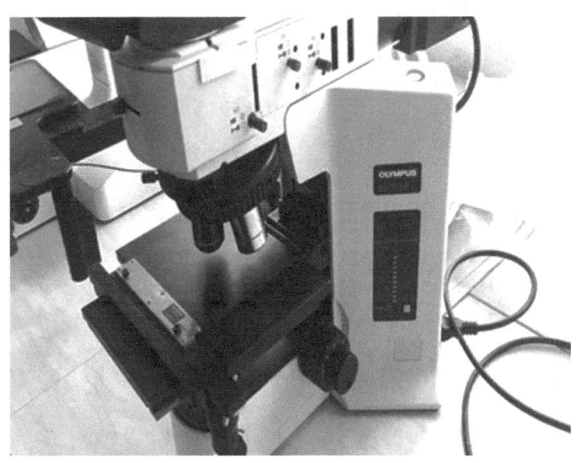

图 7-21 FTP-X2 分析式铁谱仪

图 7-22 显示采用#1 号型润滑脂时，被试轴承所产生的磨粒整体上比较稀疏，大多为沿磁力线呈链状分布的薄片，这些是正常滑动摩擦磨损导致的疲劳脱落。黑色的铁氧化物和红色的铜合金磨粒的数量较少，表明被试轴承中并未出现明显的不良润滑现象。图 7-23 为采用#2 号型润滑脂时的轴承磨粒图像，磨粒分布比使用#1 号型润滑脂时更加浓密，而且红色氧化物更加明显，这种磨粒的出现表明在被试轴承中出现了不良润滑状态，说明#2 号型润滑脂的润滑效果劣于#1 号型润滑脂的。图 7-24 为采用#3 号型润滑脂时的轴承磨粒图像，磨粒分布比前两种润滑脂都要浓密，大部分磨粒呈现均匀的微红色，而且出现了黏着磨损产生的严重滑动磨损颗粒，总体润滑效果比#1 号型润滑脂和#2 号型润滑脂的差。铁谱分析表明，采用#1 号型润滑脂的轴承磨损程度最轻，采用#2 号型润滑脂的轴承磨损程度较重，而采用#3 号型润滑脂的轴承磨损程度最重。

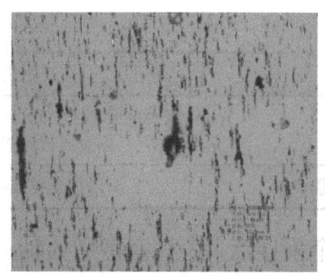 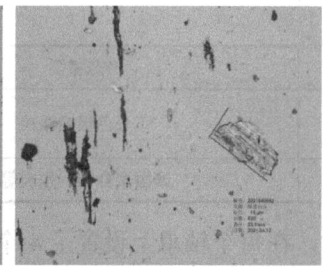 

图 7-22 采用#1 号型润滑脂时的轴承磨粒图像

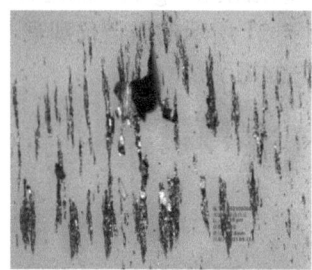 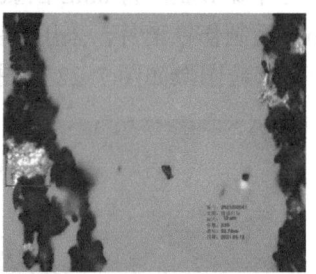

图 7-23 采用#2 号型润滑脂时的轴承磨粒图像

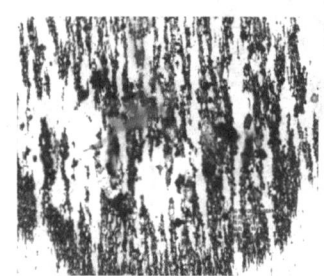 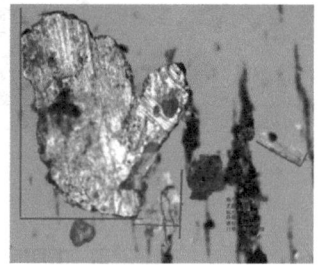

图 7-24 采用#3 号型润滑脂时的轴承磨粒图像

2. 光谱分析

对采用不同润滑脂的 3 个轴承共 12 份样品进行光谱分析,测试设备为珀金埃尔默 PE Optima8000 电感耦合等离子体发射光谱仪,如图 7-25 所示,其检测精度达到 10ppb,测试过程参考 NB_SH T 0864—2013 润滑脂中金属元素的测定方法和美国 ASTM D7303—2006 材料分析方法。采用硫酸盐灰分消解法,在坩埚中用电子天平称取 1g 润滑脂样品,在电炉中将样品炭化减少到 0.5g。冷却后加入 1~2ml 浓硫酸并继续加热,加入 5ml 硝酸、盐酸到残留物中,缓慢加热溶解剩下的固体残余物。在 25ml 容量瓶中用等离子水稀释溶解并定容。从每个轴承不同的取样点取出 4 份样品,3 个轴承共取出 12 份样品,制取所有样本后通过光谱仪分析检测。

第 7 章 工程实际中的轴承润滑可靠性问题

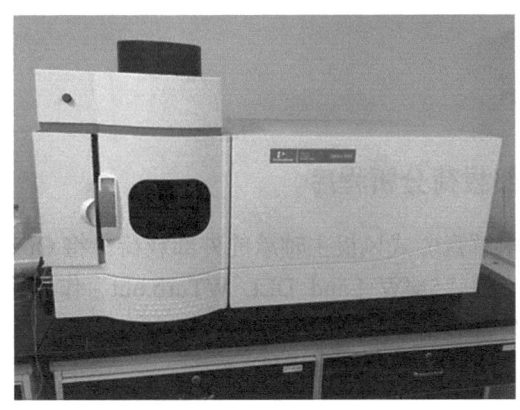

图 7-25 PE Optima8000 电感耦合等离子体发射光谱仪

润滑脂中的平均铁元素含量越高,表明轴承的磨损程度越重,铁元素的浓度检测结果如表 7-12 所示。在试验前,3 种润滑脂铁元素含量处于同一数量级,都小于 100mg/kg。轴承运行 240h 后,#1 号型润滑脂 4 个采样点的平均铁元素含量为 296mg/kg,#2 号型和#3 号型润滑脂中的平均铁元素含量分别为 666mg/kg 和 1061mg/kg,说明轴承磨损程度从轻到重依次排序为:采用#1 号型润滑脂的被试轴承、采用#2 号型润滑脂的被试轴承、采用#3 号型润滑脂的被试轴承。

表 7-12 不同润滑脂铁元素浓度与轴承磨损程度

润滑脂	铁元素含量(mg/kg)						磨损程度
	试验前	采样点 1	采样点 2	采样点 3	采样点 4	平均值	
#1 号	72	202	331	347	304	296	最轻
#2 号	86	639	910	521	592	666	居中
#3 号	33	1243	1057	810	1133	1061	最重

光谱分析结果与铁谱分析结果共同表明,在相同的运行时间内,采用#1 号型润滑脂的轴承磨损程度最轻,采用#2 号型润滑脂的轴承磨损程度居中,采用#3 号型润滑脂的轴承磨损程度最重。说明当采用#1 号型润滑脂时,轴承的润滑性能最好,润滑可靠性较高,而采用#3 号型润滑脂时轴承的润滑可靠性最差。由于缩比轴承与原型主轴承之间具有相似关系,而且轴承磨损试验工况的选取能够重演原型主轴承中的力学过程和润滑状态,因此 3 种润滑脂在实际风机主轴承中润滑效果的优劣与缩比轴承试验中所表现出的效果相同,即#1 号型润滑脂对原型主轴承的润滑效果最好,#2 号型润滑脂次之,#3 号型润滑脂再次之。这验证了第 7.5 节中的主轴承润滑脂选型方案的合理性,间接证明了考虑实际工况的主轴承润滑性能及可靠性分析方法的有效性。

7.7 计算程序

7.7.1 主轴承外部载荷分析程序

以下程序用于求解直驱式风机主轴承的外部载荷,将 OpenFAST 生成的风机气动弹性模拟结果文件"5MW_Land_DLL_WTurb.out"作为输入,求解得到前主轴承和后主轴承的外部载荷。

```
clc
clear
data_01=load('.\5MW_Land_DLL_WTurb.out');%读取气动弹性模拟结果
rot_speed = data_01(:,3); % in rpm
Fx = data_01(:,6) * 1E3; %# in N
Fy = data_01(:,7) * 1E3; %# in N
Fz = data_01(:,8) * 1E3; %# in-N
My = data_01(:,10) * 1E3; %# in N-m
Mz = data_01(:,11) * 1E3; %# in N-m
L1=2.145;
L2=2.615;
Frz_1=(My-(L1+L2)*Fz)/L2;
Fry_1=(Mz+(L1+L2)*Fy)/L2;
fr1=(Frz_1.^2+Fry_1.^2).^0.5;
mgr=131000;% 发电机重量
ms=28500;% 主轴质量
mrh=224807;% 转子+轮毂
Lg=2;% MB1-MB2 距离
Lgr=0.85;% 发电机-MB1 距离
Ls=0.85;% 主轴-MB1 距离
Lr=0.65;% 轮毂-MB1 距离
Lh=4;% 悬垂高度
rho=5/180*pi;
G=9.8;
M1=My-Fz.*cos(rho).*Lr+mgr.*G.*cos(rho).*Lgr-ms.*G*cos(rho).*Ls;
M2=Fy*Lr+Mz;
Fr2=1/Lg*(M1.^2+M2.^2).^0.5;
Fa1=Fx+Fz.*sin(rho)+mgr*G*sin(rho)+ms*G*sin(rho);
Fr1=Fr2+(Fy.^2+(Fz*cos(rho)).^2).^0.5;
Frz_2=M1/Lg;
```

```
Fry_2=M2/Lg;
plot(data_01(:,2))
plot(rot_speed)
plot(Fr2)
angle_r=atan(Frz_2./Fry_2)/pi*180;
polar_theta=angle_r;
for i=1:length(angle_r)
    if angle_r(i)>0
        polar_theta(i)=angle_r(i)+180;
    else
        polar_theta(i)=angle_r(i);
    end
end
result_Thermal=[polar_theta Fr1 Fa1 Fr2];
save('AppLoad_Thermal.mat')%保存外部载荷分析结果
```

7.7.2 前主轴承润滑失效概率求解程序

以下程序用于求解前主轴承的润滑失效概率，包括轴承刚度求解、轴承内部载荷分布求解和润滑可靠性分析。轴承型号为 SKF BT2B 332446，轴承径向力、轴向力和转速由外部文件输入。润滑脂塑性黏度为 $4.5 Pa \cdot s^n$，流变指数为 0.728，RMS 粗糙度为 $0.25 \mu m$。

```
clc
clear
close all
global Fr Fa AlphaE Z Dm Dw L F0 De PhiI Mm R2 ci AlphaI
%%% 读取载荷
load('AppLoad_Thermal.mat','Fr1','Fa1');%读取外部载荷分析结果
Q_r_input = Fr1;%径向力
Q_a_input = Fa1;%轴向力
Q_r_all = Q_r_input;%径向力
Q_a_all = Q_a_input;%轴向力
clear Fa1 Fr1
F0=1000;% 轴承预负荷
AlphaE=13.5/180*pi;% 外滚道接触角
AlphaI=12.2/180*pi;% 内滚道接触角
AlphaF=77.5/180*pi;% 挡边接触角
Z=37;
Dm=641;% 轴承中心节圆直径
```

```
Dw=53.5;% 圆锥滚子平均直径
L=109;% 滚子长度
R2=12.5;% 滚子到轴承中心角度
De=2*R2;
DeltaPhi=360/(Z);
Num=linspace(-(Z-1)/2,(Z-1)/2,(Z-1)+1);
PhiI1=Num*DeltaPhi;
PhiI=PhiI1/180*pi;
ci=sin(AlphaE+AlphaF)/sin(AlphaI+AlphaF);
cf=sin(AlphaE-AlphaI)/sin(AlphaI+AlphaF);
Kne=6.24e4*L^0.82*Dw^0.11*(1+ci^0.9*cos(AlphaE-AlphaI))^-1.11;
%%% 求解非线性方程组
delta0=[0.01 0.01 0.001];
options = optimset('TolFun',1e-9);
for i=1:length(Q_r_all)
    Fr=Q_r_all(i);
    Fa=Q_a_all(i);
    Mm=0;
    [delta]=fsolve(@(delta)func(delta),delta0,options);
    Delta(i,:)=[delta(1) delta(2) delta(3)/pi*180];
end
%%% 计算受力 1
DeltaR1=Delta(:,1);
DeltaA1=Delta(:,2);
Theta1=Delta(:,3)*pi/180;
DeltaR_I_1=(DeltaR1+R2*Theta1)*cos(PhiI);%总径向位移
DeltaA_I_1=DeltaA1+Delta0+0.5*Dm*Theta1*cos(PhiI);%总轴向位移
DeltaN_I_1=DeltaR_I_1*cos(AlphaE)+DeltaA_I_1*sin(AlphaE);% 沿外滚道接触法线方向的总位移
DeltaN_I_1(DeltaN_I_1<0)=0;
Qe_1=Kne*DeltaN_I_1.^1.11;
%%% 计算受力 2
DeltaR2=Delta(:,1);
DeltaA2=-Delta(:,2);
Theta2=Delta(:,3)*pi/180;
Delta0_2=-Delta0;
DeltaR_I_2=(DeltaR2-R2*Theta2)*cos(PhiI);%总径向位移
DeltaA_I_2=DeltaA2+Delta0_2-0.5*Dm*Theta2*cos(PhiI);%总轴向位移
```

第7章 工程实际中的轴承润滑可靠性问题

```
DeltaN_I_2=DeltaR_I_2*cos(AlphaE)+DeltaA_I_2*sin(AlphaE);% 沿外滚道接触法线方向的总位移
DeltaN_I_2(DeltaN_I_2<0)=0;
Qe_2=Kne*DeltaN_I_2.^1.11;
Qe=[Qe_1;Qe_2];
Qi=ci*Qe;
Qf=cf*Qe;
Qri=real(Qe*cos(AlphaE).*cos(PhiI));
Qai=real(Qe*sin(AlphaE));
Qri(Qri<0)=0;
Qai(Qai<0)=0;
Mmea_2=sum(0.5*Dm*cos(PhiI).*Qai);
Mmer_2=sum(0.5*De*Qe.*cos(AlphaE).*cos(PhiI));
Mme_2=Mmea_2+Mmer_2;
save('TaperedBearing_luojiwei')
clear
load('AppLoad_Thermal.mat','rot_speed');
load('TaperedBearing_luojiwei')
%%% 常量参数
sigma=250*1e-9;
yita0=4.5;
n=0.728;
E=2.253e11;
G=2.1e-8*E;
%%% 接触等效半径
Dw=Dw*1e-3;
Dm=Dm*1e-3;
rho_in_1=2/Dw*cos(0.5*AlphaE-0.5*AlphaI);
rho_in_2=2*cos(AlphaI)/(Dm-Dw*cos(AlphaI));
Ri=1/(rho_in_1+rho_in_2);
rho_out_1=2/Dw*cos(0.5*AlphaE-0.5*AlphaI);
rho_out_2=2*cos(AlphaI)/(Dm+Dw*cos(AlphaI));
Ro=1/(rho_out_1-rho_out_2);
%%% 运动
N=rot_speed;% 内圈转速 r/min
OmigaI=N*2*pi/60;
gama=Dw/Dm*cos(0.5*AlphaI+0.5*AlphaE);
OmigaC=0.5*OmigaI/Dm*(Dm-Dw*cos(0.5*AlphaI+0.5*AlphaE));
OmigaR=0.5*OmigaI*(Dm/Dw-Dw/Dm*(cos(0.5*AlphaI+0.5*AlphaE))^2);
```

```
us_in=Dm/4*((1-gama)*(OmigaI-OmigaC)+gama*OmigaR);
us_out=Dm/4*((1+gama)*OmigaC+gama*OmigaR);
%%% 润滑
U_in=yita0.*us_in./(E.*Ri);
length_roller=L*1e-3;
Qi_1=Qi(1:5001,:);
Qi_2=Qi(5002:end,:);
w_in=[max(Qi_1')' max(Qi_2')']./length_roller;
W_in=w_in./Ri/E;
SIGMA=sigma./[Ri Ro];
hmin_in=11.954.*n.^20.714.*W_in.^-0.126.*U_in.^(0.693.*n.^1.638).*G.^(0.345.*n.^7.526).*
(1+0.0009.*n.^0.274.*SIGMA(:,1).^(3.449.*n.^6.171).*W_in.^0.192.*U_in.^(-1.57.*n.^5.05).
*G.^(0.514.*n.^-1.471));
U_out=yita0.*us_out./(E.*Ro);
w_out=[max(Qe_1')' max(Qe_2')']./length_roller;
W_out=w_out./Ro/E;
hmin_out=11.954.*n.^20.714.*W_out.^-0.126.*U_out.^(0.693.*n.^1.638).*G.^(0.345.*n.^7.52
6).*(1+0.0009.*n.^0.274.*SIGMA(:,2).^(3.449.*n.^6.171).*W_out.^0.192.*U_out.^(-1.57.*n.^
5.05).*G.^(0.514.*n.^-1.471));
plot(hmin_in)
Lambda_in=hmin_in./SIGMA(:,1);
Lambda_out=hmin_out./SIGMA(:,2);
Lambda_in_all=[Lambda_in(:,1);Lambda_in(:,2)];
failure_prob=sum(sum(Lambda_in_all<1))/length(Lambda_in_all);
%%%%求解函数子程序
function y=func(delta)
global Fr Fa AlphaE Z Dm Dw L F0 De PhiI Mm R2 ci AlphaI
De=2*R2;
% Kne=2.89e4*L^0.82*Dw^0.11;
Kne=6.24e4*L^0.82*Dw^0.11*(1+ci^0.9*cos(AlphaE-AlphaI))^-1.11;
%%% 第一列
DeltaR1=delta(1);
DeltaA1=delta(2);
Theta1=delta(3);
Delta0=(F0/Z/Kne/(sin(AlphaE)^2.11))^0.9;
DeltaR_I_1=(DeltaR1+R2*Theta1)*cos(PhiI);%总径向位移
DeltaA_I_1=DeltaA1+Delta0+0.5*Dm*Theta1*cos(PhiI);%总轴向位移
DeltaN_I_1=DeltaR_I_1*cos(AlphaE)+DeltaA_I_1*sin(AlphaE);%沿外滚道接触法线方向的总位移
DeltaN_I_1(DeltaN_I_1<0)=0;
```

```
Qe_1=Kne*DeltaN_I_1.^1.11;
Qri_1=Qe_1*cos(AlphaE).*cos(PhiI);
Qai_1=Qe_1*sin(AlphaE);
Qri_1(Qri_1<0)=0;
Qai_1(Qai_1<0)=0;
Mmea_1=sum(0.5*Dm*cos(PhiI).*Qai_1);
Mmer_1=sum(0.5*De*Qe_1.*cos(AlphaE).*cos(PhiI));
Mme_1=Mmea_1+Mmer_1;
%%% 第二列
DeltaR2=delta(1);
DeltaA2=-delta(2);
Theta2=delta(3);
Delta0_2=-Delta0;
DeltaR_I_2=(DeltaR2-R2*Theta2)*cos(PhiI);%总径向位移
DeltaA_I_2=DeltaA2+Delta0_2-0.5*Dm*Theta2*cos(PhiI);%总轴向位移
DeltaN_I_2=DeltaR_I_2*cos(AlphaE)+DeltaA_I_2*sin(AlphaE);%沿外滚道接触法线方向的
总位移
DeltaN_I_2(DeltaN_I_2<0)=0;
Qe_2=Kne*DeltaN_I_2.^1.11;
Qri_2=Qe_2*cos(AlphaE).*cos(PhiI);
Qai_2=Qe_2*sin(AlphaE);
Qri_2(Qri_2<0)=0;
Qai_2(Qai_2<0)=0;
Mmea_2=sum(0.5*Dm*cos(PhiI).*Qai_2);
Mmer_2=sum(0.5*De*Qe_2.*cos(AlphaE).*cos(PhiI));
Mme_2=Mmea_2+Mmer_2;
%%% 平衡方程
y(1)=sum(Qri_1)+sum(Qri_2)-Fr;
y(2)=sum(Qai_1)-sum(Qai_2)-Fa;
y(3)=Mme_1-Mme_2-Mm;
y=real(double(subs(y)));
end
```

7.7.3 后主轴承润滑失效概率求解程序

以下程序用于求解后主轴承的润滑失效概率，包括轴承刚度求解、轴承内部载荷分布求解和润滑可靠性分析。轴承型号为 SKF 230/750CA/W33，轴承径向力、轴向力和转速由外部文件输入。润滑脂塑性黏度为 6.52Pa·s^n，流变指数为 0.8685，RMS 粗糙度为 0.3μm。

```
clc
clear
close all
tic
global Q_r Q_a alpha Z K_tot r1x r1y r2x_in r2y_in r2x_out r2y_out
%%%赋值与计算刚度
load('TaperedBearing','Fr2','rot_speed');
Q_r_input = Fr2;%径向力
Q_a_input = zeros(length(Q_r_input),1);%轴向力
ni_input = rot_speed;
Q_r_all = Q_r_input;%径向力
Q_a_all = Q_a_input;%轴向力
ni_all = ni_input;
clear Fr2 rot_speed
Z=29; %单列滚子数
length_roller=0.098;
Dp=940;%轴承节圆直径
alpha=7.92/180*pi;
r1x=508.52;% 1：滚子 x：轮廓线 y：以轴心为圆心
r1y=44;
r2x_in=509.52;% in：内滚道
r2y_in=Dp/2/cos(alpha)-r1y;
r2x_out=-509.52;% out：外滚道
r2y_out=Dp/2/cos(alpha)+r1y;
d1y=2*r1y;
K_tot=K_total;
delta0=[0.20,0.20];
options = optimset('TolFun',1e-1);
%%% % 变形求解和内部力分布
phiSp=2*pi/Z/50;
phi=linspace(0,2*pi,50*Z);
for i=1:length(Q_r_all)
    i
    Q_r=Q_r_all(i);%径向力
    Q_a=Q_a_all(i);%轴向力
    [delta]=fsolve(@(delta)func(delta),delta0,options);
    delta_max=delta(2).*sin(alpha)+delta(1).*cos(alpha);%第二列
    Qmax=K_tot.*delta_max.^1.5;
    epsilon=0.5*(1+delta(2).*tan(alpha)./delta(1));
```

第 7 章　工程实际中的轴承润滑可靠性问题

```
        Q_phi=real(Qmax.*(1-0.5./epsilon.*(1-cos(phi))).^1.5);
        [val, idx] = max(Q_phi);%最大值索引
        idxMin=idx-25;
        idxMax=idx+25;
        if idxMin<0
            idxMin=50*Z-idxMin;
        end
        if idxMax>50*Z
            idxMax=idxMax-50*Z;
        end
        Q_roller(i)=sum(Q_phi(1:idxMax))+sum(Q_phi(idxMin:end));
        delta1(i)=delta(1);
        delta2(i)=delta(2);
end
%% %运动学分析
gamma=d1y.*cos(alpha)./Dp;
omega_i=2.*pi.*ni_all./60;%rad/s
omega_r=omega_i.*Dp.*(1-gamma.^2)./(2.*d1y);
omega_c=omega_i.*(1-gamma)./2;
Us_in=0.5.*Dp.*((1-gamma).*(omega_i-omega_c)+d1y./Dp.*omega_r);%mm/s
Us_out=0.5.*Dp.*((1+gamma).*omega_c+d1y./Dp.*omega_r);
%% %润滑
yita0=6.52;
n=0.8685;
E=2.253e11;
R_in=1/(1/r1y+1/r2y_in)*1e-3;
R_out=1/(1/r1y-1/r2y_out)*1e-3;
R=[R_in R_out];%m
us=[Us_in Us_out]*1e-3;%m/s
w=Q_roller./length_roller;
W_in=w./R_in/E;
W_out=w./R_out/E;
W=[W_in' W_out'];
U=yita0.*us./(E.*R);
G=2.1e-8*E;
SIGMA=300*1e-9./R;
hmin_in=22.547.*n.^21.502.*W(:,1).^-0.226.*U(:,1).^(0.667.*n.^0.970).*G.^(0.034.*n.^99.569).*
(1+1.296.*n.^0.078.*SIGMA(:,1).^(1.182.*n.^2.245).*W(:,1).^0.524.*U(:,1).^(-0.566.*n.^
2.475).*G.^(0.384.*n.^-1.967));
```

```
hmin_out=22.547.*n.^21.502.*W(:,2).^-0.226.*U(:,2).^(0.667.*n.^0.970).*G.^(0.034.*n.^99.569).*
(1+1.296.*n.^0.078.*SIGMA(:,2).^(1.182.*n.^2.245).*W(:,2).^0.524.*U(:,2).^(-0.566.*n.^2.475).
*G.^(0.384.*n.^-1.967));
Lambda_in=hmin_in./SIGMA(:,1);
Lambda_out=hmin_out./SIGMA(:,2);
U1=0.453.*us./E./R;
hmin_m=1.652.*W(:,1).^-0.077.*U1(:,1).^0.716.*G.^0.695.*(1+0.026.*SIGMA(:,1).^1.120.*
W(:,1).^-0.312.*U1(:,1).^-0.809.*G.^-0.977);
Lambda_m=hmin_m./SIGMA(1);
failure_prob_in=sum(sum(Lambda_in<3))/length(Lambda_in);
failure_prob_out=sum(sum(Lambda_out<3))/length(Lambda_out);
result=[Q_r_all Q_a_all delta1' delta2' Q_roller' ni_all Us_in Us_out hmin_in hmin_out
Lambda_in Lambda_out];
toc
%%%求解函数子程序
function y=func(delta)
global Q_r Q_a alpha Z K_tot
syms psi_x
delta_r=delta(1);
delta_a=delta(2);
delta_r_m=[delta_r delta_r];% [1 2]
delta_a_m=[-delta_a delta_a];
epsilon=0.5.*(1+delta_a_m.*tan(alpha)./delta_r_m);
psi_limit=acos(-delta_a_m.*tan(alpha)./delta_r_m);
delta_max=delta_a_m.*sin(alpha)+delta_r_m.*cos(alpha);
delta_max(delta_max<=0)=0;
Qmax=K_tot.*delta_max.^1.5;
fr1=(1-0.5/epsilon(1)*(1-cos(psi_x)))^1.5*cos(psi_x);
fr2=(1-0.5/epsilon(2)*(1-cos(psi_x)))^1.5*cos(psi_x);
fa1=(1-0.5/epsilon(1)*(1-cos(psi_x))).^1.5;
fa2=(1-0.5/epsilon(2)*(1-cos(psi_x))).^1.5;
yr1=Z*Qmax(1)*cos(alpha)/2/pi*int(fr1,psi_x,-psi_limit(1),psi_limit(1));
yr2=Z*Qmax(2)*cos(alpha)/2/pi*int(fr2,psi_x,-psi_limit(2),psi_limit(2));
ya1=Z*Qmax(1)*sin(alpha)/2/pi*int(fa1,psi_x,-psi_limit(1),psi_limit(1));
ya2=Z*Qmax(2)*sin(alpha)/2/pi*int(fa2,psi_x,-psi_limit(2),psi_limit(2));
y(1)=yr1+yr2-Q_r;
y(2)=-ya1+ya2-Q_a;
y=real(double(subs(y)));
end
```

第 7 章 工程实际中的轴承润滑可靠性问题

```
%%%刚度子程序
function K_tot=K_total
global r1x r1y r2x_in r2y_in r2x_out r2y_out
r2x=[-r2x_in -r2x_out];
r2y=[r2y_in -r2y_out];
rho1x=1/r1x;
rho1y=1/r1y;
rho2x=1./r2x;
rho2y=1./r2y;
sigma_rho=rho1x+rho1y+rho2x+rho2y;
F_rho=((rho1y-rho1x)+(rho2y-rho2x))./sigma_rho;
X=(1+F_rho)./(1-F_rho);
x=log10(X);
gamax=2/3.*(1+0.40227436.*x.^2+3.7491752e-2.*x.^4+7.4855761e-4.*x.^6+2.1667028e-6.*x.^8)/(1+0.42678878.*x.^2+4.2605401e-2.*x.^4+9.0786922e-4.*x.^6+2.7868927e-6.*x.^8);
kappa=X.^(sign(F_rho).*gamax);
fk=(1.3862944+0.1119723.*kappa.^-2+0.0725296.*kappa.^-4)-log(kappa.^-2).*(0.5+0.1213478.*kappa.^-2+0.0288729.*kappa.^-4);
ek=(1+0.4630151.*kappa.^-2-0.1077812.*kappa.^-4)-log(kappa.^-2).*(0.2452727.*kappa.^-2+0.0412496.*kappa.^-4);
K=3.336e5.*kappa.*sqrt(ek./fk.^3./sigma_rho);
K_tot=(1/((1/K(1))^(2/3)+(1/K(2))^(2/3)))^1.5;
end
```

7.8 小结

本章主要阐述了工程实际中的轴承润滑可靠性问题,以风机主轴承为例介绍了服役状态下传动部件润滑性能及可靠性分析的基本流程,将 SCADA 监测系统与随机载荷和转速下主轴承润滑可靠性评估技术相结合,提出了服役风场中风机主轴承润滑性能及可靠性分析方法,并进行了试验验证。首先,通过 SCADA 监测系统获取实际风场的气象条件和风机运行状态,构建 SCADA 监测数据集;其次,基于监测数据集进行风场和风机运行状态的复现模拟,以期复现风机服役中的真实风场和运行工况;再次,对主轴承进行运动学分析及载荷分析,获取实测工况下主轴承的运动状态、外部载荷及内部载荷分布;然后,对主轴承进行润滑性能及润滑可靠性分析,评估主轴承在实测工况中的润滑状态并进行润滑脂选型;最后,进行主轴承润滑可靠性试验获得了不同种类润滑脂下轴承的磨损程度，为润滑脂选型方案和主轴承润滑性能及可靠性分析方法的合理性提供了支撑。结果表明，在 100min 实测工况中，后主轴承比前主轴承的润滑更加可靠，在使用和维护中应重点关注前主轴承；相比使用#2 号型和#3 号型润滑脂，主轴承在使用#1 号型润滑脂时润滑可靠性更高，润滑可靠性试验为这一结论提供了支撑；此外，润滑可靠性试验研究还验证了主轴承润滑性能及可靠性分析方法的有效性。本章内容为解决工程实际中的轴承润滑可靠性问题提供了基本范例。

参 考 文 献

[1] ADKINS R W, RADZIMOVSKY E I. Lubrication phenomena in spur gears: capacity, film thickness variation, and efficiency[J]. Journal of basic engineering, 1965, 87(3): 655-663.

[2] AI X, CHENG H S. A transient EHL analysis for line contacts with measured surface roughness using multigrid technique[J]. Journal of tribology, 1994, 116(3): 549-556.

[3] AKBARZADEH S, KHONSARI M M. Thermoelastohydrodynamic analysis of spur gears with consideration of surface roughness[J]. Tribology letters, 2008, 32(2): 129-141.

[4] ALAM M J, NIRMALKAR N, GUPTA A K. Stability criteria and convective mass transfer from the falling spherical drops, part Ⅱ: Herschel–Bulkley fluids[J]. The Canadian journal of chemical engineering, 2022, 100(7): 1640-1651.

[5] ALLEN Q, RAEYMAEKERS B. Soft EHL simulations of lubricant film thickness in textured hard-on-soft bearings considering different cavitation models, in the context of prosthetic hip implants[J]. Tribology letters, 2021, 69(4): 118-135.

[6] ANDRIEU-RENAUD C, SUDRET B, LEMAIRE M. The PHI2 method: a way to compute time-variant reliability[J]. Reliability engineering and system safety, 2004, 84(1): 75-86.

[7] ANTOINE J F, VISA C, SAUVEY C, et al. Approximate analytical model for hertzian elliptical contact problems[J]. Journal of tribology, 2006, 128(3): 660-664.

[8] ARGHIR M, ROUCOU N, HELENE M, et al. Theoretical analysis of the incompressible laminar flow in a macro-roughness cell[J]. Journal of tribology, 2003, 125(2): 309-318.

[9] AZAM A, DORGHAM A, MORINA A, et al. A simple deterministic plastoelastohydrodynamic lubrication(PEHL)model in mixed lubrication[J]. Tribology international, 2019, 131: 520-529.

[10] BEHESHTI A, KHONSARI M. An engineering approach for the prediction of wear in mixed lubricated contacts[J]. Wear, 2013, 308(1-2): 121-131.

[11] BERNARD P, FLEURY G. Stochastic newmark scheme[J]. Probabilistic engineering mechanics, 2002, 17(1): 45-61.

[12] BOBACH L, BEILICKE R, BARTEL D. Transient thermal elastohydrodynamic simulation of a spiral bevel gear pair with an octoidal tooth profile under mixed friction conditions[J]. Tribology international, 2020, 143: 106020.

[13] BORDENET L, DALMAZ G, CHAOMLEFFEL J P, et al. A study of grease film thicknesses in elastorheodynamic rolling point contacts[J]. Lubrication science, 1990, 2(4): 273-284.

[14] BRENNER G, AL-ZOUBI A, MUKINOVIC M, et al. Numerical simulation of surface roughness effects in laminar lubrication using the lattice-boltzmann method[J]. Journal of

tribology，2007，129(3)：603-610.

[15] BURTON T，JENKINS N，SHARPE D，et al. Wind energy handbook[M]. New Jersey：John Wiley and Sons，2011.

[16] CAI G，SUZUKI Y. On statistical quasi-linearization[J]. International journal of non-linear mechanics，2005，40(8)：1139-1147.

[17] CAO R，BAI H，CAO H，et al. Mixed lubrication analysis of tapered roller bearings and crowning profile optimization based on numerical running-in method[J]. Lubricants，2023，11(3)：97.

[18] CEN H，LUGT P M，MORALES-ESPEJEL G. On the film thickness of grease-lubricated contacts at low speeds[J]. Tribology transactions，2014，57(4)：668-678.

[19] CEN H，LUGT P M. Film thickness in a grease lubricated ball bearing[J]. Tribology international，2019，134：26-35.

[20] CHANG L. A simple and accurate method to calculate transient EHL film thickness in machine components undergoing operation cycles[J]. Tribology transactions，2000，43(1)：116-122.

[21] CHANG W，ETSION I，BOGY D B. An elastic-plastic model for the contact of rough surfaces[J]. Journal of tribology，1987，109：257-263.

[22] CHEN J，NAYAR C V，XU L. Design and finite-element analysis of an outer-rotor permanent-magnet generator for directly coupled wind turbines[J]. IEEE transactions on magnetics，2000，36(5)：3802-3809.

[23] COLEMAN J J. Reliability of aircraft structures in resisting chance failure[J]. Operations research，1959，7(5)：639-645.

[24] CUI X，MENG F，KONG D，et al. Thermal elastohydrodynamic lubrication analysis of deep groove ball bearing[J]. Industrial lubrication and tribology，2018，70(7)：1282-1293.

[25] DE KRAKER A，VAN OSTAYEN R A J，RIXEN D J. Development of a texture averaged reynolds equation[J]. Tribology international，2010，43(11)：2100-2109.

[26] DIMENTBERG M. An exact solution to a certain non-linear random vibration problem[J]. International journal of non-linear mechanics，1982，17(4)：231-236.

[27] DOBRICA M B，FILLON M. About the validity of reynolds equation and inertia effects in textured sliders of infinite width[J]. Proceedings of the institution of mechanical engineers，part j：journal of engineering tribology，2009，223(1)：69-78.

[28] DONG D，KIMURA Y，OKADA K，et al. Grease lubrication in isothermo-elastohydrodynamic line contact[J]. Lubrication science，1996，8(3)：253-267.

[29] DONG D，QIAN X. A theory of elastohydrodynamic grease-lubricated line contact based on a refined rheological model[J]. Tribology international，1988，21(5)：261-267.

[30] DOWSON D，HIGGINSON G R. Elasto-hydrodynamic lubrication：international series on

materials science and technology[M]. Amsterdam: Elsevier, 2014.

[31] DOWSON D, HIGGINSON G R. Elastohydrodynamic lubrication[M]. Oxford: Pergamon Press, 1977.

[32] DOWSON D, HIGGINSON GR, WHITAKER AV. Elasto-hydrodynamic lubrication: a survey of isothermal solutions[J]. Journal of mechanical engineering science, 1962, 4(2): 121-126.

[33] DOWSON D, TOYODA S. Central film thickness formula for elastohydrodynamic line contacts[J]. Proceedings of the 5th leeds-lyon symposium on tribology, 1979: 60-65.

[34] ER G-K. An improved closure method for analysis of nonlinear stochastic systems[J]. Nonlinear dynamics, 1998, 17(3): 285-297.

[35] ERNESTO A, MAZUYER D, CAYER-BARRIOZ J. From full-film lubrication to boundary regime in transient kinematics[J]. Tribology letters, 2015, 59: 1-10.

[36] ESWARAMOORTHI S, LOGANATHAN K, FAISAL M, et al. Analytical and numerical investigation of darcy-forchheimer flow of a nonlinear-radiative non-newtonian fluid over a riga plate with entropy optimization[J]. Ain shams engineering journal, 2023, 14(3): 101887.

[37] EVANS C R, JOHNSON K L. The rheological properties of elastohydrodynamic lubricants[J]. Proceedings of the institution of mechanical engineers, part c: journal of mechanical engineering science, 1986, 200(5): 303-312.

[38] FANG Y, LIANG X, ZUO M. Effects of friction and stochastic load on transient characteristics of a spur gear pair[J]. Nonlinear dynamic, 2018, 93(2): 599-609.

[39] FERREIRA J L A, BALTHAZAR J C, ARAUJO A P N. An investigation of rail bearing reliability under real conditions of use[J]. Engineering failure analysis, 2003, 10(6): 745-758.

[40] GERO L R, ETTLES C M. An evaluation of finite difference and finite element methods for the solution of the reynolds equation[J]. ASLE transactions, 1986, 29(2): 166-172.

[41] GHALAMCHI B, SOPANEN J, MIKKOLA A. Simple and versatile dynamic model of spherical roller bearing[J]. International journal of rotating machinery, 2013, 2013: 567542.

[42] GREENWOOD J A, TRIPP J. The contact of two nominally flat rough surfaces[J]. Proceedings of the institution of mechanical engineers, 1970: 625-633.

[43] GRUBIN A. Fundamentals of the hydrodynamic theory of lubrication of heavily loaded cylindrical surfaces[J]. Investigation of the contact machine componets, 1949, 2.

[44] GUO F, JIA X, SUO S, et al. A mixed lubrication model of a rotary lip seal using flow factors[J]. Tribology international, 2013, 57: 195-201.

[45] GUO X, YANFENG H, RENXIANG C, et al. A numerical method to investigate the mixed lubrication performances of journal-thrust coupled bearings[J]. Industrial lubrication and tribology, 2019, 71(9): 1099-1107.

[46] HAMROCK B J, DOWSON D. Isothermal elastohydrodynamic lubrication of point contacts:

part Ⅲ—fully flooded results[J]. Journal of lubrication technology, 1977, 99(2): 264-275.

[47] HAMROCK B J, JACOBSON B O. Elastohydrodynamic lubrication of line contacts[J]. ASLE transactions, 1984, 27(4): 275-287.

[48] HARRIS T, KOTZALAS M. Advanced concepts of bearing technology: rolling bearing analysis, fifth edition[M]. Florida: CRC Press, 2006.

[49] HART E, CLARKE B, NICHOLAS G, et al. A review of wind turbine main bearings: design, operation, modelling, damage mechanisms and fault detection[J]. Wind energy science, 2020, 5(1): 105-124.

[50] HART E, DE MELLO E, DWYER-JOYCE R. Wind turbine main-bearing lubrication-part 2: simulation based results for a double-row spherical roller main-bearing in a 1.5 mw wind turbine[J]. Wind energy science,2022, 7(4): 1533-1550.

[51] HART E, TURNBULL A, FEUCHTWANG J, et al. Wind turbine main-bearing loading and wind field characteristics[J]. Wind energy, 2019, 22(11): 1534-1547.

[52] HART E. Developing a systematic approach to the analysis of time-varying main bearing loads for wind turbines[J]. Wind energy, 2020, 23(12): 2150-2165.

[53] HASOFER A M, LIND N C. Exact and invariant second moment code format[J]. Journal of the engineering mechanics division, 1974, 100(1): 111-121.

[54] HERTZ H. The contact of elastic solids[J]. Crelle's journal, 1881, 92: 156-171.

[55] HILL I D, HILL R, HOLDER R L. Algorithm as 99: fitting johnson curves by moments[J]. Journal of the royal statistical society, series c, 1976, 25(2): 180-189.

[56] HU B, ZHOU C, WANG H, et al. Nonlinear tribo-dynamic model and experimental verification of a spur gear drive under loss-of-lubrication condition[J]. Mechanical systems and signal processing, 2021, 153: 107509.

[57] HU C, YOUN B D, WANG P. Engineering design under uncertainty and health prognostics[M]. Berlin: Springer, 2019: 53-81.

[58] HU Y, LIU S-J, DING S, et al. Application of response surface method for contact fatigue reliability analysis of spur gear with consideration of EHL[J]. Journal of central south university, 2015, 22(7): 2549-2556.

[59] HUA X, PUOZA J C, ZHANG P, et al. Numerical simulation and experimental analysis of grease friction properties on textured surface[J]. Iranian journal of science and technology, transactions of mechanical engineering, 2019, 43(1): 357-369.

[60] HUANG H, YU K, HUANG T, et al. Reliability estimation for momentum wheel bearings considering frictional heat[J]. Eksploatacjai niezawodność, 2020, 22(1): 6-14.

[61] HUANG X, HU S, ZHANG Y, et al. A method to determine kinematic accuracy reliability of gear mechanisms with truncated random variables[J]. Mechanism and machine theory,2015,92:

200-212.

[62] JIANG C, QIU H, GAO L, et al. Real-time estimation error-guided active learning kriging method for time-dependent reliability analysis[J]. Applied mathematical modelling, 2020, 77(1): 82-98.

[63] JOHNSON N L. Systems of frequency curves generated by methods of translation[J]. Biometrika, 1949, 36(1/2): 149-176.

[64] JONKISZ W, KRZEMIŃSKI-FREDA H. Pressure distribution and shape of an elastohydrodynamic grease film[J]. Wear, 1979, 55(1): 81-89.

[65] JONKISZ W, KRZEMINSKI-FREDA H. The properties of elastohydrodynamic grease films[J]. Wear, 1982, 77(3): 277-285.

[66] KAHRAMAN A, SINGH R. Non-linear dynamics of a spur gear pair[J]. Journal of sound vibration, 1990, 142(1): 49-75.

[67] KAUZLARICH J J, GREENWOOD J A. Elastohydrodynamic lubrication with herschel-bulkley model greases[J]. Tribology transactions, 1972, 15(4): 269-277.

[68] KHAN H, SINHA P. Effect of inter-asperity cavitation on thermal elastohydrodynamic lubrication of infinite line contact rough surfaces[J]. International journal of surface science and engineering, 2011, 5(2-3): 205-225.

[69] KIM T W, CHO Y J. The flow factors considering the elastic deformation for the rough surface with a non-gaussian height distribution[J]. Tribology transactions, 2008, 51(4): 542-542.

[70] KIMURA Y, MURAKI M. Evaluation of some traction fluids with a four roller machine[J]. Tribology international, 1979, 12(6): 255-259.

[71] KOGUT L, ETSION I. A finite element based elastic-plastic model for the contact of rough surfaces[J]. Tribology transactions, 2003, 46(3): 383-390.

[72] KOGUT L, ETSION I. A static friction model for elastic-plastic contacting rough surfaces[J]. Journal of tribology, 2004, 126(1): 34-40.

[73] KOGUT L, ETSION I. Elastic-plastic contact analysis of a sphere and a rigid flat[J]. Journal of applied mechanics, 2002, 69(5): 657-662.

[74] KRISHNAN J M, DESHPANDE A P, KUMAR P S. Rheology of complex fluids[M]. Berlin: Springer, 2010.

[75] KWAK J S, KIM T W. Contact analysis for the critical shoulder height in angular contact ball bearing[J]. Tribology transactions, 2011, 54(5): 764-769.

[76] LANGLEY R. A finite element method for the statistics of non-linear random vibration[J]. Journal of sound and vibration, 1985, 101(1): 41-54.

[77] LARSSON R. Modelling the effect of surface roughness on lubrication in all regimes[J]. Tribology international, 2009, 42(4): 512-516.

[78] LI J, ZHANG X, ZHOU X, et al. Reliability assessment of wind turbine bearing based on the degradation-hidden-markov model[J]. Renewable energy, 2019, 132: 1076-1087.

[79] LI M, XIE L, DING L J M, et al. Load sharing analysis and reliability prediction for planetary gear train of helicopter[J]. Mechanism and machine theory, 2017, 115: 97-113.

[80] LIM CHI KEONG R, MBA D. Estimating bearing lower bound reliability without past failures[J]. Proceedings of the institution of mechanical engineers, part o: journal of risk and reliability, 2013, 227(2): 199-206.

[81] LIU H, LIU H, ZHU C, et al. Study on gear contact fatigue failure competition mechanism considering tooth wear evolution[J]. Tribology international, 2020, 147: 106277.

[82] LORIEMI A, JACOBS G, REISCH S, et al. Experimental and simulation-based analysis of asymmetrical spherical roller bearings as main bearings for wind turbines[J]. Forsch ingenieurwesen, 2021, 85: 189-197.

[83] LOVE A E H. The stress produced in a semi-infinite solid by pressure on part of the boundary[J]. Philosophical transactions of the royal society a-mathematical physical and engineering sciences, 1929, 228(659-669): 377-420.

[84] LU X, DONG Q, ZHOU K, et al. Numerical analysis of transient elastohydrodynamic lubrication during startup and shutdown processes[J]. Journal of tribology, 2018, 140(4).

[85] LUGT P M. Grease lubrication in rolling bearings[M]. New Jersey: John Wiley and Sons, 2012.

[86] LUNDBERG G, Palmgren A. Dynamic capacity of rolling bearings[J]. Journal of applied mechanics, 2021, 16(2): 165-172.

[87] LUNDBERG J. Influence of surface roughness on normal-sliding lubrication[J]. Tribology international, 1995, 28(5): 317-322.

[88] MA F, LI Z, QIU S, et al. Transient thermal analysis of grease-lubricated spherical roller bearings-sciencedirect[J]. Tribology international, 2016, 93: 115-123.

[89] MADSEN H O, KRENK S, LIND N C. Methods of structural safety[M]. Chelmsford: Courier Corporation, 2006.

[90] MAES M A, BREITUNG K, DUPUIS D. Asymptotic importance sampling[J]. Structural safety, 1993, 12(3): 167-186.

[91] MARKOV S, ILIEV A, RAHNEV A, et al. On the exponential-generalized extended gompertz cumulative sigmoid[J]. International journal of pure and applied mathematics, 2019, 120: 555-562.

[92] MASJEDI M, KHONSARI M M. Film thickness and asperity load formulas for line-contact elastohydrodynamic lubrication with provision for surface roughness[J]. Transactions of ASME, journal of tribology, 2012, 134(1): 011503.

[93] MASJEDI M, KHONSARI M. An engineering approach for rapid evaluation of traction

coefficient and wear in mixed EHL[J]. Tribology international, 2015, 92: 184-190.

[94] MASTRONE M N, CONCLI F. CFD simulation of grease lubrication: analysis of the power losses and lubricant flows inside a back-to-back test rig gearbox[J]. Journal of non-newtonian fluid mechanics, 2021, 297: 104652.

[95] MAYFIELD W. A sequence solution to the fokker-planck equation[J]. IEEE transactions on information theory, 1973, 19(2): 165-176.

[96] MELLO E D, KAMPOLIS G, HART E, et al. Data driven case study of a wind turbine main-bearing failure[J]. Journal of physics: conference series, 2021, 2018(1): 012011.

[97] MO E, NAESS A. Nonsmooth dynamics by path integration: an example of stochastic and chaotic response of a meshing gear pair[J]. Journal of computational and nonlinear dynamics, 2009, 4(3): 034501.

[98] MOAREFZADEH M R, SUDRET B J Q. Implementation of directional simulation to estimate outcrossing rates in time-variant reliability analysis of structures[J]. Quality and reliability engineering international, 2018, 34(8): 1818-1827.

[99] MURCH L E, WILSON W R D. A thermal elastohydrodynamic inlet zone analysis[J]. Journal of lubrication technology, 1975, 97(2): 212-216.

[100] NAESS A, KOLNES F E, MO E. Stochastic spur gear dynamics by numerical path integration[J]. Journal of sound and vibration, 2007, 302(4): 936-950.

[101] NOVAES MENEZES E J, ARAÚJO A M, BOUCHONNEAU DA SILVA N S. A review on wind turbine control and its associated methods[J]. Journal of cleaner production, 2018, 174: 945-953.

[102] PALACIOS J M, PALACIOS M P. Rheological properties of greases in ehd contacts[J]. Tribology international, 1984, 17(3): 167-171.

[103] PANDIT R, ASTOLFI D, HONG J, et al. Scada data for wind turbine data-driven condition/performance monitoring: A review on state-of-art, challenges and future trends[J]. Wind engineering, 2023, 47(2): 422-441.

[104] PATIR N, CHENG H S. An average flow model for determining effects of three-dimensional roughness on partial hydrodynamic lubrication[J]. Journal of lubrication technology, 1978, 100(1): 12-17.

[105] PATIR N, CHENG H S. Application of average flow model to lubrication between rough sliding surfaces[J]. Journal of lubrication technology, 1979, 101(2): 220-229.

[106] PATIR N. A numerical procedure for random generation of rough surfaces[J]. Wear, 1978, 47(2): 263-277.

[107] PATIR N. Effects of surface roughness on partial film lubrication using an average flow model based on numerical simulation[D]. Evanston: Northwestern University, 1978.

[108] PEI J, HAN X, TAO Y, et al. Lubrication reliability analysis of spur gear systems based on random dynamics[J]. Tribology international, 2021, 153: 106606.

[109] PEI J, HAN X, TAO Y, et al. Mixed elastohydrodynamic lubrication analysis of line contact with non-gaussian surface roughness[J]. Tribology international, 2020, 151: 106449.

[110] PEI J, HAN X, TAO Y, et al. Study on wear dynamic reliability of gear system based on markov diffusive process[J]. Transactions of ASME, journal of tribology, 2021, 144(2): 021202.

[111] PEI J, HAN X, TAO Y. A reliability analysis method for gear elastohydrodynamic lubrication under stochastic load[J]. Tribology transactions, 2020, 63(5): 879-890.

[112] PEI J, HAN X, TAO Y. An improved stiffness model for line contact elastohydrodynamic lubrication and its application in gear pairs[J]. Industrial lubrication tribology international, 2020, 72(5): 703-708.

[113] PHAM-BA S, MOLINARI J-F. Creation and evolution of roughness on silica under unlubricated wear[J]. Wear, 2021, 472-473: 203648.

[114] POLINDER H, PIJL F F A V D, VILDER G J D, et al. Comparison of direct-drive and geared generator concepts for wind turbines[J]. IEEE transactions on energy conversion, 2006, 21(3): 725-733.

[115] PREUMONT A. On the peak factor of stationary gaussian processes[J]. Journal of sound and vibration, 1985, 100(1): 15-34.

[116] PUSTERHOFER M, BERGMANN P, SUMMER F, et al. A novel approach for modeling surface effects in hydrodynamic lubrication[J]. Lubricants, 2018, 6(1): 27.

[117] QIU L, LIU S, CHEN X, et al. Lubrication and loading characteristics of cylindrical roller bearings with misalignment and roller modifications[J]. Tribology international, 2022, 165: 107291.

[118] RACKWITZ R, FLESSLER B J C. Structural reliability under combined random load sequences[J]. Computers and structures, 1978, 9(5): 489-494.

[119] RAHUL K, AZAM M S, GHOSH S K. Influence of stochastic roughness on performance of a rayleigh step bearing operating under thermo-elastohydrodynamic lubrication considering shear flow factor[J]. Tribology international, 2019, 134: 264-280.

[120] RETTINGE M. 风力发电机主轴承配置[J]. 电气制造, 2009(2): 34-36.

[121] REYNOLDS O. On the theory of lubrication and its application to mr. Beauchamp tower's experiments, including an experimental determination of the viscosity of olive oil[J]. Philosophical transactions of the royal society of London, 1886, 177: 157-234.

[122] RICE S O. Mathematical analysis of random noise[J]. Bell system technical journal, 1944, 23(3): 282-332.

参考文献

[123] ROBERTS J，SPANOS P. Stochastic averaging: an approximate method of solving random vibration problems[J]. International journal of non-linear mechanics，1986，21(2): 111-134.

[124] RUBINSTEIN R Y，KROESE D P. Simulation and the monte carlo method[M]. New York: John Wiley and Sons，2016.

[125] SAHU K，SHARMA S C，TOMAR A K. Analysis of mr fluid lubricated slot entry hybrid conical journal bearing with texturing arrangements[J]. Tribology international，2023，188: 108788.

[126] SPIKES H A. Sixty years of EHL[J]. Lubrication science，2006，18(4): 265-291.

[127] STANDARDS S. Wind turbines - Part 1: design requirements[J]. IEC，2005.

[128] TAHERIAN-FARD E，SAHEBI R，NIKNAM T，et al. Wind turbine drivetrain technologies[J]. IEEE transactions on industry applications，2020，56(2): 1729-1741.

[129] TAO Y，LIANG B，ZHANG J. A time-dependent reliability analysis method for bearing lubrication[J]. Structural and multidisciplinary optimization，2020，61: 2125-2134.

[130] TAUTZ-WEINERT J，WATSON S J. Using scada data for wind turbine condition monitoring-a review[J]. IET renewable power generation，2017，11(4): 382-394.

[131] TO C. Direct integration operators and their stability for random response of multi-degree-of-freedom systems[J]. Computers structures，1988，30(4): 865-874.

[132] TO C. The stochastic central difference method in structural dynamics[J]. Computers structures，1986，23(6): 813-818.

[133] TOOTKABONI M，GRAHAM-BRADY L. Stochastic direct integration schemes for dynamic systems subjected to random excitations[J]. Probabilistic engineering mechanics，2010，25(2): 163-171.

[134] TSENG H-C. A revisitation of generalized newtonian fluids[J]. Journal of rheology，2020，64(3): 493-504.

[135] VANMARCKE E H. On the distribution of the first-passage time for normal stationary random processes[J]. Journal of aplied mechanics，1975，91(5): 215-220.

[136] VASISHTH A，KUCHHAL P，ANAND G. Study of rheological properties of industrial lubricants[J]. Conference papers in science，2014(5): 1-5.

[137] VENNER C H. Multilevel solution of the EHL line and point-contact problems[D]. Enschede: Universiteit Twente，1992.

[138] WANG D，YANG J，WEI P，et al. A mixed EHL model of grease lubrication considering surface roughness and the study of friction behavior[J]. Tribology international，2021，154: 106710.

[139] WANG H，ZHOU C，LEI Y，et al. An adhesive wear model for helical gears in line-contact mixed elastohydrodynamic lubrication[J]. Wear，2019，426: 896-909.

[140] WANG J，HE G，ZHANG J，et al. Nonlinear dynamics analysis of the spur gear system for railway locomotive[J]. Mechanical systems and signal processing，2017，85：41-55.

[141] WANG K，CHENG H. A numerical solution to the dynamic load，film thickness，and surface temperatures in spur gears，part i： analysis[J]. Transactions of ASME，journal of mechanical design，1981，103(1)：177-187.

[142] WANG P，LIANG H，JIANG L，et al. Effect of nanoscale surface roughness on sliding friction and wear in mixed lubrication[J]. Wear，2023，530-531：204995.

[143] WANG Y，LIU Y，WANG Z，et al. Surface roughness characteristics effects on fluid load capability of tilt pad thrust bearings with water lubrication[J]. Friction，2017，5(4)：392-401.

[144] WEHNER M F，WOLFER W. Numerical evaluation of path-integral solutions to fokker-planck equations[J]. Physical review a，1983，27(5)：2663.

[145] WEN J，GAO H，ZHANG J. Bearing remaining useful life prediction based on a nonlinear wiener process model[J]. Shock and vibration，2018，2018：4068431.

[146] WEN Q，LIU Y，HUANG W，et al. The effect of surface roughness on thermal-elasto-hydrodynamic model of contact mechanical seals[J]. Science China physics，mechanics and astronomy，2013，56(10)：1920-1929.

[147] WEN S，YING T N. A theoretical and experimental study of EHL lubricated with grease[J]. Journal of tribology，1988，110(1)：38-43.

[148] WEN Y，YANG J，WANG S. Random dynamics of a nonlinear spur gear pair in probabilistic domain[J]. Journal of sound and vibration，2014，333(20)：5030-5041.

[149] WEN Y-K. Approximate method for nonlinear random vibration[J]. Journal of engineering mechanics，1975，101(4)：389-401.

[150] WU M J，HAN X，TAO Y R，et al. An average flow model considering non-newtonian characteristics with application to grease behavior[J]. Journal of tribology，2022，144(10)：101802.

[151] WU M J，HAN X，TAO Y R，et al. A mixed EHL analysis method for grease and formulas for film thickness and asperity load[J]. Tribology letters，2022，70(4)：128.

[152] WU M，HAN X，TAO Y，et al. Lubrication reliability analysis of wind turbine main bearing in random wind field[J]. Tribology international，2023，179：108181.

[153] WU M, PEI J, TAO Y, SCADA-based mbrication analysis of wind turbine main bearing under real working conditions[J]. Proceedings of the institution of mechanical engineers, Part J: Journal of engineering tribology, 2025.

[154] WU P, NI B, JIANG C. An interval iterative method for response bounds analysis of structures with spatially uncertain parameters[J]. Computers and structures 2023, 282: 107036.

[155] WU P, NI B, JIANG C, A nonlinear interval finite element method for elastic-plastic problems

with spatially uncertain parameters[J]. Computers, 2024, 303: 107476.

[156] WU Z, XU Y, LIU K. The analysis on grease lubrication at two tapered bodies contact considering surface roughness[J]. Forschung im ingenieurwesen-engineering research, 2019, 83(3): 339-350.

[157] XIA X, CHANG Z, ZHANG L, et al. Estimation on reliability models of bearing failure data[J]. Mathematical problems in engineering, 2018(4): 1-21.

[158] XIANG C, GUO F, JIA X, et al. Thermo-elastohydrodynamic mixed-lubrication model for reciprocating rod seals[J]. Tribology international, 2019, 140: 105894.

[159] YANG H L, LI X L, SUN W W, et al. Mixed EHL numerical analysis and leakage experiment of skeleton reciprocating oil seal[J]. Industrial lubrication and tribology, 2021, 73(4): 660-665.

[160] YANG J, YANG P. Random vibration analysis of planetary gear trains[J]. Journal of vibration and acoustics, 2013, 135(2).

[161] YANG J. Vibration analysis on multi-mesh gear-trains under combined deterministic and random excitations[J]. Mechanism and machine theory, 2013, 59(4): 20-33.

[162] YANG W, COURT R, JIANG J. Wind turbine condition monitoring by the approach of scada data analysis[J]. Renewable energy, 2013, 53: 365-376.

[163] YANG X, CHENG X, WANG T, et al. System reliability analysis with small failure probability based on active learning kriging model and multimodal adaptive importance sampling[J]. Structural and multidisciplinary optimization, 2020, 62: 581-596.

[164] YANG Z, QIAN X. A solution to the grease lubricated elastohydrodynamic film thickness in an elliptical rolling contact[J]. 1987.

[165] YOO J Y, KIM K W. Numerical analysis of grease thermal elastohydrodynamic lubrication problems using the herschel-bulkley model[J]. Tribology international, 1997, 30(6): 401-408.

[166] YOUN B D, XI Z, WANG P, et al. Eigenvector dimension reduction(edr)method for sensitivity-free probability analysis[J]. Structural and multidisciplinary optimization, 2008, 37(1): 13-28.

[167] YU N, POLYCARPOU A A. Contact of rough surfaces with asymmetric distribution of asperity heights[J]. Journal of tribology, 2002, 124(2): 367-376.

[168] YUAN C, PENG Z, YAN X, et al. Surface roughness evolutions in sliding wear process[J]. Wear, 2008, 265(3): 341-348.

[169] YUAN X, WANG J, LIAN Z, et al. Partial lubrication modeling of reciprocating rod seals based on a developed EHL method[J]. Tribology international, 2021, 153: 106585.

[170] YUAN Z, WU Y, ZHANG K, et al. Wear reliability of spur gear based on the cross-analysis method of a nonstationary random process[J]. Advances in mechanical engineering, 2018, 10(12): 1-9.

[171] ZANG L, CHEN Y, WU Y, et al. Comparative tribological and friction behaviors of oil-lubricated manganese phosphate conversion coatings with different crystal sizes on aisi 52100 steel[J]. Wear, 2020, 458-459.

[172] ZHANG K, PENG X, ZHANG Y, et al. Numerical thermal analysis of grease-lubrication in limited line contacts considering asperity contact[J]. Tribology international, 2019, 134: 372-384.

[173] ZHANG S, ZHANG C. A new deterministic model for mixed lubricated point contact with high accuracy[J]. Journal of tribology, 2021, 143(10): 102201.

[174] ZHAO J, LI Z, ZHANG H, et al. Effect of micro-textures on lubrication characteristics of spur gears under 3d line-contact EHL model[J]. Industrial lubrication and tribology, 2021, 73(9): 1132-1145.

[175] ZHAO J, SHENG W, LI Z, et al. Effect of lubricant selection on the wear characteristics of spur gear under oil-air mixed lubrication[J]. Tribology international, 2022, 167: 107382.

[176] ZHAO X, LIU Y, HUANG W, et al. Mechanism of second stage mechanical seal in hydrostatic seal system of nuclear coolant pumps[J]. Tribology, 2014, 4: 459-467.

[177] ZHAO Y, MAIETTA D M, CHANG L. An asperity microcontact model incorporating the transition from elastic deformation to fully plastic flow[J]. Transactions of ASME, journal of tribology, 2000, 122(1): 86-93.

[178] ZHU C, LIU H, MAO K, et al. Mixed lubricated line contact analysis for spur gears using a deterministic model[J]. Journal of tribology, 2012, 134(2): 1-7.

[179] 曹亮, 陈国强, 董丽君. 基于润滑可靠性的 RV 减速器曲柄轴承优化[J]. 湖南工程学院学报(自然科学版), 2021, 31(4): 30-34.

[180] 陈会涛, 吴晓铃, 秦大同, 等. 随机风载下风力机行星齿轮系统随机振动分析[J]. 太阳能学报, 2013, 34(10): 1701-1706.

[181] 戴铭阳. 圆柱滚子轴承润滑可靠性分析及优化设计[D]. 天津: 河北工业大学, 2021.

[182] 邓磊, 于攻, 黎桂华, 等. 脂润滑轮毂轴承弹流润滑数值分析[J]. 润滑与密封, 2009(10): 21-25.

[183] 邓四二, 贾群义, 薛进学. 滚动轴承设计原理[M]. 北京: 中国标准出版社, 2014.

[184] 董大明, 钱祥麐. 润滑脂的流变性及线接触脂润滑的弹流分析[J]. 华东化工学院学报, 1989(6): 821-828.

[185] 段宏, 李光俊, 郭和一, 等. 沉降离心机滚动轴承磨损可靠性分析及优化设计[J]. 组合机床与自动化加工技术, 2020(4): 88-90+94.

[186] 冯欣, 夏延秋, 孙玉彬. 我国风力发电机组润滑现状和展望[J]. 润滑油, 2022, 37(3): 1-5.

[187] 黄平. 弹性流体动压润滑数值计算方法[M]. 北京: 清华大学出版社, 2013.

[188] 金晟, 陈捷, 谷然. 风力发电机主轴轴承等效寿命模型相似准则研究[J]. 制造技术与机床,

2021(7)：146-152.

[189] 李广胜. 设备磨损工况的量化定性铁谱分析方法研究[D]. 徐州：中国矿业大学，2022.

[190] 李桂青. 结构动力可靠性理论及其应用[M]. 北京：地震出版社，1993.

[191] 李杰，廖松涛. 线性随机结构在随机激励下动力响应分析[J]. 力学学报，2002，34(3)：416-424.

[192] 李云鹤，谭雁清，马廉洁，等. 陶瓷滑动轴承磨损可靠性建模及仿真分析[J]. 润滑与密封，2023，48(7)：167-171.

[193] 李长青，林彬，魏海滨. 基于神经网络的船舶主机零件磨损监测方法的研究[J]. 中国设备工程，2020(22)：150-151.

[194] 刘梦军，沈允文，董海军. 随机外激励下齿轮非线性系统的全局分析[J]. 中国机械工程，2004，15(13)：1182-1185.

[195] 刘章军，熊敏，万勇. 基于概率密度演化的连续刚构桥抗震可靠度[J]. 西南交通大学学报，2014，49(1)：40-44.

[196] 卢昊，朱真才，曹爽，等. 矿井提升机主轴承的振动磨损可靠性分析[J]. 振动测试与诊断，2022，42(4)：657-663+822.

[197] 卢剑伟，刘梦军，陈磊，等. 随机参数下齿轮非线性动力学行为[J]. 中国机械工程，2009，20(3)：330-333.

[198] 罗继伟，罗天宇. 滚动轴承分析计算与应用[M]. 北京：机械工业出版社，2009.

[199] 马子豪，王瑞，赵海涛，等. 圆锥滚子轴承润滑与动力学耦合研究[J]. 摩擦学学报，2021：1-14.

[200] 欧进萍，王光远. 结构随机振动[M]. 北京：高等教育出版社，1998.

[201] 秦大同，周志刚，杨军，等. 随机风载作用下风力发电机齿轮传动系统动态可靠性分析[J]. 机械工程学报，2012(3)：1-8.

[202] 石莹，江亲瑜，李宝良. 圆柱滚子轴承磨损及可靠性寿命的数值仿真[J]. 润滑与密封，2011，36(2)：30-34.

[203] 孙建伟，杜琳娟，欧焕飞，等. 基于油液光谱监测的风电机组齿轮箱磨损状态的研究[J]. 太阳能，2021(3)：39-44.

[204] 孙志礼，袁哲. 齿轮随机参数系统非线性振动响应可靠性分析[J]. 东北大学学报，2011(6)：838-842.

[205] 王济. MATLAB在振动信号处理中的应用[M]. 北京：中国水利水电出版社，2006.

[206] 王铭铭，崔权维，曹莉，等. 风电齿轮传动系统高速级轴承动态特性研究[J]. 轴承，2023：1-10.

[207] 王倩倩，张义民，张振先，等. 齿轮系统随机振动及其传动误差的可靠性及灵敏度分析[J]. 东北大学学报(自然科学版)，2011(12)：1741-1744.

[208] 王倩倩. 随机参数机械系统动态随机激励下动态可靠性及灵敏度研究[D]. 沈阳：东北大

学，2013.
[209] 王霄. 基于数据驱动的风电齿轮箱故障诊断研究[D]. 秦皇岛：燕山大学，2023.
[210] 王洲，吴淼杰，陶友瑞. 风电齿轮箱滑动轴承润滑性能及可靠性分析[J]. 润滑与密封，2024，49(9)：171-177.
[211] 魏永祥，陈建军，马洪波. 随机参数齿轮系统的非线性动力响应分析[J]. 工程力学，2012，29(11)：319-324.
[212] 魏永祥，陈建军，王敏娟. 随机参数齿轮-转子系统的扭转振动分析[J]. 航空动力学报，2010，25(11)：2637-2642.
[213] 吴淼杰. 风机主轴承弹流脂润滑建模及可靠性分析[D]. 长沙：湖南大学，2023.
[214] 吴淼杰、韩旭、陶友瑞. 齿面磨损数值仿真方法综述[J]. 河北工业大学学报，2020，49(3)：21-28.
[215] 伍鹏革，倪冰雨，姜潮. 一种基于 Neumann 级数的区间有限元方法[J]. 力学学报，2020，52(5)：1431-1442.
[216] 温诗铸，黄平. 摩擦学原理[M]. 3 版. 北京：清华大学出版社，2008.
[217] 温诗铸，杨沛然. 弹性流体动力润滑[M]. 北京：清华大学出版社，1992.
[218] 谢里阳. 机械可靠性基本理论与方法[M]. 北京：科学出版社，2009.
[219] 杨沛然. 非稳态热弹性流体动力润滑研究[D]. 北京：清华大学，1989.
[220] 杨沛然. 流体润滑数值分析[M]. 北京：国防工业出版社，1998.
[221] 应自能，温诗铸. 脂润滑弹流线接触问题的数值解[J]. 机械工程学报，1989，25(1)：38-45.
[222] 于玫，黄平. 线接触脂润滑热弹性流体动力润滑数值分析[J]. 轴承，2011，1：8-12.
[223] 张广祥，张旭，李玉爽. 利用油液磨粒分析技术探究温度对齿轮摩擦磨损特性的影响[J]. 沈阳工程学院学报(自然科学版)，2023，19(3)：87-91.
[224] 张海鹏，白志宇，毛雨欣，等. 基于相似理论的激光表面淬火大型风电主轴轴承性能试验[J]. 轴承，2023(6)：115-120+126.
[225] 张明. 结构可靠度分析：方法与程序[M]. 北京：科学出版社，2009.
[226] 赵峰. 基于非参数建模的船舶推进轴系随机激励响应研究[D]. 大连：大连海事大学，2023.
[227] 赵军. 滑动轴承润滑-磨损的可靠性研究及优化设计[D]. 天津：河北工业大学，2021.
[228] 周笛. 机械系统动态可靠性分析方法及其在采煤机动力传动系统中的应用[D]. 沈阳：东北大学，2019.
[229] 周林. 强非线性波作用下兆瓦级大型海上风机的全耦合分析[D]. 大连：大连理工大学，2020.
[230] 周献文. 双列圆锥滚子轴承力学特性分析与测试试验研究[D]. 大连：大连理工大学，2021.
[231] 朱位秋，蔡国强. 随机动力学引论[M]. 北京：科学出版社，2017.
[232] 朱位秋. 随机振动[M]. 北京：科学出版社，1998.